ACCESO GRATIS *a la Lectura en la Nube*

Para visualizar el libro electrónico en la nube de lectura envíe junto a su nombre y apellidos una fotografía del código de barras situado en la contraportada del libro y otra del ticket de compra a la dirección:

ebooktirant@tirant.com

En un máximo de 72 horas laborables le enviaremos el código de acceso con sus instrucciones.

EL DERECHO DE DEFENSA EN LA JUSTICIA PENAL DIGITAL

EL DERECHO DE DEFENSA EN LA JUSTICIA PENAL DIGITAL

Juan Carlos Ortiz Pradillo
Antonio Abellán Albertos
Directores

tirant lo blanch
Valencia, 2024

En caso de erratas y actualizaciones, la Editorial Tirant lo Blanch publicará la pertinente corrección en la página web www.tirant.com.

La presente obra ha sido sometida a la revisión de pares ciegos según el protocolo de publicación de la editorial a efectos de ofrecer el rigor y calidad correspondiente tanto en su contenido como en su forma, aplicándose los criterios específicos aprobados por la Comisión Nacional E 016 (BOE num. 286, de 26 de noviembre de 2016).

EDITA: TIRANT LO BLANCH
C/ Artes Gráficas, 14 - 46010 - Valencia
TELFS.: 96/361 00 48 - 50
FAX: 96/369 41 51
Email: tlb@tirant.com
www.tirant.com
Librería virtual: www.tirant.es
ISBN: 978-84-1197-422-6
Depósito legal: V-4250-2023

Si tiene alguna queja o sugerencia, envíenos un mail a: *atencioncliente@tirant.com*. En caso de no ser atendida su sugerencia, por favor, lea en *www.tirant.net/index.php/empresa/politicas-de-empresa* nuestro procedimiento de quejas.

Responsabilidad Social Corporativa: http://www.tirant.net/Docs/RSCTirant.pdf

Índice

EL DERECHO A OBTENCIÓN DE COPIA DEL EXPEDIENTE EN LOS PROCESOS PENALES: EL EXPEDIENTE JUDICIAL ELECTRÓNICO

ANTONIO ABELLÁN ALBERTOS
Abogado

RESUMEN

El derecho de acceso y obtención de copia de las actuaciones en el proceso penal ha venido siendo una faceta del derecho práctico que resulta insatisfactoriamente inacabada desde la posición del sospechoso y las partes personadas. La implantación del expediente judicial electrónico no es la panacea a la vista de la dificultad de conciliar los medios y conocimientos técnicos para su manejo y la inseguridad jurídica ante la falta de desarrollo de un verdadero derecho procesal electrónico.

ABSTRACT

The right to access and obtain a copy of the proceedings in criminal proceedings has been a facet of practical law that is unsatisfactorily unfinished from the position of the suspect and the parties involved. The implementation of the electronic judicial file is not a panacea in view of the difficulty of reconciling the means and technical knowledge for its handling and the legal insecurity due to the lack of development of a true electronic procedural law.

PALABRAS CLAVE

Derecho de defensa. Derecho de acceso. Expediente judicial. Derecho a obtención de copia. Expediente judicial electrónico. Brecha digital.

KEYWORDS

Right to defense. Right of access. Access to the judicial file. Right to obtain a copy of the file. Electronic judicial file. Digital gap.

I. INTRODUCCIÓN

Tradicionalmente, tanto la *cantidad* como la *calidad* de la información así como el medio de su puesta en conocimiento a los investigados y a las partes procesales se enfrenta a una serie de controversias e interpretaciones asimétricas según sea la situación de cada parte interesada en obtenerla y utilizarla de tal forma que uno de los aspectos más polémicos del proceso penal es alcanzar una situación de perfecto equilibrio en la investigación de los delitos que culmine en éxito de la instrucción y al mismo tiempo resulte respetuosa con el derecho a un proceso equitativo y los derechos constitucionales y procesales del sujeto pasivo del sistema penal. Conviene recordar a estos efectos que desde los orígenes de la LECrim (1882) hasta la Ley 53/1978, de 4 de diciembre, el sumario era secreto.

Es obvio que sin conocer mal se puede nadie defender, de tal manera que es preciso recordar la obra de Kafka, "Der Prozess" (El Proceso), donde el investigado se encuentra en absoluto desconocimiento de qué haya hecho, qué pruebas existan en su contra y quiénes sean los que le investigan, en una suerte de pesadilla procesal, tan magistralmente desarrollada, que lo "kafkiano" ha pasado a ser un adjetivo para denominar el paradigma de la opresión sin defensa.

Sin embargo, el desarrollo de lo que se entienda por "derecho a la información" y su instrumentalización mediante el derecho de *acceso* a la misma no es tan evidente como uno pueda pensar. No hay ningún texto normativo nacional o supranacional que reconozca como tal que 'todo sospechoso y acusado tiene derecho a conocer lo que le concierna en su defensa'. El "derecho a conocer", como tal, no ha sido así denominado, salvo en el ALECrim, de 24 de noviembre de 2020, que sí lo contempla expresamente en el apartado 62 de su Exposición de Motivos, siendo así que en la Constitución, más allá del genérico derecho de acceso de los ciudadanos a los archivos y registros administrativos, del art. 105.b) CE o en el art. 120.1 CE en cuanto al pronunciamiento genérico de que "las actuaciones judiciales serán públicas, con las excepciones que prevean las leyes de procedimiento", en el art. 24.2 CE tan solo recoge el derecho "a ser informados de la acusación".

En este sentido, el art. 6.3.a) CEDH contempla el derecho "a ser informado, en el más breve plazo, en una lengua que comprenda y de manera detallada, de la naturaleza y de la causa de la acusación formulada contra él", al igual que para los detenidos en el art. 5.2 CEDH. Este derecho se ha considerado también inescindinble del derecho a preparar la defensa, del art. 6.3.b) CEDH.

La Unión Europea se embarcó en un ambicioso proyecto y aprobó la Resolución del Consejo de 30 de noviembre de 2009, sobre un plan de trabajo para reforzar los derechos procesales de sospechosos o acusados en los procesos penales lo cual formaba parte del Programa de Estocolmo[1]. Es importante tener siempre presente que, como se afirma en esta hoja de ruta, "los derechos incluidos en este plan de trabajo, que podrían complementarse con otros, se consideran derechos procesales fundamentales".

Se previó un desarrollo de distintas materias que han dado lugar a respectivas Directivas, entre ellas la Directiva 2010/64/UE (traducción), 2013/48/UE (asistencia letrada), 2016/800 (menores sospechosos) y 2016/343 (presunción de inocencia). Importa a estos efectos, en cuanto a los derechos de información y acceso, la segunda de las Directivas, 2012/13/UE del Parlamento Europeo y del Consejo, de 22 de mayo, relativa al derecho a la información en los procesos penales. Además del derecho a la información de los hechos y los derechos procesales, como tercera vertiente del derecho a la información, se distingue el acceso a la misma como complemento o genuina modalidad de suministro del derecho a la información (art. 7.2 Directiva 2012/13).

La transposición de la Directiva en España tuvo lugar vencido el plazo[2] mediante LO 5/2015, que entró en vigor el 28 octubre de 2015 y con una duración respecto los artículos afectados de tan solo cuatro días, puesto que la LO 13/2015, de 5 de octubre, reforzó los derechos procesales de los sospechosos para adaptarse a la Directiva 2013/48/UE, modificando a su vez los arts. revisados, de tal manera que los derechos recogidos en esos artículos

---

1 El Programa de Estocolmo establece un plan de trabajo para el trabajo de la Unión Europea (UE) en el espacio de libertad, seguridad y justicia para el período 2010-2014. Heredero de dicho Programa, en junio de 2014, actualizado en 2017, el Consejo Europeo definió las orientaciones estratégicas en el espacio de libertad, seguridad y justicia para los siguientes años, en consonancia con las prioridades establecidas en la Agenda Estratégica para la UE.

2 De conformidad con el art. 11 de la Directiva 2012/13/UE, los Estados miembros debían transponer la Directiva al Derecho nacional antes del 2 de junio de 2014.

son más amplios que los anteriores establecidos, si bien, dichas modificaciones en los artículos que regulan el derecho a la información han sido tan solo de carácter formal y no de contenido, tal y como han puesto de manifiesto distintas organizaciones aunque no llegamos al extremo de Portugal e Irlanda, donde la la Comisión Europea ha incoado procedimientos de infracción por incorrecta transposición de la Directiva 2012/13/UE[3].

La doctrina jurisprudencial del Tribunal Constitucional tras la instauración de la Directiva 2012/13/UE no ha supuesto mayor desarrollo de los derechos reconocidos en la Directiva, antes bien, se puede calificar de reduccionista.

La STC 21/2018, de 5 de marzo, proclamó que el derecho de acceso a las actuaciones policiales o judiciales practicadas con anterioridad a la detención, o como consecuencia de la misma, que se plasman en el atestado no es un derecho pleno, puesto que en síntesis solo cabe exigirse el suministro de lo que se considere aquéllas que sean esenciales para impugnar la legalidad de la detención, limitándose a señalar unos ejemplos genéricos de lo que puedan ser esos "elementos esenciales" y las SSTC 181/2020, 21/2018 y 13/2017, en cuanto a la vulneración del derecho de acceso al atestado en sede policial respecto a los detenidos, y en las SSTC 4/2023, de 20 de febrero de 2023, 80/2021, 180/2020 y 83/2019, respecto a lesiones verificadas en sede judicial y en mérito de medida cautelar de prisión provisional, estando acordado asimismo el secreto de las actuaciones, tampoco han definido un derecho a obtención de copia de las actuaciones, abordando la STC 102/2022, de 12 de septiembre, un supuesto de denegación de la pretensión de obtener copia íntegra de lo actuado en el proceso penal al no reconocerse la condición de parte a víctima del delito que no se personó, en la que no solo no se observa ningún obstáculo a recibir copia sino que afirma tal derecho.

---

3 Habiendo culminado respecto a Portugal [INFR(2021)2101] e Irlanda [INFR(2021)2099] en el siguiente paso en los procedimientos de infracción en cuanto a la falta de respuesta a las cartas de emplazamiento instándoles a adoptar las medidas necesarias para subsanar las deficiencias detectadas por la Comisión en relación con la transposición del derecho a la información sobre determinados derechos, así como la declaración de derechos y la declaración de derechos en los procedimientos de la orden de detención europea para Portugal. Por consiguiente, la Comisión ha decidido en fecha 29 de septiembre de 2022 enviar un dictamen motivado (art. 258 TFUE). Los dos Estados miembros disponen ahora de dos meses para responder al dictamen motivado de la Comisión. Si las respuestas no son satisfactorias, la Comisión podría decidir estos casos ante el Tribunal de Justicia de la Unión Europea

Pese a contar la sociedad con más medios técnicos que nunca hasta ahora para acceso a la información y documentación y sus copias, ultra potenciados con motivo de la necesidad impuesta por la crisis sanitaria, aun las carencias endémicas y crónicas de la Administración de Justicia, siendo una meta legal la implantación del expediente judicial electrónico, bautizado en el preámbulo de la Ley 18/2011, de 5 de julio, reguladora del uso de las tecnologías de la información y la comunicación en la Administración de Justicia, como heredero digital de los «autos» (sic) y proclamado en sus arts. 26.4 y 41 el derecho de las partes a obtener "copia electrónica" y a la información sobre el estado de tramitación, sin embargo, preocupa observar que todas las reformas en la ley procesal han venido no solo no restringiendo la excepcional posibilidad de acordar el secreto sino fomentándolo[4].

Asistimos a nuevas figuras no incluidas expresamente en la Ley de Enjuiciamiento Criminal, fundamentalmente en el ámbito de la Audiencia Nacional, como las autodenominadas "piezas de expurgo", que se convierten en verdaderos sumideros de la información[5] y es recurrente doctrina como la de la STS 849/2022, de 27 de octubre, que aunque estima parcialmente la alegación de vulneración del derecho de defensa por inmotivación del secreto lo hace, al modo del Tribunal Constitucional, con un alcance meramente declarativo, es decir, puramente simbólico, puesto que considera el alto tribunal que aunque el primigenio auto de constitución del secreto y de dos de los autos que ordenaron su prórroga "provocó, en efecto, retraso en la imputación y déficits de contradicción en la práctica de algunas diligencias testificales instructoras" el recurrente no precisa el efecto de irreductible indefensión que pudo derivarse de la indebida declaración de secreto sumarial [...], sin que conste que el hoy recurrente pretendiera la práctica de diligencia instructora alguna".

---

4 Así, la Ley 41/2015, de 5 de octubre, de modificación de la Ley de Enjuiciamiento Criminal para la agilización de la justicia penal y el fortalecimiento de las garantías procesales, ha legalizado el secreto parcial automático en una pieza separada sin necesidad de que se acuerde expresamente, en supuestos de detención de la correspondencia (art. 579.5 LECrim) e interceptación de las comunicaciones telefónicas y telemáticas, captación y grabación de comunicaciones orales, utilización de dispositivos técnicos de seguimiento, localización y captación de la imagen y registros de dispositivos y equipos informáticos (art. 588 bis d. LECrim).

5 Y que mal se compadecen con el concepto de acceso de la STS 822/2022, de 18 de octubre, que señala que este derecho de acceso podrá entenderse sin conculcar cuando se tenga "acceso a todo el expediente tal como fue conocido por el Tribunal".

Esta es la tendencia, se imponen forzados principios de "rogación", canon que sin embargo no se objetiva que figure en los derechos constitucionales procesales, que por el contrario proclaman derechos dirigidos a la defensa letrada "eficaz", mientras observamos que se dictan sentencias como la STS 383/2021, de 5 mayo, que acuña el estándar foráneo *Strickland* respecto a la defensa letrada ineficaz y que descargan las lesiones de los derechos procesales fundamentales generados por los órganos judiciales no solo en la propia inactividad sino en actividad a su juicio no acertada de las defensas.

Hay que tener en cuenta que como reitera expresivamente la STEDH Atristain Gorosabel c. España, de 18 de enero de 2022, la equidad del proceso exige que el acusado pueda obtener 'toda' la gama de servicios específicamente asociados a la asistencia jurídica; Es decir, no admite una parte limitada de servicios, ni la defensa tardía[6].

Pues bien, una vez soslayado el instituto del secreto y como tal, autorizado el conocimiento de las actuaciones, además, el abogado que pretenda tener "acceso" o copia a las mismas es muy probable que se tenga que enfrentar a las 'leyes de frontera' de cada taifa judicial.

II. EL DERECHO A OBTENCIÓN DE COPIA DEL EXPEDIENTE

Advertidas las dificultades de desarrollo de lo que se entienda por derecho a la información, el derecho como tal de acceso ni siquiera aparece desarrollado en las normas procesales básicas. Recordemos que el art. 24.2 de la Constitución reconoce el derecho a ser "informado"[7] de la acusación,

---

6 Sin perjuicio de que la STS 1018/2022, de 25 de enero de 2023, también resalta que "...pueden imponer restricciones al acceso de un acusado a su abogado siempre que haya un motivo justificado. Lo relevante es sí, a la vista del procedimiento en su conjunto, la restricción ha privado al acusado de un juicio justo (véase, Ocalan c. Turquía, número 46221/99 & 133, TEDH 2005-IV", haciendo hincapié en que "El concepto integral del derecho a un proceso justo, tantas veces subrayado por el TEDH, sugiere no asociar cualquier restricción de esa naturaleza a una vulneración de efectos insubsanables".

7 Significa en este sentido el Defensor del Pueblo que «ha de recordarse que la Carta de Derechos de los Ciudadanos ante la Justicia, de 16 de abril de 2002, establece que el ciudadano tiene derecho a conocer el contenido y estado de los procesos en los que tenga interés legítimo, de acuerdo con lo dispuesto en las leyes procesales. Los letrados y demás personal que trabaja en la oficina judicial (es decir, en el juzgado o tribunal en su vertiente de oficina administrativa) tienen el

pero no recoge expresamente como tal un derecho de "acceso" ni mucho menos de "copia" de los expedientes.

Para poder tener acceso al expediente es necesario que a su vez el tenedor del mismo lo ponga a disposición de quien pretende acceder, esto es, que el responsable del expediente dé "traslado" al destinatario. En este sentido, el AAPM (Secc. 17ª) 849/2004, de 14 de septiembre[8] acota precisamente que "Trasladar las actuaciones o cualquier documento es entregarlo materialmente a su destinatario". Dicha resolución, reiterada en muchas otras y citada en el AAPM (Secc. 3ª) 623/2021, de 28 de julio, expresamente se hizo eco de que "no se puede obligar a las Defensa de las partes acusadas a acudir repetidamente a la Oficina Judicial para consultar en ella -con presumible incomodidad- los originales. Supondría su estudio fraccionado, en un entorno de falta de espacio y del bullicio propio de la actividad cotidiana del órgano jurisdiccional, con dificultades para tomar notas y para consultar los medios de apoyo (textos legales, repertorios jurisprudenciales, bibliografía) precisos para desempeñar el trabajo". Esta argumentación se reitera en el AAPM (Secc. 16ª) 674/2022, de 28 de julio, respecto a denegación de traslado de un informe pericial.

Además, y ante el fenómeno tecnológico la defensa también se basa en conocer no solo el dato sino el contexto del dato y, más modernamente y en el ámbito digital, el "metadato" del dato[9]. Cuando se suministran

---

deber de facilitar a los interesados «cuanta información soliciten sobre el estado de las actuaciones judiciales, que podrán examinar y conocer, salvo que sean o hubieren sido declaradas reservadas conforme a la ley» (artículo 140.1 de la Ley de Enjuiciamiento Civil)». Informe anual 2021 Defensor del Pueblo, p. 44.

8 Roj: AAP M 7921/2004 – ECLI:ES:APM:2004:7921A. Reiterado en AAPM 811/2008, de 4 de septiembre (Secc. 4ª); 510/2009, de 11 de marzo (Secc. 26ª); 467/2009, de 13 de julio (Secc. 27ª) o 12/2010, de 18 de enero (Secc. 15ª).

9 Conforme definición de la Ley 18/2011, de 5 de julio, reguladora del uso de las tecnologías de la información y la comunicación en la Administración de Justicia, metadato es «Dato que define y describe otros datos». Metadato de gestión de documentos: «Información estructurada o semiestructurada que hace posible la creación, gestión y uso de documentos a lo largo del tiempo en el contexto de su creación. Los metadatos de gestión de documentos sirven para identificar, autenticar y contextualizar documentos, y del mismo modo a las personas, los procesos y los sistemas que los crean, gestionan, mantienen y utilizan». The Sedona Conference (TSC) define los metadatos como la información sobre la que los documentos o archivos quedan registrados que permiten al ordenador y al usuario la localización y el tratamiento de la información contenida en los documentos propiamente dichos, Los metadatos pueden describir cómo, cuándo y por quién la información

informaciones sin contextualizarlas, sin poder contrastarlas para poder analizar el origen, las consecuencias de las mismas, los detalles que la rodean, los otros datos relacionados a considerar, "obtenemos sencillamente datos sin posibilidad de establecer un juicio crítico sobre las mismas. Por este motivo, el dato siempre ha de estar basado en un contexto"[10].

El problema es que no se ha desarrollado cómo se lleve a cabo la entrega del material, la forma de acceso y, más en concreto, el derecho a obtención de copia.

Conforme las SSTC 21/2018 y 83/2019, se orienta que la efectividad de la garantía requiere que la información "se suministre al interesado por el mecanismo que resulte más idóneo, a criterio del órgano judicial: extracto de materiales que obren en las actuaciones, exhibición de documentos u otras fuentes de prueba, entrega de copias o de cualquier otro soporte o formato, siempre que garantice el ajuste con los datos obrantes en el expediente y permita un adecuado uso en términos de defensa".

Como vemos, deja al arbitrio del órgano judicial la modalidad de suministro de acceso, pero no se nos escapa que en puridad la única modalidad que colma perfectamente dicho derecho es la facilitación de copia, siendo las otras modalidades cumplimientos degradados o de menor calidad del derecho.

Reitera el Tribunal Europeo de Derechos Humanos, en su STEDH Kikabidze c. Georgia, de 16 de noviembre de 2021 (§ 42), que el derecho a un juicio justo también implica el derecho de acceso al expediente. El acceso sin restricciones al expediente y el uso irrestricto de cualquier nota incluyendo, si es necesario, la posibilidad de obtener copias de los documentos relevantes, son importantes garantías de un juicio justo.

La obtención de copia de las actuaciones en un proceso penal por parte de persona investigada en el mismo constituye una manifestación del derecho de defensa, en el que se integran, entre otros, el derecho a examinar las actuaciones y el derecho a actuar en el proceso penal de acuerdo con lo dispuesto en el art. 118. 1. b) LECrim; sin embargo, el problema es que el art. 234.2 LOPJ señala que las partes tienen derecho a obtener copia de

---

almacenada electrónicamente (ESI) fue recopilada, creada, accedida, modificada y cómo está formateada. Principios de Sedona (2ª edición) y el Glosario de Sedona (3ª edición), https://thesedonaconference.org/downloadpub/471.

10 Molina Jiménez, D (2013). «El diablo está en los detalles», nuevatribuna.es, 1 diciembre 2013, Disponible en: https://www.nuevatribuna.es/opinion/daniel-molina-jimenez/diablo-detalles/20131129174553098750.html.

escritos y documentos que consten en los autos pero no indica el procedimiento para dicha obtención.

El legislador español sin duda es consciente de que la plasmación del derecho de acceso se perfecciona con entrega de copia, pues cuando interesa al sistema no tiene reparos en declararlo expresamente, así, en el art. 797.3-II LECrim, en el ámbito de enjuiciamiento rápido, al establecer que "para garantizar el ejercicio del derecho de defensa, el Juez, una vez incoadas diligencias urgentes, dispondrá que se le dé traslado de copia del atestado y de cuantas actuaciones se hayan realizado o se realicen en el Juzgado de Guardia"[11]. Este es el supuesto más claro en el que sin duda se reconoce el deber y correlativo derecho de obtención de copia, puesto que en otros trámites, como el de calificación en el procedimiento abreviado, el art. 780.1 (y 784.1) LECrim ordena que "se dé traslado de las diligencias previas, originales o mediante fotocopia" o más vagamente, en mérito del sumario ordinario, se previene que se "comunicará la causa" o bien "pasará la causa" o también dará "traslado de la causa" (arts. 649 al 654 LECrim). En este sentido, también el art. 275 de la LO 2/1989, de 13 de abril, Procesal Militar, que dispone que "el traslado de las actuaciones también podrá efectuarse mediante fotocopia de las mismas".

Como contraste, el RD 796/2005, de 1 de julio, por el que se aprueba el Reglamento general de régimen disciplinario del personal al servicio de la Administración de Justicia, sí contiene expresamente la facultad de obtención de copia, de tal manera que reiteradamente, tanto en el trámite de audiencia (art. 23), como en el acuerdo de incoación (art. 26.4) como en instrucción (art. 28.2) y en el contenido del pliego de cargos (art. 29.3) se dispone la obligación de entrega de "copia de las actuaciones y diligencias practicadas", de tal forma que el art. 32.2 proclama de manera taxativa que "se facilitará una copia completa del expediente al interesado cuanto este así lo solicite"[12]. Asimismo, resulta igualmente sorprendente que el art. 179.2 del RD 1608/2005, de 30 de diciembre, por el que se aprueba el Reglamento Orgánico del Cuerpo de Secretarios Judiciales, también disponga el mismo derecho a los Letrados de la Administración de Justicia en sus expedientes

---

11 E interesa puesto que no cabe desconocer que el principal cometido de la comparecencia del juicio rápido ante el Juzgado de Guardia es que se logre la conformidad premial del art. 801 LECrim, que mal podría santificarse si el inculpado alegase que no se cumplimentado su derecho procesal fundamental a la información y a conocer la acusación.

12 En estos términos, también, art. 41 del Real Decreto 33/1986, de 10 de enero, por el que se aprueba el Reglamento de Régimen Disciplinario de los Funcionarios de la Administración del Estado.

sancionadores y, sin embargo, tal y como se desarrollará, estos puedan luego negar a los incursos en los procesos penales un derecho a copia que sí se arrogan para ellos en sus expedientes disciplinarios. En el mismo sentido, a quienes niegan la copia de los atestados, el art. 24 de la LO 4/2010, de 20 de mayo, del Régimen disciplinario del Cuerpo Nacional de Policía, que establece que "el instructor estará obligado a dar vista al funcionario sometido a expediente, a petición de éste, de las actuaciones practicadas en cualquier fase del procedimiento y le facilitará una copia completa cuando así lo interese" y en el mismo sentido arts. 42.3 y 59.2 de la LO 12/2007, de 22 de octubre, del régimen disciplinario de la Guardia Civil[13].

Así pues, el art. 234.2 LOPJ, con carácter general para todo tipo de procedimientos judiciales, ampliando a su vez el art. 140.1 o 144 LEC tal posibilidad, señala que las partes tienen derecho a obtener "copias simples de los escritos y documentos que consten en los autos", sin indicar un derecho general a copia del expediente en su totalidad. Tampoco indica el procedimiento para dicha obtención, pues ello se realizará "en la forma dispuesta en las leyes procesales y, en su caso, en la Ley 18/2011, de 5 de julio, reguladora del uso de las tecnologías de la información y la comunicación en la Administración de Justicia". Asimismo, no distingue entre procesos en trámite o finalizados.

La única excepción prevista en el art. 234.2 LOPJ es que las actuaciones "hubieren sido declaradas secretas o reservadas conforme a la ley", debiéndose considerar que en el proceso penal, y a la vista del art. 301 LECrim, únicamente cabe la restricción a las partes en el supuesto de declaración judicial de secreto (total o parcial), del art. 302 LECrim.

No cabe afirmar un mismo tratamiento del derecho a obtención de copia a los que resulten ‹interesados› que a quienes sean ‹parte› en el proceso penal. Así, el art. 4.1 del acuerdo de 15 de septiembre de 2005, del Pleno del Consejo General del Poder Judicial, por el que se aprueba el Reglamento 1/2005, de los aspectos accesorios de las actuaciones judiciales, establece el

---

13 "El interesado, si así lo solicitase, podrá conocer, en cualquier momento, el estado de tramitación del procedimiento, dándosele vista del mismo en los lugares y durante el horario que se señale, pudiendo obtener copia de las actuaciones practicadas, siempre que no le hubieran sido facilitadas con anterioridad". "2. La propuesta de resolución del expediente se notificará por el instructor al interesado, dándole vista del expediente y facilitándole una copia completa de la documentación que no hubiera sido entregada con anterioridad, para que, en el plazo de diez días, pueda alegar cuanto considere conveniente a su defensa y aporte cuantos documentos estime de interés".

procedimiento para el ejercicio de este derecho por parte de los "interesados", que deberán exponer "la causa que justifica su interés" y tan solo les reconoce un acceso a los "documentos judiciales" y el art. 5 se refiere a "las partes interesadas y a cuantos manifiesten y justifiquen un interés legítimo y directo" y proclama no solo un genérico derecho a "cuanta información soliciten sobre el estado de las actuaciones judiciales, que podrán examinar y conocer", sino que su párrafo quinto dispone que "los funcionarios del Cuerpo de Gestión Procesal y Administrativa expedirán, con conocimiento del Secretario Judicial, y a costa del interesado, copias simples de escritos y documentos que consten en autos no declarados secretos ni reservados".

III. FORMA DE OBTENCIÓN DE COPIA DEL EXPEDIENTE. LA COPIA ELECTRÓNICA

En la práctica, la decisión de acceso a copia se administra por el letrado de la administración de justicia (LAJ) dentro de su potestad de instrumentalización[14] y según el arbitrio de cada cual se producen todo tipo de asimetrías y actuaciones incluso contradictorias en las mismas sedes judiciales, de tal forma que en unas secretarías judiciales sí se expide copia, que realizan los funcionarios, bien por fotocopia o mediante copia digitalizada y en otras, o bien se permite que los propios profesionales sean los que utilicen los medios reprográficos de la oficina judicial y hagan las copias por sí mismos (incluso debiendo aportar el papel o el soporte de grabación) o bien permiten solo la obtención de fotos de los autos o uso de escáner portátil o incluso, en los casos más restrictivos solo permiten la vista o consulta del expediente con toma de notas manuscritas, es decir, examen sin posibilidad de copia.

En otras ocasiones, se facilitan los autos originales para su examen y copia fuera de las dependencias judiciales, lo cual, a la vista del art. 279.2 LEC que establece que "no se entregarán a las partes los autos originales, sin perjuicio de que puedan obtener, a su costa, copias de algún escrito o documento" no parece ajustado a la legalidad aunque en el proceso penal así lo podrían admitir los arts. 780.1 y 784.1 LECrim, para el trámite de calificación.

---

14 Arts. 453.1 y 454.1 LOPJ, arts. 145 y 148 LEC y art. 6 RD 1608/2005, de 30 de diciembre, por el que se aprueba el Reglamento Orgánico del Cuerpo de Secretarios Judiciales.

Hay que tener en cuenta que fruto de estos conflictos el Iltre. Colegio de Abogados de Madrid trasladó en el año 2015 al Tribunal Superior de Justicia la necesidad de que se dictase Circular o Instrucción de Servicio, siendo dictado Acuerdo del Secretario de Gobierno del TSJM, de 29 de junio de 2015, que concluye que en "último caso, serán los Secretarios Judiciales los que deban valorar cual debe ser la mejor forma de poder llevar a efecto ese traslado de copias al Letrado defensor, teniendo en cuenta los limitados medios, tanto personales como materiales, con los que desgraciadamente cuentan".

Hacía constar que "con la próxima implantación de los programas informáticos de gestión procesal y administrativa (GPR-IUS MADRID) y de presentación de escritos por las partes, y el expediente digital, muy probablemente una parte muy importante de estos problemas tenderá a desaparecer". Sin embargo y pese al tiempo transcurrido no parece que aún s haya conseguido un definitivo avance en este sentido, a lo que se añaden nuevos conflictos derivados de la implantación del expediente electrónico.

El Código de Buenas de Prácticas en la Administración de Justicia aprobado por el Pleno del Consejo General de la Abogacía en diciembre de 2021[15], resulta en este sentido un brindis al sol: Se insta a los letrados y letradas de la Administración de Justicia a que "garantizarán, en el ámbito de sus competencias, el cumplimiento de lo previsto en las leyes procesales sobre la accesibilidad a las actuaciones judiciales y al expediente electrónico a quienes tengan interés legítimo y a quienes representen y defiendan sus intereses. Entendiendo que los abogados y abogadas son colaboradores de la Administración de Justicia, se les deberá facilitar el acceso a la información judicial de forma efectiva y real, entregándose las copias en papel o formato digital" (3.4º)[16].

Así pues, todo señala a que la digitalización es la esperable solución a las dificultades de acceso a las actuaciones no secretas.

El art. 234.2 LOPJ establece que "las partes y cualquier persona que acredite un interés legítimo y directo tendrán derecho a obtener, en la forma dispuesta en las leyes procesales y, en su caso, en la Ley 18/2011, de 5 de julio, reguladora del uso de las tecnologías de la información y la comunicación en la Administración de Justicia, copias simples de los escritos y documentos

---

15 https://www.abogacia.es/wp-content/uploads/2022/05/Codigo-Buenas-Practicas-Administracion-Justicia.pdf

16 De dudoso carácter coercitivo por ausencia de cualquier rango normativo, el propio preámbulo ya admite que son "reglas indicativas u orientativas cuya función es establecer pautas claras de actuación sobre la mejor forma de proceder en cada una de las situaciones que se analizan".

que consten en los autos, no declarados secretos ni reservados". Así, el art. 4.2.d) de la Ley 18/2011, dentro del derecho a relacionarse con la Administración de Justicia utilizando medios electrónicos y en relación con la utilización de los medios electrónicos en la actividad judicial, reconoce el derecho "a obtener copias electrónicas de los documentos electrónicos que formen parte de procedimientos en los que tengan la condición de parte o acrediten interés legítimo, en los términos establecidos en la Ley Orgánica 6/1985, de 1 de julio, del Poder Judicial, y en las leyes procesales".

Estos mismos derechos se reconocen respecto a los profesionales, es decir, abogados y procuradores, en el art. 6.2.b) de la misma Ley 18/2011, de tal manera que les faculta "obtener copias electrónicas de los documentos electrónicos que formen parte de procedimientos en los que sean representantes procesales de la parte personada o acrediten interés legítimo, en los términos establecidos en la Ley Orgánica 6/1985, de 1 de julio, del Poder Judicial, y en las leyes procesales", sin perjuicio del derecho a copia electrónica del ‹expediente judicial electrónico› previsto en su art. 26.4, que es otro instituto diferenciado.

Así, dicho precepto señala que "la remisión de expedientes se sustituirá a todos los efectos legales por la puesta a disposición del expediente judicial electrónico, teniendo derecho a obtener copia electrónica del mismo todos aquellos que lo tengan conforme a lo dispuesto en las normas procesales". Por tanto, en el ámbito del expediente judicial electrónico acceso al mismo y su copia se confunden.

Hay que tener en cuenta, además, que conforme RD 1065/2015, de 27 de noviembre, sobre comunicaciones electrónicas en la Administración de Justicia en el ámbito territorial del Ministerio de Justicia y por el que se regula el sistema LexNET, se establece la obligatoriedad de uso de este medio electrónico desde 1 de enero de 2016 en lo relativo a las comunicaciones y notificaciones, para presentación electrónica de escritos, documentos u otros medios o instrumentos y al traslado de copias, tanto para los profesionales como para todos los integrantes de los órganos y oficinas judiciales y fiscales (arts. 1, 5.2 y 8.1), de tal manera que el art. 273 LEC recoge tal obligatoriedad.

El Proyecto de Ley de Medidas de Eficiencia Digital del Servicio Público de Justicia reitera que "se dotará a las oficinas judiciales con funciones de registro de los medios electrónicos necesarios para la recepción de escritos y documentos, realización de actos de comunicación, emisión de recibos de recepción o traslado de copias, entre otros", declarando, en calco de lo ya indicado respecto a la Ley 18/2011 en cuanto al derecho de ciudadanía y de profesionales, el derecho "a acceder y obtener copia del expediente judicial electrónico y de los documentos electrónicos que formen parte de procedimientos en los que tengan la condición de parte o acrediten interés legítimo, en los términos establecidos en la Ley Orgánica 6/1985, de 1 de julio, del Poder Judicial, y en las leyes procesales" [arts. 5.g) y 6.b), respectivamente], así como a "acceder en formato electrónico a los documentos conservados por la Administración de Justicia que formen parte de un expediente, según la normativa vigente en materia de archivos judiciales" [art. 6.c)].

Dicho Proyecto de Ley de Medidas de Eficiencia Digital del Servicio Público de Justicia pese a definir detalladamente el régimen de lo que se considere "documento original" y "copias electrónicas" (art. 40) se olvida de instaurar un procedimiento y régimen específico de recursos para la denegación de copias, con lo que se sigue la oscuridad respecto a la aplicación, en su caso o no, del Acuerdo de 15 de septiembre de 2005, del Pleno del Consejo General del Poder Judicial, por el que se aprueba el Reglamento 1/2005, de los aspectos accesorios de las actuaciones judiciales.

Sobre estas cuestiones merece destacar la STS (Sala 3ª), 953/2023, de 11 de julio, pues, aunque de momento limitada al ámbito tributario, reconoce el derecho a relacionarse con la Administración, y a hacerlo con las garantías necesarias a través de técnicas y medios electrónicos, informáticos o telemáticos, pero no la obligación de hacerlo. Ello puede abrir un nuevo horizonte de defensa el derecho a renunciar a la relación electrónica por parte de los justiciables, si bien se verá matizada en el ámbito de la justicia en cuanto a la obligación de sus profesionales designados.

IV. LAS PLATAFORMAS DE ACCESO ELECTRÓNICO

En la actualidad, se cuenta con el voluntarismo del programa ACCEDA-Justicia[17], de tal manera que a través del Portal de Servicios Digitales del Ministerio de Justicia (https://acceda.justicia.es/), se "puede" solicitar (otra cosa es que sea preceptivo atender a la solicitud) copia del expediente judicial electrónico, señalando el Iltre. Colegio de la Abogacía de Madrid que "el procedimiento permite a las partes solicitar al órgano judicial correspondiente el acceso al expediente judicial electrónico de manera íntegramente telemática. El acceso se realiza desde el Portal de

17 Vid. Manual de Servicio Web ACCEDA 5.5.0, 18/01/2022 disponible en: http://administracionelectronica.gob.es/ctt/resources/Soluciones/234/Descargas/ACC-Manual-Servicio-Web-v-5-5-1-1.pdf?idIniciativa=234&idElemento=24393.

Servicios Digitales de la Administración de Justicia, estableciéndose una comunicación directa con los órganos judiciales para realizar la petición correspondiente. Esta solución se está implantando progresivamente en todo el territorio Ministerio, y estaba prevista la implantación completa a lo largo del mes de junio de 2022. Pueden acceder al servicio profesionales de la abogacía y de la procura, graduados/as sociales, abogacía del estado, servicios jurídicos del sector público, servicios jurídicos de la SS, letrados de cortes y asambleas legislativas, y administradores/as concursales"[18].

A su vez, en el ámbito de cada Comunidad Autónoma con competencias en Justicia transferidas (art. 438.3 LOPJ)[19], se desarrolla la organización de los servicios comunes procesales de la oficina judicial en sus respectivos territorios, con distinto nivel de desarrollo, sin perjuicio de que se pretende una coordinación por el Ministerio de Justicia y las Comunidades Autónomas[20]. En este sentido, la Orden JUS/559/2022, de 15 de junio, por la que se crean la División de Servicios Digitales Departamentales y la División de Oficialía Mayor del Ministerio de Justicia, dispone funciones de planificación, la gestión y ejecución de los proyectos de transformación digital y su coordinación con sus diferentes organismos, habiéndose señalado por la Administración de Justicia que "ha alcanzado la interoperabilidad efectiva entre todos los sistemas de gestión procesal de las diferentes CC.AA".[21]

En la Comunidad de Madrid se trata de implantar el "Protocolo para Colegios Profesionales de solicitud de copias electrónicas de expedientes judiciales"[22], y el Tribunal Superior de Justicia de Madrid ha dictado la Instrucción 1/2021, de 29 de diciembre, del Secretario de Gobierno, sobre las grabaciones del sistema Efidelius, digitalización de documentación y demás pautas para la correcta formación del expediente judicial

---

18 https://web.icam.es/colegiados/defensa-de-la-abogacia/
¡Novedad en Justicia Digital! Justicia culmina la implantación de ACCEDA-JUSTICIA, un sistema que permite enviar documentos que excedan la capacidad de LexNET–Otrosi

19 Vid.: https://www.administraciondejusticia.gob.es/paj/PA_PAGAJGenerico/descarga/RD%20traspasos%20medios%20personales%20y%20materiales%20Adm%C3%B3n.%20de%20Justicia.pdf?idFile=4d919955-add4-4a17-b5b6-c4df742ff2f7

20 https://www.administraciondejusticia.gob.es/paj/publico/pagaj/Pagina1Columna1Fila/!ut/p/c4/04_SB8K8xLLM9MSSzPy8xBz9CP0os3hjL0Mj-CydDRwN3k0AzA8cgI0sTRwsnIwMLA_2CbEdFADc9sTY!/?itemId=239363

21 https://confilegal.com/20220625-los-diferentes-sistemas-de-gestion-procesal-de-la-justicia-por-fin-hablan-entre-ellos/

22 Disponible en: https://web.icam.es//wp-content/uploads/2022/04/Profesionales-Protocolo-copias-de-expedientes-judiciales-a-profesonales-v1.4-1.pdf

electrónico[23] y en cuanto al acceso de los profesionales a las actuaciones judiciales se señala que "los profesionales deberían tener acceso a las actuaciones a través del Visor. Mientras que Madrid Digital realice las oportunas mejoras en el sistema para llegar a este objetivo, el acceso a los procedimientos registrados e incoados a partir de la entrada en vigor de esta Instrucción, se realizará preferentemente de manera electrónica a través de la sede electrónica o el sistema Acceda".

Por su parte, en la Audiencia Nacional se cuenta con la plataforma "Cloud Justicia"[24] y el día 3 de octubre de 2022 se implantó el expediente judicial electrónico en la Audiencia Nacional, en el Servicio Común de Ejecutorias Penales, el Juzgado Central de Menores con competencia en Vigilancia Penitenciaria y el Juzgado Central de lo Penal.

La realidad es el sistema Acceda no está definitivamente implementado, el visor Horus comienza a ser accesible caso a caso a los profesionales de la Comunidad de Madrid y el Cloud (Audiencia Nacional) resulta de una dificultad de lectura y comprensión en causas de volumen o que lo hace más dificultoso de lectura que el tradicional formato en papel.

Hay que destacar que el Comité Técnico Estatal de la Administración Judicial Electrónica (CTEAJE), regulado en el Real Decreto 396/13, de 7 de junio, con importantes competencias en orden a favorecer la compatibilidad y a asegurar la interoperabilidad de los sistemas y aplicaciones empleados en la Administración de Justicia, así como para asegurar la cooperación entre las distintas Administraciones está compuesto participan el Ministerio de Justicia, el Consejo General del Poder Judicial, la Fiscalía General del Estado y las Comunidades Autónomas con competencias en materia de justicia. Incomprensiblemente, no hay participación alguna de la Abogacía ni la Procuraduría, que son los naturales destinarios y remitentes de las comunicaciones y acceso al expediente judicial electrónico.

V. CONFLICTOS EN EL ACCESO ELECTRÓNICO AL EXPEDIENTE

Sin duda, la digitalización de los procedimientos conlleva una facilitación en la entrega de copias de los expedientes judiciales, ahora limitada por falta de medios y, dicho sea también, por desidia y falta de interés ante

---

23 https://web.icam.es/wp-content/uploads/2022/04/INSTRUCCION-1-2021-EXPEDIENTE-DIGITAL-FIRMADA.pdf

24 https://cloud.justicia.es/audienciaNacional

la costumbre inveterada de que los propios profesionales comparezcan en las oficinas judiciales para instrucción y realización de copias.

Aun así, se originan nuevos conflictos, fundamentalmente en cuanto a procedimientos de volumen masivo, como los analizados en la STEDH Rook c. Alemania, de 25 de julio de 2019, ante supuesto de ingente material informático en el que el problema no es solo el acceso en sí al expediente sino el formato tecnológico y los programas que permitan la gestión estructurada de la información, la comprensión y fácil lectura de dicho material, de tal forma que de nada sirve el acceso a copia de miles de archivos si no se clasifican ni se arbitran medios paralelos de ordenación sistemática de la información.

La STS 507/2020, de 14 de octubre, caso *Gürtel*, reiterada en la ulterior STS 86/2022, de 31 de enero, aborda los problemas de acceso alegados por la defensa en la SAN (Secc. 2ª) 20/2018, de 17 de mayo[25], en cuanto a la consulta del voluminoso expediente judicial electrónico, admitiendo los argumentos de instancia en cuanto a que "lo actuado en papel y en soporte digital goza de la misma autenticidad, [...] operando como se operó, mediante la muestra en pantalla de la diferente documentación obrante en los autos, consideramos que no se producía vulneración alguna del derecho de defensa porque la visualización de cada documento exhibido nada desmerecía al documento en papel".

Las impugnaciones que se avecinan se basarán fundamentalmente en la deficiente calidad del material digitalizado, su dificultad de lectura, los problemas de sistematización e integración de la información o la imposibilidad de acceso o no incorporación de ciertas partes al expediente digital, siendo ejemplo de causa de denegación las referidas en la SAP Toledo

---

[25] Se expresaba así en la SAN 20/2018 que "las partes han estado informadas en todo momento de la elevación al servidor de cuanta documentación se ha ido incorporando a las actuaciones, y que, si a lo largo de esa información que han ido recibiendo no han formulado objeción alguna, no nos parece la mejor muestra de lealtad procesal que pongan las objeciones que han puesto a su utilización, una vez iniciado el juicio oral, máxime cuando, como hemos dicho, posibilidad de acceder a la plataforma siempre la han tenido. Así pues, operando como se operó, mediante la muestra en pantalla de la diferente documentación obrante en los autos, consideramos que no se producía vulneración alguna del derecho de defensa porque la visualización de cada documento exhibido nada desmerecía al documento en papel. Y si el cuestionamiento que del mismo se hacía era por cuestiones distintas a esto, se contaba con la pertinente prueba pericial que despejase las dudas que en esos otros aspectos pudieran plantearse al Tribunal".

(Secc. 2ª) 139/2021, de 16 de julio[26], que traslada a la defensa la deficiente rogación e inutilización de la vía de recurso[27].

En este sentido, cobra importancia no sólo el acceso formal sino el acceso en su verdadera vertiente material, en la nueva y exigible igualdad de armas 'digitales', en cuanto a que resulte reclamable el acceso en similares términos o medios a los que maneja y dispone el tribunal o la fiscalía, recordando que la propia STC 21/2018 expresa "que garantice el ajuste con los datos obrantes en el expediente y permita un adecuado uso en términos de defensa (STC 21/2018, de 5 de marzo, FJ 6)", por lo que cabe advertir de que la deficiente digitalización, siendo el caso más común la realizada en blanco y negro, puede dificultar el debido conocimiento de fotografías. También resulta reclamable poder contar con escaneados de calidad (OCR) que permitan el reconocimiento de textos y faciliten la búsqueda de la información detallada y localizar la información relevante de un expediente.

Otras cuestiones polémicas podrán presentarse en cuanto al nivel de acceso al conocimiento del expediente según los permisos de los que dispongan los usuarios, de tal forma que no se supedite las garantías procesa-

---

26 Roj: SAP TO 1548/2021–ECLI:ES:APTO:2021:1548

27 En cuanto expresa: "Creemos, en contra de los alegado por la recurrente, que la defensa del acusado ha tenido oportunidad de acceder y conocer, por medios electrónicos, el estado de tramitación del procedimiento y obtener copia (electrónica) de los documentos que forman parte del procedimiento de conformidad con lo dispuesto en el artículo 62 a) y b) de la Ley 18/2011, de 5 de julio, reguladora del uso de las tecnologías de la información y de la comunicación en la Administración de Justicia. [...] Así, podría predicarse la nulidad de pleno derecho del acto inexistente (no tener acceso el Abogado del imputado a los elementos de las actuaciones que resulten esenciales para impugnar (el resultado de cualquier diligencia de investigación) si las irregularidades denunciadas supusieron una real y efectiva privación o erosión del derecho a la tutela judicial efectiva, en su manifestación como derecho a formular las alegaciones oportunas para impugnar dichas diligencias de averiguación y constancia. Entendemos que cualquier posible indefensión (de concurrir) seria imputable en buena medida a la omisión, a la parte que la plantea, existiendo la oportunidad de solicitar o reiterar, por medio de recurso de reforma o incluso con carácter previo a su interposición, la facilitación de los elementos de las actuaciones que fueran esenciales para impugna y solicitar un nuevo volcado con todas las garantías procesales".

les de acceso a meras herramientas y logaritmos informáticos, sustituyendo la dirección e interpretación de la ley judicial por técnicos informáticos[28].

Los problemas ante la denominada "brecha digital", obstáculo que puede impedir el acceso a la justicia no solo respecto a los justiciables sino también en cuanto a los propios profesionales respecto a sus propias herramientas ofimáticas y la asunción de competencias digitales que no tienen porqué presumirse de antemano, pues recordemos que su profesión es la de jurista y no la de técnico o avanzado ni muchos menos experto usuario, resultan muy difíciles de solventar[29]. Aquí cabe incluir a un espectro amplio de personas de diversa índole, no solo carentes de recursos y acceso a internet[30], como tal, sino a los ‹analfabetos digitales›, personas que tanto por edad[31], formación u otros aspectos no tienen los mínimos conocimientos informáticos necesarios para realizar actos electrónicos.

En este sentido, el Consejo de Colegios de Abogados y Colegios de Abogados de Europa (CCBE) señala que «la «brecha digital» puede ser significativa dentro de los Estados miembros y entre ellos. En la medida en que la tecnología digital debería utilizarse para simplificar el acceso a la justicia, no debería tener el efecto contrario. Por lo tanto la digitalización no debe ser total o completamente obligatoria. La posibilidad de comunicación e intercambios en papel debe mantenerse para responder a determinadas situaciones, con el fin de evitar vulneración de los derechos de la defensa y de acceso a la justicia, y más en general a la ley»[32].

---

28 Planteo a nivel práctico estas cuestiones en: https://confilegal.com/20230313-el-expediente-electronico-es-una-cosa-kafkiana/

29 https://confilegal.com/20201119-opinion-brecha-digital-y-derecho-a-la-asistencia-juridica-gratuita/

30 Vid, "Estándares para una Internet libre, abierta e incluyente", Relatoría Especial para la Libertad de Expresión de la Comisión Interamericana (2017) (§30 y 43). Disponible en: http://www.oas.org/es/cidh/expresion/docs/publicaciones/internet_2016_esp.pdf

31 Conforme Barómetro Unión Democrática de Pensionistas y Jubilados de España (UDP) 2021 el 40,5% de las personas mayores aseguran que nunca han accedido a internet. Dentro de la brecha hay otras brechas. Las mujeres, los mayores de 75 años, quienes viven solos y quienes tienen un menor nivel formativo caracterizan el perfil de los que quedan fuera del ámbito digital. Estos no usuarios lo son en porcentajes significativamente superiores al 40,5% registrado entre el total y también por sus segmentos opuestos: https://www.newtral.es/brecha-digital-mayores-internet/20210720/

32 CCBE position paper on the proposal for a regulation on the digitalisation of judicial cooperation and access to justice in cross-border civil, commercial and

Se empiezan a conocer resoluciones que abordan la necesidad de dotar de sistemas adecuados de recepción y lectura para los soportes digitales y expedientes electrónicos, fundamentalmente en las situaciones de encausados en situación de prisión provisional. Así, el AAN (Secc. 3ª) de 19 de mayo de 2022[33]. En dicha resolución, la defensa interesó:

> "(i) se disponga lo necesario para hacer entrega al procesado de una copia, en soporte digital, de la causa, debidamente traducida al idioma holandés", señalando los documentos y materiales que debieran considerarse fundamentales a esos efectos. Asimismo, se solicitó que (ii) "a través de Madrid Digital u organismos homólogo del que participe su uso la Audiencia Nacional, se le haga entrega de un ordenador personal portátil sin acceso a internet en cuyo disco duro interno o a través de sistemas de almacenamiento externo, se contenga las actuaciones solicitadas de la causa en idioma holandés, dando instrucciones al centro penitenciario a fin de que el interno pueda hacer uso del ordenador en las salas de biblioteca o en su celda y, siempre, durante las comunicaciones con su abogado"[34]. También (iii) "Disponer y ordenar lo necesario para que el Sr. [...] pueda comunicar y examinar conjuntamente (en el horario habitual establecido por el centro penitenciario) con los abogados designados para su defensa, la causa, en una de las salas dispuestas y existentes al efecto sin la existencia de mampara alguna y en la que cuente al menos con una mesa y dos sillas. Deberá autorizarse expresamente a los letrados para que en el transcurso de las comunicaciones puedan asistirse de su ordenador portátil o tableta dado que la causa consta en un expediente digital que ha sustituido en virtud de la Ley 18/2011 a la causa en formato papel. Deberá autorizarse a su letrado para que durante las comunicaciones pueda entregar al interno, a través de soportes digitales de intercambio, documentación adicional que pudiera surgir durante la tramitación de la causa. En la entrega de documentación en soporte digital del letrado al interno se adoptarán las medidas mínimas imprescindibles tendentes a garantizar las oportunas condiciones de seguridad sin que en modo alguno ello pueda suponer la fiscalización de las comunicaciones abogado-cliente".

---

criminal matters (29/07/2022). Traducción propia. Disponible en: https://www.ccbe.eu/fileadmin/speciality_distribution/public/documents/IT_LAW/ITL_Position_papers/EN_ITL_20222907_CCBE-position-paper-on-the-proposal-for-a-regulation-on-the-digitalisation-of-judicial-cooperation-and-access-to-justice-in-cross-border-civil-commercial-and-criminal-matters.pdf

33 https://confilegal.com/20220531-el-abogado-molinero-consigue-de-la-an-que-a-un-cliente-le-reconozcan-los-mismos-derechos-que-se-ven-en-las-peliculas-americanas/

34 Continuaba indicando, hábilmente, que "A fin de garantizar la confidencialidad del contenido sensible obrante en la causa, tanto el ordenador portátil como los dispositivos de almacenamiento podrán quedar bajo custodia de los funcionarios de prisiones una vez concluida su utilización, si bien en modo alguno salvo el procesado, nadie podrá tener acceso al contenido, por lo que este se entregará con una clave en sobre cerrado que tan solo el interno pueda conocer".

Añadía, además, (iv) peticiones complementarias en cuanto a dotación de intérprete, traducción simultánea y práctica telemática del juicio oral.

Considera la Sala que, pese a que "las distintas direcciones jurídicas con las que ha contado el procesado, tanto de oficio como de libre designación, han llevado a cabo actuaciones que ponen de manifiesto el conocimiento de la causa que tanto el procesado como sus defensas tenían pues no se comprende que éstas actúen de modo independiente y sin informar a su defendido de cuál es la línea de defensa que están siguiendo", debe acogerse parte de las pretensiones del recurrente, con base en el art. 123 LECrim (y jurisprudencia del TEDH que cita), en cuanto al derecho de traducción, si bien "no puede admitirse la pretensión de la defensa de que se le entregue una copia de toda la causa traducida al holandés, sin justificar por qué todas las actuaciones afectan concretamente al derecho de defensa del procesado, sin perjuicio de que este tribunal determine cuales han de ser traducidas por ser esenciales para garantizar ese ejercicio del derecho de defensa", que la propia Sala considera que "para preparar debidamente su defensa en el juicio oral hemos de garantizar que al menos cuente con una copia traducida a su lengua, aparte de las resoluciones expresadas en el art. 123.1.d) de la LECrim., de los documentos que como prueba documental proponga el Ministerio Fiscal en su escrito de acusación, y lógicamente mientras esta traducción se lleva a cabo, quedará en suspenso el plazo para que la parte presente su escrito de defensa".

En cuanto al "acceso del procesado a un ordenador portátil para examinar las diligencias digitalizadas traducidas, sobre la forma de comunicarse con su defensa dentro del centro penitenciario, sobre la forma de practicarse las traducciones durante el juicio oral y sobre la asistencia del procesado a las diligencias que se practiquen antes de la celebración del juicio, lo completa en la Providencia de 22 de mayo de 2022[35], que dispone "Se autoriza al interno [...] a que pueda acceder a un ordenador portátil sin internet facilitado por su defensa, o el que consta intervenido en diligencia de 23.10.2018 si se localizare y no le hubiere sido devuelto, que contenga copia digitalizada de las actuaciones que se traduzcan al idioma holandés, bien en su disco duro bien a través de sistema de almacenamiento externo, siempre que no se vulneren las normas de seguridad del centro penitenciario. Se autoriza que las entrevistas entre el acusado [...] y su abogado D. Marcos Molinero Burgos se realicen sin barreras físicas que se interpongan

[35] Se agradece al letrado Marcos Molinero Burgos la facilitación de copia de las resoluciones.

en la comunicación de los interlocutores, facilitando durante las mismas el intercambio y consulta de documentación y visionado de documentación digitalizada y con asistencia de interprete del idioma holandés. Se autoriza al citado letrado a acudir a dichas entrevistas con su ordenador portátil o tableta a los efectos de la autorización anterior (facilitar el intercambio y consulta así como el visionado de documentación digitalizada)".

Hay que significar que el RD 268/2022, de 12 de abril, por el que se modifica el Real Decreto 190/1996, de 9 de febrero, por el que se aprueba el Reglamento Penitenciario, introduce un apartado 3 en el art. 4 en cuanto a los derechos de los internos, de tal manera que "estos derechos y otros que puedan derivarse de la normativa penitenciaria, se podrán ejercer a través de las tecnologías de la información y comunicación, en función de las posibilidades materiales y técnicas de cada centro penitenciario", así como la posibilidad de comunicaciones por videoconferencia en su art. 41.8 y de ordenador personal en el art. 129, si bien este por "razones de carácter educativo o cultural".

Ya el AAPM (Secc. 3ª) 623/2021, de 28 de julio[36], expresó que "finalizada la instrucción el procesado tiene derecho a conocer las actuaciones que forman el sumario –que contiene aproximadamente diez mil folios- por así exigirlo el derecho constitucional que le asiste a defenderse de las imputaciones realizadas sin otras limitaciones que las que por ley, resulten de necesaria observación lo que obliga, a efectos de hacer efectivo su derecho de defensa, a hacerle entrega de la causa en formato digital. La documentación digital de la causa deberá ser ubicada por el personal técnico de Madrid Digital en el disco interno de un ordenador portátil o tablet, que será proporcionado por el recurrente, al que se imposibilitará las comunicaciones externas, tanto a través internet o cualquier otra red, como las conexiones con sistemas de almacenamiento externo – dispositivos o conexiones USB o de cualquier otro tipo que permitan la extracción de datos-, del que podrá hacer uso el recurrente en el centro penitenciario, quedando bajo custodia del centro mientras no haga uso del mismo. Las reuniones que mantenga la defensa letrada con el recurrente en el Centro Penitenciario deberán realizarse en el horario habitual establecido por el mismo en una sala que permita la comunicación directa, sin existencia de mampara, y que está dotada del mobiliario adecuado (mesa y

36 Se agradece al letrado Marcos Molinero Burgos la facilitación de copia de la resolución. https://confilegal.com/20210922-abogado-consigue-que-la-justicia-ordene-que-se-facilite-a-un-cliente-preso-un-ordenador-portatil-para-poder-estudiar-su-caso/

sillas) con adopción de las medidas de seguridad que, sin interferir en la confidencialidad y reserva de las comunicaciones entre defensor y cliente, considere procedentes la dirección del centro". Se invocó en la petición la STS 414/2012, de 9 de febrero, en la que tras recordar que el derecho de defensa es un elemento nuclear en la configuración del proceso penal del Estado de Derecho como un proceso con todas las garantías establece que "no es posible construir un proceso justo si se elimina esencialmente el derecho de defensa, de forma que las posibles restricciones deben estar especialmente justificadas".

El Colegio de Abogados de Madrid, a través del departamento de Defensa de la Abogacía, y en colaboración con la Secretaría General de Instituciones Penitenciarias, ha iniciado un proyecto piloto para ofrecer la posibilidad de utilizar dispositivos informáticos con doble pantalla (instalados en locutorios de abogados/as habilitados al efecto), que permitirán a los profesionales de la abogacía desarrollar su labor, examinando en soporte digital y de forma conjunta con su cliente la documentación necesaria para preparar la defensa de la persona privada de libertad[37], lo cual debe ser exigible que se extienda a cualquier centro penitenciario. En este sentido, el uso de las tecnologías en prisión sin perder el contacto humano en ha sido una de las principales conclusiones de la mesa sobre tecnología en prisión en las "XXIV Jornadas de Derecho Penitenciario", del Consejo General de la Abogacía, celebradas en Albacete en noviembre de 2022[38].

Es por tanto esta materia del derecho de acceso y obtención de copia una faceta del derecho práctico que resulta inveteradamente inacabada.

---

37 https://web.icam.es/el-nuevo-proyecto-piloto-del-icam-e-instituciones-penitenciarias-implementa-ordenadores-en-los-locutorios-del-centro-penitenciario-de-madrid-v-para-facilitar-la-comunicacion-abogado-cliente/

38 https://www.abogacia.es/actualidad/noticias/expertos-apuestan-por-las-tecnologias-en-prision-sin-perder-el-contacto-humano/

CON LA SOGA AL CUELLO: HACIA UNA LECTURA CONSTITUCIONAL DEL NEMO TENETUR PREVIO A LA ASISTENCIA LETRADA

JAIME CAMPANER MUÑOZ
Profesor titular (acr.) de Derecho Procesal
ISDE Law Business School
Abogado

RESUMEN

En este capítulo, el autor analiza la validez y suficiencia en el proceso penal de las manifestaciones de los detenidos a las fuerzas policiales; alaba la doctrina jurisprudencial que priva de todo valor a la confesión policial si ésta no se ratifica ante un órgano judicial, mas critica lo que considera una auténtica involución en materia de derechos y garantías constitucionales: considerar que las denominadas "manifestaciones espontáneas" de los detenidos a la policía gozan de alguna virtualidad en el acervo probatorio valorable en sentencia.

ABSTRACT

In this chapter, the author analyses the validity and sufficiency of the arrested´s spontaneous statements to the police in criminal proceedings; he praises the precedents that deprive validity to the suspect's confession before the police if it is not ratified before a judge, but criticises what he considers an involution in terms of constitutional rights and guarantees: to consider that the so-called "spontaneous statements" to the police agents can be considered as an evidence.

PALABRAS CLAVE

Derecho de defensa, derecho a la no autoincriminación, asistencia letrada, manifestaciones espontáneas, testigo de referencia.

KEYWORDS

Right to defense, right to avoid self-incrimination, right to counsel, spontaneous statements, hearsay witness.

I. PLANTEAMIENTO DE LA CUESTIÓN

Los tribunales españoles han elaborado un sólido cuerpo de doctrina de marcado carácter garantista protegiendo al investigado de todos los peligros que entrañan los interrogatorios policiales, declarando, en suma, la ausencia de validez de las declaraciones policiales del sospechoso si éstas no hallan su ratificación ante un órgano judicial.

Asimismo, el Tribunal Constitucional ha insistido en la necesidad de garantizar el acceso a los elementos esenciales de las actuaciones por parte del detenido con carácter previo a su eventual interrogatorio en dependencias policiales, en aras de garantizar su derecho de defensa y la efectividad, en definitiva, de la asistencia letrada, como bien se encarga de ensalzar la STC 21/2018, de 5 de marzo, cuando afirma que el derecho de acceso por parte del detenido a los elementos de las actuaciones policiales que han motivado su privación de libertad es "relevante para decidir la estrategia que el detenido considera útil a sus intereses de defensa", considerando que con el expresado acceso "el detenido, asesorado por el letrado designado voluntariamente o de oficio con quien previamente puede entrevistarse reservadamente [art. 520.6 d) LECrim], podrá decidir fundadamente su conducta procesal durante el interrogatorio, así como tomar la decisión de impugnar la legalidad de su privación de libertad cuando no comparta la causa que la motivó o la forma en que se está desarrollando".

Las últimas reformas procesales llevadas a cabo mediante Ley Orgánica 5/2015, de 27 de abril y Ley Orgánica 13/2015, de 5 de octubre, han ido, sin duda, en la expresada línea de refuerzo de las garantías procesales de los sujetos pasivos del proceso penal.

Sin embargo, todos estos meritorios avances hallan una rendija a través de la cual se ha retrocedido en materia de garantías del investigado, en cuanto que, como se verá, la jurisprudencia de la Sala Segunda del Tribunal Supremo ha conferido un valor hipertrofiado a las denominadas "manifestaciones espontáneas" de los detenidos a los agentes policiales.

II. EL VALOR DE LA CONFESIÓN DEL INVESTIGADO

1. Validez

De entrada, puede afirmarse que únicamente gozan de validez probatoria -más adelante, analizaremos la suficiencia- las declaraciones prestadas a presencia judicial y, más concretamente, en el juicio oral, exceptuando los casos de lectura en el plenario de la producida en fase sumarial, que, curiosamente, se han acabado convirtiendo en la regla general. En efecto, dos son las vías empleadas por nuestros jueces y tribunales a tal fin: las previstas en los artículos 714 LECrim (referido a las declaraciones de testigos, más ampliadas jurisprudencialmente a las de acusados; *vid.* SSTC 47/1986, de 21 de abril; y 190/2003, de 27 de octubre) y 730 LECrim. Mientras esta última se viene utilizando en los casos en que el acusado guarda silencio en el juicio oral (incluso en los casos de enjuiciamiento en ausencia ex artículo 786.1.II LECrim) para permitir la lectura y valoración de su declaración sumarial, el cauce del artículo 714 se emplea para el caso de que se pongan de relieve contradicciones entre lo declarado en instrucción y en el juicio oral, pero también para supuestos de silencio en el plenario, al considerar cierta corriente jurisprudencial que "la contradicción existe desde el momento en que el acusado nada manifiesta sobre algún extremo que debe evaluarse" (STS 372/2011, de 10 de mayo), postura ésta que aparece matizada en la STS 793/2013, de 28 de octubre, en un caso en el que los acusados rechazaron responder a las preguntas del Ministerio Fiscal; supuesto de hecho que, a juicio del alto tribunal, legitima a la acusación para interesar la lectura de las declaraciones prestadas en fase sumarial, con el fin de que el órgano jurisdiccional al que incumbe la valoración probatoria pueda formar criterio sobre la credibilidad que le merecen las tesis exoneratorias de los acusados, dejando claro, en todo caso, que el completo silencio en el juicio oral no contradice ninguna de las manifestaciones prestadas en instrucción. Sea como fuere, debe quedar claro que ambas vías, que, a nuestro juicio, no son tan elásticas como lo ha entendido la jurisprudencia, suponen una excepción a la regla general que impone el derecho fundamental a la presunción de inocencia: que la prueba sea practicada en el juicio oral con todas las garantías (*vid.* STC 31/1981, de 28 de julio y todas las que la han seguido de modo constante y sin fisuras)[1].

Acaso en vano, el Tribunal Constitucional ha declarado que "las diligencias sumariales son actos de investigación encaminados a la averiguación del delito e identificación del delincuente (art. 299 de la LECrim), que no constituyen en sí mismas pruebas de cargo, pues su finalidad específica no es la fijación definitiva de los hechos para que éstos trasciendan a la resolución judicial, sino la de preparar el juicio oral, proporcionando a tal efecto los elementos necesarios para la acusación y defensa y para la dirección del debate contradictorio atribuido al juzgador" (SSTC 217/1989, de 21 de diciembre; y 40/1997, de 27 de febrero). No obstante, la práctica denunciada en el párrafo precedente consistente en tolerar -cuando no fomentar- el acceso de las declaraciones sumariales (y singularmente las de los investigados) al juicio oral ha rebasado con creces los contornos establecidos por la doctrina constitucional[2], lo que supone, a nuestro juicio, un claro incumplimiento del mandato recogido en el artículo 5.1 LOPJ, que establece el carácter vinculante de la expresada doctrina.

Volviendo a lo que debe centrar verdaderamente nuestra atención, podemos concluir que carecen de validez las declaraciones policiales no ratificadas judicialmente (*Vid.* entre otras, la STC 165/2014, de 8 de octubre[3] y las SSTC 33/2015, de 2 de marzo; y 53/2013, de 28 de febrero, que, en buena

---

1 Por su parte, DEL MORAL GARCÍA, A. (2010). "Interrogatorio del acusado", en ESCOBAR JIMÉNEZ y DEL MORAL GARCÍA (Coords.), El juicio oral en el proceso penal, 2ª ed. Granada: Comares, Granada, considera que el derecho a no declarar del acusado no comporta un derecho de exclusividad sobre las propias declaraciones hechas voluntariamente en momentos anteriores, precisando que aquél no se entiende a la facultad de "borrar" o "aniquilar" las declaraciones que haya podido efectuar anteriormente si se hicieron con todas las garantías y con respeto, entre otros, a su derecho a no declarar. Contrario, *vid.* BUJOSA VADELL, L.M. (2007). "Pruebas de referencia y garantías procesales", Diario La Ley núm. 6821.

2 En este sentido, ANDRÉS IBÁÑEZ, P. (2003). "Sobre el valor de la inmediación (una aproximación crítica)", Jueces para la democracia. Información y debate núm. 46, pp. 58 y 59, ha acertado concluyendo –de modo tan crudo como realista- que la referida regla general "ha sido universalmente desoída en la práctica jurisdiccional, al extremo de que la verdadera historia del juicio oral durante más de 150 años es, en gran parte, la de su sistemática derogación".

3 Que, tras cuestionarse en la demanda de amparo el valor probatorio de las declaraciones autoinculpatorias prestadas en unas diligencias policiales, afirma: "La respuesta es inequívoca: ninguno".

medida, reproducen las enseñanzas contenidas en la STC 68/2010, de 18 de octubre; asimismo, las SSTS 258/2012, de 3 de abril; 715/2013, de 27 de septiembre; y 167/2014, de 27 de febrero), sin que quepa, como recuerda la STS 367/2014, de 13 de mayo, la introducción de las declaraciones policiales en el juicio oral a través del testimonio referencial de los funcionarios policiales ante quienes se prestaron. Todo ello sin perjuicio de que, como expresa la STS 726/2011, de 6 de julio, nada impide que las declaraciones policiales válidas sean empleadas en el interrogatorio del juicio oral con la finalidad de aclarar las diferencias entre unas y otras manifestaciones, "especialmente en relación con los aspectos objetivos acreditados por otras pruebas (...) [incriminatorias], pues es claro que debe existir una oportunidad para la defensa del acusado en orden a la aportación de una explicación razonable respecto de aquellos elementos que lo incriminan. Bien entendido que el contenido de la declaración policial podrá ser útil como instrumento de confrontación para contrastar la credibilidad de lo manifestado en el plenario, pero no para acreditar hecho alguno" [4]. No obstante, esta última "concesión" que efectúa la jurisprudencia supone, a no dudar, una nada deseable confusión entre el auténtico proceso penal (el jurisdiccional) y la investigación policial previa, con el peligro de que lo actuado en dependencias policiales influya indebidamente en la decisión del juzgador[5].

Tras la crucial STC 68/2010, el Tribunal Supremo acabó homogeneizando su jurisprudencia con la del tribunal de garantías mediante la adopción del Acuerdo del Pleno no Jurisdiccional de la Sala Segunda, de 3 de junio de 2015:

"Las declaraciones ante los funcionarios policiales no tienen valor probatorio. No pueden operar como corroboración de los medios de prueba.

---

4 En esta línea se pronuncia también la STC 165/2014, ya citada, cuando afirma que la declaración policial realizada con la observancia de los requisitos legales "adquiere existencia jurídica [...] como elemento de contraste con las declaraciones judiciales posteriores, incidiendo en su propia credibilidad" y además "puede contener datos cuya veracidad resulte comprobada mediante verdaderos medios de prueba". En el mismo sentido, y con cita de esta última, *vid.* la STC 33/2015, de 2 de marzo.

5 En contra de la lectura de las declaraciones policiales en el juicio oral al amparo de lo previsto en el artículo 714 LECrim, *vid.* la STS 354/2014, de 9 de mayo, que declara que la declaración debe provenir del sumario, es decir, "de la documentación de la actuación judicial en investigación de un hecho delictivo, pues así lo exige el Art. 714 de la Ley Procesal, que refiere la posibilidad de dar lectura a las declaraciones del sumario, esto es las practicadas en sede jurisdiccional con exclusión de las celebradas ante la policía".

Ni ser contrastadas por la vía del art. 714 Lecrim. No cabe su utilización como prueba preconstituida en los términos del art. 730 LECrim. Tampoco pueden ser incorporados al acervo probatorio mediante la llamada como testigos de los agentes policiales que las recogieron. Sin embargo, cuando los datos objetivos contenidos en la autoinculpación son acreditados como veraces por verdaderos medios de prueba, el conocimiento de aquellos datos por el declarante evidenciado en la autoinculpación puede constituir un hecho base para legitimar y lógicas inferencias. Para constatar, a estos exclusivos efectos, la validez y el contenido de la declaración policial deberán prestar testimonio en el juicio los agentes policiales que la presenciaron".

A pesar de que este acuerdo, como tal, constituía un mero criterio unificador de la doctrina, pronto pasó a incorporarse a la *ratio decidendi* de sentencias específicas, como, por ejemplo, la STS 487/2015, de 20 de julio o la STS 283/2018, de 13 de junio.

2. *Suficiencia*

Asimismo, con carácter previo a descender al verdadero núcleo de nuestro análisis, debemos preguntarnos si, en verdad, la confesión del acusado constituye, *per se,* prueba suficiente para desvirtuar la presunción de inocencia[6]. Máxime cuando autorizada doctrina la ha considerado como un medio de defensa y no como un medio de prueba[7].

Ya CARNELUTTI advertía que "*malo sería si el juez se contentase con razonar así: el imputado ha confesado haber matado. Por lo tanto ha matado*"[8]. Y lo advertía porque la experiencia demostraba -y demuestra- que hay casos en los cuales el hombre confiesa un delito que no ha cometido. Por su parte, ROXIN ha subrayado con acierto que el órgano jurisdiccional puede creer la confesión del inculpado en lugar de las declaraciones de eventuales testigos de cargo,

---

6 Que no es una verdadera presunción, como con acierto ha señalado VEGAS TORRES, J. (1993). *Presunción de inocencia y prueba en el proceso penal,* Madrid: La Ley, p. 13.

7 *Vid.* MORENO CATENA, V. (2008). "Los elementos probatorios obtenidos con la afectación de derechos fundamentales durante la investigación penal", en GÓMEZ COLOMER, J.L. (Coord.), *Prueba y proceso penal. Análisis especial de la prueba prohibida en el sistema español y en el derecho comparado,* Valencia: Tirant lo Blanch, p. 84.

8 CARNELUTTI, F. (2006). *Las miserias del proceso penal,* Librería EL FORO (Colección Clásicos del Derecho), Buenos Aires, (Trad. de N. VÁZQUEZ), p. 50.

mas, de otro lado, al no alcanzar la confesión un resultado seguro, puede que la misma sea falsa por muy diversos motivos, como pudieran ser el deseo de ingresar en prisión, obtener una coartada frente a otra imputación más grave o encubrir al verdadero autor[9].

Si a lo anterior añadimos que la confesión del imputado fue la *regina probatorum* del proceso inquisitivo propio del Antiguo Régimen, que, además, generalmente operaba asociada a la tortura[10], no es de extrañar que el primer párrafo del artículo 406 de nuestra vetusta LECrim establezca claramente que "*la confesión del procesado no dispensará al Juez de instrucción de practicar todas las diligencias necesarias a fin de adquirir el convencimiento de la verdad de la confesión y de la existencia del delito*"[11]. Del mismo modo, el artículo 820, referido al procedimiento especial para delitos cometidos por medio de la imprenta, dispone que "*no será bastante la confesión de un supuesto autor para que se le tenga como tal y para que no se dirija el procedimiento contra otras personas, si de las circunstancias de aquél o de las del delito resultaren indicios bastantes para creer que el confeso no fue el autor real del escrito o estampa publicados*".

Nuestra doctrina ha entendido que el fin de estos preceptos no es otro que evitar la sobrevaloración de la confesión en el proceso penal, por lo que se insta a orientar la actividad investigadora del juez de instrucción más allá de la obtención de la confesión[12]. Mas, en realidad, la práctica discurre

---

9 ROXIN, C. (1995). *Strafverfahrensrecht*, München: C.H. Beck, pp. 92 y 93.

10 Sobre esta cuestión, puede verse DE CASTRO, P. (2009). *Defensa de la tortura y leyes patrias que la establecieron: e impugnación del Tratado que escribió contra ella el Doctor Alfonso María de Acevedo,* Miguel Escribano, Madrid, 1778, Valladolid: Maxtor.

11 Cientos de años después, nuestro prelegislador mantiene viva la indicada concepción de la confesión del encausado desde el momento en que el apartado 3 del artículo 322 del Anteproyecto de Ley de Enjuiciamiento Criminal de noviembre de 2020 dispone que la misma "no dispensará de practicar todas las diligencias necesarias para comprobar la existencia del delito y la participación en él de la persona investigada".
Sobre el vigente artículo 406 LECrim, la STS 651/2014, de 7 de octubre, ha declarado que "se trata, como es sabido, de una disposición que procura evitar que una persona sufra una pena por un delito del que no se ha probado su realidad".

12 Aunque se refieran a la fase de juicio oral, conviene traer aquí a colación las palabras de VÁZQUEZ SOTELO, J.L. (1984). *Presunción de inocencia del imputado e íntima convicción del Tribunal,* Barcelona: Bosch Casa Editorial, p. 11: "nunca descansa tanto la conciencia de un Juez como cuando dicta su sentencia sobre la realidad de unos hechos justiciables reconocidos y admitidos por el mismo destinatario del castigo penal".

en muchas ocasiones por lares bien distintos, al contentarse el instructor -y también el ministerio público- con la mera confesión del investigado[13].

En este sentido versa, de algún modo, el voto particular de la Magistrada CASAS BAAMONDE a la STC 56/2009, de 9 de marzo: "*Tampoco resulta ajeno a nuestra doctrina sobre el derecho fundamental a la presunción de inocencia que la investigación de los hechos que puedan resultar delictivos no se detenga en el fácil expediente del testimonio potencialmente interesado de los implicados, sino que persevere hacia el hallazgo riguroso de datos objetivos que sirvan a su determinación*".

Muy didáctica resulta la STS 193/2008, de 30 de abril, cuando afirma: "*(…) la confesión fue, en efecto, regina probatorum, pero sólo en el proceso penal del ancien régime, es decir, en el inquisitorial y, en general, en el inquisitivo, en los que, como se sabe, ese instrumento probatorio operaba asociado a la tortura. Es por lo que, con razón, se le considera verdadero fundamento de todos los abusos de esa época oscura. Tanto es así que ha podido hablarse, con verdad, de "horrores y errores" con tal medio de prueba como causa. Y se sabe que fue la constancia de este resultado lo que -muy trabajosamente y merced al esfuerzo del pensamiento ilustrado- sacudió las conciencias, cambió las sensibilidades y generó el estado de opinión que, finalmente, desembocaría en la superación de semejante bárbaro estado procesal de cosas. En este orden, el cambio de situación se cifró en la abolición de la tortura, el destronamiento de la confesión, con pérdida [de] aquella regia prerrogativa, y la consagración del principio nemo tenetur se detegere, es decir, el derecho del imputado a no declarar, sobre todo, contra sí mismo. De modo que su declaración pasaba a ser más bien un (opcional) medio de defensa. Y su confesión una eventual prueba, ya no privilegiada, sino rigurosamente bajo sospecha. Lo acredita la previsión del art. 406 LECrim, que, en presencia de la manifestación autoinculpatoria del imputado, obliga al juez a practicar las diligencias de investigación necesarias para adquirir el convencimiento de la verdad, porque ella, en sí misma, no sería fiable*".

Sobre el artículo 820 LECrim, *vid.* SÁNCHEZ MELGAR, J. (2010). "Título V. Del procedimiento por delitos cometidos por medio de la imprenta, el grabado u otro medio mecánico de publicación", *Enjuiciamiento Criminal. Comentarios y Jurisprudencia* (Coord. SÁNCHEZ MELGAR, J.), Volumen II, Madrid: Sepín, pp. 2960 y 2961, quien afirma que se trata de una norma que, en correspondencia con lo establecido en el artículo 406 LECrim, guía a los Jueces y Tribunales en su labor de apreciación probatoria, de modo que la simple confesión no autoriza la condena por sí misma *"si de los demás elementos resulta lo contrario"*.

13 *Vid. ad exemplum*, ASENCIO MELLADO, J.M. (1989). *Prueba prohibida y prueba preconstituida*, Madrid: Trivium, p. 133.

Ocurre, sin embargo, que un sector doctrinal considera que cuando resulte imposible la obtención de datos que corroboren lo manifestado por el investigado y el juez o tribunal entienda que su versión es verosímil, nada impide, en verdad, acoger su fuerza probatoria y, además, considerar la confesión autoincriminatoria prueba suficiente para desvirtuar la presunción de inocencia[14]. Ahondando en esta idea, DE LA OLIVA SANTOS[15] sostiene que, en caso de delitos menores ("criminalidad de bagatela"), la confesión en juicio debiera estar justificada racional y empíricamente como prueba legal determinante de una condena[16]. A juicio de este autor, constituyen "*máximas de la experiencia*" que ante hechos criminales de suma gravedad la confesión en juicio no es fiable, mientras que cuando se trata de "*hechos de menor relevancia, no gravísimos ni graves*", puede sostenerse lo contrario[17].

---

14 De nuevo, *Vid.* por todos, ASENCIO MELLADO, J.M. (1989). *ibídem,* p. 134; en contra, *vid.* GARCÍA MUÑOZ, P.L. (2011). "Declaraciones de los sometidos al proceso penal en calidad de sospechosos, imputados o acusados", en *Estudios sobre prueba penal* (Dir. ABEL LLUCH, X., y RICHARD GONZÁLEZ, M.), Volumen II, Madrid: La Ley, p. 182, quien, de modo taxativo, considera que la mera autoincriminación sin más datos no puede determinar la participación de un acusado en la sentencia penal "no tanto por un déficit de credibilidad en la persona del imputado, como por una lógica e insalvable falta de credibilidad en la declaración misma".

15 DE LA OLIVA SANTOS, A. (2008). "Presunción de inocencia, prueba de cargo y sentencia de conformidad", en GÓMEZ COLOMER, J.L. (Coord.), *Prueba y proceso penal. Análisis especial de la prueba prohibida en el sistema español y en el derecho comparado,* Valencia: Tirant lo Blanch, p. 73.

16 De este modo, de un lado, se legitima la sentencia condenatoria con una genuina prueba (la confesión), que complementa a ese "negocio jurídico-procesal" que es la conformidad (de por sí, sostiene -con tino- el Prof. DE LA OLIVA, inhábil para desvirtuar la presunción de inocencia) y, de otro, se contribuye a la agilización de la Justicia penal. Se trataría, en suma, de introducir un componente norteamericano a nuestro régimen de conformidad, exigiéndose al Juez o Tribunal, entre otras cosas, que, al igual que en el *guilty plea,* se cerciore de que existe base fáctica para la declaración de culpabilidad, como explica GASCÓN INCHAUSTI, F. (2023). "Justicia penal negociada y nueva Ley de Enjuiciamiento Criminal. Algunas reflexiones críticas a la luz de la experiencia jurídica estadounidense", pendiente de publicación (facilitado por su autor), pidiéndole al acusado que le cuente los hechos (en el modelo americano, tal declaración se produce bajo juramento).

17 Esto mismo puede que pensara el legislador de 2002 cuando, en contraposición al ya citado art. 406 LECrim (que se mantuvo y mantiene vigente), confirió al

En cualquier caso, la confesión debe ser valorada a la luz del criterio de libre apreciación de la prueba del artículo 741 LECrim, junto con todo el cuadro probatorio del que se disponga, habiéndose encargado la jurisprudencia del Tribunal Supremo de distinguir, a este respecto, entre la prueba de la existencia del delito (cuerpo del delito) y la prueba de la autoría, concluyendo que únicamente la primera no puede ser probada exclusivamente por la confesión[18]. No en vano, el artículo 699 LECrim, ya en sede de juicio oral, impide la conformidad del acusado (o, mejor, resta virtualidad a la confesión prestada en juicio), aun cuando venga ratificada por su defensor, en los casos en que no exista constancia del cuerpo del delito[19].

---

art. 779.1.5ª LECrim la siguiente redacción: "Si, en cualquier momento anterior [a la continuación de las diligencias previas por los trámites del Procedimiento Abreviado], el imputado asistido de su Abogado hubiere reconocido los hechos a presencia judicial, y estos fueran constitutivos de delito castigado con pena incluida dentro de los límites previstos en el artículo 801 [que se compadecen con la denominada "criminalidad de bagatela"], mandará convocar inmediatamente al Ministerio Fiscal y a las partes personadas a fin de que manifiesten si formulan escrito de acusación con la conformidad del acusado. En caso afirmativo, incoará diligencias urgentes y ordenará la continuación de las actuaciones por los trámites previstos en los artículos 800 y 801".

En esta línea, nótese que la reforma procesal de 2015 (concretamente la operada mediante Ley 41/2015, de 5 de octubre) trajo consigo la instauración en España del denominado procedimiento "monitorio" penal o por "aceptación de decreto", que permite, en esencia, la conversión de la propuesta sancionadora realizada por el Ministerio Fiscal en sentencia condenatoria firme en delitos de escasa gravedad (y se proponga pena de multa y/o privación del derecho a conducir vehículos a motor y ciclomotores), aunque el sujeto pasivo ni siquiera haya sido llamado a declarar, bastando con su mera comparecencia y aceptación de la propuesta asistido de Letrado (*vid.* el nuevo Título III bis introducido en el Libro IV de la LECrim). Sobre este procedimiento, *vid.* ASENCIO MELLADO, J.M. (2016). *El proceso por aceptación de decreto,* Valencia: Tirant Lo Blanch; y LÓPEZ SIMÓ, F. y CAMPANER MUÑOZ, J. (2017). *El proceso por aceptación de decreto o monitorio penal,* Madrid: Reus.

18 Desde la añeja STS de 18 de enero de 1989. *Vid.* las más recientes SSTS 1105/2007, de 21 de diciembre y 290/2010, de 31 de marzo.

19 En similar sentido, *vid.* la redacción del artículo 108.4º Borrador de Anteproyecto de Código Procesal Penal de 2013. El más reciente Anteproyecto de Ley de Enjuiciamiento Criminal de noviembre de 2020, que corrió la misma suerte que el anterior, guarda silencio a este respecto.

III. LAS DENOMINADAS "MANIFESTACIONES ESPONTÁNEAS"

Una vez analizadas las anteriores cuestiones, es momento, ahora sí, de preguntarnos si las manifestaciones espontáneas (incriminatorias) de los detenidos a la Policía sin asistencia letrada gozan de algún tipo de validez en el proceso penal español.

1. Tratamiento jurisprudencial

El punto de partida lo establece la STS 128/2018, de 20 de marzo, con cita de la 229/2014, de 25 de marzo: "desde luego no pueden ser calificadas como declaraciones espontáneas las manifestaciones de un imputado efectuadas sin abogado y las dependencias policiales en respuesta a un interrogatorio sobre los hechos. Constituiría un fraude procesal que no siendo prueba de cargo la autoincriminación en sede policial con asistencia letrada, salvo ratificación judicial, se admitiese como prueba la autoincriminación en un interrogatorio preliminar y sin información de derechos".

La STS 941/2012, de 29 de noviembre, recuerda que el artículo 17.3 CE garantiza la asistencia letrada al detenido en las diligencias policiales y judiciales en los términos que la Ley establezca, imponiendo la LECrim la asistencia letrada en las diligencias de declaración (artículo 520.2 c) LECrim), de tal manera que los datos obtenidos de una declaración prestada por un detenido prescindiendo de la expresada asistencia "*no pueden ser utilizados en su contra, en una investigación penal o como prueba de cargo*" al suponer una vulneración de ese derecho fundamental, excepto en los supuestos en que las manifestaciones espontáneas justifiquen una actuación urgente.

El problema -huelga tal vez decirlo- es que una vez ofrecido el dato por el detenido, la Policía puede obtenerlo por otro camino, silenciando incluso que la manifestación espontánea tuviera lugar o atribuyéndosela a informadores confidenciales. En el caso resuelto por esta sentencia, al comenzar el registro en el domicilio del detenido, éste precisó el lugar donde escondía droga. El alto tribunal, considerando que no aparecía en el acta de entrada y registro "*nada que indique una posible coacción, ni requerimiento alguno al detenido para que colaborara en la búsqueda*", concluyó que se trató de una manifestación espontánea; y, considerando que no existía ningún dato del que se infiriera que el hallazgo "*solo se habría producido a causa de la manifestación del detenido*" al constar que la sustancia estupefaciente fue hallada a la entrada de la finca, oculta entre unos arbustos, concluyó que podía entenderse que "*la reacción del detenido no fue otra cosa que el reconocimiento de aquello que inevitablemente iba a ser descubierto*", lo que determinaría la independencia del hallazgo con respecto a la eventual vulneración del derecho fundamental.

La STS 299/2013, de 27 de febrero, rechaza la validez probatoria de la declaración prestada en dependencias policiales sin asistencia letrada, a pesar de que el acusado (en su día, investigado) acudiese voluntariamente a la Comisaría, prestando declaración también voluntaria sin hallarse privado de libertad, en cuanto que estas circunstancias no eximían de la asistencia letrada que, aun no siendo expresamente exigida por la Constitución en estos supuestos, sí que lo es por la LECrim desde la reforma operada mediante Ley 38/2002, de 24 de octubre, que generalizó a través del artículo 767 la preceptiva asistencia de letrado a todo imputado, esté o no detenido, configurando tal derecho como indisponible[20], con la sola excepción introducida con posterioridad mediante Ley 13/2015, de 5 de octubre, que añadió el apartado 8º al artículo 520 LECrim, permitiendo al detenido renunciar a la preceptiva asistencia letrada "si su detención lo fuere por hechos susceptibles de ser tipificados exclusivamente como delitos contra la seguridad del tráfico, siempre que se le haya facilitado información clara y suficiente en un lenguaje sencillo y comprensible sobre el contenido de dicho derecho y las consecuencias de la renuncia", configurándose la expresada renuncia como revocable por el detenido en cualquier momento.

La STS 704/2013, de 25 de septiembre, sistematiza la jurisprudencia recaída hasta la fecha[21] sobre las manifestaciones espontáneas, resolviendo, en el caso concreto, que la manifestación que realizó la detenida a los agentes policiales precedida de la instrucción de sus derechos, de querer colaborar para la identificación de los destinatarios de la droga que le fue intervenida, todo ello en ausencia de abogado, no le causó indefensión alguna ni vul-

---

[20] Como atinadamente señala la referida STS, la redacción del artículo 767 LECrim, en sede de procedimiento abreviado, mal se armoniza con la dicción del art. 118 de la misma Ley, que se mantuvo inalterada con la expresada reforma. Mas, efectivamente, considerar que la indicada asistencia letrada no rige para los delitos más graves, no sería coherente ni asumible.
Tratándose de causas seguidas por delito, el derecho a la asistencia letrada tan sólo es renunciable, única y exclusivamente, si la detención se debe a un delito contra la seguridad del tráfico (art. 520.5 LECrim).

[21] Y que se mantiene vigente (*Vid. ad exemplum,* las SSTS 16/2014, de 30 de enero; 229/2014, de 25 de marzo; 112/2015, de 10 de febrero; 269/2016, de 5 de abril; 376/2017, de 24 de mayo; 597/2017, de 24 de julio; 645/2017, de 2 de octubre; 128/2018, de 20 de marzo; o la más reciente 87/2020, de 3 de marzo).

neración del derecho a la asistencia letrada. Como se ha dicho, la mentada resolución realiza un valioso recorrido por la jurisprudencia del Tribunal Supremo sobre esta materia[22], que puede resumirse del modo que sigue:

1º.- Aun siendo cierto que el artículo 17.3 CE exige que toda persona detenida debe ser informada de sus derechos, garantizándose la asistencia letrada a la misma tanto en diligencias policiales como judiciales, ninguna ley prohíbe que las personas detenidas realicen, de forma voluntaria y espontánea, manifestaciones a los agentes policiales confesando su culpabilidad o incluso ofreciéndose a colaborar con ellos. Y todo ello con independencia del móvil o finalidad perseguida.

2º.- Estas manifestaciones, para que sean válidas, deben haber tenido lugar con posterioridad a la información de derechos constitucionales.

3º.- Estas manifestaciones no pueden servir para fundamentar la convicción exclusivamente sobre ellas, debiendo, por tanto, corroborarse por otras fuentes complementarias que apunten en la misma dirección y que conduzcan de modo inequívoco a idéntica conclusión incriminatoria.

4º.- Lo prohibido es la indagación policial antes de la información de derechos o cuando ya se ha ejercido el derecho a no declarar[23], pero no la audición de manifestaciones por los funcionarios policiales.

5º.- Son válidas en juicio las declaraciones prestadas por los agentes policiales acerca de las manifestaciones espontáneas realizadas por los acusados, tras su detención y una vez informados de sus derechos.

6º.- No obstante lo expuesto hasta este lugar, los instructores del atestado no pueden formalizar por escrito este tipo de manifestaciones hechas sin la previa información de derechos, ni, por ende, suscribirlas el de-

---

22 SSTS 548/2001, de 3 de abril (con cita, a su vez, de las SSTS de 7 de febrero y 27 de marzo de 2000); 779/2003, de 30 de mayo; 25/2005, de 21 de enero; 418/2006, de 12 de abril; 292/2012, de 11 de abril; 662/2013, de 18 de julio; 365/2013, de 20 de marzo (con cita, a su vez, de las SSTS 1.571/2000, de 17 de octubre; 844/2007, de 31 de octubre; 667/2008, de 5 de noviembre; 1.030/2009, de 15 de octubre; y de otras ya reseñadas).

23 En esta línea, la más reciente STS 679/2019, de 23 de enero de 2020, es clara al declarar que “las manifestaciones expuestas por dos de los detenidos sin estar asistidos de letrado (...) si se produjeron como respuesta a preguntas de los agentes intervinientes, no se ajustarían a los protocolos legales que deben regir una detención y la investigación inicial.”

tenido. De producirse esto último, se trataría de una mera ilegalidad sin categoría de infracción constitucional necesaria para la aplicación de la sanción contemplada en el artículo 11.1 LOPJ, pero que debería reputarse nula (artículo 238.3º LOPJ) y, por tanto, ineficaz desde el punto de vista probatorio. Mas esta nulidad no afectaría a la validez y posible eficacia probatoria de las ulteriores diligencias practicadas conforme a la legalidad y a la Constitución (artículo 242.1 LOPJ).

7º.- Si las manifestaciones se efectúan antes de la información de derechos no podrán ser utilizadas como medio probatorio hábil para destruir la presunción de inocencia, mas sí como elemento coadyuvante para la investigación, de tal forma que esas declaraciones no serían nulas, pero tampoco serían utilizables como material probatorio de cargo.

En este escenario, ni qué decir tiene que la jurisprudencia considera válidas las manifestaciones realizadas por investigados que se personan de modo voluntario en dependencias policiales y admiten los hechos (es el supuesto tratado, por ejemplo, en la STS 87/2020, de 3 de marzo, que consideró un "indicio" el reconocimiento de hechos llevado a cabo por el investigado en las expresadas circunstancias[24]).

2. *Valoración crítica*

En nuestra opinión, el posicionamiento de la jurisprudencia objeto de comentario, que, por cierto, incurre en circunloquios innecesarios e impone exigencias sorprendentes -*v.gr.*, que se revele la manifestación espontánea por sorpresa en el juicio oral-, constituye un lamentable retroceso, en la medida en que todo lo que se ha logrado avanzar en materia de derechos fundamentales con la doctrina constitucional sobre la ausencia de validez de las declaraciones policiales si no hallan ratificación ante un

---

24 "Por último, en cuanto al indicio consistente en la ausencia de explicación del singular comportamiento por parte del acusado, quien de manera espontánea al día siguiente de autos, se presenta en el acuartelamiento de la Guardia Civil de Barbate, indicando que ha tenido conocimiento de que está siendo buscado por la Guardia Civil, y más tarde, a las 13:50 h, sin estar detenido, cuando se extiende el acta que él mismo firma, manifiesta que "reconoce estar involucrado, aunque dice ser un mero mediador entre ellos y que quiere manifestar quienes son los autores del delito", no se trata como pretende el recurrente de una confesión sin efecto alguno hecha sin letrado, sino de una manifestación espontánea del mismo a los agentes de la autoridad".

órgano judicial[25], aceptada por el Tribunal Supremo[26], queda convertido en hojarasca seca desde que en una fase previa al interrogatorio policial, y aun sin abogado, se confiere virtualidad a la eventual manifestación del detenido; y, además, a pesar de que la misma no sea ratificada en el interrogatorio policial ni en el judicial, se tolere su entrada en el procedimiento a través de la declaración testifical del agente que oye la manifestación espontánea. Cabe plantearse entonces qué eficacia y utilidad tienen los derechos a no declarar contra uno mismo y a no confesarse culpable ejercitados en su ámbito natural, el proceso, si una eventual manifestación espontánea, no ya en la declaración policial sino con carácter previo y sin asistencia letrada puede tener tan fácil entrada en el cuadro probatorio del juicio oral. Dejando al margen la imposibilidad de que el abogado defensor se cerciore de la comprensión de los expresados derechos por parte del detenido así como de su voluntaria renuncia a los mismos, éstos se habrían vaciado de contenido real indefectiblemente, sea cual fuere la conducta procesal del inculpado en el subsiguiente proceso. Esa manifestación le acompañará como una losa durante todo su peregrinaje judicial a pesar de que se habría producido en una fase preprocesal y en las especiales circunstancias de vulnerabilidad expuestas (y que se desarrollarán en el apartado 3.). Y, desde luego, no existirá garantía de que las manifestaciones fueran tales, ni de que fueran espontáneas y voluntarias.

Es más, resulta frecuente en la práctica que los agentes policiales realicen comentarios genéricos –incluso sugerencias- al detenido acerca de la supuesta conveniencia de colaborar con la investigación mediante técnicas más o menos sutiles, como puedan ser informar al detenido de la existencia de indicios incriminatorios que en realidad no existen (o no con la intensidad que se le transmite), o de una supuesta delación de otro detenido que en verdad no se ha producido; o incluso que, durante el traslado en el vehículo policial rumbo a la sala de interrogatorios, los agentes conversen entre sí sin dirigirse propiamente al detenido pero provoquen, voluntariamente o involuntariamente, alguna manifestación (¿espontánea?) por su parte.

---

25 Recuérdese, recogida en las SSTC 68/2010, 53/2013, 165/2014 y 33/2015.

26 Que incluso tomó el Acuerdo del Pleno no Jurisdiccional de 3 de junio de 2015, del que claramente se aparta la jurisprudencia del Tribunal Supremo cuando resuelve supuestos de manifestaciones espontáneas en cuanto que él mismo expresa claramente que aquéllas "no pueden operar como corroboración de los medios de prueba [ni] tampoco pueden ser incorporados al acervo probatorio mediante la llamada como testigos de los agentes policiales que las recogieron".

En palabras de la STS 128/2018, de 20 de marzo, las manifestaciones espontáneas de los detenidos constituyen "un material probatorio que debe ser valorado con cautela, de manera que resultara inobjetable que se ha obtenido sin vulneración de los derechos del acusado". Pero, y es preciso insistir en ello, la pregunta que debemos hacernos es si, en realidad, es posible alcanzar una mínima certeza acerca de si tales manifestaciones espontáneas se han "obtenido" sin vulneración de los derechos del investigado. Creemos que la respuesta es negativa. Nótese, ya de entrada, que el verbo utilizado por el alto tribunal, obtener, induce a equívocos, pues el Diccionario de la Real Academia Española lo define, en su primera acepción, como "alcanzar, conseguir y lograr algo que se merece, solicita o pretende", lo cual situaría a los agentes receptores de las manifestaciones en una situación activa de búsqueda de aquéllas, resultando ello, a no dudar, *incompatible* con la jurisprudencia objeto de comentario, toda vez que, como recuerda la STS 386/2017, de 24 de mayo, para conferir valor probatorio a las expresadas manifestaciones el alto tribunal exige que sean "realmente espontáneas, es decir, no provocadas directa o indirectamente por un interrogatorio más o menos formal".

Con la anterior argumentación no se pretende, ni mucho menos, plantear a modo de dogma inconmovible una presunción de incorrección en la actuación de los investigadores policiales, pero sí llamar la atención acerca del riesgo cierto de que situaciones como las expuestas tengan lugar como, de hecho, ha sucedido en más de una ocasión[27]. No en vano, y fuera del

---

[27] Muchas de las situaciones descritas no son nuevas, sino que se remontan a la época de la Inquisición. *Vid.* EYMERICO, N. (2010). *Manual de Inquisidores para uso de las Inquisiciones de España y Portugal,* Mompeller, 1821, Trad. de F. Marchena, Valladolid: Maxtor, pp. 20 a 26, donde se expresan las *"artes y mañas que usarán los inquisidores para saber la verdad por boca de los hereges"*: "(...) *si presumiere el inquisidor que está resuelto el reo aprehendido á no declarar su delito* (...) *le hablará con mucha blandura, dandole á entender que ya lo sabe todo, y diciendole estas ó semejantes razones:* Mira, hijo mio, te tengo mucha lastima; han engañado tu candor, y te pierdes miserablemente. Sin duda has errado; pero mas culpa tiene que tú el que te engañó: no te cargues de pecados agenos, ni quieras hacer de maestro siendo discípulo: confiesame la verdad, pues ves que todo lo se, para conservar tu buena fama, y que te pueda poner yo cuanto antes en libertad (...)". "(...) *y cuando negare el acusado cualquiera cosa (*cuando negat hoc vel illud) *hojeará el juez los autos donde estan los interrogatorios anteriores, diciendo:* está claro que no declarais verdad; no disimuleis mas. *De este modo el reo se cree convicto, y piensa que hay en los autos pruebas contra él* (Sic ut ille credat se convictum esse et sic apparere in processu). *Tambien puede el inquisidor hojear un legajo cualquiera, y cuando niegue el reo alguna cosa fingir que se*

específico supuesto que estamos tratando (manifestaciones "espontáneas" del detenido relatadas por agentes policiales), constituye lugar común que las declaraciones testificales de los investigadores policiales deben valorarse con suma cautela, en cuanto que surge, de modo inevitable, una sospecha objetiva de parcialidad en las mismas, en aquellos casos en los que la Policía no ha sido testigo presencial de un hecho por pura casualidad (como mero testigo pasivo), sino que sus declaraciones versan sobre hechos en los que ha intervenido activamente, mediante la realización de actos de investigación (erigiéndose en testigo activo)[28], de suerte que, como acertadamente apunta CLIMENT DURÁN[29], cabe apreciar en tales casos la posible concurrencia de un cierto interés policial en que el resultado de la expresada investigación se traduzca en una sentencia condenatoria.

Sea como fuere, no puede perderse de vista –como lo ha hecho la jurisprudencia objeto de comentario- que, en definitiva, el agente que oye la declaración espontánea no es más que un testigo de referencia (artículo 710 LECrim) y que el propio Tribunal Supremo ha considerado que tan sólo cabe acudir a este medio de prueba cuando no sea posible escuchar al genuino testigo: el directo, que, en estos casos, sería el acusado (*Vid.* por todas, la STS 96/2013, de 13 de febrero), por lo que, en nuestra opinión, también por este motivo debería estar vedada la utilización de "manifestaciones espontáneas" en el proceso penal.

Es interesante, por bienintencionada en la medida que matiza el valor de las manifestaciones espontáneas, la reciente propuesta de GUTIÉRREZ AZANZA[30], mas deja en el aire aspectos cuyo carácter irresoluble atentarían contra el principio de seguridad jurídica reconocido en el artículo 9.3 CE. A juicio de este autor, el derecho al silencio no evita que, "con ciertas condiciones, datos que [el detenido] manifestó a los agentes policiales, libremente, de forma espontánea y previamente a su declaración policial, puedan emplearse como medio de inferencia". Más allá de la indetermina-

---

pasma, diciendo ¿cómo podeis negar una cosa semejante, siendo tanta verdad?". "*Tambien podrá el inquisidor dar palabra al reo de que le perdonará* (…)".
Sobre la Inquisición, resulta de interés la obra de GONZÁLEZ-CUÉLLAR SERRANO, N. (2014). *Ecos de Inquisición,* Madrid: Castillo de Luna Ediciones Jurídicas.

28 CAMPANER MUÑOZ, J. (2011). "El valor de la mal llamada *"prueba pericial de inteligencia"* en el proceso penal", *Sepín, Sección Doctrina, SP/DOCT/15896.*

29 CLIMENT DURÁN, C. (1999). *La prueba penal (Doctrina y Jurisprudencia),* Valencia: Tirant Lo Blanch, p. 159.

30 GUTIÉRREZ AZANZA, D.A. (2022). "Silencio del acusado: ¿Una adecuada estrategia procesal?", *La Ley Penal,* N° 158.

ción que implica el término en este contexto (¿alcanzaría la categoría de indicio?), la dificultad reside en cómo establecer la premisa de la libertad y espontaneidad; así como, desde luego, la involución que supone aceptar la validez y suficiencia de las manifestaciones espontáneas. Incluso, este autor llega a rebajar las pretensiones de su propuesta al considerar que el dato ofrecido en la manifestación espontánea "únicamente podrá ser empleado a efectos argumentativos", lo cual nos situaría en el ámbito de la retórica, mas nos alejaría del debate probatorio.

3. Una mirada hacia los Estados Unidos de América

Precisamente, en lo relativo a las apuntadas especiales circunstancias de vulnerabilidad de los detenidos por agentes policiales, en los Estados Unidos de América –y salvando mucho las distancias tanto en lo que respecta a las diferencias entre ordenamientos jurídicos pero también en cuanto que lo que se expondrá va referido a los interrogatorios policiales propiamente dichos- en Norteamérica está siendo objeto de crítica la deriva que ha tomado su Corte Suprema en los últimos años[31], en cuanto que últimamente viene reforzando los poderes de los agentes policiales en los interrogatorios en detrimento de los derechos de los detenidos, tal y como expone WITMER-RICH[32], quien critica que en la actual Corte Suprema norteamericana, presidida desde 2005 por el Magistrado ROBERTS, contrariamente a lo que sucedió durante la presidencia del Magistrado WARREN (bajo cuyo mandato se elaboró la doctrina Miranda, que será objeto de nuestra atención más adelante), se haya abandonado la premisa subyacente que imperaba en dicho Tribunal consistente en que el sospechoso que se enfrenta a un interrogatorio policial resulta vulnerable al abuso y a la extralimitación policial, premisa que ha demostrado su solidez y sigue encontrado sustento en décadas de trabajo empírico[33]. Y es que la Corte ROBERTS ha pasado a presumir que el sospechoso es un agente autónomo capaz de defender sus intereses por sí mismo, sin asistencia letrada, lo que, en opinión –que compartimos- del

---

31 *Vid. Kansas v. Ventris,* 129 S. Ct. 1841 (2009); *Montejo v. Louisiana,* 129 S. Ct. 2079 (2009); *Florida v. Powell,* 130 S. Ct. 1195 (2010); *Maryland v. Shatzer,* 130 S. Ct. 1213 (2010); *Berghuis v. Thompkins,* 130 S. Ct. 2250 (2010).

32 WITMER-RICH, J. (2011). "Interrogation and the Roberts Court", *63 Florida Law Review,* pp. 1.189 y ss.

33 WITMER-RICH, J. (2011). "Interrogation and...", *op. cit.,* p. 1.194.

autor de referencia resulta erróneo[34]. En efecto, no es en absoluto suficiente, como sostiene la expresada Corte, que los agentes policiales respeten las reglas del juego limpio ("fair play") en el interrogatorio para concluir que, con ello, se protege adecuadamente el derecho del sospechoso a la no autoincriminación y a la asistencia letrada. El problema central de esta doctrina jurisprudencial sobre el juego limpio radica en que se presume que el interrogado conoce perfectamente sus derechos y es autónomo, independiente y está habilitado para proteger sus intereses[35].

Para comprender la génesis de la actual doctrina jurisprudencial sobre las confesiones policiales, es preciso remontarse al proceso penal norteamericano del siglo pasado[36]. Dejando al margen el significado de los escurridizos términos confesiones "involuntaria" y "coaccionada" en las décadas 50 y 60, durante siglos la regla de que la confesión era admisible siempre y cuando se hubiese efectuado de forma "voluntaria" venía a ser más o menos la alternativa a la regla de que la confesión era admisible siempre y cuando se hubiese efectuado libre de influencias que la convirtieran en "poco fidedigna" o "probablemente falsa".

En un principio, el fundamento de la exclusión de la confesión del investigado no se fijó en el privilegio a no declarar contra sí mismo en las actuaciones que tuvieran lugar en la comisaría y en otros interrogatorios con privación de libertad (tal evento no tuvo lugar hasta 1966, con la resolución del denominado caso *Miranda*[37], sobre el que se volverá más adelante), sino sobre la falta de credibilidad: la opinión de que las reglas que rigen la admisibilidad de las confesiones eran simplemente un sistema de garantías frente a las confesiones falsas. Ello podría explicar, por ejemplo,

---

34 WITMER-RICH, J. (2011). "Interrogation and…", *op. cit.*, *ibídem.*

35 WITMER-RICH, J. (2011). "Interrogation and…", *op. cit.*, p. 1.237.

36 Se va a seguir en este punto a ISRAEL, J.H., KAMISAR, Y., LAFAVE, W.R. y KING, N.J. (2012). *Proceso penal y Constitución de los Estados Unidos de Norteamérica. Casos destacados del Tribunal Supremo y texto introductorio,* Equipo investigador y traductor coordinado por GÓMEZ COLOMER, J.L., Valencia: Tirant Lo Blanch, p. 503 y ss.
También resultan de interés los trabajos de HELMHOLZ, R.H., GRAY, C.M., LANGBEIN, J.H., MOGLEN, E., SMITH, H.E. y ALSCHULER, A.W. (1997). *The privilege against self-incrimination. Its origins and development,* The University Chicago Press, Chicago & London.

37 *Miranda v. Arizona,* 384 U.S. 436, 86 S.Ct. 1602, 16 L.Ed.2d 694 (1966).

la exclusión de la confesión en *Brown v. Mississippi*[38], el primer caso de infracción del proceso legal debido de la Decimocuarta Enmienda de la Constitución de los Estados Unidos de América[39] en relación con la confesión, un supuesto en el que el ayudante del *sheriff* admitió que a un acusado le habían dado latigazos en comisaría, *"pero no demasiado para ser negro"*. No obstante, a medida que las salvajes prácticas policiales de los primeros casos[40] fueron superadas y se sofisticaron presentándose en forma de presiones más sutiles, se hizo más difícil la asunción de que las confesiones resultantes devenían escasamente fidedignas.

El caso *Ashcraft v. Tennessee*[41] constituye un valioso botón de muestra para ilustrar el cambio de fundamento de la exclusión de las confesiones. En este caso, el acusado había sido sometido a un prolongado interrogatorio "intrínsecamente coactivo", optando el Tribunal por inadmitir su confesión como prueba, pero apoyándose, en esencia, en la peligrosidad de los métodos policiales de interrogatorio, que podrían constituir fuente de abusos y culminar, en suma, en la ausencia de voluntariedad de la confesión.

En el asunto *Watts v. Indiana*[42] el Magistrado FRANKFURTER, redactor de la opinión principal, comentó que *"Al afirmar que el principio del proceso debido prohíbe la actuación policial que viole las nociones básicas de nuestro modelo acusatorio y vicia una condena basada en los frutos de tal actuación, aplicamos el principio del proceso debido en su función histórica de garantizar actuaciones apropiadas antes de que se restrinja la libertad o se quite la vida"*.

Sin embargo, el fundamento cambió y acabó residenciándose en el derecho de defensa, puesto que, como indicó la Corte Suprema norteamericana en el caso Miller v. Fenton[43], *"la rúbrica voluntariedad ha estado condenada de*

---

38 297 U.S. 278 (1936).

39 En cuya sección primera se garantiza, en síntesis, que ningún Estado podrá dictar ni dar efecto a cualquier ley que limite los privilegios o inmunidades de los ciudadanos de los Estados Unidos, ni privar a cualquier persona de la visa, la libertad o la propiedad sin el *debido proceso legal*, ni negar a cualquier persona que se encuentre dentro de sus límites jurisdiccionales la protección de las leyes, que deben ser iguales para todos.

40 El caso *Brown* fue seguido, entre otros, por los casos *Chambers v. Florida*, 309 U.S. 227 (1940) y *Ward v. Texas*, 316 U.S. 547 (1942), en los que las confesiones se arrancaron a los acusados mediante violencia o intimidación.

41 322 U.S. 143, 64 S.Ct. 921, 88 L.Ed. 1192 (1944).

42 338 U.S. 49, 69 S.Ct. 1357, 93 L.Ed. 1801 (1949).

43 474 U.S. 104 (1985).

forma muy diversa como ´inútil´, ´desconcertante´ y ´jurídicamente ambigua´". Por ello, como se ha avanzado, algunos miembros del expresado Tribunal buscaron un enfoque alternativo.

En el caso *Crooker v. California*[44] (cuya singularidad estriba en que el recurrente había estudiado Derecho durante un año, cursando la asignatura de Derecho Penal, indicando que conocía a la perfección su derecho a guardar silencio, no obstante lo cual, resultó condenado -a pena de muerte- por la supuesta confesión de un asesinato) una mayoría de cinco a cuatro Magistrados rechazó que el hecho de que se le hubiera denegado al detenido la asistencia de un abogado y continuado la Policía con el interrogatorio constituyera una violación del derecho a un proceso debido y a la asistencia letrada[45]. Sin embargo, los Magistrados discrepantes sostuvieron una posición que más tarde haría fortuna: *"las exigencias de nuestra civilización, expresadas en el principio del proceso debido exigen que el acusado que pida un abogado defensor debería tenerlo desde el momento que lo solicite después de su detención"*. En efecto, en los casos *Massiah v. United States*[46] y *Escobedo v. Illinois*[47] el Tribunal rechazó la confesión sin asistencia letrada[48], en el último caso incluso a pesar de que Escobedo había sido interrogado con anterioridad a que se hubiesen iniciado actuaciones "judiciales" y "adversariales" contra el mismo (lo que nos sitúa tal vez, si bien se mira, en el ámbito de las célebres "manifestaciones espontáneas") y sin informarle de su derecho absoluto a guardar silencio. Ello determinó[49] que muchos miembros de la judicatura y de la abogacía comen-

---

44 357 U.S. 433 (1958).

45 Conviene precisar que la Constitución de los EEUU, concretamente su Sexta Enmienda, garantiza la asistencia letrada en toda causa criminal, sin especificación de si también se le garantiza durante el interrogatorio policial. No obstante, en el caso *Powell v. State of Alabama,* 287 U.S. 45, 53 S.Ct. 55, 77 L. Ed. 158 (1932), el tribunal declaró que el interrogatorio policial es *"probablemente el período más trascendental del procedimiento, es decir, desde el momento de la comparecencia hasta el inicio del juicio, cuando la consulta con el abogado, la rigurosa investigación y preparación son esencialmente importantes, donde los acusados tienen tanto derecho a esa asistencia letrada en ese momento como en el juicio mismo"*.

46 377 U.S. 201, 84 S.Ct. 1199, 12 L. Ed.2d 246 (1964).

47 378 U.S. 478, 84 S.Ct. 1758, 12 L. Ed.2d 977 (1964).

48 Se da la particularidad de que *Massiah* ni siquiera sabía que estaba siendo interrogado por un agente de la policía, pues un coimputado que colaboró con la policía le tendió una trampa.

49 Como exponen ISRAEL, J.H., KAMISAR, Y., LAFAVE, W. y KING, N.J., *Proceso penal y Constitución..., op. cit.,* p. 513.

zaran a preocuparse en la medida en que interpretaron que este enfoque del derecho a la asistencia letrada en relación a la confesión amenazaría incluso la admisibilidad de las declaraciones "voluntarias" y crearía, en realidad, una suerte de nuevo derecho a no confesar salvo que tal acto se realizara conscientemente y con la táctica de la asistencia letrada. Pero, repárese en que, como sostuvo el Magistrado BLACK en su voto discrepante en el caso *In re Groban et alt.*[50]: *"Uno se puede imaginar a un fiscal cínico diciendo: 'Permitid que tengan a los más ilustres abogados, ahora. Ya tienen la soga al cuello. No hay nada que el abogado pueda hacer por ellos en el juicio´"*[51]. Y es que, efectivamente, como sostuvo el indicado Magistrado, el derecho a la asistencia letrada desde el comienzo formal del juicio sería una previsión realmente hueca si la condena hubiera sido ya asegurada mediante un examen previo al expresado momento procesal.

Retomando las enseñanzas contenidas en la resolución del caso *Escobedo,* el tribunal confesó –valga la redundancia-: *"Hemos aprendido la lección de la Historia, antigua y moderna, de que un sistema de justicia penal que pasa a depender de la "confesión" será, a la larga, menos fiable y más sujeto a abusos que un sistema que dependa de evidencias extrínsecas independientemente aseguradas por medio de una investigación hábil".*

El culmen de la evolución de la jurisprudencia norteamericana sobre esta materia tendría lugar en la Sentencia del caso *Miranda v. Arizona*[52]. Previamente, el Magistrado JACKSON, en su voto discrepante a la resolución mayoritaria del caso *Aschcraft,* había manifestado que la detención y el interrogatorio de un sospechoso durante treinta y seis horas era "intrínsecamente coactivo", pero que también lo era una detención e interrogatorio de una hora, de tal manera que el arresto sería, a su juicio, en sí mismo intrínsecamente coactivo como también lo sería la detención.

En el caso *Miranda* la Corte Suprema consideró, por una mayoría de 5 a 4, que la Constitución, y concretamente la Quinta Enmienda[53], prohíbe la utilización de todas las confesiones obtenidas en el "interrogatorio durante la detención" salvo que se utilicen "mecanismos de protección adecuados" para disipar la compulsión intrínseca que existe en tales interrogatorios. Los expresados mecanismos, aunque sin carácter exclusivo ni excluyente, serían

---

50 352 U.S. 330 (1957), nota a pie de página núm. 19.

51 *"One can imagine a cynical prosecutor saying: 'Let them have the most illustrious counsel now. They can´t escape the noose. There is nothing that counsel can do for them at the trial´".*

52 384 U.S. 436, 86 S.Ct. 1602, 16 L. Ed.2d 694 (1966).

53 Que, entre otros aspectos, garantiza el derecho a no declarar contra uno mismo.

las ya conocidas como "advertencias Miranda" (*Miranda warnings).* La mayoría concluyó que la acusación no puede utilizar declaraciones del acusado obtenidas en el interrogatorio policial salvo que demuestre que se dieron todas las garantías procesales para salvaguardar eficazmente el derecho a no declarar contra sí mismo, entendiendo por interrogatorio policial aquel que se inicia por los agentes de la Policía después de que se le haya detenido y se le conduzca a dependencias policiales o que se le haya privado de libertad de cualquier modo significativo. Y tales garantías serían las siguientes: antes del comienzo de cualquier interrogatorio se debe advertir a la persona de su derecho a guardar silencio, de modo que todo lo que diga podrá ser utilizado en su contra, y de que tiene derecho a un abogado[54]. En los Estados Unidos de América se da la peculiaridad de que el detenido puede renunciar a estos derechos, siempre y cuando tal renuncia sea consciente, deliberada y voluntaria. Sin embargo, en el caso objeto de comentario el Tribunal estableció que si en cualquier etapa del proceso de alguna manera el detenido indica que desea consultar a un abogado antes de hablar, el interrogatorio deberá interrumpirse hasta que se realice la pertinente consulta[55]. Asimismo, si el

---

[54] Y no a su mera presencia física, que es como se ha venido entendiendo por los funcionarios policiales españoles de modo ilógico, absurdo y arbitrario la previsión del artículo 520.2 c) LECrim. hasta la reforma procesal de 2015. En efecto, en el caso *Miranda* el tribunal declaró que el abogado puede aconsejar a su cliente que no hable con la policía hasta que él haya tenido la posibilidad de estudiar el caso (o puede querer estar presente mientras la policía le interroga). El letrado, al actuar de ese modo, expresa el tribunal, no hace más que ejercer su profesión de la mejor manera que le han enseñado y ello no implica que sea una amenaza para el cumplimiento de la Ley, sino que, más limitadamente, está actuando de conformidad con lo que en su día se comprometió bajo juramento: proteger los derechos de su cliente. Así, el tribunal concluyó que en el cumplimiento de esta responsabilidad el abogado desempeña un papel esencial en la administración de Justicia penal conforme a la Constitución. En palabras –sistemáticamente desoídas en la práctica hasta la entrada en vigor de la reforma de 2015- del Tribunal Constitucional español en su Sentencia 196/1987, de 11 de diciembre, la intervención del letrado en el interrogatorio policial del detenido "*responde a la finalidad, de acuerdo con lo dispuesto en el art. 520 de la Ley de Enjuiciamiento Criminal, de asegurar, con su presencia personal, que los derechos constitucionales del detenido sean respetados, que no sufra coacción o trato incompatible con su dignidad y libertad de declaración y que tendrá el debido asesoramiento técnico sobre la conducta a observar en los interrogatorios, incluida la de guardar silencio, así como sobre su derecho a comprobar, una vez realizados y concluidos con la presencia activa del Letrado, la fidelidad de lo transcrito en el acta de declaración que se le presenta a la firma*".

[55] Como expresa GRANO, J.D. (1993). *Confessions, Truth, and the Law,* Ann Arbor, The University of Michigan Press, p. 145, los detenidos deben tener el derecho a ser ayudados o aconsejados cuando están siendo interrogados por

sujeto está solo y de alguna manera indica que no desea ser interrogado, la Policía no podrá hacerlo.

El tribunal, con ponencia del Magistrado WARREN, resaltó que la práctica moderna de interrogatorio a una persona privada de libertad tiene una orientación más bien psicológica que física. El mismo tiene lugar en un espacio cerrado donde la privacidad se convierte en secreto, lo que determina una laguna de desconocimiento en la medida en que no se sabe de hecho qué sucede en las salas de interrogatorio. Allí, el aura de confianza en la culpabilidad del detenido mina su ánimo de resistir, limitándose éste a confirmar la historia preconcebida que la Policía pretende que le describa. Incluso, y ello sigue ocurriendo cincuenta años más tarde de la resolución del caso *Miranda,* la Policía recurre a ofrecer consejos legales falsos (aconsejarle colaborar como medio para ser puesto en libertad).

La interpretación de lo que debe entenderse por "interrogatorio" en el contexto de *Miranda* fue precisada en el caso *Rhode Island v. Innis*[56], donde el tribunal llegó a la conclusión de que las garantías de Miranda entran en juego siempre que una persona que se encuentre privada de libertad sea sometida bien a un interrogatorio expreso o a su "equivalente funcional", lo que supone que interrogatorio, *lato sensu,* puede ser cualquier palabra o acción por parte de la Policía que ésta debería saber que implicará la obtención de una respuesta incriminatoria del detenido. Ello determina, pues, en puridad, la validez de las manifestaciones realmente espontáneas.

Por último, es menester observar que la Corte Suprema declaró en el caso *United States v. Patane*[57] que a diferencia de registros ilegales de conformidad con la Cuarta Enmienda o "verdaderas" violaciones del proceso debido o principio de la prohibición de la autoincriminación, en el caso de una simple falta de información sobre los derechos que asisten al detenido no se trata de prevenir ningún comportamiento en concreto, de tal manera que no hay ninguna razón para aplicar la doctrina de los frutos del árbol envenenado utilizada en los casos relativos a la Cuarta Enmienda.

No en vano, como ya se ha visto, la doctrina *Miranda,* que constituyó el culmen del garantismo judicial, ha sufrido una involución en los últimos

---

la Policía, en cuanto que la Sexta Enmienda protege de presiones a los investigados, pero también de la toma de decisiones estratégicamente malas o imprudentes.

56 446 U.S. 291, 100 S.Ct. 1682, 64 L.Ed.2d 297 (1980).

57 542 U.S. 630, 124 S.Ct. 2620, 159 L. Ed.2d 667 (2004).

años. En efecto, el privilegio de no declarar contra sí mismo se limitó claramente en el caso *Berghuis v. Thompkins*[58], donde la Corte Suprema consideró que se debe entender que el imputado que ha recibido y comprendido las "advertencias Miranda" pero no las invoca, renuncia a su derecho a permanecer en silencio si declara voluntariamente en dependencias policiales[59].

Con este análisis comparado se ha pretendido poner de manifiesto que en los Estados Unidos de América, donde se ha estudiado en profundidad la especial vulnerabilidad de las personas detenidas, se ha criticado con sólido fundamento por parte de la doctrina la involución de la jurisprudencia en materia de garantías del detenido, siendo el núcleo esencial de la crítica la tan traída vulnerabilidad, que, a no dudar, se da en el escenario de cualquier "manifestación espontánea" en cuanto que no se puede garantizar el escrupuloso respeto de las mínimas garantías exigibles en ausencia de relevantes sujetos institucionales (juez y/o fiscal) y del "perro guardián" del derecho de defensa: el abogado. Ello requiere, pues, una seria reflexión por parte de los tribunales españoles.

IV. CONCLUSIÓN Y PROPUESTA DE MEJORA

Como puede colegirse fácilmente de lo expuesto hasta este lugar, consideramos que las denominadas manifestaciones espontáneas de los detenidos a los agentes policiales no deberían poder formar parte del acervo probatorio en el juicio oral debido al singular momento (tras una privación de libertad) y a las especiales circunstancias en las que tienen lugar (sin asistencia letrada y en ausencia de juez o fiscal), dándose, además, la peculiaridad de que, en puridad, los agentes que oyen esas denominadas manifestaciones espontáneas no son más que testigos de referencia[60], de

---

58 130 S.Ct. 2250, 2264 (2010).

59 Esta revisión ha sido criticada, por ejemplo, por MILLS, B. (2011). "Is silence still golden? The implications of *Berghuis v. Thompkins* on the right to remain silent", *Loyola of Los Ángeles Law Review, vol. 44*, pp. 1.179 a 1.195

60 A quienes, por cierto, la actual jurisprudencia sobre manifestaciones espontáneas otorga un valioso as en la manga para la acusación, a no dudar de dudosa buena fe y causante de indefensión por su carácter sorpresivo, al exigirse para la validez de aquéllas, en suma, que no se reflejen por escrito en el atestado policial, lo que implica que su primera "aparición" en el proceso tendrá lugar en el juicio oral, cuando ya no sea posible la práctica de prueba contradictoria, de suerte que no es en absoluto habitual que en fase de in-

tal manera que tan sólo cabría recurrir a su testimonio cuando no fuera posible escuchar al genuino testigo: el directo, que, en estos casos, sería el otrora detenido y a la postre acusado.

Sería, pues, tan sencillo, como seguir la acertada senda doctrinal marcada por la STC 68/2010, después acogida por el Tribunal Supremo en su Acuerdo del Pleno no Jurisdiccional de la Sala Segunda, de 3 de junio de 2015, en aras de no involucionar a pasos agigantados en materia de garantías procesales de los investigados -esas que se han forjado tras ingentes esfuerzos a los largo de los últimos años-; pues así, y sólo así, los derechos serán tomados en serio, según la célebre fórmula de DWORKIN[61], y evitaremos peligrosos acercamientos a la –en palabras del Magistrado ANDRÉS IBÁÑEZ en su voto particular a la STS 193/2008, de 30 de abril- historia de "horrores y errores" que ha albergado el proceso penal, precisamente, al haber estado informada por "criterios de pura eficiencia represiva sin principios" [62].

V. Bibliografía

ANDRÉS IBÁÑEZ, P. (2003). "Sobre el valor de la inmediación (una aproximación crítica)", *Jueces para la democracia. Información y debate* núm. 46.

ASENCIO MELLADO, J.M. (1989). *Prueba prohibida y prueba preconstituida,* Madrid: Trivium.

ASENCIO MELLADO, J.M. (2016). *El proceso por aceptación de decreto,* Valencia: Tirant Lo Blanch.

BUJOSA VADELL, L.M. (2007). "Pruebas de referencia y garantías procesales", *Diario La Ley* núm. 6821.

CAMPANER MUÑOZ, J. (2011). "El valor de la mal llamada *"prueba pericial de inteligencia"* en el proceso penal", *Sepín, Sección Doctrina, SP/DOCT/15896.*

CARNELUTTI, F. (2006). *Las miserias del proceso penal,* (Trad. de N. VÁZQUEZ), Librería EL FORO (Colección Clásicos del Derecho): Buenos Aires.

CLIMENT DURÁN, C. (1999). *La prueba penal (Doctrina y Jurisprudencia),* Valencia: Tirant Lo Blanch.

DE CASTRO, P. (2009). *Defensa de la tortura y leyes patrias que la establecieron: e impugnación del Tratado que escribió contra ella el Doctor Alfonso María de Acevedo,* Miguel Escribano, Madrid, 1778, Valladolid: Maxtor.

DE LA OLIVA SANTOS, A.- (2008). "Presunción de inocencia, prueba de cargo y sentencia de conformidad", en GÓMEZ COLOMER, J.L. (Coord.), *Prueba y proceso pe-*

strucción se lleve a cabo la diligencia de declaración testifical de los agentes policiales que procedieron a la detención del sospechoso.

61 *Vid.* DWORKIN, R. (2012). *Los derechos en serio,* Barcelona: Ariel Derecho, p. 303.

62 STS 551/2008, de 29 de septiembre.

nal. Análisis especial de la prueba prohibida en el sistema español y en el derecho comparado, Valencia: Tirant lo Blanch.

DEL MORAL GARCÍA, A. (2010). "Interrogatorio del acusado", en ESCOBAR JIMÉNEZ y DEL MORAL GARCÍA (Coords.), *El juicio oral en el proceso penal, 2ª ed.* Granada: Comares, Granada.

DWORKIN, R. (2012). *Los derechos en serio,* Barcelona: Ariel Derecho.

EYMERICO, N. (2010), *Manual de Inquisidores para uso de las Inquisiciones de España y Portugal,* Mompeller, 1821, Trad. de F. Marchena, Valladolid: Maxtor.

GARCÍA MUÑOZ, P.L. (2011). "Declaraciones de los sometidos al proceso penal en calidad de sospechosos, imputados o acusados", en *Estudios sobre prueba penal* (Dir. ABEL LLUCH, X., y RICHARD GONZÁLEZ, M.), Volumen II, Madrid: La Ley.

GASCÓN INCHAUSTI, F. (2023). "Justicia penal negociada y nueva Ley de Enjuiciamiento Criminal. Algunas reflexiones críticas a la luz de la experiencia jurídica estadounidense", pendiente de publicación (facilitado por su autor).

GRANO, J.D. 81993). *Confessions, Truth, and the Law,* Ann Arbor, The University of Michigan Press.

GONZÁLEZ-CUÉLLAR SERRANO, N. (2014). *Ecos de Inquisición,* Madrid: Castillo de Luna Ediciones Jurídicas.

GUTIÉRREZ AZANZA, D.A. (2022). "Silencio del acusado: ¿Una adecuada estrategia procesal?", *La Ley Penal,* Nº 158.

HELMHOLZ, R.H., GRAY, C.M., LANGBEIN, J.H., MOGLEN, E., SMITH, H.E. y ALSCHULER, A.W. (1997). *The privilege against self-incrimination. Its origins and development,* The University Chicago Press.

ISRAEL, J.H., KAMISAR, Y., LAFAVE, W.R. y KING, N.J. (2012). *Proceso penal y Constitución de los Estados Unidos de Norteamérica. Casos destacados del Tribunal Supremo y texto introductorio,* Equipo investigador y traductor coordinado por GÓMEZ COLOMER, J.L., Valencia: Tirant Lo Blanch.

LÓPEZ SIMÓ, F. y CAMPANER MUÑOZ, J. (2017). *El proceso por aceptación de decreto o monitorio penal,* Madrid: Reus.

MILLS, B. (2011). "Is silence still golden? The implications of *Berghuis v. Thompkins* on the right to remain silent", *Loyola of Los Ángeles Law Review, vol. 44.*

MORENO CATENA, V. (2008). "Los elementos probatorios obtenidos con la afectación de derechos fundamentales durante la investigación penal", en GÓMEZ COLOMER, J.L. (Coord.), *Prueba y proceso penal. Análisis especial de la prueba prohibida en el sistema español y en el derecho comparado,* Valencia: Tirant lo Blanch.

ROXIN, C. (1995). *Strafverfahrensrecht,* Münche: C.H. Beck.

SÁNCHEZ MELGAR, J. (2010). "Título V. Del procedimiento por delitos cometidos por medio de la imprenta, el grabado u otro medio mecánico de publicación", *Enjuiciamiento Criminal. Comentarios y Jurisprudencia* (Coord. SÁNCHEZ MELGAR, J.), Volumen II, Madrid: Sepín.

VÁZQUEZ SOTELO, J.L. (1984). *Presunción de inocencia del imputado e íntima convicción del Tribunal,* Barcelona: Bosch Casa Editorial.

VEGAS TORRES, J. (1993). *Presunción de inocencia y prueba en el proceso penal,* Madrid: La Ley.

WITMER-RICH, J. (2011). "Interrogation and the Roberts Court", *63 Florida Law Review.*

LA PROTECCIÓN DE DENUNCIANTES, TESTIGOS Y COLABORADORES CON LA JUSTICIA EN EUROPA Y AMÉRICA: ANÁLISIS COMPARATIVO Y PROPUESTAS PARA EL PROCESO PENAL EN ESPAÑA

JUAN CARLOS ORTIZ-PRADILLO[1]*
Profesor Titular de Derecho Procesal de la Universidad Complutense de Madrid
Instituto de Estudios Europeos e Integración Regional (IDEIR)

RESUMEN

El miedo a sufrir amenazas o represalias por haber denunciado un hecho ilícito constituye una de las principales razones por las que las personas rehúsan colaborar con las autoridades. Para facilitar dicha colaboración, los Estados han incorporado tradicionalmente a sus legislaciones sustantivas y procesales penales determinadas medidas de protección a testigos y víctimas. Y en la última década se constata la tendencia, generalizada a nivel internacional, de incorporar también medidas contra represalias laborales para quienes informen sobre irregularidades o conductas delictivas en el seno de las instituciones públicas y corporaciones privadas.

Esa específica actividad legislativa dirigida a armonizar las medidas de protección en el plano laboral no se ha traducido, sin embargo, en una mínima regulación común a nivel europeo de medidas de protección a favor de los testigos en los procesos penales. Y de igual modo, España no ha avanzado en una actualización de nuestra anticuada legislación interna sobre la misma materia.

ABSTRACT

Fear of threats or reprisals for reporting an unlawful act is one of the main reasons why people refuse to cooperate with the authorities. To facilitate such cooperation, States have traditionally incorporated certain measures for the protection of witnesses and victims into

1 * ORCID: 0000-0001-6092-6137. Profesor Titular (Catedrático acr.) de Derecho Procesal en la Universidad Complutense de Madrid. Cualquier comentario o aporte crítico será bien recibido en la siguiente dirección electrónica: juancarlosortiz@ucm.es.

their criminal justice. In the last decade there has been a widespread international trend to incorporate measures against labor retaliation for those who report irregularities or criminal behavior within public institutions and private corporations.

This harmonizing legislative activity in the labour field has not, however, resulted in a minimum common regulation at European level of protection measures in favour of witnesses in criminal proceedings. And in the same way, Spain has not advanced in updating our outdated internal legislation on the same matter.

PALABRAS CLAVE

Derecho de defensa. Colaboración con la Justicia. Protección de testigos. Protección laboral. Informantes. Proceso penal. Unión Europea. España.

KEYWORDS

Right to defense. Collaborator with Justice. Whistleblowing. Witness Protection. Criminal Proceedings. Anti-retaliation. European Union. Spain.

I. *SCIENTIA POTENTIA EST*: LA OBTENCIÓN DE INFORMACIÓN COMO INSTRUMENTO ESENCIAL PARA COMBATIR LA DELINCUENCIA GRAVE Y EL CRIMEN ORGANIZADO

Una de las características que mejor definen el actual contexto nacional e internacional en materia de lucha contra la delincuencia grave y la criminalidad organizada es la apreciable actividad legislativa dirigida a desarrollar medidas legales que legitimen y faciliten la obtención de fuentes de prueba sobre dicha tipología delictiva (v. gr., la regulación de especiales técnicas de investigación basadas en la utilización de la tecnología y de personas encubiertas), así como también aquellas otras medidas legales que incentiven y promuevan la aportación de información trascendental a las autoridades competentes encargadas de la prevención y represión de tales conductas, por parte de cualquier sujeto conocedor de la misma.

Ya hemos puesto de manifiesto que los Estados conciben dicho aporte de información como algo esencial para poder detectar y perseguir adecuadamente todo tipo de delincuencia grave, y no dudan en articular medidas calificables de «Justicia premial[2]» a favor de la delación con específicas medidas de protección a favor de quienes colaboren con las autoridades, incluso aunque hayan participado en los hechos delictivos. Los Estados buscan, desde antaño, potenciar al máximo la recepción de denuncias o, más genéricamente hablando, de información sobre cualquier conducta legalmente perseguible. Para poder desplegar el resto del arsenal legislativo destinado a prevenir, perseguir y castigar tales conductas (las citadas diligencias extraordinarias de investigación, las excepcionales reglas procesales durante los juicios sobre concretas tipologías delictivas, así como la aplicación de castigos penales y sanciones administrativas eficazmente disuasorias y preventivas), lo primero que necesitan las autoridades es obtener la mayor cantidad de información relacionada con la causa. «La información es poder», aunque lo cierto es que esta expresión no es la originariamente empleada por Francis Bacon (1561-1626), quien originariamente usó el aforismo *Scientia potentia est*; fue posteriormente Thomas Hobbes (1588-1679) quien utilizó la frase "el conocimiento es poder" en su obra *El Leviatán.*

Sea como fuere, dicha expresión cobra especial sentido cuando la aplicamos a las investigaciones delictivas. La posibilidad de conocer la composición e integrantes de una organización criminal, sus modos de actuación, sus conexiones internacionales, el lugar donde ocultan su patrimonio ilícito, etc., resulta un escenario especialmente valorado por las autoridades. Y para ello, vemos que, tanto los principales organismos internacionales, como la mayoría de los países, han impulsado importantes reformas legales para amplificar la recepción de todo tipo de informaciones referidas

---

2 Por todos, vid. ORTIZ PRADILLO, J. C. (2018). *Los delatores en el proceso penal. Recompensas, Anonimato, Protección y otras Medidas para incentivar una «Colaboración eficaz» con la Justicia.* Madrid: LA LEY Wolters Kluwer.

a posibles conductas ilícitas, bien por parte de las instituciones públicas y entidades privadas, bien por parte de las personas físicas.

II. LA NECESIDAD DE OTORGAR PROTECCIÓN A CAMBIO DE INFORMACIÓN

Los expedientes disciplinarios y los procesos judiciales finalizan, las medidas cautelares se alzan, las multas se pagan, las penas se cumplen... Pero, en muchísimas ocasiones, el investigado (en su caso, condenado) y el testigo cuyo relato fue la principal prueba condenatoria —así como sus respectivos familiares—, tendrán que seguir conviviendo en la misma localidad, cruzándose por las calles, seguir compartiendo entorno laboral, coincidir al llevar a sus hijos al colegio, etc. Y en múltiples ocasiones, los señalados con el dedo no son los condenados, sino quienes colaboraron con las autoridades para que se cumpliera la Ley.

En las causas referidas a la delincuencia grave y al crimen organizado, cualquiera que comparezca y aporte información puede llegar a arriesgar su vida e integridad física o la de sus familiares cuando cooperan con las autoridades, pero también es preciso poner de manifiesto que cualquiera que denuncie unos hechos, por leves que estos sean, se enfrenta a la tesitura de facilitar sus datos personales que finalmente acaban siendo conocidos por el denunciado, lo que puede dar lugar a intimidaciones y amenazas en lo personal, pero también a trabas, hostilidades y represalias en su carrera profesional, su reputación personal o la tranquilidad de sus vidas por el simple hecho de denunciar esos delitos o simples irregularidades cometidas por sus vecinos, compañeros o directivos.

Por ello, y junto con la adopción, en su caso, de concretas medidas de protección policial y judicial a favor de dichas personas en los procesos penales, en las últimas décadas se ha reclamado a los Estados que articulen también nuevas y específicas medidas de protección laboral frente a posibles represalias en dicho entorno con motivo de denunciar conductas ilícitas o irregularidades en el seno de su entidad o institución y cooperar con las autoridades.

Resulta, no obstante, que las particulares medidas legales de protección a favor de quien aporte información relevante para la investigación, así como su concreto estatuto jurídico a lo largo de las investigaciones que se lleven a cabo desde instancias oficiales, varían significativamente en función de quién sea el sujeto que colabore con las autoridades. Incluso las diferentes medidas articuladas por los Estados para incentivar y premiar dicho aporte de información son muy dispares según el sujeto informador sea un *colaborador con la Justicia*[3], un confidente o informante policial, un denunciante, un testigo, la víctima, o un *whistleblower*[4]. Todos estos «sujetos informadores» desempeñan un papel crucial en la detección, investigación y enjuiciamiento de la delincuencia grave, pero también pueden representar una eficaz herramienta para atajar rápidamente la corrupción en los negocios y en las Administraciones públicas, la delincuencia económica empresarial, así como cualquier conducta con perniciosas repercusiones en la libre competencia, el tráfico jurídico mercantil, la integridad y buen gobierno de las instituciones o la contratación pública.

Se trata, por tanto, de articular específicas medidas de protección, tanto procesales como no procesales (por ej., la inicial reserva de identidad de quien facilita información en cualquier procedimiento penal o administrativo) para garantizar que tales sujetos puedan declarar libremente y sin intimidación, y que sus vidas y las de sus familiares y demás personas cercanas estén protegidas antes, durante y después de los juicios, o que no se vean sometidos a intimidaciones y represalias en sus entornos sociales y laborales.

Por todo ello, y al igual que los principales organismos internacionales han impulsado desde hace décadas la firma de tratados internacionales para que los Estados incorporasen a sus leyes internas específicas medidas de protección procesal a favor de las víctimas, testigos y peritos en el seno de los procesos penales, también han impulsado una destacable armonización legislativa en materia de protección laboral: los Estados deben hacer frente a concretas situaciones de acoso laboral y regular expresamente la prohibición de la adopción de amenazas o represalias en el entorno laboral frente a quienes colaboren con las autoridades denunciando diversas

3 Dicha expresión se reserva internacionalmente a aquel sujeto que, habiendo participado en la conducta prohibida o en el entramado criminal, decide cooperar con las autoridades. Mientras que en España se utiliza la expresión *arrepentido*, heredada de la terminología italiana referida a los *pentiti*, en otros países se les denomina *colaboradores eficaces*.

4 Dicha expresión, importada del sistema anglosajón, se emplea para referirse a los empleados y demás personal con relación con la empresa o institución que comunican interna o externamente posibles irregularidades y conductas delictivas conocidas con motivo de su actividad profesional. Un estudio de las distintas medidas para incentivar dicha colaboración puede verse en ORTIZ PRADILLO, J. C. (2017). La delación premiada en España: instrumentos para el fomento de la colaboración con la justicia. *Revista Brasileira de Direito Processual Penal*, Vol. 3, pp. 39-70.

actividades irregulares, contrarias a la ética empresarial, e incluso, delictivas, que pudieran estar produciéndose en el seno de tales entidades.

Lo que llama la atención y se analiza en el presente trabajo es que, mientras en América y otras regiones se han reformado y actualizado las legislaciones internas, tanto en materia de protección policial y procesal, como en materia de protección laboral a favor de los denunciantes de corrupción y otras tipologías delictivas, en la Unión Europea —y como consecuencia de ello, en España—, se han llevado a cabo importantes iniciativas en aras a armonizar los sistemas legales de los Estados miembros a la hora de proteger en el terreno laboral a quienes aporten información sobre la existencia de irregularidades o conductas delictivas en el seno de corporaciones de derecho público o privado que afecten a los intereses de la Unión, así como también se han impulsado específicas normas en materia de protección a las víctimas de los delitos y, sin embargo, no se haya hecho lo mismo a la hora de tratar de armonizar los ordenamientos de los Estados integrantes de la Unión en una materia tan importante como lo es la protección procesal de los testigos en las causas criminales.

III. LA PROTECCIÓN LABORAL DEL COLABORADOR CON LA JUSTICIA: LATINOAMÉRICA AVANZA Y ESPAÑA Y LA UE CUMPLEN UN DEBER INTERNACIONALMENTE IMPUESTO

1. *Marco jurídico internacional*

Los principales organismos internacionales han reclamado insistentemente la necesidad de legislar sobre concretas medidas de protección en el entorno laboral a favor de quienes denunciaren a las autoridades (tanto estatales como de la propia organización o institución) posibles conductas fraudulentas o constitutivas de hechos delictivos.

Las Naciones Unidas, por ejemplo, ha advertido reiteradamente como la escasa disposición a denunciar obedece, en parte, al temor a sufrir represalias por ello. En la Convención de las Naciones Unidas contra la Corrupción de 2003 se aprecia como la ONU es consciente de que la información sobre conductas corruptas puede provenir de sujetos y fuentes muy diferentes. En su artículo 8.4, se alienta a los Estados a “establecer medidas y sistemas para facilitar que los funcionarios públicos denuncien todo acto de corrupción a las autoridades competentes cuando tengan conocimiento de ellos en el ejercicio de sus funciones”. En su artículo 13.2 se alude a la conveniencia de facilitar a la sociedad civil "el acceso a los órganos de lucha contra la corrupción para que el público denuncie, incluso de manera anónima, incidentes de corrupción". Y el artículo 33 alude expresamente a la protección "contra todo trato injustificado a las personas que denuncien ante las autoridades competentes, de buena fe y con motivos razonables, cualesquiera hechos relacionados con delitos tipificados con arreglo a la presente Convención".

La Guía Técnica de la Convención de las Naciones Unidas contra la Corrupción del año 2010 ya señaló la necesidad especifica de los Estados de establecer normas y procedimientos adecuados que faciliten las denuncias por parte de los funcionarios públicos "y lograr que se vean protegidos de las posibles represalias por parte de sus superiores (...). Ha de prestarse especial atención a la seguridad y confidencialidad de las denuncias estableciendo sistemas que garanticen que quienes hayan comunicado de buena fe sus sospechas de corrupción o negligencia profesional estén plenamente protegidos contra represalias abiertas o encubiertas. Además, es preciso proteger, al funcionario de toda forma de discriminación encubierta o de que su carrera se vea perjudicada en algún momento por haber denunciado casos de corrupción u otras transgresiones de las normas de la administración pública[5]".

Posteriormente, la Subdivisión de Lucha contra la Corrupción y los Delitos Económicos de la Oficina de las Naciones Unidas contra la Droga y el Delito (UNODC) llevó a cabo, dentro del Programa Temático Relativo a la Lucha contra la Corrupción, el Fraude Económico y los Delitos Relacionados con la Identidad (2012-2015), la Guía de recursos sobre buenas prácticas en la protección de los denunciantes del año 2016, en la que se explica por

[5] Vid la *Guía Técnica de la Convención de las Naciones Unidas contra la Corrupción*, p. 25. En su pág. 115 incide nuevamente en la necesaria protección laboral del denunciante, al señalar que "Los Estados parte podrían considerar la posibilidad de aplicar disposiciones y procedimientos que brinden a los denunciantes una protección judicial apropiada contra la pérdida del empleo, por ejemplo, la prohibición judicial del despido o el pago de daños y perjuicios. Además, pueden tener presente, la posibilidad de que los denunciantes sean víctimas de discriminación profesional. Por lo tanto, deben considerar la posibilidad de prever recursos judiciales contra este tipo de represalias. Las medidas para proteger a los denunciantes contra un despido injusto deben ser compatibles con las leyes laborales del Estado en cuestión. En los casos en que los empleadores puedan despedir a sus empleados sin razón, es posible que la debida protección de los denunciantes exija excepciones".

qué, en la lucha contra la corrupción, es de crucial importancia alentar y proteger a las personas que comunican información sobre presuntos casos de conducta corrupta. En la misma, se explicita como la protección del artículo 33 de la Convención de Mérida de 2003 se refiere a las personas que puedan tener información que no sea lo suficientemente detallada para considerarse probatoria en el sentido judicial del término, lo que significa que los Estados considerarán la posibilidad de otorgar protección "en cualquier caso y no solo cuando la persona preste testimonio como testigo o como perito en procedimientos jurídicos y, por consiguiente, reúna las condiciones para recibir protección como testigo[6]". Es decir, alienta a los Estados a proporcionar protección a cualquier persona, y considera que dichas medidas de protección en el lugar de trabajo "adquieren mayor importancia en los casos en que normalmente no se presta protección a los testigos, y son un arma más en el arsenal de los Estados partes para combatir la corrupción".

La protección laboral de los denunciantes también ha sido objeto de impulso por el grupo G20. Ya en la Cumbre de Seúl en noviembre de 2010, identificó la protección de los denunciantes como una de las áreas de alta prioridad en su agenda global contra la corrupción, y en el punto 7 del *Plan de Acción contra la Corrupción del G-20* acordaron que "Para proteger a los denunciantes que denuncien de buena fe los presuntos actos de corrupción frente a actos discriminatorios y represalias, los países del G-20 promulgarán e implementarán las normas de protección de denunciantes antes de finales de 2012. Para ello, aprovechando el trabajo existente de organizaciones como la OCDE y el Banco Mundial, los expertos del G-20 estudiarán y resumirán la legislación vigente sobre la protección de los denunciantes y los mecanismos de aplicación, y propondrán mejores prácticas sobre la legislación de protección de los denunciantes". Desde entonces, la protección del *whistleblower* ha sido uno de los ítems incluidos en los distintos Planes de acción anticorrupción del G20 y de su Grupo de Trabajo (*G20 Anti-Corruption Working Group,* ACWG). Así, en 2015 aprobaron los «Principios de Alto Nivel sobre Transparencia e Integridad del Sector Privado del G20 de 2015[7]» con el objetivo de fomentar el compromiso de las empresas, desde las pequeñas y medianas empresas (PYME) hasta las grandes empresas, de incorporar los controles internos, la ética y el cumplimiento, la transparencia y la integridad. Entre dichos principios, el

---

6 *Guía de recursos sobre buenas prácticas en la protección de los denunciantes,* pág. 7.

7 http://g20.org.tr/wpcontent/uploads/2015/11/G20-High-Level-Principles-on-Private-Sector-Transparency-and-Integrity.pdf.

núm. 17 abordaba los mecanismos de denuncia y la protección de los denunciantes instando a los Estados a "proporcionar mecanismos de denuncia efectivos y de fácil acceso y protección de denunciantes a los empleados y otras personas que denuncien, de buena fe y por motivos razonables, infracciones de la ley o violaciones de las políticas y procedimientos de la empresa. Y las empresas deben tomar las medidas apropiadas en respuesta a tales informes". Durante la presidencia japonesa del G20 en 2019, la protección de los denunciantes fue, de nuevo, uno de los temas prioritarios y se aprobaron los «Principios de Alto Nivel del G20 para la Protección Efectiva de los Denunciantes[8]» como un reconocimiento expreso al papel crucial que desempeñan los denunciantes para sacar a la luz las irregularidades y las represalias a las que a menudo se enfrentan. Y por último, en el vigente Plan de Acción Anticorrupción 2022-2024 aprobado por el G-20 en octubre de 2021, de nuevo se instó a los Gobiernos a establecer o fortalecer los marcos de protección para los denunciantes de irregularidades

La OCDE ha sido otra de las instituciones que más ha defendido una eficaz protección laboral para cualquier trabajador del sector público o privado frente a cualquier represalia, discriminación o sanción disciplinaria, tal y como se reclamaba en la *Recomendación de la OCDE de 1998 sobre la mejora de la Integridad Pública*, en las *Directrices de 2003 sobre el gobierno corporativo de las empresas públicas*, en la *Recomendación de 2009 para combatir el soborno de funcionarios públicos extranjeros en las transacciones comerciales internacionales*, así como en el propio Informe de 2016 sobre el *Compromiso hacia una Efectiva Protección del Denunciante*[9]. Y lo mismo cabe decir de Transparencia Internacional, cuyas iniciativas en materia de protección laboral de los whistleblowers quedaron recogidas en el Informe publicado en 2013 sobre los *Principios Internacionales en materia de Protección al Denunciante*[10], con el objetivo de servir como guía para formular nuevas normas y mejorar la legislación existente sobre denuncias tanto en el sector público como privado.

---

8 Los 12 principios pueden ser consultados en: https://www.nazaha.gov.sa/Media/Posts/G20_2019_High-Level-Principles_Whistleblowers.pdf.

9 *Committing to Effective Whistleblower Protection.* Publicado el 16 de marzo de 2016. Accesible online en la página web: http://www.oecd.org/corruption/committing-to-effective-whistleblower-protection-9789264252639-en.htm.

10 *International Principles For Whistleblower Legislation.* Informe publicado el 5 de noviembre de 2013. Versión online accesible en la página web: https://www.transparency.org/whatwedo/publication/international_principles_for_whistleblower_legislation.

También en Europa se ha defendido la necesidad de una adecuada protección al empleado frente a represalias laborales por haber denunciado irregularidades o ilícitos sucedidos en la empresa. En el Convenio Civil sobre la Corrupción de 1999[11], el Consejo de Europa estableció expresamente la obligación de los Estados Parte de establecer en su derecho interno "medidas de protección adecuadas contra toda sanción injustificada a los empleados que tengan motivos fundados de sospecha de corrupción y que denuncien de buena fe sus sospechas a las personas o autoridades responsables". Y lo mismo puede señalarse del Convenio Penal sobre la Corrupción[12], cuyo art. 22 obliga a los Estados Parte a adoptar las medidas legislativas y de otra índole que sean necesarias para garantizar una protección efectiva y apropiada de "las personas que proporcionen información relativa a los delitos tipificados de conformidad con los artículos 2 a 14 o que colaboren de otro modo con las autoridades encargadas de la investigación o de la persecución, así como a los testigos que presten testimonio en relación con esos delitos".

Además de ello, el Consejo de Europa ha advertido en diversas ocasiones sobre la conveniencia de adoptar este tipo de medidas de protección como una eficaz herramienta en la lucha contra la criminalidad organizada. Así, por ejemplo, en el Apéndice de la *Recomendación Rec (2001) 11 sobre principios rectores en la lucha contra el crimen organizado*, adoptado el 19 de septiembre de 2001, se instaba a los Estados Miembros a establecer medidas de protección de los «denunciantes» (whistleblowers) que denunciaren actos de corrupción u otras actividades delictivas cometidas en nombre de o en el seno de las personas jurídicas. En la posterior *Recomendación (2014) 7, de 30 de abril de 2014*, titulada precisamente "sobre la protección de los whistleblowers", se insiste en la importancia de promover las denuncias de información de interés público para fortalecer la transparencia y la rendición de cuentas democráticas y se insiste en recomendar que los Estados Miembros dispongan de un marco normativo, institucional y judicial para proteger a las personas que, en el contexto de su relación laboral, informen o divulguen información sobre amenazas o daños al interés público. A tal fin, en su Apéndice se concretan, entre otras medidas, que el empleador no debe sancionar a un empleado por haber realizado un infor-

---

11 Ratificado por España el 1 de diciembre de 2009. Publicado en el BOE núm. 78, de 31 de marzo de 2010.

12 Ratificado por España el 28 de abril de 2010. Publicado en el BOE núm. 182, de 28 de julio de 2010.

me o divulgación de interés público, o que los denunciantes deben estar protegidos contra las represalias de cualquier forma (despido, suspensión, degradación, pérdida de oportunidades de promoción, traslados forzosos y reducciones o deducciones de salarios, hostigamiento u otro trato punitivo o discriminatorio) que, directa o indirectamente, sean efectuadas por su empleador y por las personas que trabajen para o actúen en nombre del empleador. Y en la *Recomendación Rec(2016) 4, de 13 de abril de 2016, sobre la protección del periodismo, la seguridad de los periodistas y de otras personas relacionadas con los medios de comunicación*, el Consejo de Europa vuelve a recordar a los Estados miembros la necesidad de un marco legislativo amplio que permita a los periodistas ya otros agentes de los medios de comunicación contribuir eficazmente y sin temor al debate público a través de disposiciones que garanticen el acceso público a la información, la privacidad y la protección de datos, la confidencialidad y la seguridad de las comunicaciones y la protección de las fuentes periodísticas y de los denunciantes (*whislteblowers*), con mención expresa a "la importancia de leyes laborales adecuadas para proteger a los periodistas y otros actores mediáticos de los despidos o represalias arbitrarias y de condiciones de trabajo precarias que pueden exponerlos a presiones indebidas para apartarse de la ética y las normas periodísticas aceptadas".

2. Marco jurídico en la Unión Europea

La Unión Europea también ha aprobado recientemente una importante normativa en materia de protección laboral de los denunciantes de corrupción: la *Directiva europea sobre whistleblowing*[13] con específicas enumeraciones de las diversas «represalias laborales» a evitar (suspensión, despido, destitución o medidas equivalentes; degradación o denegación de ascensos; cambio de puesto de trabajo, cambio de ubicación del lugar de trabajo, reducción salarial o cambio del horario de trabajo; imposición de cualquier medida disciplinaria, amonestación u otra sanción, incluidas las sanciones pecuniarias; coacciones, intimidaciones, acoso u ostracismo; discriminación, o trato desfavorable o injusto; no conversión de un contrato de trabajo temporal en uno indefinido, en caso de que el trabajador tuviera expectativas legítimas de que se le ofrecería un trabajo indefinido; no

13 Se trata de la Directiva (UE) 2019/1937 del Parlamento Europeo y del Consejo, de 23 de octubre de 2019, relativa a la protección de las personas que informen sobre infracciones del Derecho de la Unión. DOUE L 305, de 26 de noviembre de 2019, pág. 17. En adelante, se aludirá a la misma como la *Directiva sobre whistleblowing*.

renovación o terminación anticipada de un contrato de trabajo temporal; inclusión en listas negras sobre la base de un acuerdo sectorial, informal o formal, que pueda implicar que en el futuro la persona no vaya a encontrar empleo en dicho sector; anulación de una licencia o permiso; etc.).

En la Comunicación de la Comisión al Parlamento Europeo, al Consejo y al Comité Económico y Social Europeo «Reforzar la protección de los denunciantes en la UE», de 23 de abril de 2018[14], se daba cuenta de que, según la encuesta especial del Eurobarómetro sobre corrupción de 2017, en torno a uno de cada tres europeos (29 %) consideraba que no debería denunciarse la corrupción ya que no hay protección para quienes la denuncian. En la consulta pública de 2017 de la Comisión, el miedo a las consecuencias legales y financieras fue la razón más citada para justificar por qué los trabajadores no denuncian las irregularidades. Y en la encuesta *Global Business Ethics Survey* de 2016, realizada a más de 10.000 trabajadores en los sectores privado, público y sin ánimo de lucro en trece países, se indicaba que el 33% de los trabajadores habían tenido conocimiento de faltas; el 59% de ellos las denunciaron, y el 36% de estos sufrieron represalias.

El principal motivo aludido en la propia Directiva 2019/1937 para acometer dicha iniciativa se residenciaba en que "Actualmente, la protección de los denunciantes en la Unión se encuentra fragmentada en los diferentes Estados miembros y es desigual en los distintos ámbitos. Las consecuencias de las infracciones del Derecho de la Unión con dimensión transfronteriza de las que informan los denunciantes muestran cómo una protección insuficiente en un Estado miembro no solo incide de forma negativa en el funcionamiento de las políticas de la Unión en ese Estado miembro, sino que puede extenderse también a otros Estados miembros y a la Unión en su conjunto (considerando 4)" y por ello, se defendía que "Deben aplicarse normas mínimas comunes que garanticen una protección efectiva de los denunciantes en lo que respecta a aquellos actos y ámbitos en los que sea necesario reforzar la aplicación del Derecho, en los que la escasez de denuncias procedentes de denunciantes sea un factor clave que repercuta en esa aplicación, y en los que las infracciones del Derecho de la Unión puedan provocar graves perjuicios al interés público (considerando 5)", como así se hizo.

---

[14] COM(2018) 214 final

3. Marco jurídico en los EE. UU.

En los EE. UU., la protección laboral de los *whistleblowers* se considera un eficaz mecanismo para dotar de transparencia y buena gobernanza a las corporaciones privadas, así como a la actuación de las instituciones y agencias federales, además de estimarse que también ayuda como instrumento para conocer posibles casos de corrupción en las administraciones públicas o de conductas ilícitas por parte de las empresas y entidades privadas, pues tales disposiciones no sólo pretenden destapar actuaciones delictivas, sino cualquier otra actividad que se considere rechazable (discriminación, abuso de autoridad, peligros para la salud pública o la seguridad, etc.). Y el argumento común sobre el que pivotan las medidas de protección laboral frente a represalias se residencia en la Primera Enmienda de la Constitución estadounidense, que protege la libertad de expresión, de modo que se protegen así las revelaciones que efectúen los denunciantes de buena fe.

En su momento, la *False Claims Act* de 1863, la *Lloyd–La Follette Act* de 1912 o la *Freedom of Information Act (FOIA)* de 1966 perseguían potenciar la colaboración de los ciudadanos con las instituciones públicas y fomentar la denuncia de actuaciones irregulares de las agencias federales, mientras que la *Civil Service Reform Act* de 1978 y la *Whistleblower Protection Act* de 1989 se centraron en la potenciación de la protección de los funcionarios públicos y de los empleados de empresas privadas frente a posibles represalias en su entorno laboral con motivo de haber denunciado irregularidades internas, y más concretamente en materia de conductas de discriminación laboral se aprobó la *No FEAR Act* de 2002 (*Notification and Federal Employee Antidiscrimination and Retaliation Act*)[15].

La *Whistleblower Protection Act* de 1989 introdujo las secciones § 2302 y siguientes en el Título 5 del Código Federal Estadounidense (U. S. Code) para prohibir todo tipo de represalias (calificadas como "prácticas de personal prohibidas") por el hecho de que el denunciante efectuase cualquier tipo de revelación sobre mala conducta por parte de funcionarios del gobierno, calificando como tales las de evitar un ascenso, una reincorporación; una restauración; un nuevo empleo; así como la decisión de ordenar pruebas o exámenes psiquiátricos; la implementación o cumplimiento de cualquier política, formulario o acuerdo de no divulgación; y cualquier otro cambio significativo en los deberes, responsabilidades o condiciones de trabajo. Dicha norma se remite a dos agencias específicas encargadas

15 Con más detalle, vid. ORTIZ PRADILLO, J. C. (2018). *Los delatores...*, op. cit., p. 94.

de tramitar tales revelaciones: la *Office of Special Counsel* (OSC) y el *Merit Systems Protection Board* (MSPB). Si la primera estima que existen suficientes argumentos para considerar que se ha producido una práctica de personal prohibida, remitirá el asunto al MSPB, el cual podrá ordenar acciones correctivas como i) ordenar que se ubique a la persona protegida en la posición laboral en la que habría estado si no se hubiera producido la práctica prohibida del personal; y ii) Pago retroactivo y beneficios relacionados, costos médicos incurridos, gastos de viaje, cualquier otro daño consecuente razonable y previsible y daños compensatorios (incluidos intereses, honorarios razonables de testigos expertos y costos).

La *Sarbanes-Oxley Act* de 2002, por su parte, se refiere a las revelaciones efectuadas con respecto a entidades sometidas a cotización bursátil en los EE. UU. Esta ley considera represalias una amplia variedad de conductas, como puedan ser los traslados y degradaciones, colocar a la persona en listas negras, reasignaciones a posiciones inferiores, sometimiento a evaluaciones psicológicas, etc.; además, incluyó penas de cárcel sobre quienes lleven a cabo actos de discriminación contra los denunciantes. Y, sobre todo, esta ley es mundialmente conocida por haber potenciado los canales internos de denuncia y los Programas de Cumplimiento —*Compliance*—, dado que su ámbito de aplicación no se limita únicamente a las empresas estadounidenses, sino también a sus filiales radicadas en otros países, así como las empresas no estadounidenses que cotizan en bolsa en los EE. UU., que podrían ser sancionadas por las autoridades norteamericanas ante el incumplimiento de dichos Programas. Cualquier persona que alegue ser víctima de algún tipo de represalia puede ejercer la acción reconocida en la sección §1514 del Título 18 U.S.C., sin perjuicio de poder acudir en primer lugar ante la *Office of Safety and Health Administration* (OSHA) para que se investiguen tales represalias, y sin perjuicio de las sanciones que pueda llegar a adoptar la *Securities and Exchange Comision* (SEC).

Por último, la citada *False Claims Act* desarrolló, en los apartados §§ 3729 - 3733 de la Sección 31 *U. S. Code* las llamadas acciones *qui tam* a favor del ciudadano —denominado "relator"— que ejercite acciones en nombre del gobierno contra el defraudador, y en virtud de las cuales dicho ciudadano podrá recibir una parte (entre el 15 y el 25 por ciento) de la cantidad recuperada por el gobierno. Si el gobierno rechaza intervenir en la acción, la participación del relator se aumenta del 25 al 30 por ciento, aunque en determinadas circunstancias, la parte correspondiente al relator podrá reducirse al 10 por ciento. Además de ello, dicha Ley también contiene también una sección (§ 3730(h)1) para el caso de que se produzcan represalias, conforme a la cual cualquier empleado, contratista o agente tendrá derecho a todas las reparaciones necesarias para reponer por completo al mismo si fuera despedido, degradado, suspendido, amenazado, acosado o de cualquier otra manera discriminado en los términos y condiciones de empleo debido a actos legales realizados por el empleado, contratista, agente u otros asociados en cumplimiento de una acción bajo esta sección u otros esfuerzos para detener una o más violaciones de este subcapítulo.

4. Marco jurídico en Latinoamérica

En el ámbito latinoamericano merece especial reconocimiento la Convención Interamericana contra la Corrupción de 1996 como la principal herramienta legal en materia de lucha contra la corrupción en el hemisferio americano, entre cuyas medidas preventivas destinadas a mitigar los riesgos de corrupción, el inciso 8º de su artículo III dice literalmente: "A los fines expuestos en el Artículo II de esta Convención, los Estados Partes convienen en considerar la aplicabilidad de medidas, dentro de sus propios sistemas institucionales, destinadas a crear, mantener y fortalecer: Sistemas para proteger a los funcionarios públicos y ciudadanos particulares que denuncien de buena fe actos de corrupción, incluyendo la protección de su identidad, de conformidad con su Constitución y los principios fundamentales de su ordenamiento jurídico interno".

Además, también resulta destacable la *Ley Modelo para Facilitar e Incentivar la Denuncia de Actos de Corrupción y Proteger a sus Denunciantes y Testigos* elaborada por la OEA en 2013. Junto con la posibilidad de permitir la presentación de denuncias reservándose su identidad (arts. 9 y 11) y la fijación, como medida básica, de la necesidad de facilitar asistencia legal para los hechos relacionados con su denuncia (art. 17), en dicha Ley Modelo se proponían las siguientes y explícitas medidas de protección laboral para los denunciantes de actos de corrupción (art. 18): 1. Traslado de dependencia administrativa dentro de la entidad, 2. Traslado de centro de trabajo según sea el caso, 3. Suspensión con goce de haber del trabajo sin generar precedentes reprochables, 4. Otras que considere la autoridad.

A nivel estatal, sin embargo, muy pocos países latinoamericanos han aprobado leyes específicas en materia de protección laboral a favor del denunciante de corrupción.

4.1. Perú

Uno de ellos fue Perú, cuya Ley N.° 29542, de 22 de junio de 2010, perseguía proteger y otorgar beneficios a los funcionarios y servidores públicos, o a cualquier ciudadano, que denuncien en forma sustentada la realización de hechos arbitrarios o ilegales que ocurran en cualquier entidad pública y que puedan ser investigados o sancionados administrativamente. Dicha ley está dirigida tanto a los funcionarios y servidores públicos, como a cualquier ciudadano, que denuncien en forma sustentada la realización de hechos arbitrarios o ilegales que ocurran en cualquier entidad pública y que puedan ser investigados o sancionados administrativamente (arts. 1 y 5).

Su artículo 8 dispone, como principales medidas de protección, las siguientes: a) La reserva de su identidad. b) la prohibición de que el denunciante pueda ser cesado, despedido o removido de su cargo a consecuencia de la denuncia calificada y admitida. c) la realización de inspecciones laborales por parte del Ministerio de Trabajo para constatar la existencia de actos de hostilización contra el denunciante comprendidos en el Decreto Legislativo núm. 728 y en otras normas conexas. d) La reducción gradual de la sanción administrativa, en los casos en que el denunciante sea copartícipe de los hechos denunciados. e) La posibilidad de recibir, como recompensa, un porcentaje de lo efectivamente cobrado por el Estado, en los casos en que los hechos denunciados constituyan infracción prevista en norma administrativa y sea sancionada con multa. El desarrollo reglamentario de la citada Ley se contiene en el Decreto Supremo N° 038-2011.

Además, el Decreto Legislativo N° 1327, 6 de enero de 2017, también prevé medidas de protección para el denunciante de buena fe de actos corrupción. Su ámbito de aplicación resulta más amplio, por cuanto su art. 4.2 define como "denunciante" a toda persona natural o jurídica que, en forma individual o colectiva, pone en conocimiento de la institución, a través de sus órganos competentes, un acto de corrupción. El denunciante es un tercero colaborador de la Administración Pública y del Sistema de Justicia. No es parte del procedimiento administrativo disciplinario, procedimiento administrativo funcional o proceso penal que pueda generar su denuncia. No constituye impedimento para denunciar la nacionalidad, sexo, minoría de edad, residencia, la incapacidad legal del denunciante, su internamiento en un centro de readaptación social o de reclusión, escuela, hospital, clínica o, en general, cualquier relación especial de sujeción o dependencia de hecho o derecho a tercera persona. Su artículo 6 fija como principio general la absoluta reserva de la información relativa a la identidad del denunciante cuando este lo requiera, a la materia de denuncia, y a las actuaciones derivadas de la misma, así como también se garantiza la reserva de la información relativa a la identidad del denunciado hasta la emisión de la resolución sancionatoria que pone fin al procedimiento. Y Como específicas medidas de protección al denunciante, el art. 9 dispone, además de la reserva de identidad de aquél, la facultad de la autoridad administrativa de otorgar otras medidas de protección laboral necesarias y adecuadas, aunque no las desarrolla explícitamente.

4.2. Colombia

En Colombia, la Ley 1010 de 2006 por medio de la cual se adoptan medidas para prevenir, corregir y sancionar el acoso laboral y otros hostigamientos en el marco de las relaciones de trabajo fue una de las primeras en disponer qué debía entenderse por acoso laboral, con todo un catálogo explícito y ejemplificativo de conductas (art. 7), aunque con importantes límites en cuanto al alcance subjetivo de dicha norma, pues no se aplica en el ámbito de las relaciones civiles y/o comerciales derivadas de los contratos de prestación de servicios en los cuales no se presenta una relación de jerarquía o subordinación, así como tampoco se aplica a la contratación administrativa.

Posteriormente, el Decreto 4912 de 2011 por el cual se organiza el Programa de Prevención y Protección de los derechos a la vida, la libertad, la integridad y la seguridad de personas, grupos y comunidades del Ministerio del Interior y de la Unidad Nacional de Protección, también fijó todo un listado de medidas para la integridad y la seguridad de personas, grupos y comunidades que se encuentran en situación de riesgo extraordinario o extremo como consecuencia directa del ejercicio de sus actividades o funciones políticas, públicas, sociales o humanitarias, o en razón del ejercicio de su cargo.

El alcance subjetivo de dicho Decreto es muy superior al de la Ley 1010 de 2006, pues su art. 6 (modificado por el art. 2 del Decreto Nacional 1225 de 2012) incluye a dirigentes o activistas de grupos políticos y especialmente de grupos de oposición; dirigentes, representantes o activistas de organizaciones defensoras de derechos humanos, de víctimas, sociales, cívicas, comunales o campesinas; testigos de casos de violación a los derechos humanos y de infracción al Derecho Internacional Humanitario; periodistas y comunicadores sociales; o servidores públicos. Sin embargo, lo cierto es que las medidas de prevención y protección dispuestas en su Capítulo III se refieren esencialmente a medidas de protección policial, y no tanto a medidas de prevención y represión de represalias laborales por el hecho de colaborar o informar a las autoridades. No existe, en puridad, una normativa propia de medidas de protección laboral que favorezca la denuncia por parte de empleados del sector privado como un mecanismo fundamental para la lucha contra la corrupción.

La reciente Ley 2195 de 2022, de 18 de enero, articula la necesidad de incorporar programas de transparencia y ética empresarial, manifestación de la incorporación de la cultura del *Compliance* empresarial a Colombia. En este sentido, se ha reformado el artículo 73 de la Ley 1474 de 2011 para exigir que tales Programas incluyan, entre otras cosas, "Canales de denuncia conforme lo establecido en el artículo 76 de la Ley 1474 de 2011". Dicha Ley de 2011, al referirse al denominado «Plan Anticorrupción y de Atención al Ciudadano», contempla que en toda entidad pública exista una Oficina de Quejas, Sugerencias y Reclamos encargada de recibir, tramitar y resolver las quejas, sugerencias y reclamos que los ciudadanos formulen, y que se relacionen con el cumplimiento de la misión de la entidad, así como "denuncias de los actos de corrupción realizados por funcionarios de la entidad, y de los cuales tengan conocimiento".

El artículo 43 de la Ley 1474 de 2011 incorporó la prohibición expresa de represalias para los denunciantes de hechos de corrupción, pero circunscribía el concepto de denunciantes de corrupción, a los efectos de prohibir cualquier tipo de represalia directa o indirecta, a los servidores públicos. Dicha norma fue derogada por el artículo 265 de la Ley 1952 de 2019, por el que se creó un nuevo Código General Disciplinario, y se reemplazó la prohibición de represalias a los denunciantes de corrupción por dos concretas disposiciones: El numeral 36 del artículo 38 establece el deber de *Ofrecer garantías a los servidores públicos o a los particulares que denuncien acciones u omisiones antijurídicas de los subalternos o particulares que administren recursos públicos o ejerzan funciones públicas.* Y el numeral 10 del artículo 62 también dispone expresamente como actuación sancionable como falta contra la moralidad pública el hecho de *cometer, directa o indirectamente, con ocasión de sus funciones o excediéndose en el ejercicio de ellas, acto arbitrario e injustificado contra otro servidor público que haya denunciado hechos de corrupción.*

Por lo tanto, tan sólo existen ciertas disposiciones de protección laboral cuando el denunciante tiene la consideración de empleado público, pero no existen medidas equiparables cuando el denunciante trabaja en el sector privado.

4.3. Chile

En Chile tampoco existe una normativa general que regule medidas de protección para el denunciante, quedando relegado su tratamiento a cada una de las normativas sectoriales, lo que genera un espacio de incertidumbre[16]. La Ley 20.205, de 13 de julio de 2007, que protege al funcionario que denuncia irregularidades y faltas al principio de probidad modificó la Ley 18.834, sobre Estatuto Administrativo, añadiendo un nuevo art. 90A, según el cual los funcionarios que ejerzan las acciones a que se refiere la letra k) del artículo 61[17] tendrán los siguientes derechos: a) No podrán ser objeto de las medidas disciplinarias de suspensión del empleo o de destitución, desde la fecha en que la autoridad reciba la denuncia y hasta la fecha en que se resuelva en definitiva no tenerla por presentada o, en su caso, hasta noventa días después de haber terminado la investigación sumaria o sumario, incoados a partir de la citada denuncia. b) No ser trasladados de localidad o de la función que desempeñaren, sin su autorización por escrito, durante el lapso a que se refiere la letra precedente. c) No ser objeto de precalificación anual, si el denunciado fuese su superior jerárquico, durante el mismo lapso a que se refieren las letras anteriores, salvo que expresamente la solicitare el denunciante. Si no lo hiciere, regirá su última calificación para todos los efectos legales. Y en los mismos términos, el artículo 2 de la referida Ley 20.205 incorporó también un nuevo art. 88A a la Ley 18.883, que aprueba el Estatuto Administrativo para Funcionarios Municipales.

Sin perjuicio de ello, Chile Transparente (el Capítulo chileno de Transparencia Internacional) cuenta con su propio Centro de Asistencia Legal Anticorrupción (ALAC) desde abril de 2018, en el que brinda asistencia legal gratuita a víctimas, testigos y/o denunciantes de corrupción de hechos que involucren a autoridades y/o funcionarios públicos, consistente en asesoría legal gratuita y especializada, además de poner a disposición de los ciudadanos un canal de denuncia (www.denunciacorrupcion.cl). Y *lege ferenda*, a mediados de 2020 se presentó en la Cámara de los Diputados un Proyecto de Ley (Boletín n° 13565-07) por el que se "Establece un nuevo Estatuto de Protección en favor del Denunciante", y cuyo objetivo persigue "*fortalecer y perfeccionar los mecanismos existentes en nuestra legislación para promover que, no solo los funcionarios públicos, sino que todas las personas que*

---

16 RAGUÉS i VALLÈS, R., BELMONTE PARRA, M. (2021) "El incentivo de las denuncias como instrumento de prevención y persecución penal: presente y futuro del whistleblowing en Chile", *Política criminal, vol.16 no.31 jul. p. 12.*

17 *Denunciar ante el Ministerio Público o ante la policía si no hubiere fiscalía en el lugar en que el funcionario presta servicios, con la debida prontitud, los crímenes o simples delitos y a la autoridad competente los hechos de carácter irregular, especialmente de aquéllos que contravienen el principio de probidad administrativa regulado por la ley N° 18.575.*

desempeñen funciones en la Administración del Estado, cualquiera sea la calidad jurídica en que lo hagan y el estatuto que les sea aplicable, e incluso los ciudadanos particulares, puedan denunciar hechos de que tomen conocimiento al interior de la Administración y que pudieren estimarse constitutivos de infracciones a las obligaciones o deberes ministeriales previstos en el ordenamiento jurídico, sean o no constitutivos de delito, estableciendo, para tales fines, procedimientos expeditos de denuncias y medidas de protección eficientes y suficientes que motiven la denuncia, especialmente, por parte de los operadores del sistema público."

De entrar en vigor, se crearía un canal de denuncias administrado por la Contraloría General de la República para que toda persona pueda denunciar hechos constitutivos de infracciones disciplinarias o de faltas administrativas, incluyendo, entre otros, hechos constitutivos de corrupción, o que afectaren, o pudieren afectar, bienes o recursos públicos, en los que tuviere participación personal de la Administración del Estado o un organismo de la Administración de Estado (art. 2) y se establecerían expresas medidas de protección laboral (art. 8) como, por ejemplo, a) No ser objeto de las medidas disciplinarias de suspensión del empleo o de destitución, o del término anticipado de su designación o contrato, excepto que se fundare en la concurrencia de un caso fortuito o fuerza mayor; b) No ser objeto de medidas disciplinarias distintas a las previstas en el literal anterior; c) No ser trasladado de localidad o de la función que desempeñare, sin su autorización por escrito; d) No ser objeto de precalificación anual, si el denunciado fuese su superior jerárquico. Si no lo hiciere, regirá su última calificación para todos los efectos legales.

4.4. Argentina

Finalmente, Argentina tampoco cuenta con una normativa especial en materia de protección laboral a los denunciantes de corrupción. Junto con la Agencia Nacional de Testigos e Imputados, creada mediante el Decreto 795/2019[18], existe también la Oficina Anticorrupción, creada en virtud del Decreto 102/99, facultada para: a) Recibir denuncias que hicieran particulares o agentes públicos que se relacionen con su objeto; b) Investigar preliminarmente a los agentes a los que se atribuya la comisión de alguno de los hechos indicados en el inciso anterior. En todos los supuestos, las investigacio-

18 Dicho decreto fue derogado mediante el Decreto 168/2020, de modo que el Programa de protección de testigos se residencia ahora dentro de la Subsecretaría de Política Criminal del Ministerio de Justicia.

nes se realizarán por el solo impulso de la Oficina Anticorrupcion y sin necesidad de que otra autoridad estatal lo disponga; c) Investigar preliminarmente a toda Institución o Asociación que tenga como principal fuente de recursos el aporte estatal, ya sea prestado en forma directa o indirecta, en caso de sospecha razonable sobre irregularidades en la administración de los mencionados recursos; d) Denunciar ante la justicia competente, los hechos que, como consecuencia de las investigaciones practicadas, pudieren constituir delitos; e) Constituirse en parte querellante en los procesos en que se encuentre afectado el patrimonio del Estado, dentro del ámbito de su competencia; f) Llevar el registro de las declaraciones juradas de los agentes públicos; g) Evaluar y controlar el contenido de las declaraciones juradas de los agentes públicos y las situaciones que pudieran constituir enriquecimiento ilícito o incompatibilidad en el ejercicio de la función; h) Elaborar programas de prevención de la corrupción y de promoción de la transparencia en la gestión pública; i) Asesorar a los organismos del Estado para implementar políticas o programas preventivos de hechos de corrupción.

Dicha Oficina publicó en 2018 la *Guía Del Denunciante. Procedimiento Para La Denuncia De Hechos De Corrupción*[19], en la que se indica que el denunciante podrá ser objeto de protección a través de las medidas establecidas en la Ley 25.764 de creación del Programa Nacional de Protección a Testigos e Imputados. En 2019, no obstante, y a través del Decreto 258/2019, se aprobó el Plan Nacional Anticorrupción para el período 2019-2023. El punto 59 del Plan establece como objetivo desarrollar una (1) plataforma colaborativa donde se pueda recolectar información de los ciudadanos, a través de formularios de denuncia, sobre la burocracia que afecta al sector productivo y que podría facilitar la comisión de hechos de corrupción (aún inexistente). Y el punto 150 propone la creación de un área de denuncias de fraude dentro de la Agencia Nacional de Discapacidad para el 2019 (también pendiente de creación)[20].

Al igual que sucede en Chile, existe un Proyecto de Ley (Expediente 6334-D-2018) desde finales de 2018 que pretende aprobar una Ley de protección de denunciantes y testigos de hechos de corrupción, que para el caso de que fuera aprobada, incluye como específicas medidas

19 https://www.argentina.gob.ar/sites/default/files/guia_del_denunciante_0.pdf.

20 FERREIROS, M. I. (2021). La Argentina: un país poco atractivo para denunciar la corrupción. Universidad de San Andrés. Disponible en https://repositorio.udesa.edu.ar/jspui/bitstream/10908/18792/1/%5BP%5D%5BW%5D%20T.%20Ab.%20Ferreir%C3%B3s%2C%20Mar%C3%ADa%20In%C3%A9s.pdf.

de protección personales y laborales (art. 7). Dicho proyecto identifica las siguientes medidas de protección personales: a) Disponer en el domicilio de la persona protegida la presencia de personal policial de consigna; b) Acompañamiento policial a la persona protegida en su traslado desde el lugar donde se encuentre hasta la sede de la autoridad que lo haya citado; c) Disponer el cambio del lugar habitual de su residencia a otro reservado d) Otorgar un subsidio de una suma de dinero a determinar, que permita mantener el sustento, alojamiento y nivel de vida de la persona protegida y su familia al momento de su ingreso al mismo. El subsidio se abonará hasta que la autoridad de aplicación estime que han cesado los motivos de protección; e) Gestionar a través del Ministerio de Trabajo, Empleo y Seguridad Social de la Nación la obtención de un empleo acorde a los ingresos que poseía al momento de adquirir la calidad de la persona protegida, para el caso en que su protección y asistencia lo exija; f) Disponer que las citaciones de la autoridad judicial se efectúen a través de la autoridad de aplicación; g) Brindar en forma gratuita atención médica y psicológica a las personas protegidas, como así también asesoramiento jurídico respecto de los alcances de la presente ley; h) Establecer una línea telefónica exclusiva de emergencia, que se encuentre disponible las veinticuatro horas del día, para manifestar de manera directa cualquier eventualidad. i) Solicitar al Magistrado interviniente en el proceso judicial, la declaración mediante videoconferencia, preservando las garantías del debido proceso; j) En general, disponer de todas las medidas de seguridad conducentes respecto de las personas protegidas.

En segundo lugar, dicho Proyecto también plantea la necesidad de adoptar las siguientes medidas de protección laborales: La persona protegida tendrá derecho a requerir medidas de protección contra actos arbitrarios o ilegales que afecten su situación laboral por tratarse de despido, exoneración, suspensión, apercibimiento, traslado, acoso, o cualquier otro tipo de afectación formal o informal análoga a las mencionadas anteriormente. La autoridad de aplicación tendrá el deber de instrumentar medidas de protección de carácter administrativo y/o judicial, tendientes a garantizar la vigencia de los derechos laborales de las personas protegidas, en el ámbito de cualquier repartición del Estado Nacional y del sector privado, las que podrán consistir en: a) Que la autoridad de aplicación, con el consentimiento de la persona protegida solicite inmediatamente la cesación del acto arbitrario o ilegal a su responsable o convoque a una audiencia conciliatoria con dicha finalidad; b) Que el tribunal competente ordene la suspensión, como medida cautelar, hasta la definitiva determinación de los hechos, de cualquier medida que se haya tomado en su contra, manteniendo la misma situación laboral anterior al presunto acto arbitrario o ilegal; c) Exigir el cese definitivo del acto arbitrario o ilegal, y de todos sus efectos o consecuencias, y continuar trabajando en las condiciones anteriores a su declaración; d) Obtener el traslado, en la medida en que las circunstancias lo permitan, a otra área de la empresa o repartición del Estado, según el caso, con similares funciones y responsabilidades, y con idéntica remuneración a la percibida con anterioridad a su declaración; e) Tratándose de relaciones regidas por la Ley de Contrato de Trabajo, luego de la determinación de la arbitrariedad o ilegalidad del acto y el nexo de causalidad con la denuncia y/o testimonio, considerarse despedido sin causa, con derecho a percibir el doble de la indemnización prevista por el artículo 245 de la Ley 20.744. f) En caso de cesantía y/o exoneración, tratándose de relaciones regidas por la Ley 24.564 de Empleo Público, luego de la determinación definitiva de la arbitrariedad o ilegalidad del acto mediante sentencia, la persona protegida podrá optar por: 1) Su reincorporación en la administración conforme a la categoría a la que revistaba. 2) Percibir la indemnización, renunciando al derecho de reincorporación, con derecho a percibir una indemnización igual a dos meses de sueldo por cada año de servicio o fracción mayor de tres meses, tomando como base la mejor remuneración mensual, normal y habitual percibida durante el último año o durante el tiempo de prestación de servicios si éste fuera menor. Y g) Toda otra medida destinada a hacer cesar los efectos del acto ilegítimo o arbitrario dictadas y/o ejecutadas en perjuicio del trabajador denunciante y/o testigo.

5. Marco jurídico en España

La principal vía de protección laboral a favor del empleado *colaborador con la Justicia* con la que se contaba hasta hace poco en España era la denominada «garantía de indemnidad» derivada de la interpretación jurisprudencial del art. 55.5 del Estatuto de los Trabajadores, conforme a la cual se prohíbe que el empresario utilice sus facultades organizativas y disciplinarias para sancionar el legítimo ejercicio por parte del trabajador de sus derechos fundamentales. Más en concreto, dicha garantía de indemnidad se venía aplicando cuando tales actuaciones empresariales obedecían a una represalia frente al ejercicio por parte del trabajador de acciones judiciales dirigidas a la reclamación de derechos laborales o ante actos preparatorios o previos por parte del trabajador para el ejercicio de una acción judicial[21], y no tanto cuando la conducta del trabajador consistía en colaborar con la Justicia. Pero en los últimos años, la consideración de despido nulo basado en dicho artículo 55.5 ET también se ha aplicado cuando dicho despido viniera motivado por la declaración del trabajador como testigo contra la empresa o el empresario en algún procedimiento judicial[22].

Posteriormente, dicha protección se fue ampliando en virtud la implementación de los Programas de *Compliance* Penal en el seno de las empresas privadas, unido a la previsión normativa de específicas medidas de "compliance" en el seno de ciertos organismos públicos[23] y a través de leyes

---

21 Entre otras, vid SSTC 14/1993, de 18 de enero; 101/2000, 10 de abril; 55/2004, de 19 de abril y 38/2005, de 28 de febrero. Sobre ello, vid. RAGUÉS i VALLÈS, R. (2013). *Whistleblowing. Una aproximación desde el Derecho Penal.* Barcelona: Marcial Pons, pp. 166-195. Sin embargo, RODRÍGUEZ YAGÜE (2006. "La protección de los whistleblowers por el ordenamiento español: aspectos sustantivos y procesales", en VV.AA., *Fraude y Corrupción en el Derecho penal económico europeo,* Cuenca: Ediciones de la Universidad de Castilla-La Mancha, p. 467) entiende que la protección laboral no se deriva la protección del ejercicio de los Derechos Fundamentales (art. 55.5 ET) sino de la consideración o no de esa denuncia del trabajador como transgresión de la buena fe contractual (actual art. 54.2.d ET).

22 En este sentido, vid. STSJ Madrid (Sala de lo Social, Secc. 3ª) núm. 72/2023, de 27 de enero.

23 Por ejemplo, véanse las reformas operadas en 2018 en la Ley de Prevención de Blanqueo de Capitales y en la Ley del Mercado de Valores. En la primera, se introdujo la obligatoriedad de los sujetos obligados de contar con canales internos de denuncias y de adoptar medidas "para garantizar que los empleados, directivos o agentes que informen de las infracciones cometidas en la entidad sean protegidos frente a represalias, discriminaciones y cualquier otro tipo de trato injusto (art. 26 bis)", advirtiéndose igualmente que "Toda autoridad o funcionario tomará las medidas apropiadas a fin de proteger frente a cualquier amenaza o acción hostil a los empleados, directivos o agentes de los sujetos obligados que lleven a cabo estas comunicaciones, siendo aplicables las medidas de protección establecidas en el artículo 65.1 (art. 30.3)". En la segunda, también se previó legalmente la recepción de denuncias confidenciales por parte de la CNMV, declarando a partir de entonces el art. 276 quinquies que la comunicación por parte de un sujeto de tales denuncias "no constituirá violación o incumplimiento de las restricciones sobre divulgación de información impuestas por vía contractual o por cualquier disposición legal, reglamentaria o administrativa que pudieran afectar a la persona comunicante, a las personas estrechamente vinculadas con ésta, a las sociedades que administre o de las que sea titular real (apartado a) y no constituirá infracción de ningún tipo en el ámbito de la normativa laboral por parte de la persona comunicante, ni de ella podrá derivar trato injusto o discriminatorio por parte del empleador (apartado b)".

administrativas de creación de Oficinas Antifraude, en las que se incluían específicas medidas de protección laboral frente a represalias a favor del funcionario que utilice esos canales y organismos institucionales —autoridades administrativas o judiciales— para la comunicación de las posibles conductas delictivas contra la Administración Pública o de cualquier otro delito o infracción administrativa cometida por una autoridad o empleado público en el ejercicio de su función o cargo, o prevaliéndose del mismo, o sobre hechos que puedan dar lugar a responsabilidades por alcance, en vez de acudir directamente a los medios de comunicación.

En la actualidad, la fijación de un estatuto laboral de protección a favor de los denunciantes de infracciones penales o administrativas graves o muy graves ha sido consecuencia directa del efecto vinculante desplegado por la Directiva europea sobre *whistleblowing*, y no tanto como resultado de la tendencia internacional que venía demandando tales medidas y a la que nos hemos referido. En España, rige ahora a nivel estatal la *Ley 2/2023, de 20 de febrero, reguladora de la protección de las personas que informen sobre infracciones normativas y de lucha contra la corrupción.*

Sin ánimo de exhaustividad, dicha norma pretende articular un estatuto integral de protección al empleado, ya pertenezca al sector público o privado, que informe de conductas ilícitas, a través de medidas tan importantes como la obligatoriedad de las administraciones públicas y de las corporaciones privadas de articular canales internos y externos de recepción de denuncias. Además, todo el sistema de protección privota en torno al principio rector de la confidencialidad o reserva de la identidad del sujeto informante —admitiendo definitivamente el anonimato—, así como también merece destacarse la disposición expresa de importantes medidas de apoyo (art. 37). Pero lo que más debe remarcarse es la definición legal expresa de «represalia» ante la facilitación de informaciones y comunicaciones amparadas por la citada ley, que el art. 36.2 define como "cualesquiera actos u omisiones que estén prohibidos por la ley, o que, de forma directa o indirecta, supongan un trato desfavorable que sitúe a las personas que las sufren en desventaja particular con respecto a otra en el contexto laboral o profesional, solo por su condición de informantes, o por haber realizado una revelación pública", a la vez que se establece todo un listado, a título enunciativo, de lo que se consideran represalias (art. 36.3); la expresa disposición acerca de la nulidad de pleno derecho de aquellos actos administrativos que tengan por objeto impedir o dificultar la presentación de comunicaciones y revelaciones (art. 36.5), así como la presunción legal, en los procedimientos ante un órgano jurisdiccional u otra autoridad relativos a los perjuicios sufridos por los informantes, de que tales perjuicios obedecen a una represalia por informar o por hacer una revelación pública, una vez que el informante haya demostrado razonablemente que ha comunicado o ha hecho una revelación pública de conformidad con esta ley y que ha sufrido un perjuicio (art. 38.4). Y a todo ello debe sumarse la creación de una «Autoridad Independiente de Protección del Informante, A.A.I.» dotada con importantes facultades sancionatorias que pueden alcanzar hasta el millón de euros, en el caso de infracciones muy graves (art. 65.1.b), además de la prohibición de las personas jurídicas autoras de la conducta denunciada de obtener subvenciones u otros beneficios fiscales durante un plazo máximo de cuatro años, así como la prohibición de contratar con el sector público durante un plazo máximo de tres años.

IV. LA PROTECCIÓN PROCESAL DEL COLABORADOR CON LA JUSTICIA: LA UNIÓN EUROPEA NO AVANZA Y ESPAÑA SE ALEJA DE LAS INICIATIVAS INTERNACIONALES Y NACIONALES

La protección laboral de quienes colaboren con las autoridades informando de irregularidades y conductas delictivas producidas en el seno de su institución pública o corporación empresarial privada sería un paso más o una evolución de las iniciativas, tanto nacionales como internacionales, que comenzaron por reclamar la necesidad de dispensar una adecuada protección a quienes colaboran como testigos en las causas penales como una de las fórmulas para luchar eficazmente contra la delincuencia grave.

1. Marco jurídico internacional

En el seno de las Naciones Unidas, la Convención de Palermo del año 2000 incluyó en sus artículos 24 a 26 toda una batería de medidas a adoptar por parte de los Estados para intensificar la cooperación con las autoridades encargadas de hacer cumplir la ley, protegiendo de manera eficaz contra todo tipo de intimidación o represalia, a los testigos, las víctimas, así como las personas que participen o hayan participado en grupos delictivos organizados y se muestren dispuestas a facilitar información a las autoridades. En primer lugar, se invita a los Estados a que adoptasen "medidas apropiadas para proteger de manera eficaz contra eventuales actos de represalia o intimidación a los testigos que participen en actuaciones penales y que presten testimonio sobre delitos comprendidos en la presente Convención, así como, cuando proceda, a sus familiares y demás personas cercanas". Más en particular, y a título ejemplificativo, se propone que tales medidas incluyan la protección física de esas personas, incluida, en la medida de lo necesario y lo posible, su reubicación, así como la prohibición total o parcial de revelar información relativa a su identidad y paradero. Y también incorporar las tecnologías de la comunicación para que el testimonio de los testigos se preste de modo que no se ponga en peligro su seguridad.

Todas estas medidas están expresamente dirigidas al "testigo", si bien el artículo 24.4 amplía como destinatarios de estas medidas a "las víctimas en el caso de que actúen como testigos" y el art. 26.4 también permite aplicar dichas medidas a las personas acusadas que presten una cooperación sustancial en la investigación o el enjuiciamiento de tales delitos. En el caso de las víctimas, el artículo 25 de la citada Convención también requiere que los Estados Parte establezcan procedimientos adecuados que permitan a las víctimas obtener indemnización y restitución, así como que se permita que se presenten y examinen las opiniones y preocupaciones de las víctimas "en las etapas apropiadas de las actuaciones penales contra los delincuentes sin que ello menoscabe los derechos de la defensa", lo cual se ha traducido en la posibilidad de anticipar la práctica de la prueba consistente en la declaración testifical de la víctima en momentos anteriores a la celebración del juicio oral público.

También la Convención de Mérida de 2003 contiene esas mismas disposiciones en materia de protección de testigos, peritos y víctimas (art. 32), aplicables igualmente a "las personas que denuncien ante las autoridades competentes, de buena fe y con motivos razonables, cualesquiera hechos relacionados con delitos tipificados con arreglo a la presente Convención" (art. 33).

En Europa, el Consejo de Europa también ha defendido la conveniencia de que los Estados parte articularan medidas de protección de testigos. Ya en su *Recomendación R(97) 13 del Comité de Ministros a los Estados miembros sobre la intimidación a los testigos y los derechos de la defensa,* adoptada el 10 de septiembre de 1997, el Consejo de Europa defendía la necesidad de los Estados de "desarrollar una política criminal común en materia de protección de testigos" y recomendaba expresamente que los gobiernos reformaran sus legislaciones internas para prever, entre otras medidas, la grabación audiovisual de las declaraciones de los testigos durante la fase de instrucción, su utilización como prueba en casos excepcionales, la revelación de la identidad del testigo en la etapa más tardía posible del proceso, o bien, la revelación únicamente de algunos detalles referidos a dichos testigos, el uso de instrumentos para evitar la identificación del testigo (habitaciones separadas, cortinas, biombos, instrumentos distorsionadores de la imagen o de la voz) así como la posibilidad de acordar el anonimato del testigo, como medida excepcional y siempre que se articularan otros contrapesos para mantener un equilibrio justo entre las necesidades de la justicia penal y los derechos de las partes, recomendándose igualmente que, cuando se hubiera concedido dicho anonimato, la condena no debiera basarse únicamente, o en una medida decisiva, en las pruebas aportadas por esos testigos anónimos. Además, el Consejo de Europa reclamó a los Estados que aprobasen programas de protección de testigos que incluyeran expresamente medidas como la protección personal de los testigos y sus familiares, cambio de identidad, recolocación y medidas asistenciales para cambiar de trabajo, etc.

En la *Recomendación Rec(2005)9 del Comité de Ministros a los Estados miembros sobre la protección de testigos y colaboradores de la justicia*[24], adoptada el 20 de abril de 2005, además de reiterar lo declarado en 1997, el Consejo se hizo eco de lo aprobado en la XXV Conferencia de Ministros Europeos de Justicia celebrada en Soêa los días 9 y 10 de septiembre de 2003, en donde se invitó al Comité de Ministros a "proseguir sin demora la labor con miras a adoptar instrumentos internacionales pertinentes sobre la protección de testigos y colaboradores de justicia".

Y en la misma línea, la *Recomendación (2015) 5, del Comité de Ministros del Consejo de Europa, sobre procesamiento de datos personales en el contexto de las relaciones laborales,* estima que cuando los empleadores están obligados por la ley o por normas internas a implementar mecanismos internos de presentación de denuncias, deben garantizar la «confidencialidad del empleado» que informa sobre conductas ilegales o no éticas, pero en circunstancias excepcionales, pueden permitirse «denuncias anónimas», si bien "las investigaciones internas no deben llevarse a cabo únicamente sobre la base de un informe anónimo, salvo cuando esté debidamente justificado y se refiera a infracciones graves del derecho interno".

---

24 El Consejo de Europa considera "testigo" a aquella persona que posea información relevante para los procedimientos penales sobre los que haya dado y/o pueda dar testimonio (independientemente de su condición y de la forma directa o indirecta, oral o escrita del testimonio, de conformidad con el Derecho nacional), que no esté incluida en la definición de "colaborador de justicia". Y considera "colaborador de justicia" a toda persona que se enfrente a cargos criminales, o haya sido condenada por participar en una asociación delictiva u otra organización criminal de cualquier tipo, o en delitos de delincuencia organizada, pero que acepte cooperar con las autoridades de justicia penal, en particular dando testimonio sobre una asociación u organización criminal, o sobre cualquier delito relacionado con la delincuencia organizada u otros delitos graves.

2. Marco jurídico en la Unión Europea

La situación apreciable en la Unión Europea sobre armonización de los regímenes de los países miembros en materia de protección de los testigos en los procesos penales resulta, por el contrario, criticable. En la última década no se aprecia ningún avance legislativo sobre dicha materia, lo cual contrasta con la decidida voluntad de combatir la corrupción mediante la especial protección legal de los denunciantes de irregularidades o delitos en el seno de las empresas y administraciones públicas, y resulta ciertamente incomprensible que dicha corriente legislativa no se haya aprovechado para impulsar un renovado estatuto procesal de protección a favor de quienes, más allá de denunciar unos hechos presuntamente delictivos, participan como testigos en los procesos penales en los que se investiguen y enjuicien las más graves conductas delictivas.

La constatación de importantes divergencias sustanciales en las legislaciones procesales penales de los Estados miembros de la Unión Europea ha sido, frecuentemente, el origen de iniciativas de los organismos comunitarios para impulsar la adopción de normas mínimas a nivel europeo. En este sentido, resultan especialmente destacables los avances legislativos llevados a cabo en la Unión Europea en materia de protección de las víctimas (con específicas disposiciones normativas cuando se trata de víctimas de abuso sexual —y muy particularmente cuando se trata de víctimas de abuso sexual infantil online—, de trata de seres humanos, o de terrorismo, por citar algunos ejemplos[25]), así como las importantes normas aprobadas en favor de diversos derechos procesales de los sospechosos sometidos a investigaciones criminales[26].

---

25 Por citar las más relevantes, véanse la Directiva 2012/29/UE del Parlamento Europeo y del Consejo, de 25 de octubre de 2012, por la que se establecen normas mínimas sobre los derechos, el apoyo y la protección de las víctimas de delitos; la Directiva 2011/99/UE del Parlamento Europeo y del Consejo, de 13 de diciembre de 2011, sobre la orden de protección europea; la Directiva 2011/92/UE del Parlamento Europeo y del Consejo, de 13 de diciembre de 2011, relativa a la lucha contra los abusos sexuales y la explotación sexual de los niños y la pornografía infantil; o la Directiva 2011/36/UE del Parlamento Europeo y del Consejo, de 5 de abril de 2011, relativa a la prevención y lucha contra la trata de seres humanos y a la protección de las víctimas.

26 Directiva 2010/64/UE del Parlamento Europeo y del Consejo, de 20 de octubre de 2010, relativa al derecho a interpretación y a traducción en los procesos penales; Directiva 2012/13/UE del Parlamento Europeo y del Consejo, de 22 de mayo de 2012, relativa al derecho a la información en los procesos penales; Directiva

Sin embargo, desde la Unión Europea se ha prestado escasa atención a la protección de testigos y colaboradores con la Justicia, cuando los mismos no reúnen los requisitos para ser considerados como «víctimas» del delito. Apenas dos Resoluciones del Consejo en la década de los noventa (1995 y 1996) y un Documento de Trabajo de la Comisión en 2007 sobre la viabilidad de la legislación de la UE en el ámbito de la protección de testigos y colaboradores con la justicia constituyen el famélico cuerpo jurídico europeo —y, además, sin ningún alcance vinculante— en este trascendental ámbito como lo es evitar que todo el sistema de justicia penal resulte ineficaz y no pueda llevar a los acusados a juicio y obtener una sentencia porque los testigos queden disuadidos de testificar libre y sinceramente ante el temor a represalias.

No se entiende cómo la Unión Europea no ha avanzado más en la armonización de las medidas de protección de testigos y colaboradores con la Justicia, pues sus declaraciones resultan cruciales en muchas ocasiones para asegurar la condena de los delincuentes, especialmente con respecto al crimen organizado, en donde es una realidad constatable la capacidad que tienen las organizaciones y grupos criminales de poder llegar a influir en los testigos y sobre los arrepentidos mediante amenazas e intimidaciones, hacia ellos o sus allegados. Sobre todo, porque la necesidad de articular normas mínimas a nivel europeo en este ámbito sectorial tiene un perfecto encaje dentro de la necesaria tarea de armonización encomendada a las instituciones europeas en materia de cooperación judicial penal. Las sentencias condenatorias fundamentadas en los testimonios incriminatorios inciden directamente en el reconocimiento mutuo de las sentencias y resoluciones judiciales (artículo 82.2 TFUE) y la protección de testigos resulta esencial en la cooperación policial y judicial en asuntos penales

---

2013/48/UE del Parlamento Europeo y del Consejo, de 22 de octubre de 2013, sobre el derecho a la asistencia de letrado en los procesos penales y en los procedimientos relativos a la orden de detención europea, y sobre el derecho a que se informe a un tercero en el momento de la privación de libertad y a comunicarse con terceros y con autoridades consulares durante la privación de libertad; Directiva (UE) 2016/343 del Parlamento Europeo y del Consejo, de 9 de marzo de 2016, por la que se refuerzan en el proceso penal determinados aspectos de la presunción de inocencia y el derecho a estar presente en el juicio; Directiva (UE) 2016/800 del Parlamento Europeo y del Consejo, de 11 de mayo de 2016, relativa a las garantías procesales de los menores sospechosos o acusados en los procesos penales; y Directiva (UE) 2016/1919 del Parlamento Europeo y del Consejo, de 26 de octubre de 2016, relativa a la asistencia jurídica gratuita a los sospechosos y acusados en los procesos penales y a las personas buscadas en virtud de un procedimiento de orden europea de detención.

con dimensión transfronteriza. Además, tales normas mínimas tendrían perfectamente acomodo dentro del mandato dirigido a garantizar normas mínimas en materia de "admisibilidad mutua de pruebas entre los Estados miembros (artículo 82.2.a)", dado que un exceso o abuso en el uso del anonimato de los testigos puede reputarse contrario a las garantías reconocidas en el CEDH, y los testigos y los colaboradores con la Justicia tienen un papel importante en el proceso penal, sobre todo la declaración incriminatoria de estos últimos; o en materia de "otros elementos específicos del procedimiento penal, que el Consejo habrá determinado previamente mediante una decisión (artículo 82.2.d)".

En la Resolución del Consejo de 23 de noviembre de 1995 relativa a la protección de los testigos en el marco de la lucha contra la delincuencia organizada internacional[27] se afirmó que el deber de los Estados miembros de garantizar eficaz y concretamente la seguridad de los testigos es una exigencia derivada de la lucha contra la delincuencia organizada internacional —que resulta ser uno de los ámbitos jurídicos en los que la UE acostumbra a aprobar normas mínimas de armonización— y se disponían elementos mínimos para que los testigos quedaran protegidos contra cualquier forma de amenaza, presión o intimidación directa o indirecta, antes, durante y después del proceso.

Un año más tarde, en la Resolución del Consejo de 20 de diciembre de 1996 relativa a las personas que colaboran con el proceso judicial en la lucha contra la delincuencia internacional organizada[28], se puso el foco en la figura de los «colaboradores con la Justicia», también dentro de la política comunitaria de aumentar la cooperación, en el ámbito de la Unión Europea, en la lucha contra la delincuencia internacional organizada. Según se afirmaba en dicha Resolución, "se puede mejorar notablemente el conocimiento de las organizaciones delictivas y reprimir más eficazmente sus actividades sirviéndose de las declaraciones realizadas a las autoridades competentes por miembros de dichas organizaciones que hayan aceptado colaborar con el proceso judicial" de modo que "se debe alentar a las personas a que cooperen con el proceso judicial". Y para ello, se invitaba a los Estados a prever la concesión a dichos colaboradores de "beneficios específicos", pero sobre todo, y a lo que ahora interesa, se invitaba a los Estados a adoptar en favor de dichos colaboradores con la Justicia las mismas medidas de protección que se previeran en favor de los testigos.

---

27 Documento (95/C 327/04). Diario Oficial C 327, de 7 de diciembre de 1995.

28 Documento (97/C 10/01). Diario Oficial C 010, de 11 de enero de 1997.

En la llamada *Estrategia del Milenio*[29] se insistió en el objetivo de llevar a cabo una estrategia integrada de la Unión Europea para prevenir y controlar la delincuencia organizada a través de la formulación de una política común. Y dentro de sus recomendaciones, la núm. 25 establecía que "Se elaborará una propuesta de instrumento jurídico sobre la posición y la protección de testigos y de personas que participen o que hayan participado en organizaciones delictivas y que estén dispuestas a cooperar en el proceso judicial mediante el suministro de información útil para fines de investigación y de recogida de pruebas o mediante el suministro de información que pueda contribuir a privar a las organizaciones delictivas de sus recursos o de las ganancias de origen delictivo. La propuesta debe considerar entre otras cosas la posibilidad, en los casos adecuados, de reducir la pena del acusado que facilite una cooperación sustancial en tales casos. Debe elaborarse un modelo de acuerdo de la Unión Europea, aprovechando la experiencia de Europol, y utilizarlo sobre una base bilateral".

El último avance expreso en esta materia se remonta al año 2007, en el que la Comisión aprobó un Documento de trabajo sobre la viabilidad de la legislación de la UE en el ámbito de la protección de testigos y colaboradores con la justicia[30]. En él se reconocía la disparidad de normativas de los Estados miembros, con diferencias significativas y escasas referencias a la cooperación internacional en materia de protección de testigos en dichas legislaciones. También se reconocía que "Las diferencias substanciales que existen entre las legislaciones penales de los Estados miembros reducen la eficacia de la cooperación entre éstos para luchar contra unos grupos delictivos que suelen ser muy sofisticados. La cooperación transfronteriza en materia de protección de testigos es especialmente difícil con los países que no tienen una legislación o una estructura administrativa dedicada a los programas de protección de testigos, aunque tales países desarrollen estas actividades para sus propios ciudadanos dentro de sus fronteras", y que sería factible una acción legislativa por parte de la Unión Europea, de modo que "un enfoque común en materia de protección de testigos, colaboradores y personas próximas a ellos, podría llevar a aumentar las condenas en los casos de delincuencia organizada".

---

29 Prevención y control de la delincuencia organizada–Estrategia de la Unión Europea para el comienzo del nuevo milenio. Documento (2000/C 124/01). Diario Oficial C 124, de 3 de mayo de 2000.

30 COM(2007) 693 final, de 13 de noviembre de 2007.

Aunque se llegaron a proponer varias opciones y se valoró la posibilidad de desarrollar una normativa común, a partir del trabajo realizado por Europol y teniendo en cuenta las recomendaciones del Consejo de Europa, con un sistema armonizado de protección de testigos en todos los Estados miembros, se terminó por considerar que "parece que no ha llegado aún el momento oportuno para adoptar medidas legislativas inmediatas sobre la protección de testigos en la UE".

En definitiva, y a pesar de que la protección de testigos constituye una de las piedras angulares en la lucha contra la delincuencia organizada y el terrorismo, el único avance a nivel europeo se residencia en la actividad policial: la Red Europea de Enlace, creada en el año 2000 y coordinada por Europol, que se utiliza como plataforma para el intercambio de información y el desarrollo de instrumentos y directrices para la cooperación policial en materia de protección de testigos en la Unión Europea, como la armonización de diferentes programas nacionales; el desarrollo de nuevas unidades y programas de protección de testigos; la normalización de procesos como el traslado de testigos; y la formación de los funcionarios encargados de la protección de testigos.

3. Marco jurídico en los EE. UU.

En los EE. UU., existen dos importantes bloques normativos a la hora de proteger al sujeto que colabora con los tribunales de Justicia aportando información esencial para la causa.

Por un lado, y cuando se trata de un sujeto que pudiera no querer colaborar porque la información pudiera autoincriminarle, se prevén específicas reglas de inmunidad en las secciones 6001 a 6005 del Título 18 del U. S. C. (*use immunity, derivative use immunity, transactional immunity* e *informal immunity*) incorporadas en virtud de la *Federal Witness Immunity Act* de 1970, con las que recompensar al colaborador con la Justicia cuando éste, requerido para aportar información que podría incriminarle, invoca su derecho a no autoincriminarse contenido en la quinta Enmienda de la Constitución Norteamericana (*Fifth Amendment privilege*).

Por otro lado, y específicamente en materia de protección de testigos, las secciones 3521 a 3528 del capítulo 224 del Título 18 del U. S. C.[31] disponen

---

31 18 U.S. Code, Chapter 224, §§ 3521 – 3528. También llamado Programa de Seguridad de Testigos [*Witness Security Program (WITSEC)], incorporado en virtud de la Organized Crime Control Act de 1970, modificada por la Comprehensive Crime Control Act de 1984.*

lo que se conoce como el Programa de Protección de Testigos (*The United States Federal Witness Protection Program* —WPP—). La Fiscalía puede disponer la reubicación y protección de un testigo o un posible testigo para el Gobierno Federal o para un gobierno estatal en un procedimiento oficial relacionado con una actividad delictiva organizada u otro delito grave, si determina que dicho testigo puede sufrir algún delito por el hecho de actuar como testigo[32], así como también puede acordar la protección y reubicación de la familia más cercana a dicho testigo o posible testigo.

Las medidas podrán referirse a cuantas se estimen necesarias para proteger a la persona involucrada de lesiones corporales, así como su salud y bienestar psicológico y social, mientras exista el peligro para esa persona, a juicio de la Fiscalía. Así, y entre las principales medidas, la sección §3521 prevé la entrega de documentación referida a una nueva identidad, la facilitación de vivienda, la ayuda para la obtención de un empleo, así como ayuda económica para cubrir los gastos básicos de subsistencia de la persona protegida. También puede la Fiscalía negarse a revelar la identidad o ubicación de la persona reubicada o protegida, o cualquier otro asunto relacionado con la persona o el programa, después de sopesar el peligro que tal divulgación representaría para la persona, el detrimento que causaría a la eficacia general del programa y el beneficio que proporcionaría al público o a la persona que solicita la divulgación, excepto en caso de mandato judicial. Toda persona que, sin la autorización del Fiscal General, revele a sabiendas cualquier información recibida del Fiscal General en esta materia podrá ser multada con 5.000 dólares o con cinco años de prisión, o ambas cosas.

El sistema estadounidense de protección de testigos se basa en la firma de un memorando de entendimiento (*memorandum of understanding*) con la persona a proteger, en el que se establecerán las responsabilidades de aquélla, comprometiéndose la misma a: a) testificar y proporcionar información a todos los funcionarios encargados de hacer cumplir la ley pertinentes sobre todos los procedimientos apropiados; b) no cometer ningún delito; c) tomar todas las medidas necesarias para evitar que otros descubran los hechos relativos a la protección que se le brinda; d) cumplir con las obligaciones legales; e) cooperar con todas las solicitudes razonables de funcionarios y empleados del Gobierno que brindan pro-

32 El capítulo 73 del citado Código Federal se refiere a los delitos de obstrucción a la Justicia, y entre los mismos, la sección § 1513 castiga como delito la adopción de represalias contra víctimas, testigos e informantes.

tección; f) designar a otra persona para que actúe como agente para la notificación del proceso; g) hacer una declaración jurada de todas las obligaciones legales pendientes, incluidas las obligaciones relacionadas con la custodia y las visitas de los hijos; h) revelar cualquier responsabilidad de libertad condicional o libertad condicional, y si está en libertad condicional o condicional bajo la ley estatal, para dar su consentimiento a la supervisión federal de acuerdo con la sección §3522; y (i) informar regularmente al funcionario del programa apropiado de las actividades y la dirección actual de dicha persona.

4. Marco jurídico en Latinoamérica

En Latinoamérica, como región, existen dos textos principales en materia de protección de las víctimas y testigos.

En primer lugar, las denominadas *«Guías de Santiago sobre Protección de Víctimas y Testigos»* aprobadas en el seno de la XVI Asamblea General ordinaria de la Asociación Iberoamericana de Ministerios Públicos (AIAMP) celebrada en la República Dominicana los días 9 y 10 de junio de 2008, como un compendio de recomendaciones concretas dirigidas principalmente a los Ministerios Públicos, pero extrapolables a todas las autoridades públicas relacionadas con la investigación criminal (las guías son un referente para los Ministerios Públicos que complementa la normativa nacional, pero dichos Ministerios Públicos pueden instar las correspondientes acciones en sus respectivos países para acometer las reformas legales necesarias para facilitar la mayor eficacia de estas medidas), con la finalidad de proceder a facilitar a las víctimas y los testigos del delito de medidas adecuadas e integrales para su protección personal y familiar.

La versión actual de dichas Guías se divide en tres capítulos, que sucesivamente versan sobre "Disposiciones comunes" (artículos 1 a 12), "Atención y trato procesal de las víctimas" (artículos 13 a 30) y "Protección de testigos y otros sujetos procesales" (artículos 31 a 44). Sin perjuicio de remitir a su lectura, interesa ahora destacar que las diversas medidas para la atención, trato procesal y protección de víctimas, testigos y demás sujetos procesales se fundamentan en los siguientes principios generales (art. 7), sin perjuicio de las específicas normas de cada país:

- Principio de protección: todas las medidas están orientadas a la protección del estatuto jurídico de las personas destinatarias, así como a la preservación de sus bienes jurídicos, especialmente, de la vida, la integridad física y la libertad.

- Principio de necesidad y proporcionalidad: toda medida debe estar suficientemente fundamentada, debe ser compatible con el sistema nacional de garantías procesales y resultar adecuada a la finalidad que persigue.
- Principio de reserva y confidencialidad: el derecho a la intimidad de las víctimas y demás intervinientes en el proceso debe ser respetado. Las y los Fiscales que intervengan en la aplicación de las medidas previstas en el presente documento, así como las personas que de ellos dependan, guardarán reserva de todos los datos o informaciones a que tengan acceso por razón de su cargo o función.
- Principio de subsidiariedad: se acudirá a las medidas de protección especial cuando se entienda que las medidas de protección habituales no son suficientes y, de acuerdo con una evaluación de riesgo rigurosa y fundada, se considere que la situación amerita implementar medidas de protección de alta especificidad.
- Principio de voluntariedad: estas medidas se aplicarán exclusivamente sobre la base de la aceptación expresa de la persona afectada, debidamente informada de todos los extremos, incluidas las limitaciones que las medidas pudieran comportar para su desenvolvimiento ordinario.
- Principio de temporalidad: las medidas se aplicarán por el tiempo más breve posible y, con carácter general, finalizarán concluido el proceso, sin perjuicio de que puedan extenderse sobre la base de circunstancias excepcionales debidamente acreditadas.

Además, la Guía también requiere que la intervención de los Ministerios Públicos deberá estar basada en los siguientes principios:

- Principio de rápida intervención: las víctimas y testigos son sujetos de derecho desde su primer contacto con el sistema procesal. Dado que la eficacia de la mayoría de las medidas depende de la celeridad en su adopción, se actuará guiados por la rápida intervención, bien adoptando directamente las medidas que entran en su ámbito competencial, bien, en los demás casos, instando la intervención de terceros actores de las áreas de seguridad, de protección o asistencial, cuando proceda;
- Principios de enfoque diferencial y de discriminación positiva: sin perjuicio de la estandarización de las medidas, habrán de atenderse las singularidades de las víctimas y testigos, singularmente de las personas en especiales condiciones de vulnerabilidad.

- Principio de no revictimización: la víctima tiene derecho a vivir el ciclo del proceso en un clima sin presión para que pueda ejercitar sus derechos y responder adecuadamente a sus obligaciones, sin sufrir un proceso de revictimización.

El otro texto regional a destacar en Latinoamérica lo constituye la ya citada *Ley Modelo para Facilitar e Incentivar la Denuncia de Actos de Corrupción y Proteger a sus Denunciantes y Testigos*, aprobada por la OEA en 2013 con la finalidad de implementar las recomendaciones formuladas a los países en el marco de las Rondas de Análisis de MESICIC y bajo la asistencia de expertos de Canadá, Estados Unidos, México, Perú y Chile.

La principal medida de protección que dispone dicha Ley Modelo es la reserva de identidad del denunciante (art. 11), no debiendo en ningún caso hacerse referencia directa a su identidad en cualquier diligencia posterior tanto en sede administrativa y/o judicial, y la asistencia legal para los hechos relacionados con su denuncia. Como medidas adicionales, el art. 18 diferencia entre medidas de protección laboral y medidas de protección personal, tales como su protección policial; cambio de residencia u ocultación del paradero del denunciante (incluso con alcance internacional, en el marco del principio de reciprocidad reconocido en la *Convención Interamericana sobre Asistencia Mutua en Materia Penal* y los tratados de los que el Estado es parte); o las medidas de protección de testigos de actos de corrupción recogidas en el art. 22: 1. La reserva de su identidad en las diligencias que intervenga imposibilitando que en las actas se haga mención expresa a sus nombres, apellidos, domicilio, lugar de trabajo, profesión o cualquier otro dato que ponga en evidencia al testigo. 2. Intervención en las diligencias utilizando métodos que imposibiliten la identificación visual o auditiva del testigo (distorsionadores de voz, rostros cubiertos, etc.). 3. Utilización de procedimientos mecánicos o tecnológicos que eviten la participación física del testigo en las diligencias (videoconferencias, teleconferencias, etc.). 4. Cambio de identidad a través de la emisión de nueva documentación. 5. Protección policial que puede incluir la designación de personal policial en forma permanente en su domicilio y en sus desplazamientos cotidianos. 6. Cambio de residencia u ocultación del paradero del testigo. Excepcionalmente esta medida tendrá una aplicación extraterritorial. 7. Asistencia monetaria para su subsistencia en caso quede desamparado con motivo de su denuncia. 8. Señalamiento de sede diferente a su domicilio para las notificaciones propias del proceso de investigación. 9. En el caso de testigos que se encuentren en prisión, medidas especiales de protección, tales como su separación del resto de la población carcelaria o su reclusión en áreas o cárceles especiales. 10. Otras que considere la autoridad.

A nivel estatal, y a diferencia de lo que sucede con la aprobación de específicas medidas de protección laboral, prácticamente la totalidad de los países de América Latina han aprobado expresas normas en materia de protección de testigos y víctimas en los procesos penales.

4.1. Perú

Perú cuenta con diversas fuentes legales expresamente referidas a regular medidas de protección a favor de quienes declaren en el proceso penal en calidad de testigos, peritos, agraviados, agentes especiales o colaboradores.

De una parte, los arts. 247 a 252 del Nuevo Código Procesal Penal de 2004 recogen las siguientes medidas: a) Protección policial. b) Cambio de residencia. c) Ocultación de su paradero. d) Reserva de su identidad y demás datos personales en las diligencias que se practiquen, y cualquier otro dato que pueda servir para su identificación, pudiéndose utilizar para ésta un número o cualquier otra clave. e) Utilización de cualquier procedimiento que imposibilite su identificación visual normal en las diligencias que se practiquen. f) Fijación como domicilio, a efectos de citaciones y notificaciones, la sede de la Fiscalía competente, a la cual se las hará llegar reservadamente a su destinatario. g) Utilización de procedimientos tecnológicos, tales como videoconferencias u otros adecuados, siempre que se cuenten con los recursos necesarios para su implementación. Esta medida se adoptará para evitar que se ponga en peligro la seguridad del protegido una vez desvelada su identidad y siempre que lo requiera la preservación del derecho de defensa de las partes. h) Siempre que exista grave e inminente riesgo para la vida, integridad física o libertad del protegido o la de sus familiares y no pueda salvaguardarse estos bienes jurídicos de otro modo, se podrá facilitar su salida del país con una calidad migratoria que les permita residir temporalmente o realizar actividades laborales en el extranjero. También puede acordarse que a tales personas no se les hagan fotografías o se tome su imagen por cualquier otro procedimiento.

Finalizado el proceso, también se prevé la posibilidad de que el Fiscal pueda acordar la continuación de las medidas de protección, con excepción de la reserva de identidad del denunciante, salvo en el caso de organizaciones criminales, así como la emisión de documentos de una nueva identificación y de medios económicos para cambiar su residencia o lugar de trabajo.

Similares medidas se recogieron en los arts. 21 y siguientes de la Ley Nº 27378, de beneficios por colaboración eficaz en el ámbito de la criminalidad organizada. Además, y en virtud del art. 11 del Decreto

Supremo Nº 020-2001-JUS por el que se regula el Reglamento de Medidas de Protección de Colaboradores, Testigos, Peritos y Víctimas, se creó la Unidad Especial de Investigación, Comprobación y Protección (UECIP) de la Policía Nacional, como entidad adscrita a la Fiscalía de la Nación, encargada de llevar a cabo, bajo la conducción del Fiscal respectivo, las investigaciones y comprobaciones requeridas para proteger a los colaboradores, víctimas, testigos y peritos que brinden, según el caso, informaciones, declaraciones o informes en el marco de lo establecido en la Ley Nº 27378. Dicho Decreto Supremo 020-2001 también enumera, en su artículo 9, las siguientes medidas de protección: a) Protección policial, que puede incluir la designación de personal policial permanente en su domicilio y en sus desplazamientos cotidianos, el cambio de residencia a un lugar no conocido, el traslado del protegido a un local o vivienda especial y, de modo general, la ocultación de su paradero para todos los efectos; b) Reserva de la identidad del protegido en las diligencias en que intervenga, imposibilitando que conste en las actas respectivas su nombre, apellidos, domicilio, lugar de trabajo y profesión, así como cualquier otro dato que pudiera servir para la identificación del mismo. En estos casos se permitirá la asignación de una clave secreta, que sólo será de conocimiento de la autoridad que imponga la medida y de la Unidad Policial Especial a que hace referencia el Capítulo III del presente Reglamento; c) Intervención del protegido en las diligencias en que deba participar personalmente, utilizando cualquier procedimiento que imposibilite su identificación visual normal; d) Utilización de procedimientos, mecánicos o tecnológicos, tales como videoconferencias u otros medios adecuados, siempre que el órgano jurisdiccional cuente con los recursos necesarios para su implementación. Estas medidas se adoptarán para evitar que se ponga en peligro la seguridad del protegido una vez desvelada su identidad y siempre que lo requiera la preservación del derecho de defensa de las partes en el proceso penal; e) Fijación, como domicilio la sede de la fiscalía competente, a efectos de citaciones y notificaciones; f) Facilitación de documentos que contengan una nueva identidad y, de ser el caso, de medios económicos para cambiar su residencia o lugar de trabajo, en circunstancias excepcionales y de especial gravedad. Corresponderá al Fiscal del caso decidir estas medidas excepcionales, mediante resolución motivada, aprobada por el Fiscal Superior Coordinador y previa consulta con el Fiscal de la Nación de los recursos que puedan utilizarse. A estos efectos, en el primer caso, se cursará oficio -estrictamente reservado- a las autoridades competentes para la entrega de los nuevos documentos de identidad, mediante un procedimiento secreto a cargo de la Unidad Policial Especial correspondiente; y, en el segundo caso, se hará entrega al protegido del dinero respectivo según los procedimientos reservados que regule la Fiscalía de la Nación, cuidando la Unidad Policial Especial del correcto uso del mismo según los fines que determinaron el apoyo económico. Cuando exista proceso penal en curso, el Juez será el encargado de dictar estas medidas excepcionales; g) Ubicación del colaborador que se encuentre recluido en un establecimiento penitenciario en un ambiente que garantice su seguridad e integridad física; h) Protección de los derechos laborales de conformidad con la legislación vigente.

4.2. Colombia

Colombia también cuenta con una específica regulación de medidas de protección, más allá de lo recogido en su Código Procesal Penal.

En éste, el artículo 133 mandata a la Fiscalía General de la Nación a adoptar "las medidas necesarias para la atención de las víctimas, la garantía de su seguridad personal y familiar, y la protección frente a toda publicidad que implique un ataque indebido a su vida privada o dignidad. Las medidas de atención y protección a las víctimas no podrán redundar en perjuicio de los derechos del imputado o de un juicio justo e imparcial, ni serán incompatibles con estos". El inciso 6º del art. 114 atribuye al Ministerio Fiscal la función constitucional de velar por la protección de las víctimas, testigos y peritos que la Fiscalía pretenda presentar. Y el Artículo 137 habilita a las víctimas a que puedan "solicitar al fiscal en cualquier momento de la actuación medidas de protección frente a probables hostigamientos, amenazas o atentados en su contra o de sus familiares".

Más específicamente, el Artículo 212a (Protección de testigos en la etapa de indagación e investigación) enumera las siguientes medidas de protección a adoptar por la Fiscalía para aquel testigo o perito, su cónyuge, compañero permanente, de sus parientes hasta en el cuarto grado de consanguinidad, segundo de afinidad o primero civil, si existiera un riesgo cierto para la vida o la integridad física de los mismos: a) Que no conste en los registros de las diligencias su profesión u oficio, domicilio o lugar de trabajo los de sus parientes, cónyuge o compañero permanente; b) Que su domicilio sea fijado, para notificaciones y citaciones, en la sede de la Fiscalía, debiendo el órgano interviniente hacerlas llegar reservadamente a su destinatario.

Similares medidas de protección se contienen en el art. 342 CPP, a adoptar por el juez, a solicitud de la fiscalía, una vez formulada la acusación. Dicho juez podrá ordenar que se fije como domicilio para los efectos de las citaciones y notificaciones, la sede de la Fiscalía, quien las hará llegar reservadamente al destinatario; que se adopten las medidas necesarias tendientes a ofrecer eficaz protección a víctimas y testigos para conjurar posibles reacciones contra ellos o su familia, originadas en el cumplimiento de su deber testifical.

Y junto con la normativa general recogida en el Código Procesal Penal, Colombia cuenta con importantes normas especiales en materia de protección de testigos y víctimas.

En primer lugar, la Ley 418 de 1997 fue la primera a través de la cual se tomaron medidas legislativas para la protección del denunciante, mediante la creación del Programa de Protección para testigos, víctimas, intervinientes en el proceso y funcionarios de la fiscalía, con el objetivo de otorgarles "protección integral y asistencia social, lo mismo que a sus familiares hasta el cuarto grado de consanguinidad, segundo de afinidad, primero civil y al cónyuge, compañera o compañero permanente, cuando se encuentren en riesgo de sufrir agresión o que sus vidas corran peligro por causa o con ocasión de la intervención en un proceso penal". En su Título I de la Segunda Parte (artículos 67 a 83) se disponen importantes medidas de protección que alcanzan, en su caso, la posibilidad de acordar el traslado de la persona protegida a otros países (art. 69).

También la Ley 975 de 2005 por la cual se dictan disposiciones para la reincorporación de miembros de grupos armados organizados al margen de la ley, que contribuyan de manera efectiva a la consecución de la paz nacional y se dictan otras disposiciones para acuerdos humanitarios, incluía en su artículo 15 el deber de la Fiscalía General de la Nación de velar por la protección de las víctimas, testigos y peritos, así como también se contenía el deber del Consejo Superior de la Judicatura de velar por la protección de los magistrados de los Tribunales Superiores de Distrito Judicial. Por su parte, los artículos 37 y 38 fijaron el derecho de las víctimas a "la protección de su intimidad y garantía de su seguridad, la de sus familiares y testigos a favor, cuando quiera que resulten amenazadas" y el deber de los funcionarios de adoptar "las medidas adecuadas y todas las acciones pertinentes para proteger la seguridad, el bienestar físico y psicológico, la dignidad y la vida privada de las víctimas y los testigos, así como la de las demás partes del proceso".

Como medidas concretas dispuestas en la citada ley, el art. 39 disponía la posibilidad de acordar la celebración del juicio a puerta cerrada o la práctica del testimonio a través de sistemas de audiovideo. De igual modo, el art. 40 estableció que "Cuando la publicidad de elementos materiales probatorios, evidencia física o información legalmente obtenida entrañe peligro grave para la seguridad de un testigo o de su familia, el Fiscal deberá abstenerse de presentarlos en cualquier diligencia anterior al juicio. En su reemplazo hará un resumen de dichos elementos de conocimiento. En ningún caso, esas medidas podrán redundar en perjuicio de los derechos del acusado o de un juicio justo e imparcial, ni serán incompatibles con estos.

La reglamentación del Programa de Protección a Testigos, Víctimas, Intervinientes en el Proceso Penal y Funcionarios de la Fiscalía General de la Nación se recoge en la Resolución 1006 de 2016, de 27 de marzo, de la Fiscalía General de la Nación[33]. Su art. 23 diferencia dos clases de programas de protección y asistencia: a) "Programa de Protección a Testigos, Víctimas, Intervinientes en el Proceso Penal y Funcionarios de la Fiscalía", creado por la Ley 418 de 1997, junto con sus prórrogas y modificaciones. Y b) "Programa de Protección para Víctimas y Testigos de la Ley 975 de 2005 Justicia y Paz", junto con sus prorrogas y modificaciones.

Su art. 30 clasifica los posibles beneficiaros de dicho programa entre: a) Víctima, b) Víctima en procesos de justicia transicional, c) Testigo presencial, d) Testigo con información útil, e) Testigo colaborador, f) Perito, g) Interviniente, h) Informante, i) Servidor de la Fiscalía General de la Nación, y como cláusula de cierre, alude a "quien con ocasión, y en ejercicio de sus funciones, dentro de una investigación o proceso penal, se encuentre en una situación de riesgo que ponga en peligro su vida e integridad personal". Por su parte, el art. 70 indica que la Dirección Nacional de Protección y Asistencia tendrá como beneficiarios de sus programas de protección a los siguientes: a) Las víctimas de delitos que, a su vez, la Fiscalía pretenda tener como testigos en procesos penales tramitados bajo las normas procesales de la Ley 600 de 2000 o Ley 906 de 2004. b) Los testigos que la Fiscalía pretenda usar en procesos penales tramitados bajo las normas procesales de la Ley 600 de 2000 o Ley 906 de 2004. c) Los peritos que la Fiscalía pretenda usar en procesos penales tramitados bajo las normas procesales de la Ley 600 de 2000 o Ley 906 de 2004, a su turno, pertenezcan a la Fiscalía General de la Nación. d) Los peritos que la Fiscalía pretenda usar en procesos penales tramitados bajo las normas procesales de la Ley 600 de 2000 o Ley 906 de 2004, y que no pertenecieren a la Fiscalía General de la Nación sino a otra entidad de derecho público. e) Los Fiscales que lleven a su cargo procesos penales tramitados bajo las normas procesales de la Ley 600 de 2000 o Ley 906 de 2004. f) Los demás servidores de la Fiscalía General de la Nación, que en ejercicio de sus funciones, se encuentren en riesgo, bajo este marco jurídico.

---

[33] Diario Oficial No. 49.832 de 2 de abril de 2016.

g) Los familiares de las personas señaladas en los literales anteriores hasta el cuarto grado de consanguinidad o civil, segundo de afinidad y al cónyuge, compañera o compañero permanente, siempre que se encuentren en riesgo de sufrir agresión o que sus vidas corran peligro. Por tanto, se hará un análisis individual de cada persona dentro de la evaluación técnica de amenaza y riesgo que se realice al candidato a protección.

Al conjunto de medidas de atención a los diferentes conflictos o necesidades personales o familiares que sobrelleven los beneficiarios durante su incorporación al programa y aquellas dirigidas a facilitar la reincorporación a la vida social cuando se acredite una causal de desvinculación se denominan "Programas de Asistencia Integral" (arts. 37 y 38), que pueden a su vez clasificarse en: a) Económicos: Aquellas medidas en las cuales el programa le entrega una suma de dinero determinada al beneficiario con un fin específico. Estos se reflejan al momento de generar proyectos productivos para la reinserción del beneficiario y su familia a la vida social. b) No económicos: Corresponden a aquellas medidas de asistencia que no proporcionan ningún recurso económico directo al beneficiario, pero le generan bienestar. Entre estos están los desplazamientos del protegido dentro de los esquemas de seguridad del programa, el apoyo psicológico, de rehabilitación, médico, educativo, alojamiento, manutención y vestuario.

Los artículos 40 y ss., por su parte, clasifican las medidas de protección del siguiente modo: a) Según su duración: Existen medidas temporales o permanentes encaminadas a garantizar de forma adecuada y necesaria la preservación de la integridad física y moral del beneficiario y la de su núcleo familiar. b) Según su naturaleza: Las medidas pueden ser de protección física, esquemas de seguridad, cambio de identidad, cambio de domicilio o traslado temporal al exterior.

4.3. Chile

Chile no cuenta con una ley *ad hoc* de protección de víctimas y testigos, pero sí importantes fuentes legales que fundamentan y enmarcan las medidas de protección a adoptar durante los procesos penales.

En primer lugar, la propia Constitución Política, cuyo artículo 83 atribuye al Ministerio Público la adopción de medidas de protección de víctimas y testigos (algunas bajo autorización judicial previa). A partir de ahí, vemos como la Ley Orgánica Constitucional del Ministerio Público (Ley 19.640) dispone en su artículo 20 la creación de una División Nacional de Atención a las Víctimas y Testigos (DAVT) y en su artículo 34 también dispone la creación de Unidades Regionales de Atención a Víctimas y Testigos (URAVIT) en cada Fiscalía Regional.

También el Código Procesal Penal chileno cuenta con importantes preceptos que materializan ese mandato constitucional al Ministerio Público de velar por la protección de las víctimas y testigos a lo largo del desarrollo del proceso penal. En este sentido, el art. 6 CPP dispone que "El ministerio público estará obligado a velar por la protección de la víctima del delito en todas las etapas del procedimiento penal. Por su parte, el tribunal garantizará conforme a la ley la vigencia de sus derechos durante el procedimiento". El art. 78 CPP, por su parte, establece como deber del Ministerio fiscal "adoptar medidas, o solicitarlas, en su caso, para proteger a las víctimas de los delitos; facilitar su intervención en el mismo y evitar o disminuir al mínimo cualquier perturbación que hubieren de soportar con ocasión de los trámites en que debieren intervenir". Y el art. 109 CPP enumera, entre los derechos de la víctima, los referidos a "e) Recibir protección a través de las medidas contempladas en la legislación, cuando se encuentre amenazada o vulnerada su vida, integridad física, indemnidad sexual o libertad personal. f) La protección de sus datos personales y los de sus hijas e hijos, respecto de terceros, y de su intimidad, honra y seguridad, para lo cual el tribunal que conozca del respectivo procedimiento podrá disponer las medidas que sean pertinentes. h) Que se adopten medidas para prevenir la victimización secundaria, esto es, evitar toda consecuencia negativa que puedan sufrir con ocasión de su interacción en el proceso penal". También el art. 289 CPP permite al tribunal competente para la celebración del juicio oral disponer, a petición de parte y por resolución fundada, una o más de las siguientes medidas, cuando considerare que ellas resultan necesarias para proteger la intimidad, el honor o la seguridad de cualquier persona que debiere tomar parte en el juicio o para evitar la divulgación de un secreto protegido por la ley: a) Impedir el acceso u ordenar la salida de personas determinadas de la sala donde se efectuare la audiencia; b) Impedir el acceso del público en general u ordenar su salida para la práctica de pruebas específicas, y c) Prohibir al fiscal, a los demás intervinientes y a sus abogados que entreguen información o formulen declaraciones a los medios de comunicación social durante el desarrollo del juicio. Ya en materia de declaraciones de testigos, el art. 307 CPP dispone que la declaración del testigo comenzará por el señalamiento de los antecedentes relativos a su persona, en especial sus nombres y apellidos, edad, lugar de nacimiento, estado, profesión, industria o empleo y residencia o domicilio, todo ello sin perjuicio de las excepciones contenidas en leyes especiales. Si existiere motivo para temer que la indicación pública de su domicilio pudiere implicar peligro para el testigo u otra persona, el presidente de la sala o el juez, en su caso, podrá autorizar al testigo a no responder a dicha pregunta durante la audiencia. Si el testigo hiciere uso del derecho previsto en el inciso precedente, quedará prohibida la divulgación, en cualquier forma, de su identidad o de antecedentes que condujeren a ella. Y el art. 308 CPP se refiere expresamente a la adopción de medidas de protección de testigos por parte del tribunal, "que podrán consistir, entre otras, en autorizarlo para deponer vía sistema de vídeo conferencia, separado del resto de la sala de audiencias mediante algún sistema de obstrucción visual, o por otros mecanismos que impidan el contacto directo del testigo con los intervinientes o el público. Dichas medidas durarán el tiempo razonable que el tribunal dispusiere y podrán ser renovadas cuantas veces fuere necesario. De igual forma, el ministerio público, de oficio o a petición del interesado, adoptará las medidas que fueren procedentes para conferir al testigo, antes o después de prestadas sus declaraciones, la debida protección".

Por otra parte, también es importante tener en consideración determinada legislación especial que contiene concretas normas de protección de testigos. Así, la Ley 18.134 en materia de conductas terroristas dispone en su artículo 15 que "Sin perjuicio de las reglas generales sobre protección a los testigos contempladas en el Código Procesal Penal, si en la etapa de investigación el Ministerio Público estimare, por las circunstancias del caso, que existe un riesgo cierto para la vida o la integridad física de un testigo o de un perito, como asimismo de su cónyuge, o conviviente civil, ascendientes, descendientes, hermanos u otras personas a quienes se hallaren ligados por relaciones de afecto, dispondrá, de oficio o a petición de parte, las medidas especiales de protección que resulten adecuadas. Para proteger la identidad de los que intervengan en el procedimiento, su domicilio, profesión y lugar de trabajo, el fiscal podrá aplicar todas o alguna de las siguientes medidas: a) que no conste en los registros de las diligencias que se practiquen sus nombres, apellidos, profesión u oficio, domicilio, lugar de trabajo, ni cualquier otro dato que pudiera servir para su identificación, pudiendo utilizar una clave u otro mecanismo de verificación para esos efectos. b) que su domicilio sea fijado, para notificaciones y citaciones, en la sede de la fiscalía o del tribunal, debiendo el órgano interviniente hacerlas llegar reservadamente a su destinatario, y c) que las diligencias que tuvieren lugar durante el curso de la investigación, a las cuales deba comparecer el testigo o perito protegido, se realicen en un lugar distinto de aquél donde funciona la fiscalía, y de cuya ubicación no se dejará constancia en el registro respectivo". Y, de igual modo, su art. 16 faculta al tribunal a decretar la prohibición de revelar, en cualquier forma, la identidad de testigos o peritos protegidos, o los antecedentes que conduzcan a su identificación, la prohibición para que sean fotografiados, o se capte su imagen a través de cualquier otro medio. El art. 18 permite la práctica anticipada de las declaraciones de testigos y peritos, cuando se estimare necesario para su seguridad personal, conforme con el artículo 191 del Código Procesal Penal. El art. 19 habilita la posibilidad de complementar las medidas de protección con la provisión de los recursos económicos suficientes para el cambio de domicilio u otra que se estime idónea en función del caso. El art. 20 también permite al tribunal, con posterioridad al juicio, autorizar a las personas protegidas a cambiar de identidad. Y similares medidas de protección se contienen en la Ley 20.000 que sanciona el tráfico ilícito de estupefacientes y sustancias sicotrópicas (artículos 30 y ss.).

4.4. Argentina

En 2003, Argentina aprobó la *Ley 25.764 de creación del Programa Nacional de Protección a Testigos e Imputados, para preservar la seguridad de imputados y testigos que hubieran colaborado de modo trascendente y eficiente en una investigación judicial de competencia federal*[34]. Posteriormente, ya en 2019, se aprobó el Decreto 795/2019 que elevaba dicho programa al rango de Agencia, con autonomía funcional y un Consejo Consultivo presidido por la Cámara Federal de Casación Penal, dentro del Ministerio de Justicia, pero el posterior Decreto 168/2020 lo ha derogado.

Dicha Ley 25.764 prevé, como específicas medidas de protección (art. 5), las siguientes: a) La custodia personal o domiciliaria; b) El alojamiento temporario en lugares reservados; c) El cambio de domicilio; d) El suministro de los medios económicos para alojamiento, transporte, alimentos, comunicación, atención sanitaria, mudanza, reinserción laboral, trámites, sistemas de seguridad, acondicionamiento de vivienda y demás gastos indispensables, dentro o fuera del país, mientras la persona beneficiaria se halle imposibilitada de obtenerlos por sus propios medios. En ningún caso la asistencia económica se otorgará por más de seis (6) meses; e) La asistencia para la gestión de trámites; f) La asistencia para la reinserción laboral; o g) El suministro de documentación que acredite identidad bajo nombre supuesto a los fines de mantener en reserva la ubicación de la persona protegida y su grupo familiar.

Además, también el Código Procesal Penal Federal aprobado por la Ley nº 27.063 (junto con las incorporaciones dispuestas por la Ley nº 27.272 y la Ley nº 27.482) también recoge, dentro de los principios rectores del pro-

---

34 FORTETE, C. (2005). La protección de la víctima y del testigo durante el proceso penal en Argentina, Nuevo Foro Penal, nº 67, pp. 176-202, señala que la finalidad de esta oficina es brindarles protección a los testigos e imputados cuya vida o integridad física estén seriamente amenazadas como consecuencia de su participación "en causas relacionadas exclusivamente a los delitos vinculados al narcotráfico".

ceso, el Derecho de la víctima y el testigo (art. 12) a "la protección integral de su persona, su familia y sus bienes frente a las consecuencias del delito". Con más detalle, el art. 79 declara que "Desde el inicio de un proceso penal hasta su finalización, el Estado nacional garantizará a las víctimas de un delito y a los testigos convocados a la causa por un órgano judicial el pleno respeto de los siguientes derechos: a la protección de la integridad física y psíquica propia y de sus familiares. Y también el art. 151 recoge igual derecho al testigo, con la específica alusión en el art. 154 a que los testigos "Si temen por su integridad física o de otra persona podrán indicar su domicilio en forma reservada, pero no podrán ocultar su identidad salvo en los casos en que esté incluido en un programa de protección de testigos. La reserva de identidad sólo podrá mantenerse hasta el juicio". Por último, similares derechos se recogen en la específica *Ley de derechos y garantías de las personas víctimas de delitos* (Ley nº 27.372).

4.5. Brasil

En Brasil destaca la Ley Federal 9.807, de 13 de julio de 1999 y el Decreto 3.518, de 20 de junio de 2000, por los cuales se desarrolla el Programa del Gobierno Federal para la Protección a Víctimas y Testigos Amenazados (PROVITA). Entre las específicas medidas de protección contenidas en dichas normas, vemos como el art. 7 de la citada Ley 9.807 prevé las siguientes: I–seguridad en la residencia, incluido el control de las telecomunicaciones; II–escolta y seguridad en los desplazamientos de residencia, incluso para ir al trabajo o para prestar declaración; III–traslado de residencia o alojamiento temporal en lugar compatible con la protección; IV–preservación de la identidad, imagen y datos personales; V–ayuda económica mensual para cubrir los gastos necesarios para la subsistencia individual o familiar, en caso de que la persona protegida no pueda realizar un trabajo regular o carezca de cualquier fuente de ingresos; VI–suspensión temporal de las actividades funcionales, sin perjuicio de los respectivos salarios o beneficios, cuando se trate de servidores públicos o militares; VII–apoyo y asistencia social, médica y psicológica; VIII–secreto en relación con los actos realizados en virtud de la protección otorgada; IX–apoyo de la entidad ejecutora del programa para el cumplimiento de las obligaciones civiles y administrativas que requieran asistencia personal.

Además, y en casos excepcionales y considerando las características y gravedad de la coacción o amenaza, el art. 9 prevé la posibilidad de solicitar al juez competente para los registros públicos el cambio completo del nombre de la persona protegida, así como el de las personas mencionadas en el § 1º del art. 2 (cónyuge o conviviente, ascendientes, descendientes y dependientes que tengan contacto regular con la víctima o testigo, según sea específicamente necesario en cada caso), y será precedida de las medidas necesarias para salvaguardar los derechos de terceros. Una vez cesada la coacción o amenaza que motivó el cambio, la persona protegida tendrá derecho a pedir al juez competente que vuelva a la situación anterior, con el cambio al nombre original, y tendrá previa manifestación del Ministerio Público.

4.6. México

En México, el artículo 34 de la Ley Federal contra la Delincuencia Organizada de 1996 atribuye a la Procuraduría General de la República el deber de prestar apoyo y protección suficientes a jueces, peritos, testigos, víctimas y demás personas, cuando por su intervención en un procedimiento penal sobre delitos a que se refiere esta Ley, así se requiera. En desarrollo de dicho precepto, el 8 de junio de 2012 se aprobó la *Ley Federal para la Protección a Personas que Intervienen en el Procedimiento Penal.* que incluye como "Personas protegidas" a: a) Víctimas; b) Ofendidos; c) Testigos; d) Testigos Colaboradores; e) Peritos; f) Policías; g) Ministerio Público, Jueces y miembros del Poder Judicial; h) Quienes hayan colaborado eficazmente en la investigación o en el proceso; y i) Otras personas cuya relación sea por parentesco o cercanas a las señaladas en los incisos anteriores y por la colaboración o participación de aquellos en el Procedimiento Penal les genere situaciones inminentes de amenaza y riesgo.

Las medidas de protección se recogen en el capítulo VI de la citada Ley de 2012 (artículos 16 a 19), diferenciándose entre "medidas de asistencia", que tendrán como finalidad acompañar a los sujetos destinatarios del Programa y "medidas de seguridad", que tendrán como finalidad primordial brindar las condiciones necesarias de seguridad para preservar la vida, la libertad y/o la integridad física de los sujetos comprendidos en el artículo 2. Conforme al art. 17, as medidas de asistencia podrán ser: I. La asistencia y/o el tratamiento psicológico, médico y/o sanitario en forma regular y necesaria a personas, a través de los servicios de asistencia y salud pública, velando en todo momento por el resguardo y protección de las mismas. II. La asistencia y el asesoramiento jurídico gratuito a la persona, a fin de asegurar el debido conocimiento de las medidas de protección y demás derechos previstos por esta Ley. III. Asistir a la persona para la gestión de trámites. IV. Apoyo económico, para el alojamiento, transporte, alimentos, comunicación, atención sanitaria, mudanza, reinserción laboral, trámites, sistemas de seguridad, acondicionamiento de vivienda y demás gastos indispensables, dentro o fuera del país, mientras la persona se halle imposibilitada de obtenerlos por sus propios medios. La asistencia económica subsistirá por el tiempo exclusivamente necesario que determine el Director, conforme al Estudio Técnico que se realice, así como a la evaluación de la subsistencia de las circunstancias que motivaron su apoyo. V. Implementar cualquier otra medida de asistencia que, de conformidad con la valoración de las circunstancias, se estime necesario adoptar con la finalidad de garantizar la asistencia física y psicológica de la persona incorporada al Programa.

Las medidas de seguridad, por su parte, se recogen en el artículo 18, en donde se indica que, "además de las previstas en otros ordenamientos, podrán consistir en alguna de las siguientes: I. La salvaguarda de la integridad personal en los siguientes aspectos: a) Físico. b) Psicológico. c) Patrimonial. d) Familiar. II. Vigilancia. III. Modo y mecanismos para el traslado de las personas protegidas a distintos lugares, asegurando en todo momento el resguardo de las mismas. IV. Custodia policial, personal móvil y/o domiciliaria a las personas protegidas, que estará a cargo de los elementos de la Unidad; salvo en los supuestos de urgencia establecidos en el artículo 21 de la presente Ley, en los cuales el Ministerio Público podrá solicitar el apoyo de sus auxiliares en términos de la Ley de la Fiscalía General de la República y demás disposiciones aplicables. V. Suministrar a la persona alojamiento temporal o los medios económicos para transporte, alimentos, comunicación, atención sanitaria, mudanza, reinserción laboral, trámites personales y aquellos que requiera para cumplir con sus obligaciones, sistemas de seguridad, acondicionamiento de vivienda y demás gastos indispensables, dentro o fuera del país, mientras la Persona Protegida se halle imposibilitada de obtenerlos por sus propios medios. VI. Facilitar la reubicación, entendida como el cambio de domicilio y/o residencia, lugar de trabajo y centro de estudios de la persona. VII. Previa determinación del Fiscal se podrá otorgar y ordenar, con base en las circunstancias del caso, la autorización para que ante las autoridades competentes se gestione una nueva identidad de la Persona Protegida, dotándolo de la documentación soporte. VIII. Durante el procedimiento el Ministerio Público, podrá solicitar las siguientes medidas: a) La reserva de la identidad en las actuaciones en que intervenga la Persona Protegida, imposibilitando que en los registros se haga mención expresa a sus nombres, apellidos, domicilio, lugar de trabajo, profesión o cualquier otro dato que lo ponga en evidencia en términos de lo dispuesto en la legislación aplicable. b) El uso de métodos que imposibiliten la identificación visual o auditiva de la persona, en las diligencias en que intervenga. La aplicación de esta medida, no deberá coartar la defensa adecuada del imputado. c) La utilización de procedimientos mecánicos o tecnológicos que permitan la participación de la persona a distancia y en forma remota. d) Se fije como domicilio de la persona el del Centro. e) Otras que a juicio del Centro sean procedentes para garantizar la seguridad de la persona".

5. Marco jurídico en España

En España, la legislación vigente en materia de medidas de protección procesal de testigos, peritos y víctimas se encuentra bastante fragmentada.

Existe una norma especial como es la Ley Orgánica 19/1994, de 23 de diciembre, de protección a testigos y peritos en causas criminales, pero claramente anticuada y desfasada. Tiene apenas 4 artículos en donde se dispone el ámbito subjetivo de aplicación, no aplicable al *colaborador con la justicia*[35], la posibilidad de extender las medidas más allá de la duración de la causa, y los supuestos en los que la defensa podrá tomar conocimiento de los datos identificativos del testigo protegido. Tal es la insuficiente regulación que la ley carece de desarrollo reglamentario y no enumera un catálogo cerrado de medidas concretas, si bien el artículo 2 establece que el juez podrá acordar *las medidas necesarias para preservar la identidad de los testigos y peritos, su domicilio, profesión y lugar de trabajo, sin perjuicio de la acción de contradicción que asiste a la defensa del procesado,* y enumera ejemplificativamente las siguientes: "a) Que no consten en las diligencias que se practiquen su nombre, apellidos, domicilio, lugar de trabajo y profesión, ni cualquier otro dato que pudiera servir para la identificación de los mismos, pudiéndose utilizar para ésta un número o cualquier otra clave. b) Que comparezcan para la práctica de cualquier diligencia utilizando cualquier procedimiento que imposibilite su identificación visual normal. c) Que se fije como domicilio, a efectos de citaciones y notificaciones, la sede del órgano judicial interviniente, el cual las hará llegar reservadamente a

---

35 El Tribunal Supremo ha sido rotundo al rechazar la posibilidad de que al arrepentido se le puedan aplicar las medidas de la L.O. 19/1994 porque "el art.1º.1 de la misma, dispone literalmente que: «las medidas de protección previstas en esta Ley son aplicables a quienes en calidad de testigos o peritos intervengan en procesos penales». No pueden arbitrarse tales medidas, de modo alguno, a los imputados, por falta de previsión legal, y porque la situación de éstos es radicalmente diferente a la de un testigo o un perito" (STS núm. 1076/2006, de 27 de octubre). A pesar de ello, doctrinalmente sí se ha defendido la posibilidad y la conveniencia de aplicar tales medidas de protección al investigado o acusado que decide cooperar con la Justicia como "colaborador eficaz" y declarar contra sus excompinches. Vid., por todos, ORTIZ PRADILLO, J. C. (2018). *Los delatores en el proceso penal…*, op. cit., p. 206.

su destinatario". También se disponen otras medidas, como por ejemplo, que no se les hagan fotografías o se tome su imagen por cualquier otro procedimiento, que se les faciliten documentos de una nueva identidad y medios económicos para cambiar su residencia o lugar de trabajo, o que sean conducidos a las dependencias judiciales, al lugar donde hubiere de practicarse alguna diligencia o a su domicilio en vehículos oficiales y durante el tiempo que permanezcan en dichas dependencias se les facilitará un local reservado para su exclusivo uso, convenientemente custodiado.

Los principales avances en España en materia de protección de testigos no han venido, por tanto, de la mano de la intervención del legislador, sino de la labor interpretativa efectuada por los tribunales de justicia, y muy particularmente, por el Tribunal Supremo, que ha asumido la doctrina del TEDH, ha superado las deficiencias de la citada L.O. 19/1994 y ha generado todo un cuerpo jurisprudencial en materia de "testigos protegidos", "testigos anónimos" y "testigos ocultos".

Frente a ello, y cuando el testigo tenga la consideración de víctima, sí existe un importante conjunto de disposiciones legales con específicas medidas de protección a favor de las víctimas. A lo largo de la Ley de Enjuiciamiento Criminal se prevén determinadas medidas, como las recogidas en los artículos 544 bis, ter y quinquies (referidas a la adopción de medidas de protección personal respecto de víctimas de violencia de género y medidas cautelares civiles tales como la atribución del uso y disfrute de la vivienda familiar, adecuación del régimen de guarda y custodia, la suspensión o mantenimiento del régimen de visitas, comunicación y estancia con los menores, el régimen de prestación de alimentos). Durante el juicio oral, el art. 681 LECrim prevé la posibilidad de acordar que el juicio se celebre a puerta cerrada, sin presencia de público, y los arts. 707 y 731 LECrim también disponen medidas destinadas a evitar la confrontación visual del testigo o víctima con su agresor durante el juicio oral.

Más recientemente, la Ley 4/2015, de 27 de abril, del Estatuto de la víctima del delito recoge en su título III (artículos 19 a 26) toda una batería de medidas de protección para evitar cualquier tipo de intimidación, victimización secundaria, daños psíquicos o agresiones a la dignidad durante los interrogatorios y declaraciones de la víctima como testigo. Por ejemplo, y durante la fase de enjuiciamiento, el artículo 25 dispone que podrán ser adoptadas, conforme a lo dispuesto en la Ley de Enjuiciamiento Criminal, las siguientes medidas para la protección de las víctimas: a) Medidas que eviten el contacto visual entre la víctima y el supuesto autor de los hechos, incluso durante la práctica de la prueba, para lo cual podrá hacerse uso de tecnologías de la comunicación; b) Medidas para garantizar que la víctima pueda ser oída sin estar presente en la sala de vistas, mediante la utilización de tecnologías de la comunicación adecuadas; c) Medidas para evitar que se formulen preguntas relativas a la vida privada de la víctima que no tengan relevancia con el hecho delictivo enjuiciado, salvo que el Juez o Tribunal consideren excepcionalmente que deben ser contestadas para valorar adecuadamente los hechos o la credibilidad de la declaración de la víctima; d) Celebración de la vista oral sin presencia de público. En estos casos, el Juez o el Presidente del Tribunal podrán autorizar, sin embargo, la presencia de personas que acrediten un especial interés en la causa.

Aunque la reserva de la identidad de la víctima no se prevé como medida general, sí se ordena a los Jueces, Tribunales, Fiscales y las demás autoridades y funcionarios encargados de la investigación penal, así como todos aquellos que de cualquier modo intervengan o participen en el proceso, adoptarán, de acuerdo con lo dispuesto en la Ley, las medidas necesarias para proteger la intimidad de todas las víctimas y de sus familiares y, en particular, *para impedir la difusión de cualquier información que pueda facilitar la identificación de las víctimas menores de edad o de víctimas con discapacidad necesitadas de especial protección* (art. 22). Y en todo caso, se prevé la posibilidad de adoptar a favor de la víctima alguna o algunas de las medidas de protección a que se refiere el artículo 2 de la Ley Orgánica 19/1994 (art. 25.3).

Por último, la Ley Orgánica 10/2022, de 6 de septiembre, de garantía integral de la libertad sexual también ha introducido específicas medidas de protección a favor de las víctimas de violencia sexual, trata y explotación sexual. Así, por ejemplo, su art. 35.2 dispone que los Servicios de asistencia integral especializada y accesible a favor de dichas víctimas deberán respetar "la confidencialidad y el derecho a la protección de datos de carácter personal de las víctimas y de terceras personas". Su art. 37.3 también exige que "Los datos personales, tanto de las víctimas como de terceras personas, contenidos en los citados documentos (p. ej., informes de los servicios sociales, de la Inspección de Trabajo y de la Seguridad Social, etc.) serán tratados con las garantías establecidas en la normativa de protección de datos personales". Y también su art. 50 ordena que "En las actuaciones y procedimientos relacionados con la violencia sexual se protegerá la intimidad de las víctimas, y en especial sus datos personales".

Además, a esta situación actual hay que sumar la Ley Orgánica 7/2021, de 26 de mayo, de protección de datos personales tratados para fines de prevención, detección, investigación y enjuiciamiento de infracciones penales y de ejecución de sanciones penales, adoptada con el fin de incorporar al ordenamiento español lo dispuesto en la Directiva (UE) 2016/680 del Parlamento Europeo y del Consejo, de 27 de abril de 2016, relativa a la protección de datos personales tratados en el marco de la cooperación policial y judicial en materia penal. El espíritu de dicha norma persigue lograr un elevado nivel de protección de los derechos de la ciudadanía, en general, y de sus datos personales, en particular, que no se vea afectado por el hecho de estar incurso en un proceso penal (tanto como víctima, testigo, o encausado), sobre todo a la hora de que los Estados compartan los datos personales en el espacio de la cooperación policial y judicial penal.

En conclusión, se aprecia una superposición de normativas en materia de medidas de protección a favor de las víctimas, que periódicamente se amplía en virtud de las distintas reformas legislativas en España —lo cual no es objeto de crítica—, que contrasta con la anomia legislativa en materia de protección de testigos y peritos —lo cual sí consideramos negativo y necesitado de desarrollo legal—.

5.1. La protección de testigos en las propuestas *lege ferenda*

Más allá de las críticas doctrinales a la referida L.O. 19/1994, la Fiscalía General de Estado ha sido siempre una de las principales voces autorizadas que han reclamado la necesaria actualización de la normativa española en materia de protección de testigos.

En primer lugar, merecen atención las propuestas vertidas en su Memoria Anual de 2018. En ella se reclamó un mejor desarrollo legal del estatus de derechos y obligaciones del testigo protegido; un catálogo concreto de medidas de protección que alcanzaran a todas las situaciones que exige la adecuada salvaguardia de los intereses del testigo; así como también que se extendiera el ámbito de protección de la ley a los familiares y allegados de testigos, peritos y demás intervinientes en el proceso, a cualquier colaborador que proporcionara información relevante para el desarrollo de una investigación, con independencia de que finalmente llegara a testificar o no en el juicio oral y también a los *colaboradores de la justicia* que ostentaran la condición de investigados o finalmente acusados en el procedimiento penal y a los funcionarios públicos que pudieran resultar amenazados como consecuencia de su intervención en un proceso penal (jueces, fiscales, policías, médicos forenses, etc.).

De las propuestas efectuadas por la Fiscalía en 2018 debe resaltarse la proposición de crear un organismo o entidad que se encargue, además de precisar las concretas medidas de protección que resulten oportunas en cada caso, de llevar a cabo la aplicación práctica de las mismas y su seguimiento. En efecto, *la atribución de una nueva identidad a un testigo y su familia cercana y el cambio de su lugar de residencia conlleva actuaciones tan complejas como el análisis de las posibilidades de adaptación del testigo y su familia a una nueva sociedad, apoyo psicológico, búsqueda de nuevo trabajo, liquidación de sus relaciones jurídicas precedentes o creación de todo un pasado ficticio que permita al testigo pasar desapercibido en su nueva vida, garantizando con ello su seguridad. La protección, sin embargo, no acaba ahí, sino que, además, es preciso llevar a cabo un adecuado seguimiento de las medidas adoptadas para poder solventar los problemas que vayan surgiendo y, en último término, poner fin, si procede, a las mismas. Parece evidente que toda esta labor supera con creces la capacidad del órgano judicial o de la Fiscalía que hubiera acordado la medida. Por eso, la generalidad de los sistemas de protección de testigos implantados en otros países atribuye la gestión de las medidas de protección a órganos especializados.*

En este sentido, y a título comparativo, Italia reformó su legislación en materia de protección de testigos a través de la Ley núm. 6/2018, de 11 de enero, de disposiciones para la protección de los testigos de la Justicia[36], en virtud de la cual creó un «Servicio Central de Protección» encargado de determinar y aplicar las medidas de protección fijadas en dicha ley, y también se reguló la figura del "referente del testigo de justicia"; una persona de contacto especializada del Servicio Central de Protección destinada a asistir al testigo de justicia en todos los aspectos de su nueva vida: informar al testigo sobre sus derechos, mantener una relación permanente con el Servicio Central para poder adaptar con prontitud las medidas especiales de acuerdo con las necesidades del interesado, y brindarle asistencia en la gestión patrimonial y económica y en la fase de reinserción laboral (art. 16). En concreto, se prevé que dicha persona de contacto deberá: a) informar periódicamente al testigo de justicia y a los demás protegidos sobre las medidas especiales aplicadas, sobre sus consecuencias, sobre sus posibles modificaciones, sobre su implementación, así como sobre derechos patrimoniales y no patrimoniales afectados por el programa de protección; b) identificar y cuantificar activos y pasivos, e las obligaciones del testigo y de los demás protegidos; c) informar periódicamente a la comisión central sobre el progreso del programa de protección, sobre la posible necesidad adaptarlo a las necesidades emergentes del interesado, así como sobre la conducta y observancia de los compromisos asumidos; d) asistir a los interesados, con su consentimiento, en la gestión del patrimonio social y patrimonial, de situaciones crédito y débito y cualquier otro interés patrimonial del testigo y demás protegidos si

---

[36] Legge 11 gennaio 2018, n. 6, Disposizioni per la protezione dei testimoni di giustizia. (Gaceta Oficial n. 30, del 6 de febrero de 2018).

no pueden hacerlo debido a las manifestaciones realizadas o a la aplicación del programa de protección; e) asistir a los interesados en la presentación de proyectos reinserción social y laboral y verificar su concreción; f) asistir a los interesados en la presentación de proyectos capitalización, en la realización concreta de los mismos y en informes periódicos a la comisión central sobre el uso de las sumas asignadas; g) colaborar con prontitud para asegurar el ejercicio de derechos que pueden ser limitados por la aplicación de medidas especiales de protección.

En segundo lugar, vemos como la Fiscalía General del Estado ha vuelto a proponer al legislador, en su Memoria Anual de 2022, correspondiente al ejercicio 2021, la conveniencia de reformar la legislación de protección de testigos, a la par que disponer como regla general *eliminar la posibilidad de que las partes, con la única excepción del Ministerio Fiscal, puedan acceder a los datos de carácter personal de encausados, testigos y peritos, en todo aquello que no resulte necesario para garantizar la efectiva realización de los derechos de defensa o, en su caso, a la tutela judicial efectiva. No en vano, el hecho de que el encausado o, incluso, la víctima, disponga de datos susceptibles de poner en peligro la paz, libertad e integridad del propio encausado –o coencausado–, así como de testigos y peritos, debe ser conjurado en todos aquellos supuestos en que el acceso a dichos datos resulte intrascendente desde un plano jurídico.*

Por último, no debe pasarse por alto la intención que tenía el legislador de introducir específicas disposiciones aplicables en materia de protección de testigos, y reformar la citada L.O. 19/1994, a través del Anteproyecto de Ley Orgánica Integral contra la Trata y la Explotación de Seres Humanos, aprobado por el Consejo de Ministros del 29 de noviembre de 2022, pero que finalmente no vio la luz.

Por un lado, su disposición final primera proponía modificar los artículos 448 y 449 LECrim en materia de prueba preconstituida. Y de conformidad con el proyectado art. 448.1c) LECrim, y sin perjuicio de que se hubieran acordado o no, anteriormente, medidas de protección, se proponía que el Ministerio Fiscal o cualquiera de las partes podrían solicitar la práctica preconstituida de la declaración del testigo o perito en fase de instrucción "cuando existan fundados motivos para temer que pueda ser amenazado gravemente o sometido a coacciones con la finalidad de alterar su declaración en el juicio oral" y a dicha declaración preconstituida le serían de aplicación "las reglas sobre protección de testigos y peritos establecidas para el juicio oral" —art. 448 ter LECrim, el cual también permite su adopción de oficio—.

Y, por otro lado, su disposición final tercera también incluía específicas modificaciones de la Ley Orgánica 19/1994, de 23 de diciembre, de protección a testigos y peritos en causas criminales. En concreto, a través de la reforma del apartado 3º del artículo 4 se proponía introducir legislativamente la actual jurisprudencia del Tribunal Supremo a la hora de resolver la solicitud, con motivo de la celebración del juicio oral, de la revelación de la identidad de los testigos o peritos propuestos. Y a través de la reforma del artículo 2 se ampliaba mínimamente el catálogo legal de medidas que pueden ser adoptadas, de oficio o a instancia de parte, por la autoridad investigadora competente.

V. CONCLUSIONES

La adopción de específicas medidas de protección laboral en favor de quienes colaboren con las autoridades, tanto judiciales como administrativas, informando de irregularidades y conductas delictivas producidas en el seno de su institución, constituía una necesidad acuciante y reclamada por los principales organismos internacionales. Más allá del proceso penal, e incluso aunque el mismo no llegue nunca a iniciarse, la situación a la que se enfrentan quienes han optado por no guardar silencio ni mirar hacia otro lado ante la percepción o el conocimiento de conductas, cuanto menos, reprobables, puede ser muy comprometida. Y la inacción de las autoridades ante tales situaciones puede ser el peor mensaje posible hacia aquéllos que desean colaborar con la Justicia, con claros efectos desalentadores. Por ello, y junto con las tradicionales fórmulas de protección establecidas en el ámbito procesal, merece ser aplaudida la incorporación de específicas medidas de reserva de la identidad durante la investigación empresarial interna o durante la investigación administrativa, pero sobre todo, la fijación de específicas sanciones para quien lleve a cabo conductas ahora también recogidas legalmente como «represalias» en el ámbito laboral.

No obstante, consideramos que la debida protección de los distintos "sujetos informantes" que pueden llegar a colaborar con las autoridades (denunciantes, confidentes, *whistleblowers*, testigos, peritos, e incluso los arrepentidos o colaboradores con la justicia), como fórmula para ampliar las capacidades de las autoridades a la hora de detectar, perseguir y enjuiciar más eficazmente las distintas conductas objeto de investigación, exige una mayor regulación legal, basada a su vez en un enfoque o visión integral y completa de lo que significa colaborar, de los distintos riesgos a los que se exponen tales sujetos, de las distintas capacidades o facultades que puedan tener las autoridades o entidades demandantes de dicha colaboración, de los distintos derechos e intereses en conflicto, así como de los momentos en que dicha colaboración será requerida. De ahí que, aunque la promulgación de la citada Ley 2/2023 reguladora de la protección de las personas que informen sobre infracciones normativas y de lucha contra la corrupción merezca una valoración general positiva, resulte criticable que dicha aproximación a la tutela integral del informante siga fragmentándose en reformas legislativas no conectadas entre sí. No se entiende que dicha ley no haya tenido en cuenta la vigente legislación procesal —pues muchas de las investigaciones desembocarán en la apertura de diligencias penales— ni haya servido para su reforma y actualización.

De igual modo que las distintas leyes aprobadas en los últimos años en el ámbito procesal penal han reconocido importantes derechos para los sujetos investigados, así como también han incorporado específicos derechos procesales, extraprocesales y medidas asistenciales a favor de las víctimas, tales reformas se han caracterizado por un constante olvido a la hora de mejorar el estatuto procesal de aquellos otros sujetos que, sin tener la consideración de víctimas, son llamados a participar en las investigaciones y a colaborar con las autoridades facilitando información que resultará esencial en las posteriores investigaciones judiciales. Si durante años se ha venido afirmando que la víctima era la gran olvidada del proceso penal, hoy cabría decir los mismo del testigo. Por ello, la aprobación de la Ley 2/2023 representa una ocasión perdida, pero más grave es, a nuestro juicio, el planteamiento del Anteproyecto de Ley Orgánica Integral contra la Trata y la Explotación de Seres Humanos, que resultaba claramente insuficiente -otra ocasión perdida- a la hora de mejorar la redacción de la L.O. 19/1994.

La reserva de la identidad del denunciante o testigo, así como la especial protección de aquellos datos personales que no resulten relevantes para el ejercicio del derecho de defensa, debería ser una premisa legal expresa, incluso desde las primeras actuaciones policiales. Al igual que la Ley 2/2023 fija dicha premisa legal en cualquier investigación interna o externa a partir de la utilización de los denominados "canales de denuncias", y al igual que la L.O. 10/2022 fijó como principio general que la intimidad de las víctimas y sus datos personales, en las actuaciones y procedimientos relacionados con la violencia sexual, fueran objeto de especial protección, debería acometerse una reforma integral de la LECrim que incorpore adecuadamente los postulados de la Ley Orgánica 7/2021, de 26 de mayo, de protección de datos personales tratados para fines de prevención, detección, investigación y enjuiciamiento de infracciones penales y de ejecución de sanciones penales, en lo que se refiere a los distintos sujetos que participan en cualquier investigación penal o policial. Con ello, además, se dotaría de seguridad jurídica a la hora de resolver qué información policial debe facilitarse a la defensa del detenido cuando ejerce su derecho a conocer los "elementos esenciales" de conformidad con lo dispuesto en el art. 520 LECrim y en la Directiva 2012/13/UE.

La L.O. 19/1994 debe ser sustituida por un nuevo marco legal adecuado, suficiente e integrador, y no objeto de una mera reforma puntual, como pretendía el citado Anteproyecto en materia de trata y explotación de seres humanos. Dicho nuevo marco legal debería caracterizarse por una visión amplia del concepto "testigo" que abarque a cualquier sujeto que colabore aportando información a las autoridades, llegue o no a declarar finalmente en el proceso, así como a sus familiares y allegados, y también a favor del arrepentido colaborador con la Justicia, tal y como prevén los principales textos supranacionales examinados, por cuanto dicho *coimputado* participa verdaderamente como un testigo de la acusación, aunque en España no se haya dado el paso aún de reformar la LECrim para prever supuestos de inmunidad procesal, retirada o suspensión de la acusación contra el mismo.

En cuanto a las medidas procesales a acordar durante la sustanciación de las actuaciones judiciales, debería habilitarse un marco legal integrador que incorpore específicas medidas laborales, administrativas o asistenciales esenciales para la debida protección del testigo, tales como la prestación de asistencia psicológica, ayudas económicas y asistencia social para la adaptación a las medidas adoptadas (cambio de identidad y generación de nueva documentación, cambio de domicilio y empadronamiento, cambio de trabajo o búsqueda de empleo, etc.). En este sentido, estimamos muy conveniente el desarrollo legislativo de dos importantes figuras:

a. De un lado, la creación de un organismo o autoridad específicamente encargado de velar por la protección de cualquier sujeto colaborador con la Justicia. Más en concreto, la «Autoridad Independiente de Protección del Informante, A.A.I.» debería organizarse internamente y asumir legalmente funciones para ser también el organismo encargado de la protección de testigos, así como de los informantes que posteriormente son llamados como testigos, peritos, etc., a las causas judiciales, y ocuparse también de velar por el correcto desarrollo y seguimiento de las distintas medidas de protección adoptadas (laborales, civiles, administrativas o procesales).

b. De otro lado, la designación de un representante del sujeto protegido, a semejanza de la figura italiana del "referente del testigo de justicia"; una persona de contacto integrada en la AAI y dedicada a asistir al testigo o persona protegida en todos los aspectos de su nueva vida. Así, por ejemplo, la medida actual de la L.O. 19/1994 consistente en "que se fije como domicilio, a efectos de citaciones y notificaciones, la sede del órgano judicial interviniente, el cual las hará llegar reservadamente a su destinatario" debería sustituirse por la designación de dicha persona o de la AAI como intermediario en las comunicaciones y notificaciones que cualquier autoridad judicial o administrativa quisiera hacer llegar a la persona objeto de protección.

Por último, debería habilitarse un régimen legal que armonice el régimen de las medidas de protección acordadas en sede administrativa y previa a la apertura de diligencias penales con las que pudieran acordarse tras la judicialización de la investigación. En este sentido, por ejemplo, si el *whistleblower* fuera llamado procesalmente a comparecer como testigo, el art. 33.3 de la Ley 2/2023 no resuelve adecuadamente cómo mantener procesalmente las medidas que administrativamente se le hubieren reconocido en materia de reserva de identidad para evitar que la judicialización de la causa pueda conllevar temporalmente una "brecha de información", lo que en un futuro generará no pocas reticencias por parte de los denunciantes para informar de conductas delictivas. De ahí la importancia y conveniencia de que sea una única autoridad la encargada de gestionar las medidas de protección y no dos (la autoridad administrativa, al amparo de la ley 2/2023 o de las correspondientes leyes autonómicas en dicho sector y el correspondiente juzgado de instrucción, al amparo de la L.O. 19/1994).

En la *Proposición de Ley Integral de Lucha contra la Corrupción y Protección de los Denunciantes* presentada por el Grupo Parlamentario Ciudadanos en septiembre de 2016[37] se trataba de evitar dicha desprotección temporal mediante la posibilidad de que la autoridad administrativa pudiera "informar" al órgano judicial acerca de la conveniencia de acordar las medidas de protección de testigos previstas en la Ley Orgánica 19/1994. A similitud de lo fijado en la Ley aragonesa 5/2017, su propuesta de artículo 5.6.II declaraba que "En el supuesto de traslado al Ministerio Fiscal, la Autoridad Independiente de Integridad Pública informará de si a su juicio concurren circunstancias que puedan suponer un peligro grave para la persona, libertad o bienes del denunciante, su cónyuge o persona a quien se halle ligado por análoga relación de afectividad, o sus ascendientes, descendientes o hermanos, *a efectos de que la autoridad judicial adopte las medidas de protección a*

---

[37] BOCG, Serie B, núm. 33, de 23 de septiembre de 2016.

que haya lugar de conformidad con lo previsto en la Ley Orgánica 19/1994, de 23 de diciembre, de protección a testigos y peritos en causas criminales".

Y en la *Proposición de Ley de protección integral de los alertadores*, presentada por el Grupo Mixto en diciembre de 2019[38], se especificaba como una de las funciones de la Autoridad Independiente de Protección de los Alertadores y Facilitadores (art. 23) la de velar para que los alertadores y/o facilitadores no sufran, durante su intervención, ni después de ella, ningún tipo de aislamiento, persecución o empeoramiento de las condiciones laborales o profesionales, ni ningún tipo de medida que implique cualquier forma de perjuicio o discriminación. Y para ello, "la Autoridad, así como los Juzgados o Tribunales y el Ministerio Fiscal, tendrán potestad para ordenar y solicitar de oficio, según corresponda, la aplicación de las medidas provisionales y cautelares de protección y de seguridad convenientes cuando pueda concurrir, a su juicio, la existencia de peligro grave para la persona, la libertad o los bienes del alertador y/o facilitador, o el testigo, el cónyuge o la persona a quien se encuentre ligado por análoga relación de afectividad, o los ascendentes, descendientes o parientes del mismo hasta el segundo grado de consanguinidad o afinidad. El órgano competente, si lo cree conveniente, podrá acordar y mantener estas medidas más allá de la resolución de los procedimientos judiciales y/o administrativos consecuencia de la alerta. La protección podrá mantenerse, mediante una resolución de la Autoridad, incluso más allá de la culminación de los procesos en los que la misma intervenga".

En este sentido, y dado que la creación de autoridades administrativas encargadas de velar por el cumplimiento de las distintas medidas de protección laboral constituye una constante a nivel internacional, hubiera sido preferible que la AAI dispuesta en el sistema español tuviera atribuidas específicas potestades para valorar, adoptar y controlar la ejecución de las medidas de protección necesarias, también con motivo de la judicialización de las investigaciones iniciadas con motivo del aporte de información a través de los canales internos o externos de recepción de denuncias, y en las cuales se resolvió acordar medidas de protección de carácter administrativo, al menos hasta que el órgano judicial competente esté en condiciones de pronunciarse motivadamente sobre la conveniencia o no de continuar con tales medidas de protección. Es decir, que existiera una única autoridad a nivel estatal capaz de articular y efectuar el debido seguimiento de las medidas de protección en el ámbito laboral,

---

38 BOCG, Serie B, núm. 27-1, de 20 de diciembre de 2019.

procesal y administrativo, tanto para el colaborador con la Justicia como para sus familiares. En este sentido, bastaría con la previsión legal de que, en el supuesto de requerimiento judicial de información o en el supuesto de que la entidad privada o pública o la AAI comuniquen esa denuncia y las informaciones o el expediente a la autoridad judicial o al Ministerio Fiscal, los datos correspondientes a la identidad del inicial sujeto denunciante se sustanciarán —al menos, temporalmente— en una pieza separada y secreta, sin necesidad de que se acuerde expresamente el secreto de toda la causa, hasta que la autoridad judicial decida oportunamente sobre ello.

VI. Bibliografía

FERREIROS, M. I. (2021). La Argentina: un país poco atractivo para denunciar la corrupción. Universidad de San Andrés. Disponible en https://repositorio.udesa.edu.ar/jspui/bitstream/10908/18792/1/%5BP%5D%5BW%5D%20T.%20Ab.%20Ferreir%C3%B3s%2C%20Mar%C3%ADa%20In%C3%A9s.pdf.

FORTETE, C. (2005). La protección de la víctima y del testigo durante el proceso penal en Argentina, *Nuevo Foro Penal, nº 67, pp. 176-202.*

ORTIZ PRADILLO, J. C. (2017). La delación premiada en España: instrumentos para el fomento de la colaboración con la justicia. *Revista Brasileira de Direito Processual Penal,* Vol. 3, pp. 39-70.

ORTIZ PRADILLO, J. C. (2018). *Los delatores en el proceso penal. Recompensas, Anonimato, Protección y otras Medidas para incentivar una «Colaboración eficaz» con la Justicia.* Madrid: LA LEY Wolters Kluwer.

RAGUÉS i VALLÈS, R. (2013). *Whistleblowing. Una aproximación desde el Derecho Penal.* Barcelona: Marcial Pons.

RAGUÉS i VALLÈS, R., BELMONTE PARRA, M. (2021). *"El incentivo de las denuncias como instrumento de prevención y persecución penal: presente y futuro del whistleblowing en Chile", Política criminal, vol.16 no.31 jul.*

RODRÍGUEZ YAGÜE, C. (2006). *La protección de los whistleblowers por el ordenamiento español: aspectos sustantivos y procesales, VV.AA., Fraude y Corrupción en el Derecho penal económico europeo. Cuenca: Ediciones de la Universidad de Castilla-La Mancha.*

EL DERECHO DE DEFENSA EN LOS PROCEDIMIENTOS DE LA FISCALÍA EUROPEA EN ESPAÑA[1]

CARMEN RODRÍGUEZ-MEDEL NIETO
Magistrada-juez/Profesora asociada de Procesal-Universidad Complutense de Madrid

RESUMEN

La Fiscalía Europea ha sido creada con el propósito de luchar eficazmente contra los delitos que afectan a los intereses financieros de la Unión. No obstante, esta pretendida eficacia no puede prevalecer sobre las garantías del debido proceso, muy singularmente, sobre el derecho de defensa. Por ello se destacarán los aspectos en los que la regulación del procedimiento de la Fiscalía Europea en España puede afectar de manera significativa al citado derecho.

ABSTRACT

The European Public Prosecutor's Office has been created with the purpose of effectively fighting crimes that affect the financial interests of the European Union. However, this alleged effectiveness cannot prevail over the guarantees of due process, namely, over the right of defense. For this reason, the aspects in which the regulation of the procedure of the European Public Prosecutor's Office in Spain can significantly affect the aforementioned right will be highlighted.

PALABRAS CLAVE

Derecho de defensa. Fiscalía Europea. Impugnación. Reglamento UE 2017/193. Fiscal Europeo Delegado. Juez de Garantías. TJUE.

1 Este trabajo se ha realizado en el marco del Proyecto de Investigación del Ministerio de Ciencia e Innovación: "Proceso penal y Unión Europea: análisis y propuestas", PID2020-116848GB-100.

KEYWORDS EN INGLÉS

Right to defense. EPPO. Due process. Regulation EU 2017/193. European Delegated Prosecutor. CJEU.

Sumario. I. Aproximación a la Fiscalía Europea. II. Actuación procesal de la Fiscalía Europea en España. III. Limitaciones del derecho de defensa en los procedimientos de la Fiscalía Europea en España. 1. Control judicial. 2. Limitaciones de la Defensa en relación con la prueba. 3. Intervención de la Defensa en las asistencias transfronterizas o asisgnaciones entre Delegados. IV. Conclusiones. V. Bibliografía.

I. APROXIMACIÓN A LA FISCALÍA EUROPEA

Desde el 1 de junio de 2021, la Fiscalía Europea está operativa en los 22 Estados miembros de la Unión Europea que en su día decidieron participar en este nuevo órgano, cuya competencia se circunscribe a la investigación y ejercicio de la acción penal en relación con los delitos que afectan a los intereses financieros de la Unión.

Regula su funcionamiento el Reglamento (UE) 2017/1939 del Consejo, de 12 de octubre de 2017, por el que se establece una cooperación reforzada para la creación de la Fiscalía Europea[2] –en adelante, el Reglamento–. Ahora bien, esta normativa es, definitivamente, parca en lo procesal, pues en aspectos cruciales se remite a la legislación nacional de los Estados miembros; es decir, hay una remisión generalizada en cuestiones nucleares a las 22 legislaciones procesales penales nacionales. Eso genera un efecto caleidoscópico en el órgano, en cuanto que en función del país desde el que se analice su actuación procesal los resultados del análisis, las concluisiones obtenidas, serán muy variadas, en cuanto que variadas son las diferentes legislaciones nacionales que resultan de aplicación al mismo.

En las próximas líneas nos centraremos en la actuación de la Fiscalía Europea desde la perspectiva española, pero para su adecuada comprensión es imprescindible hacer unas brevísimas referencias a la estructura del órgano y a las líneas maestras de su funcionamiento, cuestión que abordamos a continuación.

---

[2] Diario Oficial de la Unión Europea L 283, 31.10.2017, pp. 1–71

La Fiscalía Europea tiene su sede en Luxemburgo, lugar desde donde la Fiscal General Europea dirige el órgano. Por cada Estado miembro participante (todos los de la Unión Europea menos Hungría, Polonia, Suecia, Irlanda y Dinamarca) hay designado un Fiscal Europeo. La reunión de todos ellos conforma el Colegio de la Fiscalía Europea, que dicta orientaciones y directrices de obligado cumplimiento interno. Los Fiscales Europeos se reunen en ternas en las llamadas Salas Permanentes (hasta 15, puesto que cada uno puede formar parte de varias Salas). Las Salas, a diferencia de todos los demás órganos expuestos, sí tiene funciones operativas, en cuanto que es la competente para tomar decisiones en el caso concreto que le es asignado, decisiones que se adoptan bien de oficio o bien a propuesta del Fiscal Europeo Delegado que está tramitando el caso. Este, el Delegado encargado, desde su Estado miembro, investiga y orienta el curso del procedimiento conforme a su criterio jurídico, pero bajo la supervisión del Fiscal Europeo de su mismo país, que participa también –como cuarto miembro– en las reuniones de la Sala Permanente que tiene asignado ese caso. Conviven, por tanto, una estructura centralizada (Fiscal General, Colegio, Fiscales Europeos, Salas Permanentes) y una estructura descentralizada (los Delegados en cada Estado miembro, en número variable según el país de que se trate). Estas estructuras están en permanente diálogo –articulado técnicamente a través de un sistema de gestion de casos digital llamado CMS por sus siglas en inglés, case management system– y, he aquí lo más novedoso, comparten competencias operativas, pues a la postre es la Sala Permanente la que, junto con el Fiscal Europeo supervisor y el Delegado del caso, adoptan unas u otras decisiones procesales relevantes (por ejemplo, si el Delegado propone llevar el caso a juicio la Sala Permanente no podrá archivarlo; al margen de esto, la Sala Permanente toma las decisiones de mayor trascendencia procesal, como veremos a continuación).

Este somero repaso a cómo funciona la Fiscalía Europea permite ya percibir con nitidez el cambio de paradigma que supone[3]. Para la persecución de los delitos que afectan a los intereses financieros de la Unión contamos con un órgano único, con Delegados en 22 Estados miembros, que trabajan de manera coordinada, que comparten especialización en estos delitos,

---

[3] Para un estudio más detallado, desde la perspectiva europea cfr. HERRNFELD, BRODOWSKI Y BURCHARD (2020), en Dominik Brodowski, Christoph Burchard, Hans-Holger Herrnfeld (coord): *European Public Prosecutor's Office: Article-by-Article Commentary,* Verlag Beck C. H. y desde la española, cfr. RODRÍGUEZ-MEDEL NIETO, C. (2022). *Fiscalía Europea, primer año de aplicación del Reglamento (UE) 2017/1939 y de la Ley Orgánica 9/2021-LOFE,* publicación independiente.

que están en condiciones óptimas para conocer las peculiaridades sustantivas y procesales de todos los países en los que operan; que trabajan con sometimiento al principio de jerarquia (de las Salas Permanentes) y cuyos Delegados, como veremos, se asisten entre sí en materia transfronteriza a traves de un privilegiado sistema de exhortos llamados *asignaciones*.

Frente a esta, si se me permite, *super Fiscalía Europea*, en los diferentes procedimientos de investigación nacionales interviene un Letrado de la Defensa, normalmente sólo, sin especializar, sin conocimientos sobre el sistema procesal de los otros países, quizás sin el suficiente conocimiento de lenguas extranjeras, sin una red de Letrados defensores para su auxilio o asistencia en los otros Estados miembros y, sobre todo, sin determinadas prerrogativas procesales (sobre las que incidiremos en este capítulo) de las que sí goza en el procedimiento penal nacional tradicional (el de la vetusta LECrim). Seguro que con clamorosas excepciones, los Letrados de la Defensa se verán expuestos a estos procedimientos singulares ante la Fiscalía Europea para los que, en muchos casos, no estarán preparados. A este reto (que se paliará con el tiempo, pues no tenemos duda de que en breve existirán despachos profesionales internacionales especializados en esta área)[4] se suman los retos jurídicos derivados de una regulación procesal común escueta (la del Reglamento) que se apoya demasiado en las leyes nacionales (muy desiguales entre sí, también con un muy desigual nivel de protección del derecho de defensa). Este es precisamente el tema que trataremos de desarrollar en este capítulo, ilustrando, con algunas cuestiones puntuales, pero significativas, como el derecho de defensa puede verse comprometido en los nuevos procedimientos articulados por el legislador español para la actuación procesal de la Fiscalía Europea en nuestro país.

II. ACTUACIÓN PROCESAL DE LA FISCALÍA EUROPEA EN ESPAÑA

Aunque el Reglamento sea de directa aplicación, muchos Estados miembros han promulgado normativa nacional para su efectiva aplicación, pues sus legislaciones procesales no permitían la plena operatividad de la Fiscalía Europea en su territorio. Es lo ocurrido en España con la Ley Orgánica

---

4 Ante este reto, no podemos más que celebrar la publicación de un manual destinado a la formación de los abogados europeos, manual disponible en abierto en el proyecto EU LAW training on EPPO; cfr. SICURELLA, R. et al. (2022), *Manual sobre Fiscalía Europea, Proyecto EU LAW training on EPPO*, SICURELLA, R., DURDEVIC, Z., LIGETI, K. y COSTA, M. (editores).

9/2021, de 1 de julio, de aplicación del Reglamento (UE) 2017/1939 del Consejo, de 12 de octubre de 2017, por el que se establece una cooperación reforzada para la creación de la Fiscalía Europea[5] – en adelante, LO 9/2021-LOFE -.Fácil es comprender que nuestro procedimiento penal nacional tradicional, dirigido por el Juez de Instrucción, que ha admitido ya tantas reformas, era de imposible adaptación al nuevo órgano. Promulgar una ley especial para este procedimiento, especial donde los haya, era, a nuestro juicio, inevitable.

Al tiempo de la aprobación de la LO 9/2021-LOFE el prelegislador creía (no sin cierta ingenuidad) que vería la luz el nuevo texto de la Ley de Enjuiciamiento Criminal cuyo anteproyecto había sido presentado en el año 2020. Quizás para que hubiera una cierta congruencia entre el nuevo sistema procesal – ese que operaba el cambio de dirección de la investigación, atribuyéndoselo al Fiscal–y el articulado para la Fiscalía Europea (cuya promulgación debía ser inminente, puesto que el 1 de junio de 2021 entraba en funcionamiento en toda la Unión) la LO 9/2021-LOFE tomó prestadas muchas previsiones del anteproyecto. El resultado fue que, vigente ésta y olvidada aquella, la LO 9/2021-LOFE convive con la decimonónica LECrim en un diálogo imposible. Aunque las normas del procedimiento abreviado resultan supletorias del nuevo proceso, lo cierto es que poco o nada tienen que ver uno y otro procedimiento. La LO 9/2021-LOFE ha quedado convertida en una isla procesal; es algo aislado, que pretende ser tierra firme, pero que está repleto de lagunas, cuando no de aguas movedizas, que dificilmente pueden ser paliadas desde el continente, del que se encuentra demasiado alejada. Si antes apuntábamos la manifiesta inferioridad en la que muchas veces se encontrará el Letrado de la Defensa, siguiendo con el símil podríamos decir, sin temor a exagerar en demasía, que el investigado se asimilará, en muchos casos, al naúfrago que llega a esa isla sin una brújula que le sirva de orientación.

Cierto es que la normativa española reguladora de los procedimientos de la Fiscalía Europea en España, la LO 9/2022-LOFE[6], es extraordinariamente garantista en algunos aspectos puntuales, muy específicamente, en el traslado de cargos de la primera comparecencia, que supone un au-

---

5 Boletín Oficial del Estado núm. 157, de 2 de julio de 2021.

6 Para una visión completa del nuevo procedimiento creado en España para la Fiscalía Europea, cfr. VIDAL FERNÁNDEZ, B. (2022). "La actuación de la fiscalía europea en el proceso penal español regulada en la LO 9/2021", en *Revista Aranzadi de Derecho y Proceso Penal*, número 6.

téntico salvavidas para nuestro naúfrago, en cuanto que desde un primer momento, sin demora alguna, el Delegado español tendrá obligación de informarle, de manera precisa y detallada, de los concretos hechos que se le imputan y de la calificación jurídica que merecen y sólo tras ella podrá tomarle declaración como investigado. Cierto es también que, por lo que trasciende de la actuación de la Fiscalía Europea en España, es notorio el buen hacer del excelente equipo que conforman los Delegados españoles. Pero, al margen de esto, no podemos dejar de hacer hincapié en las clamorosas deficiencias de la legislación española en lo que al nuevo procedimiento de la Fiscalía Europea se refiere, cuestión en la que merece la pena que nos entretengamos, no sólo para advertir a los Letrados Defensores del reto mayúsculo al que se enfrentan, sino también por si se está a tiempo de proponer reformas legislativas que hagan más equilibrado este nuevo proceso. Con esta esperanza (y también con mucha ingenuidad) escribimos las líneas que vienen a continuación.

III. LIMITACIONES DEL DERECHO DE DEFENSA EN LOS PROCEDIMIENTOS DE LA FISCALÍA EUROPEA EN ESPAÑA

En el procedimiento articulado por la LO 9/2021-LOFE son muchísimas las cuestiones procesales que cambian. Un primer ejemplo: la asuencia de plazo máximo de instrucción. El texto de la nueva norma excluye expresamente que la investigación del Delegado español esté sujeta a plazo[7]. Los motivos, no se explican. La consecuencia es clara: el investigado ante la Fiscalía Europea podrá estar sujeto, *sine die*, a la actuación procesal del nuevo órgano, en lo que, a nuestro juicio, es una disminución evidente de las garantías que, sin embargo, sí ostenta –tras mucho debate– en el proceso penal nacional seguido ante el Juez de Instrucción.

También cambian, de manera drástica, las facultades de los Delegados de la Fiscalía Europea en España en relación con las que ostentan los fiscales nacionales. Algunos de estos cambios son consecuencia natural del nuevo procedimiento. Otras, sin embargo, no parecen tener fundamento alguno y sí desequilibran claramente el debido proceso. A título meramente ejemplificativo, baste poner de manifiesto algunas de las novedades más llamativas en las prerrogativas del Delegado español: tiene la condición de

---

7 Art.42.2 LO 9/2021-LOFE.

autoridad de emisión de órdenes europeas de detención y entrega[8]; puede por sí mismo adoptar medidas cautelares reales, como el embargo de los bienes del investigado[9]; incluso, *inaudita parte*, puede adoptar de oficio medidas cautelares frente a personas jurídicas investigadas[10], decidiendo la suspensión de sus actividades o la clausura temporal de sus establecimientos, la suspensión cautelar del derecho a obtener subvenciones y ayudas públicas, y a disfrutar de beneficios e incentivos fiscales o de la Seguridad Social, e incluso la intervención judicial para salvaguardar los derechos de los trabajadores o de los acreedores, todo ello sin que en estas decisiones intervenga ninguna autoridad judicial. El Delegado español decidirá, sin intervención del Juez de Garantías, sobre la utilización provisional de los bienes embargados a los sujetos pasivos de estos procedimientos. Podrá incluso, por su propia autoridad, de nuevo sin intervención judicial, decidir sobre la realización anticipada de estos bienes embargados. Es, en definitiva, un Delegado con unas facultades desmedidas en materia de medidas cautelares reales que, por ende, se suman a las que le son genuinamente propias, es decir, a la de ejercitar la acción penal,

Pues bien, un estudio comparativo desde la perspectiva de las posibilidades de ejercitar el derecho de defensa en los procedimientos regulados en la LECrim y en la LO 9/2021-LOFE nos hace concluir que, en ésta última, el Letrado defensor no goza de las mismas facultades de intervención, oposición y recurso o impugnación frente a las decisiones procesales del director de la investigación (es decir, frente a las decisiones del Delegado

---

8 La disposición final quinta de la LO 9/2021-LOFE modifica la Ley 23/2014 de 20 de noviembre, de reconocimiento mutuo de resoluciones penales en la Unión Europea, introduciendo en dicho cuerpo legal la disposición adicional séptima por medio de la cual sus referencias a las autoridades judiciales y al Ministerio Fiscal se entenderán realizadas a los Delegados "respecto de aquellas funciones" que les atribuye el Reglamento. Recordemos, no obstante, que el Reglamento no concreta la función en materia de OEDE – solicitar o acordar – que corresponde a los Delegados, de modo que queda diferido a la legislación nacional. Es en el párrafo segundo de esta disposición adicional séptima de la Ley 23/2014 cuando se señala que "A los efectos del apartado 1 del artículo 35, los Fiscales europeos delegados serán autoridad competente en el ámbito de los procedimientos en los que ostenten las competencias atribuidas por el citado Reglamento". Y, efectivamente, el artículo al que alude a tales efectos es el que designa las autoridades de emisión de la OEDE.

9 Art. 53 LO 9/2021-LOFE.

10 Art.54 LO 9/2021-LOFE.

español encargado del procedimiento) que sí venía ostentando en el proceso penal clásico.

Para ilustrar esta conclusión, profundizaremos en tres grandes apartados diferentes: 1) la posibilidad de instar la revisión jurisdiccional de las decisiones del Delegado; 2) el papel de la Defensa en las asignaciones transfronterizas; 3) determinadas limitaciones en relación con la prueba. Lo veremos por separado en las próximas líneas, pero antes, una observación preeliminar de carácter general: uno de los aspectos menos claros, en nuestra opinión, de la regulación de la Fiscalía Europea, es esclarecer qué conforma el expediente al que deberá darse acceso al Letrado de la Defensa, puesto que éste no accederá al sistema de gestión de casos. Decimos esto porque el Delegado trabaja siempre en un doble plano: el procesal nacional (en el procedimiento que habrá incoado para la investigación del hecho delictivo) y el interno dentro de la Fiscalía Europea (en el que, en inglés, da cuenta a la Sala Permanente de la evolución de la investigación y ésta adopta decisiones – como enjuiciar la conducta, archivarla, reaperturar el caso–que se trasladan a decretos del Delegado en el procedimiento propiamente dicho). El Reglamento exige que determinadas decisiones de la Sala Permanente se integren en el expediente nacional, pero, en nuestra opinión, no es pacífico cómo debe hacerse esta integración: si sólo el sentido de la decisión; si también los motivos en los que se fundamenta; si se integra o no el acta de la reunión de la Sala Permanente en el expediente en sí; si se especifica qué Fiscales Europeos conformaron la Sala que tomó la decisión; si consta qué materiales tuvieron a su disposición para decidir (además, traducidos al inglés) y otras cuestiones que en absoluto resultan baladí. De lo que trasciende de la actuación de la Fiscalía Europea en España, por lo que reflejan los medios de comunicación, vamos despejando alguna duda[11]. La decisión de la Sala Permanente es notificada a las partes y éstas tienen conocimiento (¿sólo entonces?) de quién conforma la Sala, del sentido de la decisión y, según como sea o no de lacónica el acta, de los motivos de la misma.

---

[11] Nos referimos a la reciente noticia sobre el archivo de una causa que incorpora la decisión de la Sala Permanente, lo que nos permite concluir que tal decisión sí fue notificada en cuanto tal a las partes. La decisión de la Sala Permanente y el decreto de conclusión de la investigación dictado por los Delegados de la Fiscalía Europea en España están disponibles con la noticia periodística: https://www.elnacional.cat/es/politica/fiscalia-europea-archiva-causa-david-madi-presunto-fraude-subvenciones_917067_102.html

No obstante, perviven algunas incógnitas, como si efectivamente la decisión se tomó con pleno conomiento de la documentación que obra en el expendiente nacional (¿traducida en tiempo real?) y si hubo o no votos discrepantes entre los Fiscales Europeos que conforman la Sala. En esencia, con esto queremos poner de manifiesto que el Letrado de la Defensa interactuará con el Delegado pero éste, sin embargo, en determinados aspectos será un mero ejecutor de las decisiones del nivel centralizado del órgano, de la Sala Permanente, a la que nunca tendrá acceso directo el abogado defensor.

Veamos con cierto detenimiento, ahora sí, los tres ámbitos en los que la nueva legislación compromete de manera relevante el derecho de defensa del investigado en los procedimientos de la Fiscalía Europea en nuestro pais.

1. Control judicial

Partamos de la premisa de que el control judicial de la actuación procesal de quien dirige la investigación es una garantía para el sujeto pasivo del procedimiento. Esto, por obvio, nos parece que no merece mayor explicación. En el caso del procedimiento de la Fiscalía Europea, dado que de conformidad con la legislación española el Delegado encargado ostenta en nuestro país facultades que van más allá de las que la LECrim atribuye al Fiscal nacional o incluso, en determinados aspectos, al propio Juez de Instrucción, como ya hemos referido, el control judicial deviene un aspecto de singular importancia para ponderar el diseño legal de las posibilidades de ejercicio del derecho de defensa del investigado. Es preciso, por tanto, analizar si cabe impugnar ante los órganos jurisdiccionales todas o algunas de las decisiones de la Fiscalía Europea.

Puntualicemos en primer lugar que el Reglamento, al tratar el control judicial de las actuaciones de la Fiscalía Europea, no se refiere nunca al control judicial ex-ante de sus decisiones procesales. Es decir, no detalla qué concretas medidas (cautelares, de investigación) tienen que ser autorizadas previamente por un órgano jurisdiccional. Por el contrario, se refiere únicamente a la revisión jurisdiccional de las decisiones adoptadas por la Fiscalía Europea, sean éstas de acción (actuar en un determinado sentido: por ejemplo, abrir una investigación, formular una concreta acusación) o de omisión (no realizar actuación alguna: por ejemplo, no abrir una investigación tras la recepción de una denuncia o no avocar un caso).

Pues bien, siempre en relación con esta revisión jurisdiccional de decisiones ya adoptadas por la Fiscalía Europea (bien de hacer o de no hacer), el Reglamento establece un sistema mixto de cauces de impugnación[12], de modo que algunas deberán articularse ante los tribunales nacionales y otras ante el TJUE. En este diseño otorga una clara prevalencia a los tribunales nacionales[13], en el sentido de que la intervención del TJUE está limitada a casos específicos.

Concretamente el Reglamento dispone:

---

12 DÍAZ ABAD (2018. "El marco legal de la protección de los derechos fundamentales de los acusados o sospechosos en los procesos de la Fiscalía Europea", en BACHMAIER WINTER, L., (coord.) *La Fiscalía Europea,* Barcelona: Marcial Pons, pp.275) recuerda que este sistema no es nuevo y se ha aplicado ya en otros ámbitos del Derecho de la Unión Europea, como las marcas comunitarias, la patente única o para la Unión bancaria.

13 En la Academia de Derecho Europeo (ERA) de Trier han tenido lugar varios seminarios sobre la Fiscalía Europea, con intervenciones específicamente referidas al control judicial de la Fiscalía Europea: el 17-18 octubre de 2019 a cargo de Weyembergh A. y el 15 de marzo de 2019 a cargo de Giuffrida, F., estando disponible la grabación y la presentación power point utilizada en los enlaces:
https://era-comm.eu/EPPO/presentations_seminar3_5_Weyembergh.html
https://era-comm.eu/EPPO/kiosk/pdf/319DT57/Giuffrida_319DT57.pdf
Pues bien, durante su intervención, tanto Weyembergh como Guiffrida explican las razones existentes para que el Reglamento otorgue prevalencia a los tribunales nacionales en el control judicial de los actos procesales de la Fiscalía Europea, entre otras destaca 1) la remisión permanente que hace el Reglamento a la legislación nacional y la propia especificidad de la Fiscalía Europea, que siendo un órgano europeo está embebido en los sistemas judiciales nacionales; 2) el hecho de que el TJUE no aplica el Derecho nacional y sin embargo los tribunales nacionales sí aplican el Derecho de la Unión Europea; 3) razones prácticas, como la facilidad que supone acceder a los tribunales nacionales frente al TJUE, el hecho de que los tribunales nacionales tendrán fácil acceso a los expedientes de la Fiscalía Europea, el obstáculo que supone que el TJUE no está especializado en asuntos de investigación criminal y no tenga una Sala especial para estos temas y también, por último, la carga de trabajo que supondría para el TJUE el haber tenido que asumir el control judicial en todos los casos. No obstante, cuestionan los autores si será posible que los tribunales nacionales se adapten al funcionamiento de la Fiscalía Europea en cuanto órgano europeo y si decisiones, como la elección del foro de enjuiciamiento, será posible tomarlas a nivel nacional. Se plantea, en consecuencia, si los límites fijados en la competencia del TJUE son aceptables desde una perspectiva jurídica. En opinión de los autores, en materia de elección de foro de enjuiciamiento se hace especialmente patente que siendo una decisión de la Sala Permanente, basada en criterios fijados en el Reglamento, que concluye que Estado miembro debe enjuiciar una investigación concreta que ha sido llevada a cabo en otro, la decisión parece que debería ser del TJUE y no de tribunales nacionales.

a) Los órganos jurisdiccionales nacionales competentes, con los requisitos y procedimientos establecidos en su legislación nacional, serán los que controlarán jurisdiccionalmente los actos procesales de la Fiscalía Europea que surtan efectos jurídicos frente a terceros. También ejercitarán este control en relación con los casos en los que la Fiscalía Europea se abstenga de adoptar actos procesales que estaría jurídicamente obligada a adoptar[14].

A este respecto, se deben garantizar vías de recurso efectivas de conformidad con el artículo 19, apartado 1, párrafo segundo, del TUE.

A la hora de controlar la legalidad de tales actos, los órganos jurisdiccionales nacionales pueden basarse en el Derecho de la Unión, incluido el Reglamento, y también en las disposiciones del Derecho nacional aplicables, en la medida en que se trate de una cuestión no regulada por el Reglamento[15].

b) Por otro lado, el Reglamento concreta sobre qué aspectos tendrá competencia el Tribunal de Justicia de la Unión Europea, por vía de recurso de anulación, de cuestión prejudicial o de indemnización de perjuicios. Esto, por exceder del concreto ámbito de nuestro estudio, no será objeto de análisis en estas líneas.

Centrémonos en la revisión jurisdiccional nacional. La posibilidad de revisión jurisdiccional nacional se difiere en el Reglamento, como en tantos otros aspectos a lo largo de su articulado, a la legislación singular de cada uno de los Estados miembros participantes. Por ello expresamente se estipula que la revisión tendrá lugar de conformidad con los requisitos y procedimientos establecidos en el Derecho nacional. Será, por tanto, la legislación nacional la que determine no sólo el órgano jurisdiccional ante el que tal revisión tendrá lugar[16], también los requisitos y, sobre todo, el

---

14 Art. 42.1 R(UE)2017/1939 Esta previsión del Reglamento supone que la doctrina fijada por el TJUE en el asunto Foto-Frost de 22 de octubre de 1987, asunto 314/85, queda superada. Recordemos que en aquel pronunciamiento el TJUE señaló que los tribunales nacionales no tendrán facultades para declarar inválidos los actos de las instituciones comunitarias. Pues bien, es claro, en nuestra opinión, que esta facultad se la atribuye el Reglamento expresamente en el artículo indicado a los tribunales nacionales en relación con determinadas actuaciones procesales de la Fiscalía Europea.

15 Considerando 88 Reglamento

16 Los órganos jurisdiccionales encargados de esta revisión podrán estar o no centralizados, así, en Portugal el control judicial de la actuación de la Fiscalía Europea corresponderá a los tribunales de instrucción de Lisboa (en el caso de delitos cometi-

procedimiento nacional que se habilite para tal revisión (que la permitirá en una sóla instancia o también en apelación).

En relación con la determinación del órgano jurisdiccional español que revisará la actuación procesal de la Fiscalía Europea en nuestro país, esta competencia recae en el Juez de Garantías, que, con carácter general, será el Juez Central de Instrucción[17]. Ahora bien, en el caso de que se trate de aforados, el papel de Juez de Garantías lo desempeñará un magistrado del Tribunal Supremo o del Tribunal Superior de Justicia, según corresponda en función del tipo de aforamiento de que se trate[18].

---

dos en el ámbito competencial de los tribunales de Lisboa y Évora) y a los de Oporto (para Guimaraes, Oporto y Coimbra)–Art. 6 Ley 112/2019 de 10 de septiembre de 2019, relativa a la Fiscalía Europea en Portugal-; en Francia, la competencia recae en los tribunales de París, tanto en primera instancia como en apelación–Art. 696-110 del Código de Procedimiento Penal francés, tras la reforma operada por la Ley 2020-1674, de 24 de diciembre de 2020, relativa a la Fiscalía Europea, justicia medioambiental y derechos humanos-; y en Bélgica, el control judicial se realizará, dentro de la competencia de los Tribunales de Apelación de Amberes, Mons y Gante, entre los jueces de instrucción, por un juez de instrucción; dentro de la jurisdicción del Tribunal de Apelación de Bruselas, por un juez de instrucción francófono y por un juez de instrucción de habla neerlandesa y, en la jurisdicción del Tribunal de Apelación de Liège, por un juez de instrucción y por un juez de instrucción que demuestren conocimientos de la lengua alemana–Art. 79 del Código Judicial belga tras la reforma operada por la Ley belga de 17 de febrero de 2021-.

17 Art. 88 párrafo segundo y tercero LOPJ, tras la redacción dada por la LO 9/2021-LOFE

18 Art. 7 LO 9/2021 y art. 57.3 y art.61.2 párrafo segundo de la LOPJ, tras la redacción dada por la Disposición final segunda de la LO 9/2021-LOFE.
Es digno de destacar que a finales de 2021 el Tribunal Supremo sí había modificado sus normas de reparto con el fin de prever que fuera necesaria la designación de un Juez de Garantías entre los magistrados de la Sala Segunda (BOE de 22 diciembre de 2021, que publicó el Acuerdo de 24 de noviembre de 2021, de la Comisión Permanente del Consejo General del Poder Judicial, por el que se publica el Acuerdo de 18 de octubre de 2021, de la Sala de Gobierno del Tribunal Supremo, relativo a la composición y funcionamiento de las salas y secciones del Tribunal Supremo y asignación de ponencias para el año judicial 2022, recogiendo literalmente que "cuando proceda nombramiento de Instructor o Juez de garantías -Ley Orgánica 9/2021, de 1 de julio-, su designación se efectuará siguiendo el orden de antigüedad, excluido el Presidente y los Magistrados que formen las Salas de Admisión y de Recursos. Los turnos se recuperarán una vez que dejen de formar parte de dichas Salas").
El boletín estadístico de la Sala Segunda del Tribunal Supremo recoge ya esta nueva competencia, contemplando que se anoten tanto el número de procedimientos de investigación de la Fiscalía Europea en los que se ha designado Juez de Garantías en el Alto Tribunal, como los incidentes a que haya dado lugar y las sentencias que hayan recaído en procedimientos de la Fiscalía Europea.

En la determinación de los supuestos en los que cabe tal revisión jurisdiccional ante los tribunales nacionales, el Reglamento contiene en su articulado una precisión de trascendental importancia en cuanto que delimita un mínimo de actuaciones procesales que siempre deben poder ser objeto de revisión jurisdiccional. Además, en sus considerandos, recoge principios que deben informar toda la regulación nacional de la revisión jurisdiccional. Concretamente:

i. En su articulado, el Reglamento exige que deban poder ser objeto de revisión jurisdiccional los actos procesales de la Fiscalía Europea que surtan efectos jurídicos frente a terceros. Pero esto puede ser objeto de diferente interpretación, si bien cabe hacer una primera aproximación gracias a las precisiones que contienen los considerandos del Reglamento[19]:

-Concepto de tercero: lo serán desde luego la víctima, el investigado y otras personas que puedan verse perjudicados por los actos de la Fiscalía Europea;

-Concepto de acto procesal que causa efectos jurídicos frente a estos terceros: los actos procesales pueden ser propios de la investigación (diligencias de investigación o medidas cautelares) y también actuaciones tales como la división de casos o la elección del foro ante el que se ejercitará la acción penal, pero no lo serán, por ejemplo, las actuaciones procesales que tengan que ver con el reembolso de gastos a los testigos o el nombramiento de peritos.

También entre los TSJ se modificaron las normas de reparto, pero sólo en algunos casos. Por ejemplo, el de Andalucía, Ceuta y Melilla (BOE de 22 de febrero de 2022, que publicó el Acuerdo de 3 de febrero de 2022, de la Comisión Permanente del Consejo General del Poder Judicial, por el que se publica el Acuerdo de la Sala de Gobierno del Tribunal Superior de Justicia de Andalucía, Ceuta y Melilla, relativo a los turnos de reparto de la Sala de lo Civil y Penal, así como de la Sección de Apelación Penal, estableciendo una nueva categoría de causas penales en relación con los procedimientos de la Fiscalía Europea).
Sin embargo, no todos los TSJ han adaptado sus normas de reparto en este primer año de vigencia de la LO 9/2021-LOFE, siendo previsible – y deseable, desde luego– que lo vayan haciendo gradualmente, de modo que no genere problemas la designación de Juez de Garantías en casos de aforamientos ante estos tribunales. Por último debe destacarse que sí se ha modificado, sin embargo, el boletín estadístico de todos los TSJ en cuanto al movimiento de asuntos de su Sala Penal, que prevé ya procedimientos de la Fiscalía Europea y autos del Juez de Garantías cuando esta función de control judicial de la investigación del Delegado español corresponde a un Magistrado-Juez de la Sala.

19 Considerando 87 Reglamento

i. En sus considerandos, el Reglamento consagra el principio de equivalencia y el de eficacia en relación con la protección de los derechos individuales otorgados por el Derecho de la Unión (como la revisión jurisdiccional de los actos de la Fiscalía Europea que produzcan efectos jurídicos frente a terceros). Concretamente, expresamente dispone que "las normas procesales nacionales que rigen las acciones destinadas a la protección de derechos individuales otorgados por el Derecho de la Unión no deben ser menos favorables que las que rigen acciones similares en el Derecho nacional (principio de equivalencia) y no deben imposibilitar en la práctica o dificultar en exceso el ejercicio de derechos concedidos por el Derecho de la Unión (principio de eficacia)"[20].

Las legislaciones nacionales de los Estados miembros participantes deben, por tanto, respetar estas bases a la hora de diseñar el sistema de revisión jurisdiccional nacional. Sin embargo, como tendremos ocasión de analizar a continuación, creemos que España se ha apartado de esta obligación, incumpliendo las previsiones del Reglamento. Detallaremos las razones de esta afirmación a continuación.

Como no podía ser de otra forma, la LO 9/2021-LOFE regula en qué supuestos cabe interponer impugnaciones frente a decretos del Delegado español –también en qué supuestos cabe o no apelación frente a las decisiones del Juez de Garantías-. A ello se refiere, dentro del Título IV –dedicado al control judicial de la investigación– el capítulo IV –impugnación de los decretos del Fiscal Europeo Delegado– y el capítulo V –recurso de apelación contra los autos del Juez de Garantías -.

De conformidad con la LO 9/2021-LOFE, no todos los decretos del Delegado español serán objeto de control por el Juez de Garantías, cuestión que fue duramente criticada en el informe al anteproyecto del CGPJ, al entender que esta limitación del control jurisdiccional de los decretos del Delegado español no se adecuaba a las exigencias de control previstas en el Reglamento y que resultaba contrario la consolidada jurisprudencia del Tribunal Constitucional dictada respecto de los decretos de los Letrados de la Administración de Justicia[21]. A pesar de este informe, que compartimos íntegramente en este punto, el pre-legislador desoyó la recomendación y la LO 9/2021-LOFE expresamente contempla que sólo cabrá impugnarlos

[20] Considerando 88 Reglamento

[21] Epígrafe 324 del informe del CGPJ en relación con el anteproyecto de ley para la aplicación del Reglamento regulador de la Fiscalía Europea en España, aprobado por Acuerdo de Pleno de fecha 25 de marzo de 2021

en los supuestos expresamente autorizados[22]. De este modo, el Letrado de la Defensa podrá impugnar:

-el decreto de incoación[23];

-el decreto denegando la nueva declaración del investigado que así lo hubiera solicitado[24];

-el decreto denegando las diligencias solicitadas ante el Delegado[25];

-el decreto denegando la incorporación al procedimiento de documentos e informes aportados[26]

-el decreto denegando la concurrencia del perito designado por la Defensa en la pericia que se ha acordado realizar[27];

-el decreto denegando la recusación del perito[28];

-el decreto sobre medidas cautelares patrimoniales[29];

-el decreto del Delegado acordando la detención[30];

-el decreto acordando la reapertura de la investigación[31];

-lógicamente, conforme al trámite específico, podrá impugnar el propio escrito de acusación.

Junto a esto, hay otras cuestiones en las que el investigado, en lugar de impugnar decretos del Delegado, presenta su solicitud directamente al Juez de Garantías en tutela de sus derechos. Al respecto, por tanto, sus derechos individuales sí son susceptibles de protección judicial. Los supuestos son los siguientes:

-solicitud de nulidad de actuaciones por el retraso en la primera comparecencia;

22 Art. 90 LO 9/2021-LOFE
23 Art. 23.3 LO 9/2021-LOFE
24 Art. 30.4 LO 9/2021-LOFE
25 Art. 33.2 LO 9/2021-LOFE
26 Art. 34.2 LO 9/2021-LOFE
27 Art. 44.2 LO 9/2021-LOFE
28 Art. 44.3 LO 9/2021-LOFE
29 Art. 63 LO 9/2021-LOFE
30 Art.78.1 LO 9/2021-LOFE
31 Art.113.3 LO 9/2021-LOFE

-solicitud de acceso al procedimiento, en caso de que haya sido denegado por el Delegado;

-solicitud de exclusión del procedimiento de informaciones obtenidas durante las intervenciones telefónicas, si el Delegado no accediese a retirarlas[32].

Sin embargo, y esto es lo que venimos a destacar en estas líneas, la Defensa no podrá impugnar:

-el decreto admitiendo la personación de la Acusación Particular o del Actor Civil[33];

-el decreto acordando la práctica de las diligencias de investigación solicitadas por las acusaciones[34] o las acordadas de oficio por el Delegado español;

-el decreto acordando el aseguramiento de prueba instado por las acusaciones[35];

-el decreto del Delegado español decidiendo el ejercicio de la acción penal por la Fiscalía Europea ante las autoridades judiciales de otro Estado miembro, disponiendo el archivo del procedimiento seguido en España[36].

Por su trascendental importancia, y por ilustrar precisamente lo que estamos exponiendo, detengámonos en esta última cuestión. La decisión de ejercitar la acción penal ante los tribunales de otro Estado miembro participante diferente a España, país donde se sustanció la fase de investigación, produce efectos jurídicos para la Acusación Particular y también, muy especialmente, para la Defensa, que, sin embargo, de conformidad con el tenor literal de la LO 9/2021-LOFE, no puede ser objeto de impugnación ante los órganos jurisdiccionales españoles. Este cambio tardío en el Estado miembro ante el que se enjuiciará la conducta y, por ende, el cambio en la legislación nacional que regirá la fase crucial del proceso penal, la de enjuiciamiento, nos parece que puede tener unas consecuencias

---

32 Art. 48 LO 9/2021-LOFE

33 Art. 36.4 y art. 37.2 LO 9/2021-LOFE

34 Art. 39.2 LO 9/2021-LOFE

35 Art. 99.3 LO 9/2021-LOFE

36 Art. 109.1.d LO 9/2021-LOFE

devastadoras para la Defensa[37]. Sin ánimo de exhaustividad, en relación con la Defensa, por los siguientes motivos:

1) La estrategia defensiva durante la investigación puede haberse articulado de conformidad con unas determinadas reglas procesales de la fase de enjuiciamiento. La alteración de éstas puede obligar a reformular completamente la estrategia de defensa;

2) El cambio de Estado miembro participante en el que se ejercitará la acción penal conllevará en la gran mayoría de los casos un cambio obligado de Letrado de la Defensa, pues, al margen del aspecto lingüístico, difícilmente un mismo abogado pueda ejercer en igualdad de condiciones técnicas en uno u otro país de la UE;

3) La legislación penal sustantiva, aunque armonizada, puede diferir de un Estado a otro en cuestiones trascendentales, desde las penas máximas previstas para conducta delictiva, al plazo de prescripción de los hechos delictivos objeto del procedimiento;

4) La jurisprudencia recaída en los tribunales nacionales sobre las cuestiones procesales o sustantivas que surjan en el procedimiento durante la

---

[37] Al respecto existen opiniones discrepantes, cfr. GONZÁLEZ LÓPEZ, J.J (2021). "Consideraciones acerca del control jurisdiccional de la Fiscalía Europea" en *Revista General de Derecho Europeo,* 53. En relación con la pretensión de hacer coincidir el Estado de investigación con el Estado de enjuiciamiento, señala el autor que supone acentuar el carácter "nacional" de la Fiscalía Europea y un intento de configurarla a modo de un fiscal nacional que desarrolla la investigación y se somete al enjuiciamiento en un mismo Estado. Desde nuestra perspectiva, compartiríamos este argumento si el Reglamento regulase íntegramente la investigación y el derecho penal sustantivo de aplicación fuera idéntico (concretamente en cuanto a tipos, sanciones y plazos de prescripción) de modo que las posibilidades de defensa no se vieran sustancialmente afectadas dependiendo del Estado bajo cuya legislación se desarrollase la investigación y se instase el enjuiciamiento de la conducta mediante el ejercicio de la acción penal. Al no ser este el caso, consideramos que este aspecto de la *reasignación para enjuiciamiento* generará una importante problemática. Sobre los derechos y garantías de las partes, cfr. PÉREZ MARÍN, M.A. (2021). "Una revisión de la actuación de la Fiscalía Europea en España. La afectación de los derechos y garantías procesales de las partes" en *Nuevos postulados de la cooperación judicial en la Unión Europea. Libro homenaje a la profesora María Isabel González Cano,* Valencia: Tirant lo Blanch, pp. 284. Sobre los supuestos de cambio de Estado para investigación y enjuiciamiento en estos procedimientos, cfr. PANZAVOLTA, M (2018). "La elección del foro nacional en los procedimientos de la Fiscalía Europea ¿Quién resulta competente?" en BACHMAIER WINTER, L (coord.) *La Fiscalía Europea,* op. cit., pp. 97-121.

fase de enjuiciamiento pueden diferir notablemente de un país a otro, con lo que ello supone de inseguridad jurídica para el investigado o acusado que ve alterado sorpresivamente el órgano de enjuiciamiento;

5) La transferencia del procedimiento a un Delegado de otro país conllevará un cambio en la lengua del procedimiento, salvo en aquellos países que compartan el idioma oficial, lo que exigirá la traducción de la investigación desarrollada hasta el momento, cuestión ésta que puede ser fuente de imprecisiones o inexactitudes en cuestiones básicas.

Recordemos, además, que este cambio afectará a la Fiscalía Europea en menor medida, pues los Delegados de uno y otro Estado miembro participante forman parte de un mismo órgano y se asisten mutuamente; de hecho, han sido los órganos centrales –las Salas Permanentes de la Fiscalía Europea– los que han decidido cambiar el órgano de enjuiciamiento; nada de esto es predicable de la Defensa ni de la Acusación Particular, que se ve notablemente perjudicada por esta sorpresiva alteración del órgano de enjuiciamiento.

Decíamos antes que la LO 9/2021-LOFE regula con carácter tasado los supuestos en los que la impugnación es posible; pues bien, nada dice en relación con el decreto de conclusión del procedimiento[38]. Esta decisión de alteración del Estado de enjuiciamiento, de trascendentales consecuencias para la Defensa, la adopta la Fiscalía Europea sin posibilidad de revisión judicial, sin que la Defensa pueda hacer valer su oposición a esta alteración ante órgano judicial alguno.

Como adelantábamos, creemos que en este punto podría considerarse que la normativa española es contraria al Reglamento. Ello resulta patente de la lectura de los considerandos[39], singularmente cuando dispone que "los actos procesales relativos a la elección del Estado miembro cuyos órganos jurisdiccionales sean competentes para conocer del asunto, lo que se determinará sobre la base de los criterios establecidos en el presente Reglamento, están destinados a producir efectos jurídicos ante terceros y, por consiguiente, deben estar sujetos al control jurisdiccional de los órganos jurisdiccionales nacionales, a más tardar durante la fase del juicio". En consecuencia, la ausencia de previsión de posibilidad de impugnación del decreto de conclusión de la investigación puede, en nuestra opinión, propiciar que pueda llegar a estimarse por el TJUE una eventual demanda por incumplimiento frente a España.Mientras tanto, vigente esta limitación

---

38 Art. 90 y 109 LO 9/2021-LOFE.

39 Considerando 87 y 88 Reglamento.

para los derechos de la Defensa, abogaríamos por arbitrar la posibilidad de impugnar el decreto de conclusión alegando como base jurídica la propia norma europea, dado que, tratándose de un Reglamento, es de aplicación directa. Cuestión distinta es que la impugnación se admita a trámite por los Jueces de Garantías a pesar de la ausencia de previsión normativa al respecto en la lista tasada de supuestos de impugnación de la LO 9/2021-LOFE.

Finalizaremos este apartado de la revisión jurisdiccional indicando que, de conformidad con la LO 9/2021-LOFE, el procedimiento para la impugnación del decreto del Delegado es el siguiente[40]:

-la impugnación deberá realizarse por escrito firmado por la representación del solicitante dentro de los cinco días siguientes a la notificación del decreto. En el escrito se expondrán los motivos en que la impugnación se funda, se designarán los particulares que han de tenerse en cuenta para resolverla y a él se acompañarán, en su caso, los documentos justificativos de las peticiones formuladas;

-admitida a trámite la impugnación, el Letrado de la Administración de Justicia dará traslado de esta al Delegado y a las demás partes personadas, por un plazo común de cinco días, para que aleguen por escrito lo que estimen conveniente, designen otros particulares que deban ser considerados y presenten los documentos justificativos de sus pretensiones;

-el Juez de Garantías tendrá acceso a los particulares designados y, si fuera necesario, solicitará de las partes las informaciones o aclaraciones complementarias que precise, resolviendo sin más trámite la impugnación formulada dentro de los cinco días siguientes.

Varios son los interrogantes que arroja esta regulación a la vista de las especiales características del procedimiento de investigación diseñado por nuestra legislación:

-Cabe preguntarse ante quién debe presentarse la impugnación. Parece deducirse que ante el Juez de Garantías, dado que el que lo admite a trámite es el Letrado de la Administración de Justicia, se entiende Letrado del Juzgado Central de Instrucción al que ha correspondido el papel de Juez de Garantías en ese caso concreto. No obstante, el impugnante deberá aportar justificación documental de que lo presenta en plazo, puesto que la notificación del Decreto es algo que no

40 Art. 91 LO 9/2021-LOFE.

le consta al órgano judicial, sino que sólo está en conocimiento del Delegado y del propio Letrado que presenta la impugnación.

- Acceso a los particulares designados: tampoco resulta claro del tenor literal de la LO 9/2021-LOFE cómo se da acceso al Juez de Garantías a los particulares designados. Creemos que siendo el expediente electrónico, el acceso será electrónico también, pero no a todo el procedimiento, sino sólo a aquellos extremos del mismo que se soliciten con ocasión de la impugnación.

2. *Limitaciones de la Defensa en relación con la prueba*

Una de las manifestaciones más importantes del derecho de defensa es, sin duda, la facultad de proponer prueba, de intervención durante su obtención y de cuestionamiento de la ilicitud de la recabada de contrario.

Una primera singularidad en el procedimiento aplicable a la Fiscalía Europea en España la encontramos en relación con la solicitud de diligencias de investigación restrictivas de derechos fundamentales. En estos casos, lógicamente, se requiere autorización judicial, concretamente del Juez de Garantías que tenga asignado el caso. Al respecto, la LO 9/2021-LOFE establece que la solicitud la presentará el Delegado, de oficio o a petición de las acusaciones, ante el Juez de Garantías[41]. Lo que aquí venimos a destacar es que con ello parece que cercena cualquier posibilidad de que sea la Defensa la que solicite esta diligencia de investigación. He aquí una disparidad en las de facultades entre la acusación y la defensa en una materia especialmente relevante (la petición de prueba) que puede afectar al derecho a un juicio justo por la desigualdad de armas que conlleva. Ciertamente, puede resultar extraño imaginar estos supuestos en los que la diligencia restrictiva de derechos fundamentales interese a la Defensa, pero en la práctica puede darse algún caso en el que un investigado, en defensa de sus propios intereses, solicite una medida restrictiva de derechos fundamentales en relación con otro investigado, especialmente, por ejemplo, en lo relativo a la cesión de datos de tráfico de comunicaciones ya pasadas. Imaginemos, por ejemplo, que en una investigación abierta por la Fiscalía Europea en España en relación con un delito de cohecho a funcionario de la Unión Europea, un concreto investigado quiere acreditar que el que llamó en varias ocasiones al funcionario de la Unión para ofrecerle

---

41 Art. 69 LO 9/2021-LOFE.

la dádiva fue otro co-investigado y no él mismo, por lo que solicita que se recabe el listado de llamadas salientes del teléfono móvil de éste último en el periodo concreto en el que el funcionario europeo fue contactado para recibir el soborno. Pues bien, por ilógico que pueda parecer, haciendo una interpretación literal de la LO 9/2021-LOFE no cabría tal petición del Letrado de la Defensa ante el Juez de Garantías.

Una segunda cuestión en la que merece que nos detengamos es la regulación que hace la LO 9/2021-LOFE del expurgo del material recabado con cualquier diligencia de investigación que haya requerido autorización judicial. Para realizar la selección del material que accederá al procedimiento, el Delegado deberá seguir un concreto procedimiento que viene descrito con detalle en la norma, en síntesis:

-cesada la diligencia de investigación restrictiva de derechos fundamentales, el Delegado pondrá en conocimiento de la persona investigada la medida acordada, proporcionándole copia de las informaciones obtenidas y, si no fuera posible, facilitándole el conocimiento de lo actuado en tales condiciones que se salvaguarde su derecho de defensa[42];

-a continuación, el Delegado indicará las informaciones obtenidas durante la ejecución de la medida que, por carecer de interés para la investigación, no quedarán unidas al procedimiento; ahora bien, si alguna parte solicitase su inclusión, por resultar necesario para el ejercicio efectivo del derecho de defensa, resolverá el Juez de Garantías, sin ulterior recurso[43].

Nuestra objeción en este punto se centra en que no plantea la LO 9/2021-LOFE la posibilidad de que el Juez de Garantías resuelva, no sobre la inclusión de lo excluido, sino al revés, la exclusión de aquello que para la Defensa es irrelevante, afecta a la intimidad de su representado y que, sin embargo, el Delegado ha querido mantener en el procedimiento. La falta de previsión legal de esta solicitud de exclusión creemos que abocará en la práctica a que no se admita incidente alguno ante el Juez de Garantías sobre este particular que, a nuestro juicio, es sin embargo de singular importancia. Lo deseable, entendemos, sería que pueda cuestionarse tanto la exclusión como la inclusión.

Una tercera cuestion que, en relación con la prueba, nos resulta problemática, se refiere a la impugnación de la acusación. De conformidad con

---

42 Art. 76.1 LO 9/2021-LOFE.

43 Art. 76.2 LO 9/2021-LOFE.

la LO 9/2021-LOFE, solicitada la apertura del juicio oral ante el Juez de Garantías, el Letrado de la Administración de Justicia dará traslado de los escritos de acusación a las personas contra las que se dirija la acusación o la petición de responsabilidad civil y pondrá el procedimiento de investigación a disposición de sus Defensas, para que en el plazo común de diez días presenten escrito de defensa frente a las acusaciones formuladas[44]. La Defensa tendrá entonces varias opciones:

a. no presentar su escrito de defensa en el plazo señalado, en cuyo caso se entenderá que se opone a las acusaciones y seguirá el procedimiento su curso- es decir, como en la actual regulación del procedimiento abreviado -;

b. presentar escrito de defensa, con o sin impugnación de la acusación. De no impugnarse la acusación, se acordará sin más trámite la apertura del juicio oral[45], omitiéndose por tanto la audiencia preliminar. Por el contrario, de impugnarse la acusación al presentar escrito de defensa, tendrá lugar la audiencia preliminar. Específicamente, el primer apartado del escrito de defensa podrá consistir, facultativamente, en una impugnación de la acusación formulada. En caso de impugnar la acusación deberá hacerse constar[46]:

1) El motivo de sobreseimiento alegado, expresando su fundamento y acompañando los documentos que lo justifican. Los motivos en los que podrá basarse la petición de sobreseimiento son tasados[47] y de acogerse cualquiera de ellos, no tendrá lugar el juicio oral. Son los siguientes:

- cosa juzgada
- prescripción

---

44 Art. 117 LO 9/2021-LOFE.

45 Con ocasión de una previsión similar en el Anteproyecto de Ley de Enjuiciamiento Criminal del año 2020, ORMAZÁBAL SÁNCHEZ (2021. "La fase intermedia en el anteproyecto de Ley de Enjuiciamiento Criminal de 2020", en *Revista de la asociación de profesores de derecho procesal de las universidades españolas,* N°. 4, pp.170-172) destaca lo desacertado de esta previsión, que implica que el Juez de la Audiencia Preliminar decrete la apertura del juicio oral sustrayéndole la facultad de controlar ex oficio la concurrencia de los presupuestos que fundamentan la acción penal o, dicho de otro modo, que lo haga a pesar de la concurrencia de causas que habrían de conducir al sobreseimiento, debilitando el principio de oficialidad y fortaleciendo la posición procesal del Ministerio Fiscal.

46 Art. 118 LO 9/2021-LOFE.

47 Art. 123 LO 9/2021-LOFE.

- fallecimiento del acusado o liquidación de la persona jurídica
- inexistencia de indicios racionales de perpetración del hecho delictivo que ha servido de fundamento a la acusación formulada
- inmunidad
- falta de indicios de participación en ellos del acusado
- concurrencia de causa de exención de la responsabilidad criminal o
- atipicidad de la conducta.

2) Las diligencias que hayan de practicarse a instancia de la Defensa para poner de manifiesto la procedencia del sobreseimiento, *justificando que fueron propuestas en el curso de la investigación y no llegaron a practicarse*[48]. Por tanto, en materia de diligencias de investigación, el escrito de impugnación de la acusación se circunscribe, en consecuencia, a lo pedido y denegado. Desde un punto de vista estratégico para la Defensa, parecería lógico que se reservase la solicitud de diligencias relevantes a sus intereses para plantearlas *ex novo* ante el Juez de Garantías en esta fase intermedia, sorprendiendo con ello al Delegado español, que habría finalizado la fase de investigación y por tanto tendría menos recursos para desvirtuar lo presentado por primera vez por la Defensa en fase intermedia. Esta opción, sin embargo no parece tener cabida en la regulación de la LO 9/2021-LOFE, que, como venimos repitiendo, circunscribe esta petición de diligencias en el escrito de impugnación de la acusación a las que han sido pedidas con anterioridad y denegadas[49]. También pudiera ocurrir que sea la Defensa la que se vea sorprendida por la presentación del escrito de acusación por el Delegado, de modo que no haya tenido tiempo material para proponerle, durante el procedimiento de investigación, una concreta diligencia de la que haya tenido reciente noticia. Así las cosas, de entenderse con rigor la imposibilidad de solicitar en la audiencia preliminar las que por primera vez se insten, la Defensa no podría tampoco proponer este tipo de diligencias en ese momento procesal (aunque sí podría solicitar su práctica para el juicio oral, lo cual va en contra de la economía procesal si su realización durante la audiencia preliminar permite

---

48 Art. 121.2 LO 9/2021-LOFE.

49 ORMAZABAL SÁNCHEZ, *op.cit.*, pp.168, en relación con la regulación de esta materia en el Anteproyecto de Ley de Enjuiciamiento Criminal del año 2020, se muestra partidario de admitir con amplitud y sin rigorismos enervantes del derecho de defensa, que debe prevalecer sobre la preclusión, aquellas diligencias de investigación que de modo justificable no se solicitaron por la Defensa durante la investigación.

el sobreseimiento del caso).Finalmente debe destacarse que no contempla expresamente la LO 9/2021-LOFE que en la impugnación de la acusación se cuestione la licitud de la prueba propuesta por la acusación, cuestión ésta que queda diferida a la fase de enjuiciamiento a diferencia de lo que se contempla expresamente, sin embargo, en el Anteproyecto de la Ley de Enjuiciamiento Criminal de 2020[50]. Para salvarlo conviene tener presente que uno de los motivos de sobreseimiento es porque no resulte debidamente justificada la perpetración del delito que haya dado lugar a la formación de la causa o cuando no existan motivos raciones de criminalidad contra el acusado. Pues bien, creemos que solicitando este sobreseimiento, el mismo se puede justificar en que los indicios se tienen únicamente en virtud de una prueba ilícitamente obtenida, promoviendo así que en fase intermedia el Juez de Garantías se pronuncie sobre esta cuestión.

Especialmente problemáticas son las limitaciones al derecho de defensa cuando la prueba se obtiene de manera transfronteriza, en cuanto que ni el Reglamento ni nuestra legislación procesal dibuja la intervención del Letrado defensor en estos casos. A esto, por su entidad, dedicaremos el siguiente apartado. Diremos ahora únicamente que el Reglamento[51] y la LO 9/2021-LOFE[52] expresamente recogen que no podrán inadmitirse pruebas presentadas ante un órgano jurisdiccional por el mero hecho de que hayan sido obtenidas en otro Estado miembro o de conformidad con el Derecho de otro Estado miembro, sin perjuicio de la libre valoración por el tribunal. Para la correcta interpretación de estas previsiones es imprescindible hacer una referencia a los considerandos del Reglamento, que desarrollando la idea recogida en el artículo, enfatizan que las pruebas transfronterizas no deben ser inadmitidas si el órgano jurisdiccional que conozca del caso considera que la admisión de dichas pruebas respeta la imparcialidad del procedimiento y los derechos de defensa del sospechoso o acusado con arreglo a la Carta de los Derechos Fundamentales de la Unión Europea[53].

---

50 El art. 609 del Anteproyecto de Ley de Enjuiciamiento Criminal del año 2020, además de los motivos de sobreseimiento, se permite que en el escrito de impugnación se alegue el carácter ilícito de la prueba propuesta por la acusación, no pudiendo ser reiterada ante el tribunal de enjuiciamiento (art. 621) sin perjuicio de lo que valore el tribunal de enjuiciamiento o del recurso que quepa interponer frente a la sentencia que éste dicte.

51 Art. 37 Reglamento.

52 Art.51.5 LO 9/2021-LOFE.

53 Considerando 80 Reglamento

La regulación de esta materia en el Reglamento ha suscitado importantes críticas en parte de la doctrina, que considera que la Defensa está en una clara posición de debilidad que se manifiesta de manera especialmente preocupante cuando se trata de procesos transfronterizos[54]. Sin embargo, aunque coincidimos con que esto es así en general (especialmente en relación con la posibilidad de cambiar el foro de enjuiciamiento o con la propia obtención de la prueba en sí, a la que ya hemos hecho referencia con ocasión de la imposibilidad de impugnar el decreto del Delegado sobre este particular) no lo estamos tanto en lo que a admisibilidad de la prueba se refiere. Trataremos de explicar los motivos.

De la regulación del Reglamento en este punto, creemos que debe destacarse la referencia a que no cabe su inadmisión "por el sólo hecho de haber sido obtenidas en otro Estado miembro o de conformidad con el Derecho de otro Estado miembro", lo que permite afirmar que el Reglamento ha limitado a introducir una cláusula de no-discriminación de la prueba transfronteriza, dejando por tanto un amplio margen al tribunal enjuiciador para inadmitir por otros motivos[55]. Es decir, en nuestra opinión, el Letrado de la

---

[54] ALLEGREZZA y MOSNA (2018. "Admisibilidad de la prueba transnacional en los procedimientos de la Fiscalía Europea" en BACHMAIER WINTER, L (coord.) *La Fiscalía Europea, Marcial Pons, op. cit.* p.174) apuntan que la posición de la Defensa es mucho más débil que la de la acusación, tanto en relación con el acceso a los recursos materiales como en el acceso a la información y a la prueba, por lo que en materia de obtención y admisibilidad de la prueba debe prestarse especial atención a esos desequilibrios entre las partes, debiéndose garantizar, de manera efectiva, el derecho de defensa.

[55] En este sentido, ALLEGREZZA y MOSNA (*op.cit.*, pp.188-189), si bien las autoras consideran que la ausencia de reglas de exclusión de pruebas concretas remite a una amplia variedad de normas y principios, de carácter nacional y supranacional, dando lugar a una gran vaguedad en los criterios de inadmisión, entendiendo además que una referencia genérica a los derechos fundamentales en la Carta no resulta suficiente para garantizar la protección de los derechos del acusado en relación con el proceso de admisibilidad de las pruebas pues la Carta confiere sólo unas garantías mínimas en esta materia. También se refiere a la problemática que plantea la admisión y valoración de la prueba transfronteriza ILLUMINATI (2018. "La protección de los derechos fundamentales de los sospechosos y acusados en los procedimientos transfronterizos de la Fiscalía Europea" en BACHMAIER WINTER, L (coord.) *La Fiscalía Europea, op. cit.*, pp. 248), que lo ilustra con ejemplos, así: la posible utilización como prueba en el juicio de las declaraciones testificales realizadas en la fase sumarial en el extranjero, de modo que, aunque el Reglamento determine que dicha prueba no deberá ser inadmitida por el hecho de haberse obtenido conforme a las normas de otro ordenamiento jurídico, no podrá sin embargo dejar sin efecto la norma nacional

Defensa podrá interesar la inadmisión de la prueba si la misma ha vulnerado los derechos fundamentales del acusado, en línea con lo apuntado en el considerando, y, de la misma manera, la Fiscalía Europea podrá hacer lo propio en relación con la obtenida por el acusado para su descargo. El hecho de que exista la cláusula de la no-discriminación obliga a entrar en el fondo del motivo de inadmisión, de modo que no quepan inadmisiones automáticas, basadas en formalismos, pero no merma las posibilidades de cuestionamiento de la prueba de todas las partes ante el órgano de enjuiciamiento en lo sustancial (el respeto a los derechos fundamentales), gozando el tribunal con gran discrecionalidad para hacer esta valoración (como la hace en cualquier caso nacional) sin estar sujeto ni a admisiones automáticas ni a un elenco cerrado de motivos de admisión o de inadmisión[56].

---

que impide valorar como prueba los testimonios no reproducidos en el juicio oral. Coincidimos con el autor en que lo problemático es que el tratamiento dispar de la admisibilidad de la prueba transfronteriza de lugar a prácticas de fórum shopping.

56 En el seminario que tuvo lugar en la ERA (Trier) el 23 y 24 de mayo de 2022, SALAZAR destacó el cambio notable que en esta materia se había operado en relación con la propuesta que en su día presentó la Comisión para la creación de la Fiscalía Europea. Recuerda el ponente que el artículo 30 de la propuesta del 2013 exigía que la prueba fuese admitida sin validación o sin estar sujeta a un proceso legal de naturaleza similar, incluso si la legislación nacional del Estado miembro participante donde tenga lugar el enjuiciamiento prevé diferentes reglas para recabar y llevar a juicio tal prueba; el Reglamento vigente, por el contrario, apunta a que la prueba no será inadmitida sólo por el motivo de que tal prueba se obtuvo en otro Estado o conforme a la legislación nacional de otro Estado miembro participante. Es un cambio de paradigma que avala la interpretación de que por otros motivos sí deberá ser inadmitida tal prueba, SALAZAR, L., "Admissibility of evidence presented by the EPPO or the defendant", seminario The European Public Prosecutor´s Office, One year on: challenges ahead; previsiblemente los materiales utilizados por el autor en su intervención será publicados próximamente en la página web de la ERA, si bien no están disponibles más que para los asistentes en el momento de escribir estas líneas. También esta misma línea KATSANAKI, que entiende que esta disposición otorga a los tribunales nacionales una gran facultad de apreciación para denegar la admisibilidad de las pruebas recogidas si existen otros motivos, además de su origen extranjero, invocando una amplia gama de principios fundamentales, especialmente si esta disposición se lee en relación con el considerando 80, que sugiere que la admisión de pruebas debe respetar la equidad del procedimiento y los derechos de defensa del sospechoso o acusado en virtud de la Carta y del Convenio Europeo para la Protección de los Derechos Humanos y de las Libertades Fundamentales . Considera el autor que los órganos jurisdiccionales nacionales pueden ser aún más resistentes a aceptar la admisibilidad de las pruebas electrónicas¬transfronterizas, ya que estas últimas se recogen con mayor frecuencia a través de técnicas especiales de investigación, en las que existe una gran divergencia entre las legislaciones nacionales de los Estados miembros. Apunta que las cuestiones de admisibilidad también surgen con las pruebas

3. Intervención de la Defensa en las asistencias transfronterizas o asisgnaciones entre Delegados

En ocasiones, no siempre, desde luego, las investigaciones de la Fiscalía Europea requerirán que determinadas actuaciones procesales se lleven a cabo en otro Estado miembro diferente de aquel en el que se está tramitando el procedimiento penal, es decir, en el que se está sustanciando la investigación. Conviene recordar que en todo procedimiento de la Fiscalía Europea encontraremos un Delegado encargado, que será el responsable de la investigación y el que decidirá qué diligencias de investigación se practicarán; sin perjuicio de que su actuación esté sujeta a la supervisión del Fiscal Europeo de su Estado miembro y a las decisiones que adopte la Sala Permanente que tenga asignado el caso. Pues bien, cuando el Delegado encargado del caso necesite que se practique una diligencia de investigación en otro Estado miembro también participante en la Fiscalía Europea, no necesita acudir a mecanismos de cooperación penal internacional convencional –comisiones rogatorias-, ni al instrumento de reconocimiento mutuo para la obtención de prueba en la Unión Europea –la orden europea de investigación-. El Reglamento pone a su disposición el mecanismo de colaboración interna singular, de modo que la orden europea de investi-

---

recogidas del sector privado a través de la cooperación voluntaria de los proveedores de servicios de comunicaciones telemáticas, una práctica generalizada hoy en día. Por último, dado que el marco regulador del acceso transfronterizo unilateral a los datos varía ampliamente entre los Estados miembros, las normas de admisibilidad de los datos así recopilados también varían. En algunos países, las pruebas obtenidas mediante acceso transfronterizo unilateral pueden utilizarse en procesos penales, incluso si el procedimiento no se basa en una autorización específica con arreglo al derecho internacional, como el artículo 32 ter del Convenio de Budapest sobre la ciberdelincuencia, mientras que en otros depende de las circunstancias específicas. Algunos países han promulgado legislación específica que permite a sus autoridades de investigación extender las búsquedas a los sistemas informáticos ubicados en el extranjero, si son accesibles desde dispositivos ubicados en su jurisdicción, bajo condiciones previas específicas y, por lo tanto, no surgen problemas de admisibilidad para las pruebas electrónicas así recogidas al menos en la jurisdicción nacional, pero esas cuestiones podrían surgir si las pruebas se utilizaran en tribunales de un Estado diferente. Concluye el autor que es evidente que la Fiscalía Europea, que reúne pruebas electrónicas en diferentes territorios, sin un marco regulador coherente para los mecanismos descritos anteriormente, se enfrentará a cuestiones de admisibilidad, que solo se resuelven parcialmente, si no en absoluto, en virtud del artículo 37 del Reglamento; cfr. KATSANAKI, S., "The gathering of e-evidence by the EPPO and the relevant admissibility issues" en *Jean Monnet Network on EU Law Enforcement*, working paper series nº 4/2022.

gación queda como mecanismo subsidiario: se limitará a complementar el régimen singular, pero en ningún caso puede sustituirlo.

Este sistema singular, exclusivo de la Fiscalía Europea, que permite a Delegados, ubicados en diferentes Estados miembros participantes, cooperar entre sí, se denomina sistema *de asignación o de asistencia*. Surge así la figura del Delegado asistente, esto es, aquel ubicado en un Estado miembro participante en cuyo territorio debe practicarse la diligencia de investigación que resulta útil y necesaria para el procedimiento de investigación de la Fiscalía Europea a juicio del Delegado encargado. El asistente tiene una misión: llevar a cabo una diligencia de investigación porque el Delegado encargado la necesita.

Lo que resulta preocupante es que el Reglamento no contempla norma alguna relativa a si las partes que intervienen en el procedimiento de investigación de la Fiscalía Europea pueden participar en la ejecución de la asignación, es decir, no se pronuncia sobre el papel del Letrado de la Defensa –o uno designado en su nombre en el otro Estado– en la diligencia de investigación que ejecute el Delegado asistente en su territorio. Esta cuestión, que consideramos crucial para el efectivo derecho de defensa, queda diferida a la regulación que de esta materia hagan las legislaciones nacionales. En España, en concreto, nada dice la LO 9/2021-LOFE, siendo de aplicación, en consecuencia, el régimen general previsto en la LECrim (que sobre participación de las partes en las actuaciones de cooperación penal internacional tampoco dice nada).

En nuestra opinión, el sistema de asignación, creado en aras a la eficacia de la Fiscalía Europea, es susceptible de generar un notable desequilibrio en el procedimiento, es decir, un Delegado con la posibilidad de recabar asistencia de cualquiera de los otros Delegados de los restantes 21 Estados miembros participantes y, por otra parte, una Defensa que no cuenta con idéntica infraestructura de defensa transfronteriza.

Nuestra principal preocupación es en qué medida el Letrado de la Defensa va a poder intervenir, por una parte, en la determinación del concreto objeto de la asignación (por ejemplo, si va a poder solicitar al Delegado español encargado que remita al Delegado asistente determinados documentos para su análisis o exhibición, o que formule determinadas preguntas al testigo o que se amplíen a determinados aspectos la pericial que va a desarrollarse en otro Estado) y, por otra, hasta qué punto el Letrado va a poder intervenir efectivamente en la práctica de la actuación procesal en sí (es decir, si el Letrado de la defensa va a poder trasladarse físicamente al Estado del Delegado asistente, concurriendo a la práctica de la diligencia para participar activamente en ella). Incluso cabe cuestionarse si el investigado que esté asistido de Letrado de oficio en España puede solicitar que durante la ejecución de la diligencia de investigación ante el Delegado asistente se encuentre presente un Letrado de oficio del Estado en el que se practica la diligencia. Es decir, si tiene derecho a una defensa de oficio dual, en ambos territorios. La cuestión no es baladí porque el Letrado que tenga designado en España no tiene por qué conocer cómo está regulada la práctica de esa diligencia de investigación en la legislación nacional del asistente. Contar con el asesoramiento de un Letrado de dicho Estado puede ser crucial para detectar problemas de ilicitud probatoria con ocasión de la diligencia transfronteriza.

Finalmente, para acabar con el apartado relativo a las asignaciones, somos de la opinión que el Letrado que se persone en el procedimiento de asignación incoado por el Delegado asistente debe poder tener acceso al expediente. Nos parece incontrovertido que tal acceso debe otorgarse, salvo que el procedimiento haya sido declarado secreto en España también por el Juez de Garantías. Podría plantearse que el acceso sea sólo a la documentación facilitada en la asignación, no al procedimiento completo que, de hecho, no lo tiene el Delegado asistente, sino el Delegado encargado. No obstante, nos parece que, al igual que los Delegados forman parte de un órgano único, el procedimiento también lo es (único) y que resulta ficticio dividirlo en dos (principal y asignación para el auxilio, por así decirlo), por mucho que tal ficción sea conveniente para la Fiscalía Europea (que de lo contrario afrontará, sólo en traducciones, un auténtico reto económico).

IV. CONCLUSIONES

La actividad procesal de la Fiscalía Europea en nuestro país exigía, en nuestra opinión sin margen de duda alguna, la promulgación de un procedimiento especial, pues era técnicamente imposible adaptar las previsiones de la LECrim al funcionamiento del nuevo órgano. No obstante, en la articulación de este nuevo procedimiento, el legislador español ha limitado indebida e injustificadamente aspectos cruciales del ejercicio del derecho de defensa. Al hacerlo, en determinados aspectos ha colocado a España ante la tesitura de ser objeto de una previsible sanción por incumplimiento (fundamentalmente, en lo que concierne a la revisión judicial de específicas decisiones de los Delegados en nuestro país) y, sobre todo, ha abocado al sujeto pasivo de estos procedimientos penales a una tesitura de indefensión indeseable que bien pudiera haberse evitado con una mejor técnica legislativa.

V. Bibliografía

ALLEGREZZA S y MOSNA A. (2018). "Admisibilidad de la prueba transnacional en los procedimientos de la Fiscalía Europea" en BACHMAIER WINTER, L (coord.) *La Fiscalía Europea,* Barcelona: Marcial Pons, pp. 173-192.

AAVV, "CCBE statement on defence issues and procedural rights in EPPO proceedings", *Council of Bars and Law Societies of Europe,* 10/12/2021.

DÍAZ ABAD, N. (2018). "El marco legal de la protección de los derechos fundamentales de los acusados o sospechosos en los procesos de la Fiscalía Europea", en BACHMAIER WINTER, L (coord.) *La Fiscalía Europea,* Barcelona: Marcial Pons, pp. 255-275.

GONZÁLEZ LÓPEZ, J.J (2021). "Consideraciones acerca del control jurisdiccional de la Fiscalía Europea" en *Revista General de Derecho Europeo* 53.

HERRNFELD, BRODOWSKI Y BURCHARD (2020). en Dominik Brodowski, Christoph Burchard, Hans-Holger Herrnfeld (coord): *European Public Prosecutor's Office: Article-by-Article Commentary,* Verlag Beck C. H., Germany.

ILLUMINATI, G. (2018). "La protección de los derechos fundamentales de los sospechosos y acusados en los procedimientos transfronterizos de la Fiscalía Europea" en BACHMAIER WINTER, L (coord.) *La Fiscalía Europea,* Barcelona: Marcial Pons, pp. 229-252.

KATSANAKI, S. (2022). "The gathering of e-evidence by the EPPO and the relevant admissibility issues" en *Jean Monnet Network on EU Law Enforcement,* working paper series nº 4/2022.

ORMAZABAL SÁNCHEZ, G. (2021). "La fase intermedia en el anteproyecto de Ley de Enjuiciamiento Criminal de 2020", en *Revista de la asociación de profesores de derecho procesal de las universidades españolas,* Nº. 4, pp. 149-200.

PANZAVOLTA, M. (2018). "La elección del foro nacional en los procedimientos de la Fiscalía Europea ¿Quién resulta competente?" en BACHMAIER WINTER, L (coord.) *La Fiscalía Europea,* Barcelona: Marcial Pons, pp. 97-121.

PÉREZ MARÍN, M.A. (2021). "Una revisión de la actuación de la Fiscalía Europea en España. La afectación de los derechos y garantías procesales de las partes" en *Nuevos postulados de la cooperación judicial en la Unión Europea. Libro homenaje a la profesora María Isabel González Cano,* Valencia: Tirant lo Blanch, Valencia, pp. 265-296.

RODRIGUEZ-MEDEL NIETO, C. (2022). *Fiscalía Europea, primer año de aplicación del Reglamento (UE) 2017/1939 y de la Ley Orgánica 9/2021-LOFE,* publicación independiente.

SICURELLA, R. et al. (2022), *Manual sobre Fiscalía Europea,* Proyecto EU LAW training on EPPO, SICURELLA, R., DURDEVIC, Z., LIGETI, K. y COSTA, M. (editores).

VIDAL FERNÁNDEZ, B. (2022). "La actuación de la fiscalía europea en el proceso penal español regulada en la LO 9/2021", en *Revista Aranzadi de Derecho y Proceso Penal,* número 6.

ANÁLISIS CRÍTICO DE LOS BLOQUEOS PATRIMONIALES EN FASE DE INSTRUCCIÓN

DANIEL GONZÁLEZ URIEL

Juez. Doctor en Derecho
Letrado del Gabinete Técnico de la Sala 2ª del Tribunal Supremo
Profesor (acr.) contratado doctor
Profesor en el Máster en Derecho Penal Económico UNIR

RESUMEN

En este trabajo se realiza una exposición crítica de la figura de los bloqueos patrimoniales que se acuerdan en fase de instrucción. Se trata de una medida que carece de una regulación específica y en ocasiones se han producido excesos en su empleo, generando notables perjuicios a las personas investigadas. Por ello, se realiza un recorrido por la normativa legal aplicable a las medidas cautelares reales y al decomiso. En segundo lugar, se efectúa un análisis de su aplicación por los tribunales. Por último, se suministran una serie de criterios de interpretación restrictiva de dicha figura, desaconsejando su empleo por su contradicción con el principio de proporcionalidad.

ABSTRACT

In this paper we make a critical exposition of the figure of the asset blocking in the investigation phase. It is a measure that lacks a specific regulation and on occasions there have been excesses in its use, generating notable damages to the people investigated. For this reason, we carry out a review of the legal regulations applicable to real precautionary measures and to the confiscation. Secondly, we analyze its application by the courts. Finally, we provide a series of criteria for the restrictive interpretation of said figure, and we advise against its use due to its contradiction with the principle of proportionality

PALABRAS CLAVE

Derecho de defensa, Bloqueo patrimonial, decomiso, medidas cautelares, proceso penal, proporcionalidad.

KEYWORDS

Right to defense, Asset blocking, confiscation, precautionary measures, criminal procedure, proportionality.

Sumario. I. Introducción. II. Insuficiencias de la regulación legal. 1. Las Medidas Cautelares Reales en la LECRIM. 2. Su plasmación en el Anteproyecto de LECRIM de 2020. 3. Aspectos Fundamentales de la regulación del decomiso. III. Su aplicación en la praxis judicial. IV. Algunos criterios de interpretación restrictiva. V. Resoluciones judiciales citadas. VI. Bibliografía.

I. INTRODUCCIÓN

En esta obra colectiva, el hilo conductor es la Justicia penal digital, por lo que debemos partir de dicho ámbito operativo. En este sentido, no podemos obviar que buena parte de las transacciones económicas se realizan a través de la banca online. Según el Boletín Informativo del Instituto Nacional de Estadística (INE) de febrero de 2021[1], en España, un 62% de la población de 16 a 74 años (35,2 millones) utilizó servicios de banca electrónica en los últimos 3 meses en 2020. Además, en dicho informe se constataba que el empleo de la banca online se había incrementado en 35 puntos desde el año 2011, situándose por encima de la media europea -un 58% en la UE y un 61% en la Eurozona-. Pues bien, como se corrobora con tales cifras, buena parte de las actuaciones económicas y financieras tienen lugar a través de las TIC. En consecuencia, y cuando se cometan actividades delictivas por los usuarios de dichos medios y sistemas de pago, se podrán adoptar una serie de medidas patrimoniales que también tendrán su repercusión en dicho campo, que se ha visto potenciado exponencialmente con el desarrollo de las nuevas tecnologías. De este modo, los bloqueos de cuentas bancarias van a tener una impronta específica en la imposibilidad de llevar a cabo gestiones en la banca online, por lo que todas y cada una de las consideraciones que se efectúen con posterioridad van a tener su repercusión en este sector, si bien, no nos limitaremos a él, sino que se atenderá, de modo global, a la posibilidad de adoptar bloqueos patrimoniales sobre patrimonios enteros.

En la presente contribución se va a prestar atención a la posibilidad de acordar bloqueos patrimoniales sobre los investigados en fase de instrucción. Efectivamente, partimos de que es posible su adopción, siempre y cuando concurran los presupuestos legales para ello y cuando se persiga alguna de las finalidades específicamente consignadas en la ley. Por lo tanto,

---

1 "Banca Electrónica y servicios financieros. Una comparativa dentro de España y la UE", disponible en: https://www.ine.es/ss/Satellite?L=es_ES&c=INECifrasINE_C&cid=1259953235730&p=1254735116567&pagename=ProductosYServicios%2FINECifrasINE_C%2FPYSDetalleCifrasINE, [consultado el 8 de diciembre de 2022].

el punto de arranque es la admisibilidad de su existencia y la constatación de que los juzgados de instrucción emplean dichas medidas patrimoniales de modo habitual. Efectivamente, el delito no puede resultar rentable a sus autores, por lo que ha de perseguirse no solo la condena por la comisión de los ilícitos penales, sino la aprehensión de aquellos fondos patrimoniales de ilícita procedencia. Han de potenciarse las vías para recuperar tales activos delictivos y que el sujeto que sea condenado por la comisión de tales actividades, cuando cumpla su pena, no conserve en su esfera patrimonial tales bienes. Esta es la finalidad que persigue el decomiso de los bienes, institución regulada en el Código Penal (CP) y que ha experimentado una importante reforma en virtud de la Ley Orgánica (LO) 1/2015. Si bien, como veremos, algunas de las modalidades de decomiso son acreedoras de severas -y fundadas- críticas, ya que erosionan derechos fundamentales de naturaleza procesal, introducen presunciones contra reo y laminan la presunción de inocencia mediante una suerte de expropiación preventiva de difícil justificación en muchos supuestos. Estos defectos de técnica legislativa han tenido su reflejo en la praxis judicial, dando lugar a la adopción de bloqueos patrimoniales de modo irreflexivo, infundado y estereotipado.

Por si fuera insuficiente la crítica que adelantamos, hemos de agregar que se percibe en la práctica de los juzgados y tribunales cierta confusión entre el ámbito operativo del decomiso y el de las medidas cautelares reales, mezclando funciones, finalidades y objetivos. No podemos obviar que, además del bloqueo patrimonial mencionado *supra*, en otras ocasiones se adoptan bloqueos patrimoniales para garantizar las responsabilidades pecuniarias que puedan derivarse de la comisión de un delito. En esencia, para hacer frente a la responsabilidad civil, a la multa y a las costas que pudieran surgir. Se trata de una finalidad legítima y permitida por el ordenamiento, si bien, a veces nos encontramos con excesos en la adopción de estas cautelas, como veremos a continuación. En efecto, las medidas cautelares reales pueden irrogar unos perjuicios irreparables a los sujetos investigados, por lo que ha de partirse de la prudencia en su adopción y, sobre todo, de exigentes parámetros de motivación para su imposición.

A título introductorio, podemos enunciar un supuesto de hecho tristemente factible en muchos juzgados de instrucción, para que nos hagamos una cabal idea de la dimensión de la problemática tratada y de las perniciosas consecuencias que comporta. Podemos así aludir al caso -ficticio, pero plausible- de una investigación por delincuencia económica, en que existan indicios de la comisión de delitos de tráfico de drogas, cometidos en el marco de una organización criminal y en cuyo seno, además, se ejecuten actos de blanqueo de los bienes procedentes de dicha actividad delictiva;

o bien, de un grupo de sujetos que cometan una pluralidad de delitos contra la Administración Pública, donde haya dádivas ilícitas -constitutivas de delitos de cohecho- y que sean ulteriormente legitimadas mediante el reciclaje de fondos, o cualesquiera otros supuestos equivalentes que el avezado lector pueda tener en mente. Pues bien, en fase de instrucción, tras la explotación de la operación policial, con las consiguientes entradas y registros, y al pasar a disposición judicial a los sujetos investigados, surge la obligación de decidir sobre la situación personal de los sujetos detenidos y, en muchas ocasiones, y en el mismo auto, de resolver sobre la adopción o no de medidas de alcance patrimonial. He aquí la posibilidad de acordar bloqueos patrimoniales, con bloqueos de cuentas bancarias, prohibiciones de disponer, de enajenar, de realizar operaciones económicas, de imponer embargos de bienes, etc.

En algunas ocasiones puede parecer que lo fundamental es si se adopta o no la medida cautelar privativa de libertad, si se ordena la prisión provisional del sujeto o no, minimizándose el alcance y relevancia de las medidas patrimoniales que se pueden adoptar. Craso error. Estas medidas, y de modo fundamental su indebida prolongación temporal, pueden conllevar una suerte de muerte civil de las personas afectadas: el hecho de impedir las actividades patrimoniales de un sujeto, el cercenar su operativa económica y financiera, la imposición de prohibiciones de disponer o enajenar pueden conllevar, tristemente, la parálisis de su actividad económica, con todo lo que ello comporta no solo para el sujeto investigado, sino para su familia y para terceros sujetos no involucrados en la causa -tales como trabajadores dependientes de dicho individuo, sus acreedores, sus socios…-, por lo que es habitual que al hilo de determinadas causas judiciales se desencadenen situaciones de insolvencia sobrevenida, concursos de acreedores, cierres de locales y empresas, ejecuciones hipotecarias por impagos de cuotas de préstamos hipotecarios… y que todo ello resulte irreversible. Es decir, y en apretada síntesis, en muchas ocasiones, desde los órganos judiciales no somos conscientes de los perjuicios de toda índole -en este caso, patrimoniales- que se pueden irrogar durante las instrucciones de las causas. Por este motivo, y desde una perspectiva autocrítica -ante la profesión de quien suscribe-, el objetivo que se persigue con este trabajo es apuntar las carencias legislativas y la falta de la debida motivación en las resoluciones judiciales, así como aportar una serie de criterios de interpretación restrictiva en la adopción de estas medidas patrimoniales. Se pretende, en definitiva, realizar una intelección compatible con el derecho de defensa de los investigados, que ha de ser puesto en valor y que, por ende, precisa que todas las medidas injerentes en la esfera de derechos fundamentales resulten debidamente justificadas y motivadas.

Para cumplir con el cometido perseguido, abordaremos la regulación legal vigente en la actual normativa procesal española a propósito de las medidas cautelares reales y tomaremos en consideración la figura del decomiso, con su notable ámbito expansivo. A continuación, efectuaremos un análisis de algunas resoluciones judiciales de los últimos años en las que se ha tratado la materia abordada, con la finalidad de estudiar cómo se articulan tales reclamaciones ante los órganos judiciales y qué respuestas han merecido. Podemos adelantar que la mayoría de las resoluciones son autos dictados por la Audiencias Provinciales españolas, resolviendo recursos de apelación frente a los autos de los juzgados de instrucción por los que se acordaban tales bloqueos patrimoniales, o por los que se desestimaban las peticiones de alzamiento o modificación del rigor de tales medidas o, en muchas ocasiones, frente a los autos que desestimaron los recursos de reforma frente a aquéllos. Tras este estudio jurisprudencial, expondremos una serie de criterios de interpretación restrictiva de las medidas patrimoniales, que sean útiles en la práctica judicial diaria y que sean respetuosos con el derecho de defensa.

II. INSUFICIENCIAS DE LA REGULACIÓN LEGAL

1. Las medidas cautelares reales en la LECrim

La regulación que nos brinda la Ley de Enjuiciamiento Criminal (LECrim) a propósito de las medidas cautelares reales que se pueden adoptar en el marco del proceso penal resulta manifiestamente insuficiente. Es una normativa incompleta, parca, escueta, imprecisa, que se ha de colmar mediante la remisión a la normativa procesal civil y que, por lo tanto, es asistemática, con lo que ello conlleva para la seguridad jurídica y para la facilidad en su interpretación. El punto de partida lo podemos ubicar en el art. 299 LECrim cuando alude a las finalidades de la fase de instrucción y expresa que consiste en el conjunto de *"actuaciones encaminadas a preparar el juicio y practicadas para averiguar y hacer constar la perpetración de los delitos con todas las circunstancias que puedan influir en su calificación y la culpabilidad de los delincuentes, asegurando sus personas y las responsabilidades pecuniarias de los mismos"*. Es decir, desde el inicio del proceso penal surge la finalidad de asegurar tales responsabilidades pecuniarias, de contenido patrimonial. En concreto, debemos estar al Título IX, *"De las fianzas y embargos"*, arts. 589-614 bis LECrim. Podemos anotar, a título introductorio, que las medidas cautelares reales son dos, a saber, la fianza y el embargo. Si bien, esta afirmación se ve pronto matizada cuando atendemos a la finalidad de estas medidas patrimoniales y a la remisión que efectúa el art. 614 LECrim, cuando indica que *"En todo lo que no esté previsto en este título, los Jueces y Tribunales aplicarán lo dispuesto en la legislación civil sobre fianzas y embargos"*.

No podemos obviar que estas medidas pretenden asegurar las responsabilidades pecuniarias que pueden declararse procedentes, derivadas de un ilícito penal, y que pueden presentar una naturaleza tanto civil como penal[2]. Esto es, podemos diferenciar entre las medidas cautelares reales civiles y las penales. Las primeras aseguran la pretensión civil que se acumula a un proceso penal, es decir, la restitución, reparación o indemnización de daños y perjuicios. Por su parte, las medidas cautelares reales que son "propias del proceso penal" tienen como finalidad garantizar la efectividad de los pronunciamientos de naturaleza penal que ostenten contenido patrimonial, lo que se ve reflejado en la pena de multa que se puede imponer o en las costas procesales. A propósito del decomiso, que Díaz también incluye entre los pronunciamientos penales de contenido patrimonial, debemos consignar que la Exposición de Motivos de la LO 1/2015, expresa en su Núm. 8 que el decomiso sin condena *"no tiene una naturaleza propiamente penal, pues no tiene como fundamento la imposición de una sanción ajustada a la culpabilidad por el hecho, sino que «es más comparable a la restitución del enriquecimiento injusto que a una multa impuesta bajo la ley penal» pues «dado que el decomiso se limita al enriquecimiento (ilícito) real del beneficiado por la comisión de un delito, ello no pone de manifiesto que se trate de un régimen de sanción» (Decisión 696/2005, Dassa Foundation vs. Liechtenstein)"*.

Pues bien, debemos avanzar un paso más y tomar en consideración que el art. 764 LECrim, en el ámbito del procedimiento abreviado, efectúa una remisión en bloque[3] al contenido de la Ley de Enjuiciamiento Civil (LEC), por lo que se amplía el elenco de medidas que se pueden adoptar en el

---

2 DÍAZ, M. (2021). Lección 21. Las medidas cautelares reales. Orden europea de embargo de bienes o de aseguramiento de pruebas. En V. GIMENO, M. DÍAZ Y S. CALAZA, *Derecho Procesal Penal*. Valencia: Tirant lo Blanch, pp. 407-409.

3 Art. 764.1 y 2 LECrim: *"1. Asimismo, el Juez o Tribunal podrá adoptar medidas cautelares para el aseguramiento de las responsabilidades pecuniarias, incluidas las costas. Tales medidas se acordarán mediante auto y se formalizarán en pieza separada. 2. A estos efectos se aplicarán las normas sobre contenido, presupuestos y caución sustitutoria de las medidas cautelares establecidas en la Ley de Enjuiciamiento Civil. La prestación de las cauciones que se acuerden se hará en la forma prevista en la Ley de Enjuiciamiento Civil y podrá ser realizada por la entidad en que tenga asegurada la responsabilidad civil la persona contra quien se dirija la medida"*.

proceso penal. Cabe destacar que en esta materia ha tenido una importancia capital la Ley 38/2002, que modificó el meritado art. 764 LECrim e incidió, de manera significativa, en la regulación de las medidas cautelares reales en el procedimiento abreviado, toda vez que vino a acabar con la diferencia sustancial entre tales medidas en la jurisdicción civil y en el proceso civil acumulado al penal, puesto que asimiló de modo considerable ambos regímenes legales de tutela cautelar, aunque mantuvo las peculiaridades inherentes a cada orden jurisdiccional (Gómez, 2007, p. 4). Aunque esta regulación se incardine en el procedimiento abreviado, si atendemos a que se promulgó con posterioridad a la que rige el sumario, y a una interpretación histórica y teleológica -frente a una lectura sistemática y literal del precepto-, hemos de concluir que es aplicable también al procedimiento ordinario (Doig, 2020, p. 344). A su vez, podemos anotar otra medida cautelar real que se contiene en el art. 764.4, puesto que posibilita la intervención inmediata del vehículo para asegurar las posibles responsabilidades pecuniarias, siempre y cuando *"no conste acreditada la solvencia del investigado o encausado o del tercero responsable civil"*. Por su parte, el art. 765.1 LECrim atiende a la posible imposición de una pensión provisional, a cargo del sujeto investigado, en procesos relativos a hechos derivados del uso y circulación de vehículos de motor.

Otro aspecto que debemos citar es el relativo al procedimiento de decomiso autónomo, puesto que, aunque se rija por las normas del juicio verbal de la LEC[4], tal y como se recoge en el art. 803 ter g. LECrim, en él se puede interesar la adopción de medidas cautelares, como expresa el art. 803 ter l.1.h LECrim: *"1. La demanda de decomiso autónomo se presentará por escrito que expresará en apartados separados y numerados: [...] h) La solicitud de medidas cautelares, justificando la conveniencia de su adopción para garantizar la efectividad del decomiso, si procede"*. A continuación, el art. 803 ter l.2.1º LECrim consigna: "2. *Admitida la demanda, el órgano competente adoptará las siguientes resoluciones: 1.º Acordará o no las medidas cautelares solicitadas"*. Y, por último, en relación con las medidas cautelares en dicho procedimiento, el art. 803 ter l.3 LECrim zanja: *"3. Adoptadas las medidas cautelares, la oposición, modificación o alzamiento de las mismas y la prestación de caución sustitutoria se desarrollará de acuerdo con lo previsto en el Título VI del Libro III de la Ley de Enjuiciamiento Civil en lo que no sea contradictorio con las normas establecidas en este capítulo"*.

---

4 BARONA VILAR, S. (2022). Lección 14ª. Medidas cautelares específicas. En J.L. GÓMEZ Y S. BARONA (coords.), *Proceso Penal. Derecho Procesal III*, 2ª ed. Valencia: Tirant lo Blanch, p. 332.

También podemos anotar que, en caso de que se trate de un delito contra la Hacienda Pública, ha de estarse al art. 614 bis LECrim, donde se expresa que iniciado el proceso el juez penal decidirá sobre las medidas cautelares conforme a lo prescrito en el art. 81 de la Ley 58/2003, General Tributaria (LGT). Si acudimos a dicho precepto observamos que el apartado 4 indica que las medidas cautelares pueden consistir en: i) la retención del pago de devoluciones tributarias o de otros pagos que deba realizar la Administración tributaria, ii) el embargo preventivo de bienes y derechos, iii) la prohibición de enajenar, gravar o disponer de bienes o derechos, iv) la retención de un porcentaje de los pagos que las empresas que contraten o subcontraten la ejecución de obras o prestación de servicios correspondientes a su actividad principal realicen a los contratistas o subcontratistas, en garantía de las obligaciones tributarias relativas a tributos que deban repercutirse o cantidades que deban retenerse o v) cualquier otra prevista legalmente. A todo ello debemos sumar que, en virtud del reenvío a la normativa procesal civil, también se habrá de tomar en consideración el elenco de medidas cautelares que se enumera en el art. 727 LEC[5]. Por lo que

---

5 Art. 727 LEC: "*Conforme a lo establecido en el artículo anterior, podrán acordarse, entre otras, las siguientes medidas cautelares: 1.ª El embargo preventivo de bienes, para asegurar la ejecución de sentencias de condena a la entrega de cantidades de dinero o de frutos, rentas y cosas fungibles computables a metálico por aplicación de precios ciertos. Fuera de los casos del párrafo anterior, también será procedente el embargo preventivo si resultare medida idónea y no sustituible por otra de igual o superior eficacia y menor onerosidad para el demandado. 2.ª La intervención o la administración judiciales de bienes productivos, cuando se pretenda sentencia de condena a entregarlos a título de dueño, usufructuario o cualquier otro que comporte interés legítimo en mantener o mejorar la productividad o cuando la garantía de ésta sea de primordial interés para la efectividad de la condena que pudiere recaer. 3.ª El depósito de cosa mueble, cuando la demanda pretenda la condena a entregarla y se encuentre en posesión del demandado. 4.ª La formación de inventarios de bienes, en las condiciones que el tribunal disponga. 5.ª La anotación preventiva de demanda, cuando ésta se refiera a bienes o derechos susceptibles de inscripción en Registros públicos. 6.ª Otras anotaciones registrales, en casos en que la publicidad registral sea útil para el buen fin de la ejecución. 7.ª La orden judicial de cesar provisionalmente en una actividad; la de abstenerse temporalmente de llevar a cabo una conducta; o la prohibición temporal de interrumpir o de cesar en la realización de una prestación que viniera llevándose a cabo. 8.ª La intervención y depósito de ingresos obtenidos mediante una actividad que se considere ilícita y cuya prohibición o cesación se pretenda en la demanda, así como la consignación o depósito de las cantidades que se reclamen en concepto de remuneración de la propiedad intelectual. 9.ª El depósito temporal de ejemplares de las obras u objetos que se reputen producidos con infracción de las normas sobre propiedad intelectual e industrial, así como el depósito del material empleado para su producción. 10.ª La suspensión de acuerdos sociales impugnados, cuando el demandante o demandantes representen, al menos, el 1 o el 5 por 100 del capital social,*

respecta a las medidas cautelares que se pueden imponer a las personas jurídicas investigadas, si estamos al reenvío que efectúa el art. 544 quáter.1 LECrim al CP, debemos atender al art. 33.7 CP cuando, tras enumerar las penas imponibles a los entes corporativos, expresa que *"La clausura temporal de los locales o establecimientos, la suspensión de las actividades sociales y la intervención judicial podrán ser acordadas también por el Juez Instructor como medida cautelar durante la instrucción de la causa"*. Por último, y a mayor abundamiento, podemos dejar constancia de que en otras leyes especiales se recogen una serie de medidas cautelares específicas: i) en materia de propiedad intelectual, el art. 141 del Real Decreto Legislativo 1/1996, de 12 de abril, por el que se aprueba el texto refundido de la Ley de Propiedad Intelectual, regularizando, aclarando y armonizando las disposiciones legales vigentes sobre la materia enumera una serie de medidas. ii) En el ámbito de las patentes, el art. 128 de la Ley 24/2015, de 24 de julio, de Patentes, expresa qué medidas cautelares se pueden interesar. iii) Por su parte, el art. 41 de la Ley 17/2001, de 7 de diciembre, de Marcas, señala qué medidas civiles puede instar el titular cuyo derecho de marca sea lesionado.

Como se desprende de lo hasta aquí narrado, la LECrim no recoge de modo sistemático todas las medidas cautelares reales que se pueden acordar en el proceso penal, y nos encontramos con una regulación incompleta, fragmentaria y que ha de colmarse mediante los reenvíos a la normativa civil. En este sentido, debemos anotar que los presupuestos de adopción de tales medidas en el proceso penal son el *fumus boni iuris*, entendido en este caso como existencia de indicios racionales de criminalidad y el *periculum in mora*, es decir, el peligro por el retardo procesal[6]. Como notas características de tales medidas podemos mencionar: su jurisdiccionalidad,

según que la sociedad demandada hubiere o no emitido valores que, en el momento de la impugnación, estuvieren admitidos a negociación en mercado secundario oficial. 11.ª Aquellas otras medidas que, para la protección de ciertos derechos, prevean expresamente las leyes, o que se estimen necesarias para asegurar la efectividad de la tutela judicial que pudiere otorgarse en la sentencia estimatoria que recayere en el juicio".

6 Vid. DOIG, Y. (2020). Tema 15. Medidas cautelares reales. En J.M. ASENCIO (dir.), *Derecho Procesal Penal*, 2ª ed. Valencia: Tirant lo Blanch, pp. 339-343; MORENO, V. y CORTÉS, V. (2021). *Derecho Procesal Penal*, 10ª ed. Valencia: Tirant lo Blanch, p. 389; NIEVA, J. (2022). *Derecho Procesal III. Proceso penal*, 2ª ed. Valencia: Tirant lo Blanch, p. 325; PIÑOL, J.R. (2020). Tema 16. Medidas cautelares reales. Conservación de los efectos e instrumentos del delito. Aseguramiento de responsabilidades pecuniarias: fianzas y embargos. En A.J. PÉREZ-CRUZ (coord.), *Derecho Procesal penal*. Valencia: Tirant lo Blanch, p. 396.

su instrumentalidad, su variabilidad, su adecuación y necesidad y, en último lugar, su provisionalidad. Conviene destacar que los diferentes autores tratados también efectúan una diferenciación entre las medidas judiciales tendentes a la conservación de las cosas relacionadas con el delito -medidas de aseguramiento y conservación- y las que aseguran las responsabilidades pecuniarias que se pueden declarar en el proceso penal. Asimismo, destaca la puntualización que efectúa BARONA (2022) cuando advierte que, aunque el art. 764 LECRIM efectúe una remisión a la LEC, existe una "contradicción en la regulación procedimental de las mismas en relación con la iniciativa para su adopción", dado que la LEC requiere instancia de parte, mientras que los arts. 505 y 539 LECrim permiten su adopción de oficio, con lo que se quiebra el principio de contradicción. En todo caso, dicha autora subraya que se resolverán mediante auto, en pieza separada, y que si sobrevinieren durante la tramitación del proceso motivos bastantes para entender que "las responsabilidades pecuniarias que pueden exigirse exceden de la cantidad prefijada para asegurarlas", habrá que proceder a la ampliación de la fianza o del embargo, o bien, a su reducción, conforme a los arts. 611 y 612 LECrim. No obstante, NIEVA expresa que la breve normativa sobre mejora y reducción de las medidas cautelares reales resulta innecesaria actualmente por la supletoriedad de la LEC[7].

Hace más de dos décadas, y de modo lúcido, MARCHENA[8] puso de manifiesto que las medidas cautelares reales en el proceso penal no habían gozado de la misma atención que otras instituciones, lo que justificaba con base en su carácter instrumental. A ello agregaba que ese carácter "secundario" se había trasladado a la praxis judicial, por cuanto no solía ser, "con las obvias salvedades, un ejemplo de pulcritud, hasta el punto de que no resulta difícil detectar una histórica inercia que inspira voluntaristas soluciones, algunas de ellas alejadas de las pautas legales y, lo que puede resultar más grave, con importante infracción de principios del máximo rango constitucional"[9]. Esta reflexión continúa plenamente vigente hoy día. En este sentido, ha llegado a hablarse de la existencia de una laguna, de "agujeros negros", y se advierte por la doctrina que no se ha brindado una respuesta adecuada a las nuevas necesidades, con lo que en algunos supuestos

---

7 NIEVA, J. (2022). *Derecho Procesal III. Op. cit.*

8 MARCHENA, M. (1998). Algunos aspectos de las medidas cautelares reales en el proceso penal. *La Ley: Revista jurídica española de doctrina, jurisprudencia y bibliografía*, 5, 1505-1511.

9 MARCHENA, M. (1998). Algunos aspectos..., *op. cit.*, p. 1505.

se están adoptando medidas sin la correspondiente base legal para ello (Piñol, 2020, pp. 395 y 396). A juicio de NIEVA[10], la regulación de esta materia en la LECrim es "bastante incompleta y totalmente anacrónica". También se ha llamado la atención[11] sobre la existencia de medidas cautelares en la legislación hipotecaria que son más efectivas y menos perjudiciales que las contenidas en la LECrim -fianza y embargo- para reponer el patrimonio a su estado primitivo, o para poner en conocimiento de terceros que determinados contratos pueden ser anulados. SANTALÓ resalta la virtualidad de la anotación preventiva de querella y de la prohibición de disponer, constatando no solo que son más útiles que la fianza y el embargo, sino que, en ocasiones "son las únicas que de forma efectiva pueden proteger a la víctima del delito". Asimismo, dicho autor advierte de las "reticencias" por parte de los jueces de instrucción y de los registradores de la propiedad a su práctica en el seno de procesos penales.

Con este escueto esbozo simplemente queremos llamar la atención sobre la insuficiencia de la regulación vigente, lo que comporta problemas en su aplicación y notables disfunciones prácticas. A la vista de la relevancia de esta cuestión, la LECrim habría de regular de modo específico dicha materia, confiriéndole con ello la relevancia que ostenta.

2. Su plasmación en el Anteproyecto de LECrim de 2020

Si tomamos en cuenta las fundadas críticas que se han vertido frente a la precaria normativa de la LECrim en lo tocante a la tutela cautelar real, forzoso es que nos detengamos, siquiera brevemente, en la regulación que se contenía al respecto en el Anteproyecto de LECrim del año 2020. En él se acogía una normativa específica sobre las medidas cautelares reales. Cabe recordar que en dicho texto se atribuía la fase de instrucción al Ministerio Fiscal. Pues bien, retomando nuestro hilo conductor, debemos prestar atención a la Exposición de Motivos del Anteproyecto, cuyo núm. XXXIV[12] se centraba en las medidas cautelares reales. El texto proyectado

---

10 NIEVA, J. (2022). *Derecho Procesal III. Op. cit.*

11 SANTALÓ, A. (2000). Medidas cautelares en el ámbito del proceso penal: algunas cuestiones puntuales. Revista Xurídica Galega, 31, p. 305.

12 Núm. XXXIV de la Exposición de Motivos del Anteproyecto de LECrim de 2020: *"Las medidas cautelares reales, en cuanto tienden al aseguramiento de la efectividad de los diversos pronunciamientos de tal naturaleza, tienen un contenido heterogéneo, que trasciende al puro aseguramiento de las responsabilidades civiles. En algunos casos estas medidas cautelares tenderán inmediatamente a garantizar la satisfacción de la indemnización civil*

dedicaba un Título propio, el Título III, *"Las medidas cautelares reales"*, del Libro II, *"De las medidas cautelares"*, que abarcaba los arts. 277-298. En ellos se atendía a una serie de disposiciones generales -finalidad y objeto, procedimiento, resolución, supuestos de urgencia, terceros responsables civiles o caución sustitutoria, entre otros-, se concretaban las medidas cautelares que se podrían imponer y se regulaban, de modo expreso, las medidas para garantizar la efectividad del decomiso, centrándose en las medidas de garantía, en el decomiso provisional y en la intervención de la Oficina de Recuperación y Gestión de Activos (ORGA) en esta materia. A ello cabe agregar que enunciaba otra serie de medidas cautelares específicas para distintos delitos.

Por su relevancia, podemos transcribir en este punto el art. 288 del Anteproyecto, en que se enumeraban las medidas cautelares que se podrían acordar, de un modo no taxativo, por cuanto se acudía a un sistema de enumeración que culminaba con una cláusula abierta, con reenvío a otras normas -al estilo del art. 727 LEC-. En este sentido, el art. 288 disponía: *"Para el aseguramiento de las responsabilidades patrimoniales podrán acordarse las siguientes medidas: 1.ª. La prestación de caución en alguna de las formas previstas legalmente. 2.ª. El embargo preventivo de bienes. 3.ª. La prohibición de disponer. 4.ª. La intervención o administración judicial de bienes productivos. 5.ª. El depósito de bienes. 6.ª. La formación de inventario en las condiciones que el tribunal disponga. 7.ª. Las anotaciones registrales cuando la publicidad registral resulte útil para el buen fin de la ejecución. 8.ª. Aquellas otras medidas que prevean expresamente las leyes o se estimen necesarias para asegurar la efectividad de la sentencia que ponga fin al proceso"*.

---

y podrán ser interesadas por los que ejerzan esta modalidad de acción. Pero también podrán solicitarse este tipo de medidas por el fiscal y los acusadores con la finalidad de asegurar el pago de la posible multa y de las costas, o la eficacia del decomiso y de las consecuencias accesorias de carácter patrimonial. [...] La regulación de la tutela cautelar incluye, asimismo, una referencia a "otras medidas cautelares" que pueden ser adoptadas en el proceso penal, donde, como novedad significativa, se incluyen las medidas tendentes a evitar la continuación o el agotamiento de la actividad delictiva y la protección de los derechos y bienes de las víctimas. Las medidas de secuestro de publicaciones, de prohibición de utilización de medios de difusión y de interrupción de la prestación de servicios de la sociedad de la información pasan a ser una modalidad particular de ese régimen general de tutela reintegradora. Se regulan también las medidas que tienden a asegurar la posible responsabilidad de las personas jurídicas y se plasman las especialidades, ya incluidas en el Derecho vigente, que caracterizan a la tutela cautelar en los delitos contra la Hacienda Pública".

En cuanto al bloqueo de cuentas, el art. 282 del Anteproyecto establecía la posibilidad de que el fiscal lo acordase, de urgencia, en los siguientes términos: *"En caso de urgencia, el fiscal podrá acordar provisionalmente la intervención de bienes y efectos para garantizar la efectividad del decomiso, así como, en su caso, el bloqueo de cuentas bancarias. El fiscal dará traslado inmediato del decreto al juez, que resolverá lo que proceda, previa audiencia de las partes, en el plazo de cuarenta y ocho horas. Contra el auto que ratifique la medida las partes podrán interponer recurso de reforma, que no tendrá efecto suspensivo".*

En opinión de ARANGÜENA[13], a quien seguiremos en la exégesis del texto prelegislativo, las medidas cautelares reales continúan siendo la "Cenicienta de las medidas cautelares", si se efectúa una comparación con los preceptos dedicados a las medidas personales. Advierte que "sorprende" su ubicación sistemática, ya que anteceden a la normativa de la fase de instrucción, momento procesal que resulta ser "su hábitat natural". Aplaude dicha autora que esta regulación establecía un marco "coherente y completo", frente al carácter disperso y fragmentario de la normativa vigente, donde nos hallamos ante la "insuficiencia de una regulación obsoleta". Llama la atención Arangüena a propósito del cambio terminológico, puesto que el Anteproyecto sustituyó la expresión "responsabilidad/es pecuniarias" por "responsabilidad/es patrimoniales", con lo que se trataría de un término más amplio en que se incluiría el decomiso. Dicha autora afea al texto que no enuncia, de modo claro, los presupuestos de aplicación -*fumus boni iuris y periculum in mora*-.

En cuanto a las características de las medidas que contiene el texto -jurisdiccionalidad, legalidad y provisionalidad-, ARANGÜENA echa en falta la mención a la proporcionalidad, a la instrumentalidad y a la homogeneidad -que no identidad- con la medida ejecutiva. A continuación, la autora que comentamos alaba que el listado de medidas del art. 288 "cumple ahora con las exigencias de legalidad procesales y previsibilidad al disponer de un elenco bastante completo de medidas cautelares reales", aunque rechaza el empleo de una cláusula de cierre tan amplia. En cuanto al procedimiento para su adopción, sintetiza sus rasgos en: i) su carácter uniforme, con independencia de la medida interesada, ii) el carácter contradictorio -operando como excepción la contradicción diferida, consignada en el art. 282 que hemos transcrito *supra*-, iii) que se rige por los principios de rogación, acusatorio, de proporcionalidad, y en que se combinan la oralidad y

[13] ARANGÜENA, C. (2021). Medidas cautelares reales en el nuevo anteproyecto de ley de enjuiciamiento criminal. *Revista de la Asociación de profesores de Derecho procesal de las universidades españolas,* 3, 491-525.

la escritura, iv) que se tramita en pieza separada y v) donde resultan supletorias la LEC y la LH.

Con todo, ARANGÜENA concluye que, pese a algunos defectos sistemáticos, se ha avanzado, de un modo notable, en la mejora de la regulación, puesto que se han sistematizado las medidas conforme a una auténtica teoría general. A su vez, en su decir, se ha armonizado y simplificado el procedimiento. En esencia, se ha tomado como modelo la LEC y se han incorporado sus líneas maestras, resumidas en: "condicionamiento a petición de parte, adopción previo trámite contradictorio y posibilidad de enervar la medida mediante caución sustitutoria". No obstante, critica que no se prevea una indemnización para el sujeto afectado en caso de sentencia absolutoria o de dictado de un auto de sobreseimiento libre a su favor, por lo que reclama que se incorpore la posibilidad de reparación en tales supuestos.

3. Aspectos fundamentales de la regulación del decomiso

Puesto que se aprecia una notable confusión a la hora de adoptar medidas patrimoniales en fase de instrucción, es preciso que efectuemos un escueto repaso de la regulación del decomiso, teniendo presente su expansión en virtud de la LO 1/2015. Con ello podremos comprender esta figura y, lo que es más importante, delimitar qué naturaleza concreta tienen las medidas que se adopten en el seno de una instrucción. Hace ya dos décadas, CALDERÓN y CHOCLÁN ponían de manifiesto que era preciso asegurar el comiso ante la probable frustración de la confiscación que podía derivarse de la prolongada duración del proceso penal, dado que el sujeto investigado podría llevar a cabo actos de disposición patrimonial que dificultasen o imposibilitasen el cumplimiento de la resolución judicial[14]. Matizaban que "para la adopción válida de la medida cautelar basta con atribuir a un bien la naturaleza de decomisable con cierto grado de probabilidad", apostillando que era preciso que se diese homogeneidad entre las medidas cautelares y las ejecutivas. Además, dichos autores destacaban que el art. 11[15] del Convenio Europeo relativo al blanqueo, seguimiento,

---

[14] CALDERÓN, A. y CHOCLÁN, J.M. (2002). *Derecho Procesal Penal.* Madrid: Dykinson.

[15] Art. 11.1 Convenio de Estrasburgo de 1990: *"Artículo 11. Obligación de adoptar medidas provisionales.*

1. A solicitud de otra Parte en la que se haya iniciado un procedimiento penal o un procedimiento con fines de confiscación, cada Parte tomará las medidas provisionales necesarias,

embargo y decomiso de los productos del delito, hecho en Estrasburgo el 8 de noviembre de 1990, establecía la obligación de adoptar medidas provisionales en este ámbito. En este sentido, y tras enunciar algunas disposiciones específicas del CP en esta materia -en el ámbito del delito de tráfico de drogas, art. 374 CP, y de las consecuencias accesorias, art. 129 CP-, los autores citados proclamaban que resultaban aplicables, con carácter general, la fianza y el embargo, así como las medidas cautelares recogidas en la LEC, en virtud de la cláusula de supletoriedad de dicha normativa.

Sobre la recuperación de activos y el decomiso, RODRÍGUEZ GARCÍA ha escrito que, en los últimos tiempos, con base en un escenario de internacionalización de la economía, se ha producido una globalización de la delincuencia, lo que requiere de los Estados una "globalización de la respuesta penal"[16]. Dicho autor manifiesta que en esta estrategia mundial se ha renovado como un "instrumento jurídico mágico" el decomiso, que se ha presentado en la opinión pública anudado a "una nueva política criminal que busca alcanzar mayores niveles de efectividad en el combate de todas aquellas formas delictivas graves y complejas las cuales, de forma directa o indirecta, producen ingentes cantidades de recursos económicos". Si queremos dar una definición breve del comiso, podemos conceptuarlo como una consecuencia jurídica del delito que consiste en incautar a una persona unos bienes que guardan una relación concreta con los responsables de una infracción penal o con su comisión[17], o como "el acto del juez de instrucción de aprehensión de los instrumentos de comisión del delito ilícitos o "*extra comertium*", así como de sus frutos y ganancias previstos como penas en el CP o autorizados por la LECrim y legislación complementaria, siempre y cuando no constituyan piezas de convicción que deban asegurarse en el proceso"[18].

En este ámbito, la reforma operada en el CP en el año 2010 por la LO 5/2010 introdujo importantes novedades, fruto de la transposición de la normativa comunitaria, contenida en la Decisión Marco 2005/212/JAI del

como el bloqueo o el embargo, con el fin de impedir cualquier negocio, transmisión o enajenación de bienes que, más adelante, podrían ser objeto de una solicitud de confiscación o que podrían servir para dar cumplimiento a dicha solicitud".

16 GARCÍA-RODRÍGUEZ, N. (2020). El decomiso en el sistema penal español: análisis de contexto y lineamientos para una mejor intelección. En I. BERDUGO y N. RODRÍGUEZ-GARCÍA (coords.), *Decomiso y recuperación de activos. Crime doesn't pay*. Valencia: Tirant lo Blanch, pp. 19-54.

17 CUELLO, J. y MAPELLI, B. (2015). *Curso de Derecho Penal. Parte General*, 5ª ed. Madrid: Tecnos, p. 376.

18 GIMENO, V. (2014). *Manual de Derecho Procesal Penal*. 4ª ed. Madrid: Colex, p. 382.

Consejo, de 24 de febrero de 2005, relativa al decomiso de los productos, instrumentos y bienes relacionados con el delito. Como novedades se incorporaron la posibilidad del decomiso en los delitos imprudentes con pena de hasta un año de prisión y el "decomiso ampliado", de adopción potestativa en el caso de efectos, bienes, instrumentos y ganancias procedentes de actividades delictivas cometidas en el marco de una organización o grupo criminal o terrorista, o de un delito de terrorismo. Según FERNÁNDEZ[19], esta previsión posibilita una adopción "más laxa" de la medida, ya que se da una presunción *iuris tantum* de ilegitimidad patrimonial. Como indica el autor enunciado, se trata de una medida de política criminal que pretende "la obtención de la eficacia a cualquier precio", ya que se decomisan bienes "cuya procedencia delictiva no se prueba, sino que simplemente se supone o se presume", por lo que se opera una inversión de la carga de la prueba. Por ello, la citada reforma de 2010 configuró una consecuencia accesoria expansiva, que había de ser interpretada de forma restrictiva, cuando la ilicitud de los bienes se basase en una actividad delictiva y no en una mera infracción administrativa, ya que "se podría convertir en un mecanismo penal expropiador por meras razones fiscales".

La LO 1/2015 modificó de forma esencial el régimen del decomiso e introdujo varios preceptos en el CP, ampliando su campo de actuación. Con la nueva redacción podemos concluir que el decomiso consiste en la confiscación de los efectos, bienes, medios e instrumentos que derivan del delito, y que también incluye el decomiso de las ganancias y del valor equivalente. A su vez, se ha afirmado que posee naturaleza civil, fundamentada en la prohibición del enriquecimiento injusto. Esta modificación se basa en la normativa comunitaria, que ha obligado a modificar la regulación interna, lo que ha tenido dos consecuencias, puesto que se ha extendido el concepto material y se han rebajado las garantías procesales. Como ya expusimos en otro lugar[20], semejantes reformas "rayan la inconstitucionalidad", porque el legislador español ha ido "más allá" de lo exigido por la normativa europea. Así, el decomiso ampliado, art. 127 bis CP, permite confiscar bienes que no proceden de una actividad delictiva, sino de actividades anteriores, y ha pasado de la excepcionalidad a la generalización, porque se ha extendido el catálogo de delitos que lo habilitan.

---

19 FERNÁNDEZ, J.G. (2011). El nuevo modelo de reacción penal frente al blanqueo de capitales: los nuevos tipos de blanqueo, la ampliación del comiso y su la integración del blanqueo en el modelo de responsabilidad penal de las empresas. *Diario La Ley*, 7657.

20 GONZÁLEZ, D. (2022). Por enésima vez: el blanqueo de dinero no es un delito de sospecha, al hilo de la STS 982/2021. Revista de Derecho y Proceso Penal, 65, 145-163.

A propósito del decomiso sin sentencia condenatoria, el art. 127 ter CP posibilita su adopción, aunque no haya recaído tal resolución de condena. Otra posibilidad es el decomiso de bienes de terceros, ubicado en el art. 127 quater CP, que regula de modo distinto los "efectos" y las "ganancias", se funda en una presunción y colisiona con el delito de blanqueo de dinero.

Otra singularidad viene representada por el decomiso por actividad delictiva continuada del art. 127 quinquies CP, en que es preciso que exista condena por alguno de los delitos explicitados, se contiene un concepto propio de actividad delictiva continuada y alude a los "indicios fundados" de que una parte del patrimonio del sujeto procede de una actividad delictiva previa, lo que se complementa con las presunciones del art. 127 sexies CP. Se han establecido unas disposiciones para asegurar su ejecución efectiva en el art. 127 septies CP, que solo afectan a los bienes de los criminalmente responsables, no de los terceros. Se da una aplicación específica del decomiso por valor equivalente y en el art. 127 octies CP se han generalizado las medidas que anteriormente solo se aplicaban a los delitos relativos al tráfico de drogas: el embargo cautelar, la realización anticipada o la utilización provisional de los bienes. Por último, cuando los bienes hayan sido decomisados por resolución firme y no deban ser aplicados al pago de indemnizaciones a las víctimas, se adjudicarán al Estado, que les dará el destino que corresponda legal o reglamentariamente.

Sobre esta reforma, FERNÁNDEZ[21] (2018) expone una serie de fundadas críticas. Comenta que en la Exposición de Motivos de la LO 1/2015 existe una discordancia, porque se tilda la modificación como una "revisión técnica", si bien, con posterioridad, se enuncia que la regulación de dicha figura es "objeto de una ambiciosa revisión". La actitud del sujeto condenado en este ámbito tiene gran relevancia en sede de suspensión de la pena y de revocación de la suspensión, *ex* arts. 80 y 86 CP, ya que si pone obstáculos a la efectividad del decomiso o a su ejecución ello conlleva, respectivamente, la no adopción de la suspensión o su revocación. Además, como notas propias de la reforma, se han ampliado los supuestos del decomiso sin condena, del art. 127 ter CP, con base en dos características: el requisito actual es la "ausencia de una sentencia de condena" y se han

21 FERNÁNDEZ, J.G. (2018). Adaptación de la normativa penal española a la Directiva 2014/42/UE del Parlamento Europeo y del Consejo, de 3 de abril de 2014, sobre el embargo y el decomiso de los instrumentos y del producto del delito en la Unión Europea. En M. ABEL y N. SÁNCHEZ (coords.), *V Congreso Sobre Prevención y Represión del Blanqueo de Dinero.* Valencia: Tirant lo Blanch, pp. 266-276.

incrementado los supuestos en que se puede aplicar, lo que resulta "discutible desde parámetros garantistas". Sobre el decomiso de bienes de terceros, se ha suprimido el requisito de que se trate de un tercero "de buena fe", que no se contiene en el art. 127 quater CP, por lo que la protección de los terceros tiene su límite en el art. 122 CP, relativo a la participación a título lucrativo. Asimismo, quedan fuera de protección los terceros que hubieran adquirido bienes a título gratuito o por precio inferior al valor de mercado -art. 127 quater, apartado 2 CP-, si bien esto debe ser complementado con la reforma introducida en la LECrim, en la que se incorporó un nuevo Título VIII en el Libro IV, cuyo Capítulo I tiene por rúbrica *"De la intervención en el proceso penal de los terceros que puedan resultar afectados por el decomiso"*, y abarca los arts. 846 bis a) a 846 bis d). Otro detalle es que en el decomiso en situaciones de depreciación de bienes del art. 127 septies CP, se hacen recaer sobre el sujeto respecto del que se acuerda las eventuales depreciaciones que sufran los bienes con relación al momento de su adquisición, lo que no depende de su voluntad.

Por su parte, LORENZO apunta que se ha producido una gran expansión del decomiso ampliado -art. 127 bis CP-, ya que ahora se requieren tres indicios que deben ser valorados de modo especial, sin perjuicio de que se tomen en consideración otros datos[22]. Al elenco de figuras delictivas que constituye el presupuesto de este tipo de decomiso, Lorenzo le reprocha su excesiva amplitud, ya que recoge más tipos que los citados en la Directiva que motivó la reforma, pero también resalta que existen notables ausencias en la lista, entre otros, los delitos de contrabando o de financiación ilegal de partidos políticos. Al hilo del análisis de los indicios del apartado 2 del art. 127 bis, los contenidos en los números 2º y 3º, consistentes en conductas de ocultación y de transferencia, tienen su encaje en el delito de blanqueo de dinero, por lo que se da la paradoja de que, al propio tiempo, constituyan indicios para acordar el decomiso y, por otro lado, configuren el tipo penal, por lo que un sector doctrinal ha proclamado que se vulnera el principio *ne bis in idem.* Podemos salvar tal escollo si se toma en consideración el preámbulo de la LO 1/2015, en el que se enfatiza en el carácter de consecuencia patrimonial del decomiso, alejándolo de su naturaleza penal; sin embargo, esta visión no ha calado en muchos especialistas, que

---

22 LORENZO, J.M. (2019). Directiva 2014/42/UE sobre el embargo y el decomiso de los instrumentos y del producto del delito y la extensión al blanqueo en 2015 del comiso ampliado, previsto inicialmente para la criminalidad organizada transnacional. En M. ABEL y N. SÁNCHEZ (coords.), *VI Congreso Internacional sobre prevención y represión del blanqueo de dinero.* Valencia: Tirant lo Blanch, pp. 585-588.

continúan estimándolo como una reacción punitiva, en que concurren la trascendencia patrimonial y la vertiente preventiva -tanto general como especial-. En último lugar, es digno de objeciones el decomiso extensivo, introducido en los art. 127 quinques y sexies CP, en orden a su ubicación sistemática, ya que debería estar a continuación del art.127 bis CP, y dado que posee, según LORENZO[23], una redacción "extremadamente farragosa", lo que lleva a que se introduzcan "considerables dosis de confusión en la materia". Nos hallamos ante una modalidad de aplicación potestativa, si bien es posible pronosticar que se darán solapamientos y disfunciones entre los preceptos aludidos, por lo que se propugna su derogación, puesto que "hubiera sido aconsejable no haber incorporado a nuestro texto punitivo este segundo comiso extensivo"; además, por otra parte, no era de obligada tipificación, según se desprende de la Directiva 2014/42/UE.

También se ha dicho que el decomiso constituye un "banco de pruebas" para algunas de las interrogantes que suscita el nuevo Derecho Penal[24]. Puesto que la delincuencia económica ha alcanzado unos elevados niveles y, dentro de ella, los casos más graves de corrupción, junto a la responsabilidad individual de los autores se coloca en un primer plano la necesidad de recuperar bienes ilícitamente obtenidos. Entre las propuestas en la materia se encuentra un menor empleo de la privación de libertad y una disminución de las garantías para recuperar los beneficios económicos. Incluso se ha propuesto una revisión de las relaciones entre el ordenamiento penal y el administrativo. Si bien, se reprocha que la reforma lleva a cabo una relajación de las garantías, como se refleja en la introducción de presunciones que difícilmente superan el filtro de constitucionalidad. Todo ello obedece a una "mal entendida política criminal de eficacia, con un importante contenido simbólico". Además, se discute que, pese a la terminología del legislador, el decomiso constituya una institución "no penal", de naturaleza civil, cuando sí posee dicho contenido material en bastantes casos, por lo que se describe como un "fraude de etiquetas". Así las cosas, las críticas doctrinales no han dejado de arreciar, se rechaza que estemos ante una mejora técnica de esta figura, en continua reforma desde el año 1995 y se concluye que la introducción de la eficacia en la lucha contra la criminalidad organizada no se puede hacer a cualquier precio.

---

[23] LORENZO, J.M. (2019). Directiva 2014/42/UE sobre el embargo y el decomiso..., *Op. cit.*

[24] BERDUGO, I. (2017). Política criminal contra la corrupción: la reforma del decomiso. *Revista Penal,* 40, pp. 41-42.

Por lo que hace a la fase de instrucción, debemos atender al art. 127 octies[25] CP, que amplía las facultades del órgano instructor. A su vez, y de modo telegráfico, podemos indicar que habrán de tomarse en consideración los arts. 367 bis-367 septies LECrim, en los que se regulan la destrucción y la realización anticipada de los efectos judiciales. Por último, hemos de indicar en este punto que el citado Anteproyecto de LECrim de 2020 también plasmaba una serie de medidas para garantizar la efectividad del decomiso en su art. 291[26].

III. SU APLICACIÓN EN LA PRAXIS JUDICIAL

En este punto nos centraremos, de modo fundamental, en las resoluciones dictadas por las Audiencias Provinciales (AP) resolviendo recursos de apelación frente a autos por los que se acordaban o mantenían bloqueos patrimoniales en fase de instrucción. Debemos comenzar señalando que la resolución por la que se ordena dicha medida no es susceptible de ser recurrida en casación, como señala el Auto núm. 818/2021[27], de la Sala 2ª del Tribunal Supremo (TS), ya que no tiene cabida en el art. 848 LECrim.

---

25 Art. 127 octies CP: *"1. A fin de garantizar la efectividad del decomiso, los bienes, medios, instrumentos y ganancias podrán ser aprehendidos o embargados y puestos en depósito por la autoridad judicial desde el momento de las primeras diligencias. 2. Corresponderá al juez o tribunal resolver, conforme a lo dispuesto en la Ley de Enjuiciamiento Criminal, sobre la realización anticipada o utilización provisional de los bienes y efectos intervenidos. 3. Los bienes, instrumentos y ganancias decomisados por resolución firme, salvo que deban ser destinados al pago de indemnizaciones a las víctimas, serán adjudicados al Estado, que les dará el destino que se disponga legal o reglamentariamente"*.

26 Art. 291 Anteproyecto LECrim 2020: *"1. Con el objeto de garantizar el decomiso de los instrumentos, efectos, ganancias, bienes y derechos que pueda acordarse en sentencia, aun cuando pertenezcan a terceros no investigados, el juez o tribunal, a instancia del Ministerio Fiscal, podrá acordar el depósito de los bienes intervenidos. 2. En la resolución en la que se adopte esta medida, además de describir detalladamente los bienes que han de ser objeto de ella, el juez o tribunal deberá acordar alguna de las previsiones siguientes: 1.º. Nombrar depositario judicial que se haga cargo de los bienes intervenidos. 2.º. Hacer entrega de los mismos a la Oficina de Recuperación y Gestión de Activos. 3.º. Realizar anticipadamente los bienes intervenidos conforme a lo establecido en esta ley. 4.º. Acordar la intervención o administración judicial de la actividad, empresa o entidad poseedora de los bienes intervenidos. 5.º. Disponer las anotaciones preventivas que resulte necesario realizar para asegurar la efectividad del decomiso. 6.º. Adoptar cualesquiera otras medidas de carácter patrimonial que puedan servir para garantizar su efectividad"*.

27 ATS 818/2021, de 16 de septiembre, ECLI:ES:TS:2021:12747A, ponente Excmo. Sr. D. Javier Hernández García.

Dicho lo cual, hemos de avanzar un paso más y observar cómo ha de fundamentarse el auto que acuerde tales bloqueos patrimoniales. En el AAP Tarragona, Sección 2ª, núm. 298/2020[28] se sintetiza que deben verificarse el *fumus boni iuris* y el *periculum in mora.* En relación con el citado *fumus*, dicho auto lo condensa en la existencia de indicios de criminalidad, mientras que el peligro por el retardo procesal se concreta en que *"la continuación en la utilización de las cuentas bancarias tendría el riesgo y el peligro de continuar con algún tipo de actividad indebida".* Por último, de modo escueto, en el auto analizado se expresa que tal medida ha de cumplir con los principios propios de todas las medidas cautelares: de legalidad, proporcionalidad, especialidad, subsidiariedad, necesariedad y jurisdiccionalidad. Asimismo, se ha proclamado la compatibilidad entre la adopción del bloqueo de cuentas y la exigencia de fianza, como es de ver en el AAP Barcelona, Sección 3ª, núm. 15/2022[29], cuando indica que *"el hecho de haber adoptado otras medidas como el bloqueo de cuentas de la Fundación o de los investigados no resulta en modo alguno incompatible con la exigencia de fianza aun cuando la consignación de la suma fijada en concepto de fianza podría justificar el alzamiento del bloqueo bancario al estar ya garantizadas las responsabilidades pecuniarias".*

No obstante, debemos consignar que otras resoluciones han sido exigentes en la apreciación de los indicios de criminalidad. El AAP Barcelona, Sección 5ª, núm. 478/2020[30] parte de que *"para acordar una medida cautelar real que asegure la cobertura de las responsabilidades pecuniarias que de la causa puedan derivarse, es condición necesaria que de lo actuado en la instrucción se pongan de manifiesto la existencia de indicios de criminalidad contra una persona o personas".* Tras recordar la jurisprudencia constitucional que valida la adopción de medidas cautelares en fase de instrucción, dicho auto señala que deben ser proporcionales con la finalidad perseguida, si bien *"no se exige una prueba plena de la autoría ni una definitiva calificación jurídica de*

---

28 AAP Tarragona, Sección 2ª, 298/2020, de 22 de mayo, ECLI:ES:APT:2020:718A, ponente Ilmo. Sr. D. Ángel Martínez Sáez.

29 AAP Barcelona, Sección 3ª, 15/2022, de 10 de enero, ECLI:ES:APB:2022:714A, ponente Ilma. Sra. Dña. Carmen Guil Román.

30 AAP Barcelona, Sección 5ª, 478/2020, de 1 de julio, ECLI:ES:APB:2020:6273A, ponente Ilma. Sra. Dña. Alicia Alcaraz Castillejos. En este auto se dispone: *"Estas medidas cautelares son «aquellas que están destinadas a mantener una situación de hecho o de derecho para salvaguardar derechos cuyo reconocimiento se solicita». Y deben tener: a.- Aptitud para combatir la infructuosidad del proceso por la demora judicial en la tutela efectiva de los derechos; b.- Dependencia o subordinación respecto del proceso sobre el fondo; c.- Provisionalidad en el tiempo como derivación de la seguridad jurídica, y d.- Instrumentalidad de su contenido".*

la conducta". Después de ubicar la base legal de tales medidas en los arts. 13, 589 y 764.1 LECrim, la resolución presta atención a los requisitos de adopción de la medida y concluye que se han desvanecido los indicios de criminalidad, por lo que no concurre la apariencia de buen derecho y alza las medidas. También se trata la insuficiencia indiciaria en el AAP Barcelona, Sección 3ª, núm. 369/2021[31]. En este caso se trataba de una investigación por delitos de organización criminal, tráfico de drogas y blanqueo de bienes. El órgano instructor atendía a un incremento patrimonial injustificado, que desecha la AP, concluyendo que tales indicios se desvanecen al haberse justificado los movimientos de dicha cuenta bancaria.

Un cierto carácter restrictivo en la aplicación de los bloqueos de cuentas se desprende del AAP Huesca, Sección 1ª, núm. 374/2019[32], en que se analiza la decisión del instructor, que descartó de modo expreso la adopción del bloqueo de cuentas de los investigados, y que se decantó por *"medidas menos invasivas en el patrimonio como las prohibiciones de disponer"*. La AP confirma su resolución y valora que todavía no se ha recibido el informe pericial en que se cuantifique el perjuicio patrimonial ocasionado a los ofendidos o perjudicados. Además, entiende que lo propuesto en el recurso no es "descabellado", dado que *"no se ha establecido todavía a cuánto puede*

---

31 AAP Barcelona, Sección 3ª, 369/2021, de 24 de abril, ECLI:ES:APB:2021:5881A, ponente Ilma. Sra. Dña. Yolanda Rueda Soriano. Resulta interesante la transcripción de un pasaje en que se valora el bloqueo de la cuenta bancaria del recurrente: *"consta en el saldo de movimientos bancarios de la cuenta del recurrente abierta en CaixaBank, que percibe una nómina de unos 1000 euros de Geotecnia i Control siendo sus movimientos los usuales y proporcionados a dichos ingresos. Se han aportado los movimientos de esa cuenta durante todo el año 2020 y son movimientos proporcionados a dichos ingresos, sin existir disponibilidad de cantidades de dinero injustificadas en relación con dicha nómina. Se han aportado asimismo las nóminas de 2020 de dicha empresa coincidiendo con los ingresos recibidos en la cuenta y consta de la hoja histórica de su vida laboral proporcionada por el Ministerio de Trabajo que está dado de alta en dicha empresa desde el año 2010. Por lo que no hay indicios de estar blanqueando dinero a través de dicha cuenta y por tanto no existe motivo que justifique su bloqueo, teniendo en cuenta que en dicha cuenta se recibe la nómina"*.

32 AAP Huesca, Sección 1ª, 374/2019, de 14 de noviembre, ECLI:ES:APHU:2019:441A, ponente Ilmo. Sr. D. Santiago Serena Puig. Podemos transcribir un fragmento del auto del órgano de instrucción que la Sección 1ª reproduce de modo literal: *"Por ello descarto el bloqueo de cuentas bancarias que puede producir un grave perjuicio a los investigados, al quedarse sin efectivo, y me inclino por medidas menos invasivas en el patrimonio como las prohibiciones de disponer, y tirando a la baja las pretensiones formuladas por la Policía Judicial. Ello, sin perjuicio de que, una vez se cuantifique el daño previsible, se pueda ampliar, reducir, o modifica las medidas cautelares de carácter real"*.

ascender la parte o cuota de responsabilidad civil a la que hubiera de hacer frente el investigado, de conformidad con lo dispuesto en el art. 764 Lecrim, en relación con los arts. 589 y siguientes. Pero como la medida cautelar es la prohibición de disponer, nada le impide realizar las labores preparatorias y pedir el cese de la medida una vez que se haya concertado la operación, de modo que puede analizarse el contenido económico y la viabilidad misma de la enajenación, así como controlarla para que el destino económico de la venta sea el indicado en el recurso".

En cuanto al momento en que se pueden acordar estas medidas, podemos traer a colación el AAP Badajoz, Sección 3ª, núm. 379/2019[33], en el que se dispone que, concurriendo los presupuestos y requisitos para su adopción, *"no existe, por tanto, ningún obstáculo para que puedan adoptarse medidas cautelares para el aseguramiento de las responsabilidades civiles en el procedimiento penal, desde el momento mismo de inicio de la causa"*; todo ello *"sin perjuicio, claro está de que, a la vista del resultado de las investigaciones y con absoluta libertad de criterio, se dicte la resolución procedente teniendo en cuenta el carácter variable e instrumental, ya mencionado, de la medida cautelar impugnada, y ello a la vista de las nuevas diligencias que se vayan practicando y de la confirmación o no de los indicios de los que ahora se parte"*. Si avanzamos un paso más en el elemento temporal debemos tomar en consideración que el fin de la instrucción no conlleva, *per se*, el alzamiento de estas medidas, tal y como se desprende del AAP Tarragona, Sección 2ª, núm. 533/2021[34], en el que se estima el recurso de la Abogacía del Estado y se concluye que *"alzar ahora las medidas, estando ya concluida precisamente la fase instructora, como se reconoce en la resolución impugnada, no resulta justificado, por cuanto en la resolución ahora apelada de hecho no se descarta, de acuerdo con el contenido del citado informe, la comisión de delitos contra la hacienda Pública respecto de las personas afectadas por las referidas medidas, concurriendo de esta forma con mayor intensidad el presupuesto de apariencia de buen derecho. Parece razonable, precisamente por el momento procesal en el que nos hallamos, mantener las medidas en su día acordadas y una vez dictada la resolución a la que se refiere el artículo 779.1 LECr, adoptar la decisión que se considere procedente".*

---

33 AAP Badajoz, Sección 3ª, núm. 379/2019, de 31 de octubre, ECLI:ES:APBA:2019:434A, ponente Ilmo. Sr. D. Jesús Souto Herreros.

34 AAP Tarragona, Sección 2ª, núm. 533/2021, de 31 de mayo, ECLI:ES:APT:2021:922A, ponente Ilma. Sra. Dña. María Espiau Benedicto

A propósito del decomiso, resulta revelador el AAP León, Sección 3ª, núm. 150/2022[35], en que se analizaba un bloqueo de cuentas bancarias acordado al inicio de unas diligencias previas de instrucción al amparo de los arts. 13 y 299 LECrim y 127 octies CP. En esta resolución se subraya, de modo didáctico, que *"el bloqueo de cuentas o productos financieros participa de la naturaleza de las medidas cautelares reales para asegurar las eventuales responsabilidades civiles y de las medidas de aseguramiento que se pueden adoptar durante la instrucción de la causa para evitar o minimizar los efectos del delito e incluso asegurar el decomiso de sus efectos y, en definitiva, supone que no se pueda disponer de los fondos o dinero, ni efectuar trasferencias, pagos de recibos o efectuar abonos"*. En el recurso se expresaba los perjuicios que el bloqueo comportaba para la actividad agropecuaria del recurrente, *"al no poder cargar los recibos del RETA percibir el abono correspondiente a la PAC u otros pagos de ganaderos"*, y se hacía alusión al tiempo transcurrido y a la desconexión con la actividad ganadera a la que se dedicaban los investigados. La AP recuerda que se han bloqueado una serie de cuentas, con sus saldos correspondientes, pero matiza que no se han embargado sueldos ni salarios relacionados con la actividad ganadera, sino solo los saldos resultantes en un momento determinado, por lo que los investigados podrían abrir una nueva cuenta y domiciliar en ella los ingresos y pagos relativos a su actividad económica. En tal sentido, *"sin perjuicio de mantener la incautación y retención de los saldos en cuanto pueden ser bienes decomisables o destinados a satisfacer las responsabilidades civiles, no parece razonable mantener el bloqueo y la retención de cantidades que se hayan ingresado después del bloqueo y sin ninguna relación con la actividad delictiva investigada, a modo de prevención del «decomiso ampliado» del art. 127 Octies C.P. en relación con el art. 127 Bis C.P"*.

---

35 AAP León, Sección 3ª, 150/2022, de 15 de febrero, ECLI:ES:APLE:2022:113A, ponente Ilmo. Sr. D. Fernando Javier Muñiz Tejerina. Destaca en esta resolución la interpretación restrictiva que se efectúa del decomiso ampliado cuando advierte que: *"se caracteriza, precisamente, porque los bienes o efectos decomisados provienen de otras actividades ilícitas del responsable, distintas a los hechos por los que se le condenaría. Como quiera que no se está en el supuesto indicado de decomiso ampliado, que tampoco se han embargado otros bienes y derechos distintos a los saldos bloqueados, y que dado el tiempo transcurrido el bloqueo de cuentas adoptado cautelarmente no cumple finalidad alguna, se está en el caso de estimar el recurso y dejar sin efecto el bloqueo acordado, sin perjuicio de los embargos y las garantías reales que se puedan establecerse conforme al régimen ordinario los arts. 589 y 764 de la L.E.Criminal"*.

También ha patrocinado una interpretación restrictiva de los bloqueos de cuentas el AAP Santa Cruz de Tenerife, Sección 5ª, núm. 765/2017[36]. En él se valora la proporcionalidad del bloqueo de la cuenta con el fin perseguido y, tras efectuar un análisis de los movimientos bancarios ordinarios en ella, se llega a la conclusión de que procede su alzamiento y su sustitución por una medida menos gravosa, ordenando que *"se presente mensualmente un resumen de las posiciones bancarias de esa cuenta para que, en el caso de que haya variaciones en los saldos o cualquier otra circunstancia que lo justifique, pueda modificarse esta medida y adoptar la que sea más adecuada para el aseguramiento de eventuales responsabilidades"*. En términos equivalentes, el AAP Valencia, Sección 2ª, núm. 1090/2020[37], si bien admite la adopción inicial del bloqueo patrimonial, sugiere que, una vez que se lleve a cabo el desprecinto de la nave industrial en cuestión, y si se constata la existencia de una actividad económica lícita, además de la consignada en el auto combatido, se adopten por el órgano instructor otras medidas, tales como el embargo de los saldos, apostillando que *"deberá realizarse la adecuada ponderación que no puede hacerse «per saltum», esto es por el Tribunal de apelación, sino en cada caso"*. Por todo ello, dicho auto resuelve que *"resulta adecuada la medida cautelar inicialmente adoptada, sin perjuicio de que pudieran solicitarse las disposiciones que se considerasen pertinentes de dicha cuenta, y en su caso se valorase la utilidad o necesidad de continuar con el bloqueo, sin perjuicio de proceder al embargo si resultase oportuno, de la cuenta"*.

Asimismo, y en clave restrictiva, debemos mencionar dos elementos: la naturaleza de los bienes y elementos patrimoniales sobre los que recaen las medidas y la afectación de terceros no investigados. En cuanto a la primera cuestión, debemos estar al AAN núm. 444/2021[38], en que se devuelven varios objetos a la parte recurrente por considerar que no se acredita, siquiera

---

36 AAP Santa Cruz de Tenerife, Sección 5ª, 765/2017, de 2 de noviembre, ECLI:ES:APTF:2017:506A, ponente Ilma. Sra. Dña. Lucía Machado Machado.

37 AAP Valencia, Sección 2ª, núm. 1090/2020, de 24 de noviembre, ECLI:ES:APV:2020:3393A, ponente Ilma. Sra. Dña. María Dolores Hernández Rueda.

38 AAN 444/2021, de 26 de julio, ECLI:ES:AN:2021:5996A, ponente Ilma. Sra. Dña. Carmen Paloma González Pastor, en que se refiere: *"En lo que respecta a los dos objetos incautados en el curso de la diligencia de entrada y registro, relativos a un reloj de mujer de oro blanco marca Rolex y un par de gemelos también de oro, así como a la suma de 15.000 euros, desde que se acordó la intervención de tales efectos, no consta, al menos en esta alzada, que sean producto de delito alguno o la relación con una actividad delictiva, teniéndose en cuenta para ello, las alegaciones del recurso, tanto en relación a dos objetos como en lo que respecta a la cantidad dineraria hallada en el registro, no aportándose en el auto dato alguno significativo y determinante de lo contrario"*.

de modo indiciario, su conexión con los delitos investigados, ni que sean productos de tales ilícitos, por lo que se acuerda su devolución. En punto a la antigüedad de los bienes trabados, así como a los bienes de terceros, podemos citar el ilustrativo AAP Barcelona, Sección 6ª, núm. 608/2019[39]. En esta resolución se ordena la devolución de unos ciclomotores que habían sido adquiridos hacía más de 6 años por el recurrente, con lo que no le afectaría la retroacción del decomiso de los arts. 127 quinquies, en su apartado 2.b y 127 sexies 1.d CP. También se menciona el caso de varios vehículos que no eran propiedad del recurrente, pero que el instructor manifestaba que se habían utilizado en la comisión de los delitos, y la AP entiende que ha faltado motivación y que, además, en ese caso habría que tomar en consideración que concurrían *"exigencias de proporcionalidad reforzadas"* en la decisión cautelar, ante la condición de no investigados de los titulares de los vehículos, recordando que el *"artículo 127 septies contempla otras alternativas en las que no se excluye implícitamente la posibilidad de hacer efectivo el comiso sobre otros bienes de los que resulten condenados"*. Asimismo, la AP acuerda un desbloqueo parcial de cuentas bancarias que pertenecían a familiares del apelante, aludiendo nuevamente a la necesidad de un *"plus de proporcionalidad"* en caso de terceros.

Por lo que hace al alzamiento de bloqueos patrimoniales para pagos de cuotas tributarias en delitos contra la Hacienda Pública, podemos traer a colación el AAN núm. 195/2021[40], en que se accede a lo peticionado en el recurso

---

39 AAP Barcelona, Sección 6ª, 608/2019, de 9 de octubre, ECLI:ES:APB:2019:9080A, ponente Ilmo. Sr. D. José Manuel del Amo Sánchez, en que se establece: *"el bloqueo ha de ser parcial. Las cuentas bloqueadas son de terceros, familiares del apelante, y deben sujetarse a ese plus de proporcionalidad a que se ha hecho referencia en el fundamento anterior. Ello implica que todos aquellos ingresos periódicos procedentes de percepciones públicas o por actividades lícitas privadas podrán acceder a las cuentas y, además, deberán liberarse aquellos ingresos ya justificados de la misma naturaleza. Por las mismas razones tampoco quedarán afectados por el bloqueo los gastos corrientes, tanto si son necesarios para percibir esos ingresos como cualesquiera otros que merezcan tal calificación"*.

40 AAN 195/2021, de 3 de junio, ECLI:ES:AN:2021:4539A, ponente Ilmo. Sr. D. Carlos Fraile Coloma, en que se dispone que: *"El auto apelado deniega la solicitud, argumentando que perviven los indicios de criminalidad y la gravedad de los hechos que sustentaron la adopción de la medida cautelar de bloqueo de cuentas bancarias de la recurrente, y que los saldos bloqueados corresponden a las infracciones contra la hacienda pública y conexas, objeto de la presente causa. Sin cuestionar ninguna de estas afirmaciones, lo que el recurrente sostiene -y necesariamente ha de compartir este Tribunal- es que el bloqueo está destinado al aseguramiento de las responsabilidades pecuniarias y que la deuda tributaria, para cuyo pago solicita el desbloqueo, integraría la responsabilidad civil que, en caso de condena por el delito contra la hacienda pública, sería declarada. En consecuencia, procede*

de apelación y se admite el motivo invocado, centrado en que *"la resolución recurrida resulta contradictoria con la finalidad de la medida cautelar de bloqueo, que es el aseguramiento de la eventual responsabilidad civil en que pudiera incurrir la recurrente"*. La Sala entiende que dentro de la responsabilidad civil a que debe hacer frente el condenado se encuentra la deuda tributaria, para cuyo cumplimiento, precisamente, se interesa el alzamiento. En otro orden de apreciaciones, y en relación con la adopción de estas medidas *inaudita parte* al inicio de las investigaciones, el AAN núm. 348/2021[41] valida dicho proceder, estimando que *"en esta primaria fase de la investigación judicial emprendida resultan totalmente improcedentes las peticiones de desbloqueo de cuentas bancarias y de alzamiento de las prohibiciones de disponer que afectan a los inmuebles propiedad de los recurrentes. Ello acaece porque no lo permite la investigación de posible actividad delictiva, con visos de presunta comisión de los delitos de tráfico de drogas y de blanqueo de capitales procedentes del narcotráfico, que se está llevando a cabo. Puesto que una actividad procesal acorde con las interesadas pretensiones de los recurrentes, abocaría al fracaso los actos de comprobación de supuesta actividad delictiva que se desarrollan"*.

Por otro lado, en cuanto a la modificación de las circunstancias personales del sujeto investigado y su valoración en sede de tutela cautelar, el AAN núm. 523/2022[42] destaca que el recurso resulta extemporáneo, apunta que la pensión de jubilación que asegura percibir el recurrente

---

autorizar el desbloqueo solicitado, pues la merma de las cantidades embargadas, con vistas al pago de la eventual responsabilidad pecuniaria, quedaría compensada con una disminución, en igual medida, de dicha responsabilidad, manteniéndose el nivel de las garantías para el caso de que se dictase una sentencia condenatoria".

41 AAN 348/2021, de 15 de junio, ECLI:ES:AN:2021:4579A, ponente Ilmo. Sr. D. Juan Francisco Martel Rivero. Se abunda en esta resolución en la finalidad de asegurar las responsabilidades pecuniarias dimanantes de la causa cuando se recoge: *"Ello deviene en que sea preciso conservar los fondos dinerarios existentes y los bienes pertenecientes a los investigados, a fin de que, en su caso, puedan servir para garantizar el abono de las responsabilidades pecuniarias que se deriven de esta causa. No debemos olvidar que las medidas cautelares impugnadas se acordaron con el legítimo designio de evitar la posibilidad de sustracción de bienes de los investigados a la acción protectora del órgano judicial instructor, cuya protección mermaría si accediéramos a las pretensiones revocatorias esgrimidas"*.

42 AAN 523/2022, de 21 de octubre, ECLI:ES:AN:2022:9394A, ponente Ilmo. Sr. D. Félix Alfonso Guevara Marcos. En esta resolución se rechaza que el recurrente haya acreditado la variación sustancial de su situación personal y patrimonial en los siguientes términos: *"falta la acreditación de una variación de la situación económica que permitiese el alzamiento parcial que se pretende. Durante más de dos años se han atendido los gastos de inmueble y los correspondientes a los estudios de los hijos, sin que un extracto de una cuenta bancaria de ignorada titularidad sirva para acreditar la "peor fortuna" que determinaría el desbloqueo"*.

no ha sido objeto de ninguna medida cautelar y agrega que, además, *"no se acredita de manera alguna el que dicha prestación esté siendo ingresada en la cuenta de la que el investigado es titular en el BMCE (Banque Marocaine du Commerce Exterieur) nº NUM000, sobre la que existe el bloqueo judicialmente acordado"*. Abunda sobre dicho extremo de la inconcreción de la pretensión del recurrente cuando añade que *"no aclara la parte si lo que solicita es la disposición a futuro o desde la fecha del bloqueo, alegando en la apelación la inembargabilidad parcial cuando ab initio alegaba la licitud de su cobro y la inembargabilidad total"*. De modo contundente, la Sala niega que se acredite una modificación de la situación económica del recurrente, por lo que desestima el recurso de apelación formulado. En idéntico sentido se pronunció el AAP Lleida, Sección 1ª, núm. 71/2018[43], en que se consignó que: *"el mantenimiento o no de la medida cautelar no depende tanto de los perjuicios que la misma pueda causar a un investigado (los cuales resultan innegables y van irremediablemente anudados a las limitaciones derivadas de la sujeción a un procedimiento penal), sino del mantenimiento de las circunstancias que justificaron su adopción, las cuales, más allá del transcurso del tiempo, no han variado en este caso, siendo previsible además que la restricción cautelar no haya de alargarse mucho más en el tiempo, cuando consta que la causa ha superado ya la fase de investigación, hallándose en fase de calificación, tal y como se desprende del contenido de la propia providencia recurrida"*.

Por último, y dado que se trata de un supuesto recurrente, fundamentalmente en el caso de las macrocausas, debemos prestar atención a la preferencia del juez mercantil, en orden a la adopción, mantenimiento, modificación o alzamiento de las medidas cautelares, en el supuesto de que alguna entidad corporativa esté en situación de concurso de acreedores. Esta cuestión se resolvió, de modo tajante, por el Auto núm. 2/2019[44],

---

43 AAP Lleida, Sección 1ª, núm. 71/2018, de 14 de febrero, ECLI:ES:APL:2018:143A, ponente Ilma. Sra. Dña. María Lucía Jiménez Márquez.

44 ATS (Sala especial de conflictos de competencias) núm. 2/2019, de 19 de febrero, ECLI: ES:TS:2019:1962A, ponente Excmo. Sr. D. Eduardo Baena Ruiz. Sirva como ejemplo de resolución que siguió dicho criterio el AAP Cádiz, Sección 4ª, núm. 688/2019, en que, pese a que se indique que en dicho auto del Alto Tribunal no se alude al delito fiscal, se concluye que sus razonamientos son plenamente aplicables al supuesto analizado, si bien matiza que *"distinto sería el supuesto si la Agencia Tributaria pretendiera retener las devoluciones del ejercicio en el que se cometió presuntamente el delito investigado y motivadas por el fraude tributario en disputa, pues en ese caso de lo que se trataría sería de evitar el agotamiento del delito, no debiéndose llevar a la masa del concurso sumas cuya deuda por la agencia tributaria es presuntamente fraudulenta y por ende inexistente"*.

dictado por la Sala de Conflictos de Competencias del TS. En dicho supuesto se había acordado un bloqueo de cuentas de sociedades que, con posterioridad, fueron declaradas en concurso y, con base en la normativa concursal se zanja que *"una vez declarado el concurso, el único competente para acordar una medida cautelar sobre el patrimonio del deudor es el juez del concurso. O dicho de otro modo, no cabe que un tribunal distinto del juez del concurso adopte medidas cautelares que afecten a la masa del concurso de acreedores, mientras este esté en vigor"*. De ahí que fluya, de modo natural, la resolución del supuesto de hecho cuando el auto dispone que *"en ningún caso el juez de instrucción puede adoptar medidas cautelares sobre la masa activa intervenida en el concurso de acreedores, y, bajo la lógica de la función de las medidas cautelares, hay que entender que la declaración de concurso conlleva la innecesariedad de todas aquellas adoptadas en otros procedimientos, en cuanto que la función cautelar es sustituida por las medidas propias del concurso"*, por lo que se atribuye la competencia al juez mercantil que conoce del concurso.

IV. ALGUNOS CRITERIOS DE INTERPRETACIÓN RESTRICTIVA

Después de exponer los principales elementos del régimen legal, así como de su aplicación por los órganos judiciales, debemos efectuar una serie de críticas a su concreta plasmación en la práctica diaria en los juzgados de instrucción. Vaya por delante, como se adelantó, que se parte de un análisis autocrítico, en que se pretenden suministrar criterios de mejora en la adopción de tales medidas. Lo primero que conviene destacar es la insuficiencia normativa con la que nos encontramos, lo que lleva a confusión en su aplicación. La LECrim resulta manifiestamente insuficiente, asistemática y no colma las mínimas exigencias para dotar de seguridad jurídica al justiciable, por lo que se hace obligado acudir a la LEC y, fundamentalmente, a los criterios jurisprudenciales. La ya denunciada dispersión normativa introduce grandes dosis de confusión, por lo que desde estas humildes líneas se advierte al legislador de la urgencia que comporta esta materia, si bien, se asume que nos hallamos ante un aspecto que se tilda de "secundario", de "Cenicienta" y, prácticamente, de irrelevante, nada más lejos de la realidad.

Si la legislación procesal relativa a las medidas cautelares es inane, la normativa del decomiso en el texto punitivo resulta exorbitante, desmedida, injustificada y desborda los límites esperables -y deseables-. En plena era de expansión del Derecho Penal, el legislador no ha reprimido sus pulsiones confiscatorias y ha alumbrado una normativa que pugna, de modo directo, con el tenor de la Carta Magna, toda vez que ha laminado el derecho a la tutela judicial efectiva y ha generalizado la aplicación de presunciones contrarias al reo. Si con anterioridad nos hemos detenido con detalle en todos los aspectos de la nueva regulación del decomiso lo hemos hecho, precisamente, con la finalidad de mostrar al lector cómo esos excesos dan pie, en fase de instrucción, a bloqueos patrimoniales inopinados, indiscriminados y, en muchas ocasiones, carentes de la debida motivación. La regulación parte de una suerte de contaminación patrimonial total -con el meritado límite de los 6 años anteriores al proceso penal-, lo que confronta de modo radical con la solución que ha brindado la Sala 2ª del TS a propósito del delito de blanqueo de dinero, en que se precisa la identificación de los concretos bienes lavados, como se aprecia en la STS 277/2018, de 8 de junio -en que se resolvió el mediático *Caso Nóos*-. Podríamos sostener que, en aras de la persecución total de los bienes ilícitos, el legislador ha obviado garantías procesales básicas y ha configurado una suerte de mecanismo expropiador en que el fin parece justificar los medios, frente a lo que no podemos sino mostrar nuestra más absoluta oposición. Tal y como está regulado el decomiso, con sus variantes, modalidades y posibilidades, aboca al exceso en su aplicación y a la disminución de las garantías de los justiciables. La generalización del decomiso sin condena y la afectación a terceros resultan hartamente cuestionables.

Pues bien, como ya hemos adelantado, estos desatinos normativos conllevan disfunciones en la aplicación práctica por los juzgados de instrucción. Podemos anotar que en la praxis se aprecia una notable ausencia de motivación en los autos que acuerdan tales medidas y, lo que es más grave, una importante confusión entre las medidas que se adoptan, su naturaleza y finalidad. En la mayoría de las ocasiones los autos eluden la concreción y mencionan como normas de cobertura, de modo genérico, los arts. 13, 299, 311, 334, 589 y 764 LECrim. Si bien, en demasiadas resoluciones nos hallamos ante un listado meramente enunciativo, que no se desarrolla, explicita ni detalla. No se expresa si se adoptan medidas cautelares reales de naturaleza civil -para asegurar la posible responsabilidad civil dimanante de una sentencia condenatoria-, si se trata de medidas de aseguramiento de los bienes o si, por el contrario, se están adoptando medidas encaminadas al decomiso de los efectos patrimoniales. Así, bajo el mantra de las "responsabilidades pecuniarias", los órganos de instrucción están paliando la confusión existente entre ambas figuras. Cabe reconocer que existe homogeneidad en las medidas aplicables, pero sería preciso que los autos que acordasen los bloqueos especificasen, de modo preciso, a qué obedece su adopción, y que se abandonasen las fórmulas estereotipadas, genéricas e imprecisas en que a veces se cae. Es más, en las resoluciones de las AP que hemos analizado tampoco se suele explicitar, de modo preciso, qué naturaleza tienen las medidas que se valoran, lo que añade inseguridad al respecto[45].

Hemos anotado que los bloqueos patrimoniales se pueden adoptar desde un primer momento de las investigaciones. No hay duda al respecto. Los problemas surgen cuando los delitos que se investigan no se encuentran lo suficientemente perfilados, ni en cuanto a su alcance objetivo o subjetivo, ni en cuanto a su autoría o participación, ni en lo tocante a su duración o extensión temporal y, pese a ello, se adoptan *ab initio* las más gravosas medidas patrimoniales. Esta cuestión se agrava si nos movemos en el campo de las "macrocausas", con sus excesivos períodos de instrucción y las parálisis patrimoniales que pueden acarrear tales medidas. Resultan plenamente compartibles en este punto las apreciaciones formuladas por PREGO DE OLIVER en cuanto a la afectación del principio de proporcionalidad en las macrocausas[46]. En decir de dicho autor, la proporcionalidad se vulnera desde el momento en que, al inicio de la instrucción, todos los sujetos investigados se ven sometidos a dicha medida, con una extensión retroactiva y sin límite temporal, tomándose en consideración una presunción de ilícita procedencia de los bienes. Apostilla PREGO DE OLIVER que se cometen evidentes excesos en el decomiso preventivo, que no se exteriorizan en los autos los indicios del art. 127 bis CP, ni se justifican las presunciones del art. 127 sexies CP, por lo que el bloqueo

---

45 Cabe destacar que esta ausencia de precisión legal no se ve colmada por las circulares e instrucciones de la Fiscalía. A este respecto, debemos mencionar que la Circular 4/2010, de 30 de diciembre, sobre las funciones del Fiscal en la investigación patrimonial en el ámbito del proceso penal, no alude a los bloqueos patrimoniales de modo expreso, y solo contiene una escueta mención al bloqueo de cuentas. Lo hace al abordar el tratamiento de los bienes incautados durante el proceso penal, cuando expresa: *"Cuando se trate de cuentas y depósitos bancarios, deberá dictarse un auto decretando su bloqueo y congelación de los saldos en las propias entidades en donde se encuentren, aunque en algunos supuestos puede resultar indicado permitir los movimientos de ingreso"*. En relación con los activos, valores o instrumentos financieros, establece que *"se deberá decretar la prohibición de disponer, resolución que ha de comunicarse a la entidad emisora de los títulos y sociedades intermediarias o administradoras, con orden de ingresar en la correspondiente cuenta vinculada los rendimientos o dividendos que genere. Se trata, por tanto, de un supuesto de administración de los fondos, cuya gestión se encomienda a la entidad depositaria de aquéllos, con las limitaciones indicadas y bajo el control judicial"*. En el caso de inmuebles, la citada Circular dispone que *"la medida cautelar se ejecutará conforme a lo dispuesto en el art. 604 LECRIM mediante la expedición de mandamiento para que se haga la anotación preventiva de embargo o prohibición de disponer conforme a la legislación hipotecaria"*.

46 PREGO DE OLIVER, A. (2022). El principio de proporcionalidad durante la instrucción penal en las macrocausas. *Revista de Jurisprudencia*, 46.

inicial se torna en una medida punitiva, sancionadora y que vulnera tanto el principio de culpabilidad como la presunción de inocencia. Avanza en su crítica a esta práctica judicial y arguye que en muchas ocasiones se produce una "asfixia patrimonial" de los investigados y que las medidas adoptadas carecen de soporte legal, trasladando la carga de la prueba al investigado, por lo que reclama que los instructores modulen las normas relativas al decomiso, con observancia de las garantías procesales y de los principios constitucionales.

No le falta razón a dicho autor, cuyas apreciaciones compartimos. Efectivamente, se han producido severas discordancias en la aplicación de los bloqueos preventivos, y se han adoptado bloqueos generalizados, indiscriminados, inmotivados y sin el sustento indiciario preciso. La primera cuestión para tratar de paliar tales indeseables efectos viene dada por la limitación de las macrocausas: en la medida de lo posible, y al albur del art. 762.6ª LECrim, ha de acordarse la apertura de piezas separadas, con lo que se orillan muchos de sus indeseables efectos. Dicho precepto dispone: *"6.ª Para enjuiciar los delitos conexos comprendidos en este Título, cuando existan elementos para hacerlo con independencia, y para juzgar a cada uno de los encausados, cuando sean varios, podrá acordar el Juez la formación de las piezas separadas que resulten convenientes para simplificar y activar el procedimiento"*. Así las cosas, mediante su aplicación se consigue la agilización de las causas y se destierran buena parte de sus inconvenientes, significadamente, su dilatación temporal.

Otro de los grandes inconvenientes -también en el caso de las macrocausas- viene representado por el tratamiento homogéneo a todos los investigados. En demasiadas resoluciones se dispensa una misma solución sin efectuar un análisis detallado, individualizado y concreto de los indicios de criminalidad atinentes a cada sujeto. Es más, suelen producirse confusiones entre las nociones de organización criminal y de codelincuencia, se articulan de modo indebido concursos de delitos y se toman en consideración, de modo impreciso, modelos unitarios de autor, confiriendo a todos los sujetos investigados un mismo rango de autoría y participación. Se trata de uno de los rasgos del denominado Derecho Penal moderno, en que se opera una expansión del concepto de autor. Pues bien, si en sede de instrucción no se delimitan con precisión los indicios de criminalidad frente a un sujeto, si no se concreta qué delito/s ha cometido y simplemente se efectúan alusiones vagas y genéricas a su participación en hechos delictivos, se corre el riesgo de una adopción de bloqueos indiscriminada, injustificada e inmotivada.

Si avanzamos un paso más, hemos de mencionar que otro de los aspectos esenciales viene dado por la calificación jurídica de los hechos. Por la atribución, siquiera indiciaria, de la etiqueta de delictivos. Su perfilación ha de efectuarse en fase de instrucción, donde se delimitan los hechos y se concretan o diluyen las atribuciones delictivas, en virtud del acopio indiciario y de su entidad o suficiencia. Si bien, en determinados ámbitos delictivos hay que atender a unos parámetros especiales o propios. Pensemos en el campo del Derecho Penal Económico y en categorías como el riesgo permitido[47], los actos neutros, cotidianos o neutrales. Dichos aspectos pueden conllevar la atipicidad de conductas *prima facie* delictivas y en muchas ocasiones ello solo se constata en la sentencia. No resultan extrañas las absoluciones en estos delitos o, yendo más lejos, la casación de previas condenas por el TS. En este campo destaca, con mucha diferencia, el blanqueo de dinero, donde nos encontramos con una fuerte corrección casacional de su interpretación expansiva[48]. Por ende, si tomamos en consideración tales aspectos, llama la atención que, en momentos incipientes o embrionarios de una investigación por criminalidad económica, y donde todavía no se han perfilado con nitidez los elementos típicos -si es que se dan-, se pueda adoptar una medida de la entidad de un bloqueo patrimonial total. Pensemos, por ejemplo, en bloqueos generalizados por delitos de organización criminal, contra la Hacienda Pública y de blanqueo de capitales, cuando todavía no se ha determinado la supuesta cuota tributaria defraudada por los integrantes de la organización ni, por ende, se ha cuantificado qué concretos importes han sido blanqueados. Pues bien, la adopción en tales supuestos de bloqueos patrimoniales resulta excesiva, desproporcionada y supone una penalidad adelantada, por lo que habría de atenderse a alternativas menos gravosas.

No podemos olvidarnos de la afectación de los terceros en estos casos de bloqueos patrimoniales. Con anterioridad ya se ha anotado la necesidad de una motivación suficiente, que atienda a parámetros de proporcionalidad reforzada en orden a la adopción de la tutela cautelar. Es preciso efectuar una ponderación de los bienes jurídicos en liza, y de la afectación a terceros que se puede producir, valorando todos los elementos en presencia. Sobre todo, ha de operarse con cautela cuando se puedan perjudicar elementos patrimoniales de sujetos no investigados, cuando se pueda poner en peligro la continuidad de la actividad económica de una empresa, industria o comercio y, por ende, que puedan resentirse los derechos de terceros, trabajadores o acreedores de los investigados. Cabe llamar la atención sobre el hecho de que en algunas macrocausas se han operado

---

47 SILVA SÁNCHEZ, J.M. (2022). *El riesgo permitido en Derecho penal económico*. Barcelona: Atelier.

48 GONZÁLEZ, D. (2022). Por enésima vez:..., *op. cit.*

bloqueos indiscriminados, inopinados, que han cercenado la operativa y capacidad económica de distintos sujetos, llevando a sociedades mercantiles a situaciones de concurso y de insolvencia irreversibles, y que han finalizado con autos de sobreseimiento a favor de tales personas -físicas y/o jurídicas-, pero cuando el daño ya era irreparable. Todos estos aspectos y circunstancias, los daños directos, colaterales e indirectos han de ser tomados en cuenta, al efecto de adoptar las decisiones judiciales oportunas con cautela y prudencia.

El bloqueo patrimonial ha de ser considerado como la última de las medidas a adoptar, y han de preferirse otras medidas alternativas y menos gravosas, tales como los embargos de saldos resultantes de cuentas bancarias, las anotaciones preventivas, las prohibiciones de disponer limitadas, la solicitud de informes periódicos a los encargados de las entidades financieras, etc. Es decir, debemos partir del carácter subsidiario de una medida que afecta tanto a la esfera patrimonial de los sujetos investigados. A su vez, el auto ha de ser motivado, preciso y detallado en lo tocante a la conexión o relación entre un concreto bien y la comisión de un delito: debe precisarse, siquiera indiciariamente, ese nexo, huyendo de todo tipo de generalizaciones y de presunciones de ilicitud. Tristemente, y frente a ello, en muchas ocasiones se parte de un principio contrario -e injustificado-, una suerte de ilicitud patrimonial perpetua, y se presume que las actividades económicas futuras que desempeñe el sujeto también van a estar tiznadas por dicha mácula. Pues bien, incluso desde parámetros utilitaristas, y con vistas en la satisfacción de la responsabilidad civil de los delitos cometidos, resulta contraproducente una situación de parálisis patrimonial de un sujeto al que se cercena su cauce de enriquecimiento y, con ello, se reducen las posibilidades de resarcimiento de los perjudicados en un momento futuro. Ha de abogarse, en todo caso, por un mantenimiento de la actividad económica del sujeto investigado, siempre y cuando sea lícita, y no se puede operar con una presunción contra reo en la que sea éste quien haya de acreditar que su actividad económica es lícita. Como se ha indicado, ello supondría un quebranto de la presunción de inocencia y, de modo indebido, operaría una inversión de la carga de la acreditación -no de la prueba, porque nos hallamos en fase de instrucción-.

De todo lo que antecede se desprende que el juez instructor ha de ser sensible a una pluralidad de elementos, tanto fácticos, como jurídicos y económicos, y ha de ponderar todos estos aspectos con prudencia y mesura en la adopción y mantenimiento de las medidas patrimoniales durante la instrucción. Por tal motivo, y cuando se desvanezcan o desaparezcan los indicios de criminalidad frente a un sujeto investigado, ha de proceder al alzamiento inmediato de las medidas, sin que quepa postergarlo, de modo indebido, a momentos posteriores, como el del dictado del auto con alguno de los contenidos del art. 779 LECrim, puesto que ello comportaría una prolongación artificial, indebida y perjudicial para el concreto sujeto. En el mismo sentido, el órgano instructor debe modificar las medidas patrimoniales adoptadas cuando se acredite una variación sustancial de la situación del sujeto investigado, cuando se propongan otras medidas menos gravosas que cumplan igualmente la función de aseguramiento o cuando se constate que la participación del investigado en los hechos objeto de instrucción sea menor de la que inicialmente se le atribuía. En definitiva, tales medidas han de ser alzadas o modificadas cuando ello se corrobore, con base en la suficiencia o insuficiencia indiciaria, cuando se propongan alternativas menos gravosas y cuando se vayan delimitando con mayor precisión los hechos. En este sentido, no resulta extraño que iniciales bloqueos patrimoniales totales se hayan ido suavizando o relajando, durante el transcurso de la instrucción, al albur de su desarrollo y de sus progresos.

Por todo lo que antecede, y con vistas en limitar los excesos a que pueden conducir los bloqueos patrimoniales en fase de instrucción, desde estas breves líneas se proponen una serie de criterios o parámetros de valoración, en orden a determinar si procede o no su adopción, huyendo de automatismos, de seguidismos indebidos de las acusaciones y de prácticas estereotipadas. Se recomienda -mejor dicho, nos recomiendo dado que me incluyo en los receptores- que se opere con la máxima prudencia en la determinación del alcance de las medidas patrimoniales. Para ello resulta imprescindible que se concreten con precisión los hechos atribuidos, su calificación jurídica y el grado de autoría y participación que se atribuye al sujeto. El auto que acuerde tales medidas ha de estar suficientemente motivado, con una argumentación adicional, una proporcionalidad reforzada cuando se vayan a afectar bienes de terceros no investigados. Los elementos patrimoniales sobre los que recaiga han de estar individualizados y ha de concretarse su relación con los hechos investigados: debe desterrarse toda afectación generalizada y el recurso a presunciones de ilegitimidad patrimonial que no se vea sustentada en indicios de criminalidad. En todo caso, no cabe criminalizar un concreto sector de actividad, ni ha de sostenerse, sin indicios para ello, que toda actividad económica desplegada es ilícita.

Sea como fuere, han de respetarse los derechos fundamentales y las garantías procesales. Frente a los excesos a que puede conducir la regulación del decomiso, ha de actuarse bajo directrices garantistas, respetuosas con la presunción de inocencia. Por tal motivo, la adopción de estas medidas ha de respetar el filtro de la proporcionalidad. A su vez, han de tomarse en cuenta todas las posibles consecuencias: pérdidas de puestos de trabajo, situaciones de insolvencia, cierres de locales y de negocios, concursos de entidades mercantiles, incumplimientos de pagos de suministros vitales, de pago de créditos, etc. Es decir, una multitud de intereses en presencia han de ser valorados. De modo especial, el instructor ha de ser sensible con los cambios sobrevenidos en las circunstancias económicas, y ha de ponderar en su justo término los alzamientos de tales prohibiciones en momentos oportunos. Pensemos, por ejemplo, en actividades económicas de temporada y los daños que pueden irrogar las adopciones de tales bloqueos en determinados momentos del año.

Así y todo, se recomienda prudencia, reflexión y, sobre todo, motivación de las resoluciones judiciales en que se acuerden tales medidas. Evidentemente, cuando ello sea necesario y no haya alternativas menos desfavorables, y siempre que concurran los suficientes indicios de criminalidad, se podrán adoptar tales prohibiciones, eso sí, justificando de modo debido dicha decisión y su concreta extensión. No es asumible que mediante este cauce se produzca un adelantamiento de la pena, ni que se lleve a cabo una suerte de expropiación sumaria y que se irroguen perjuicios irreparables, de un modo irresponsable e inmotivado. Los bloqueos patrimoniales, además de no estar regulados expresamente, resultan excesivos, por lo que deben preferirse las distintas alternativas a su adopción. Si aspiramos a un proceso penal garantista y respetuoso con los derechos del justiciable, no es asumible que se adopten medidas desproporcionadas y con unos efectos tan perniciosos. No caben actuaciones prospectivas en fase de instrucción -tampoco en relación con los elementos patrimoniales-, ni inferencias infundadas, ni resoluciones carentes de motivación, ni actuar con base en presunciones contrarias al reo, ya que todas estas prácticas son contrarias a un proceso penal democrático, moderno, respetuoso y comprometido con los derechos fundamentales. Por tales motivos, desde estas breves líneas se desaconseja el empleo de los bloqueos patrimoniales totales y se reclama del legislador que acometa, de una vez, las reformas oportunas para dotar de seguridad jurídica a una materia tan esencial del proceso penal y, paradójicamente, tan abandonada.

V. RESOLUCIONES JUDICIALES CITADAS

a) Del Tribunal Supremo

STS (Sala 2ª) 277/2018, de 8 de junio, ECLI: ES:TS:2018:2056, ponente Excmo. Sr. D. Antonio del Moral García.

ATS (Sala especial de conflictos de competencias) núm. 2/2019, de 19 de febrero, ECLI: ES:TS:2019:1962A, ponente Excmo. Sr. D. Eduardo Baena Ruiz.

ATS (Sala 2ª) 818/2021, de 16 de septiembre, ECLI:ES:TS:2021:12747A, ponente Excmo. Sr. D. Javier Hernández García.

b) De la Sala de lo Penal de la Audiencia Nacional

AAN 195/2021, de 3 de junio, ECLI:ES:AN:2021:4539A, ponente Ilmo. Sr. D. Carlos Fraile Coloma.

AAN 348/2021, de 15 de junio, ECLI:ES:AN:2021:4579A, ponente Ilmo. Sr. D. Juan Francisco Martel Rivero.

AAN 444/2021, de 26 de julio, ECLI:ES:AN:2021:5996A, ponente Ilma. Sra. Dña. Carmen Paloma González Pastor.

AAN 523/2022, de 21 de octubre, ECLI:ES:AN:2022:9394A, ponente Ilmo. Sr. D. Félix Alfonso Guevara Marcos.

c) De Audiencias Provinciales

AAP Santa Cruz de Tenerife, Sección 5ª, 765/2017, de 2 de noviembre, ECLI:ES:APTF:2017:506A, ponente Ilma. Sra. Dña. Lucía Machado Machado.

AAP Lleida, Sección 1ª, núm. 71/2018, de 14 de febrero, ECLI:ES:APL:2018:143A, ponente Ilma. Sra. Dña. María Lucía Jiménez Márquez.

AAP Barcelona, Sección 6ª, 608/2019, de 9 de octubre, ECLI:ES:APB:2019:9080A, ponente Ilmo. Sr. D. José Manuel del Amo Sánchez.

AAP Badajoz, Sección 3ª, núm. 379/2019, de 31 de octubre, ECLI:ES:APBA:2019:434A, ponente Ilmo. Sr. D. Jesús Souto Herreros.

AAP Cádiz, Sección 4ª, núm. 688/2019, de 10 de diciembre, ECLI:ES:APCA:2019:1279A, ponente Ilmo. Sr. D. Juan Sebastián Coloma Palacio.

AAP Tarragona, Sección 2ª, 298/2020, de 22 de mayo, ECLI:ES:APT:2020:718A, ponente Ilmo. Sr. D. Ángel Martínez Sáez.

AAP Barcelona, Sección 5ª, 478/2020, de 1 de julio, ECLI:ES:APB:2020:6273A, ponente Ilma. Sra. Dña. Alicia Alcaraz Castillejos.

AAP Valencia, Sección 2ª, núm. 1090/2020, de 24 de noviembre, ECLI:ES:APV:2020:3393A, ponente Ilma. Sra. Dña. María Dolores Hernández Rueda.

AAP Barcelona, Sección 3ª, 369/2021, de 24 de abril, ECLI:ES:APB:2021:5881A, ponente Ilma. Sra. Dña. Yolanda Rueda Soriano.

AAP Tarragona, Sección 2ª, núm. 533/2021, de 31 de mayo, ECLI:ES:APT:2021:922A, ponente Ilma. María Espiau Benedicto.

AAP Barcelona, Sección 3ª, 15/2022, de 10 de enero, ECLI:ES:APB:2022:714A, ponente Ilma. Sra. Dña. Carmen Guil Román.

AAP León, Sección 3ª, 150/2022, de 15 de febrero, ECLI:ES:APLE:2022:113A, ponente Ilmo. Sr. D. Fernando Javier Muñiz Tejerina.

VI. Bibliografía

ARANGÜENA, C. (2021). Medidas cautelares reales en el nuevo anteproyecto de ley de enjuiciamiento criminal. *Revista de la Asociación de profesores de Derecho procesal de las universidades españolas,* 3, 491-525.

BARONA VILAR, S. (2022). Lección 14ª. Medidas cautelares específicas. En J.L. Gómez y S. Barona (coords.), *Proceso Penal. Derecho Procesal III,* 2ª ed. Valencia: Tirant lo Blanch, pp. 313-335.

BERDUGO, I. (2017). Política criminal contra la corrupción: la reforma del decomiso. *Revista Penal,* 40, 22-42.

CALDERÓN, A. y CHOCLÁN, J.M. (2002). *Derecho Procesal Penal.* Dykinson.

CUELLO, J. y MAPELLI, B. (2015). *Curso de Derecho Penal. Parte General,* 5ª ed. Tecnos.

DÍAZ, M. (2021). Lección 21. Las medidas cautelares reales. Orden europea de embargo de bienes o de aseguramiento de pruebas. En V. Gimeno, M. Díaz y S. Calaza, *Derecho Procesal Penal.* Valencia: Tirant lo Blanch, pp. 407-423.

DOIG, Y. (2020). Tema 15. Medidas cautelares reales. En J.M. Asencio (dir.), *Derecho Procesal Penal,* 2ª ed. Valencia: Tirant lo Blanch, pp. 337-356.

FERNÁNDEZ, J.G. (2011). El nuevo modelo de reacción penal frente al blanqueo de capitales: los nuevos tipos de blanqueo, la ampliación del comiso y su la integración del blanqueo en el modelo de responsabilidad penal de las empresas. *Diario La Ley,* 7657.

FERNÁNDEZ, J.G. (2018). Adaptación de la normativa penal española a la Directiva 2014/42/UE del Parlamento Europeo y del Consejo, de 3 de abril de 2014, sobre el embargo y el decomiso de los instrumentos y del producto del delito en la Unión Europea. En M. Abel y N. Sánchez (coords.), *V Congreso Sobre Prevención y Represión del Blanqueo de Dinero.* Valencia: Tirant lo Blanch, pp. 266-276.

GIMENO, V. (2014). *Manual de Derecho Procesal Penal*. 4ª ed. Colex.

GÓMEZ, E. (2007). Medidas cautelares reales en el nuevo procedimiento abreviado. *Revista General de Derecho Procesal*, 11, 1-31.

GONZÁLEZ, D. (2020). Blanqueo de dinero, corrupción política y recuperación de activos. *Revista de Derecho, empresa y sociedad (REDS)*, 17, 68-83.

GONZÁLEZ, D. (2022). Por enésima vez: el blanqueo de dinero no es un delito de sospecha, al hilo de la STS 982/2021. *Revista de Derecho y Proceso Penal*, 65, 145-163.

LORENZO, J.M. (2019). Directiva 2014/42/UE sobre el embargo y el decomiso de los instrumentos y del producto del delito y la extensión al blanqueo en 2015 del comiso ampliado, previsto inicialmente para la criminalidad organizada transnacional. En M. Abel y N. Sánchez (coords.), *VI Congreso Internacional sobre prevención y represión del blanqueo de dinero*. Valencia: Tirant lo Blanch, pp. 585-588.

MARCHENA, M. (1998). Algunos aspectos de las medidas cautelares reales en el proceso penal. *La Ley: Revista jurídica española de doctrina, jurisprudencia y bibliografía*, 5, 1505-1511.

MORENO, V. y CORTÉS, V. (2021). *Derecho Procesal Penal*, 10ª ed. Tirant lo Blanch.

NIEVA, J. (2022). *Derecho Procesal III. Proceso penal*, 2ª ed. Tirant lo Blanch.

PIÑOL, J.R. (2020). Tema 16. Medidas cautelares reales. Conservación de los efectos e instrumentos del delito. Aseguramiento de responsabilidades pecuniarias: fianzas y embargos. En A.J. Pérez-Cruz (coord.), *Derecho Procesal penal*, Valencia: Tirant lo Blanch, pp. 393-417.

PREGO DE OLIVER, A. (2022). El principio de proporcionalidad durante la instrucción penal en las macrocausas. *Revista de Jurisprudencia*, 46.

RODRÍGUEZ GARCÍA, N. (2020). El decomiso en el sistema penal español: análisis de contexto y lineamientos para una mejor intelección. En I. Berdugo y N. Rodríguez-García (coords.), *Decomiso y recuperación de activos. Crime doesn't pay*, Valencia: Tirant lo Blanch, pp. 19-54.

SANTALÓ, A. (2000). Medidas cautelares en el ámbito del proceso penal: algunas cuestiones puntuales. *Revista Xurídica Galega*, 31, 305-310.

SILVA SÁNCHEZ, J.M. (2022). *El riesgo permitido en Derecho penal económico*. Barcelona: Atelier.

EL DERECHO A LA DEFENSA Y LAS NUEVAS TECNOLOGÍAS

CARLOTA CUATRECASAS MONFORTE
Juez del Juzgado de lo Penal nº1 de Terrassa (Barcelona)
Doctora en Derecho con Mención Internacional

RESUMEN

En España, actualmente la Administración de Justicia es la Administración Pública peor valorada por los ciudadanos, lo cual resulta inadmisible y exige una profunda reforma sin precedentes. La justicia es lenta y es ineficiente y, por ende, no ofrece un servicio de calidad, lo cual tiene especial trascendencia en el ámbito del proceso penal, habida cuenta de la gran cantidad de derechos fundamentales que hay en juego, principalmente el derecho a la defensa.

Hoy en día, no obstante, las nuevas tecnologías pueden jugar un rol fundamental en la mejora del servicio que los órganos de justicia penal otorgan a los justiciables, si bien sus posibles beneficios deben en todo caso ponerse en equilibrio con los potenciales riesgos que pueden entrañar, por lo que su introducción no es algo que pueda hacerse de forma precipitada y poco reflexiva, debiendo en todo caso establecer una regulación con límites claros y específicos que sea garantista con los derechos fundamentales, en especial con el derecho a la defensa, y a su vez fomente la evolución.

ABSTRACT

In Spain, the Administration of Justice is currently the Public Administration with the lowest rating among citizens, which is unacceptable and requires a profound and unprecedented reform. Justice is slow and inefficient and, therefore, does not offer a quality service, which is particularly important in the field of criminal proceedings, given the large number of fundamental rights at stake, especially the right to defense.

Nowadays, however, new technologies can play a fundamental role in improving the service that the criminal justice bodies provide to the litigants, although their possible benefits must in any case be balanced against the potential risks they may entail. Thus, their introduction is not something that can be done in a hasty and unreflective manner, and in any case a regulation must be established with clear and specific limits that guarantees fundamental rights, especially the right to defense, and at the same time encourages evolution.

PALABRAS CLAVE

justicia, tecnología, derecho de defensa, telemático, digital.

KEYWORDS

justice, technology, right to defense, telematic, digital.

I. LA TECNOLOGÍA: UNA HERRAMIENTA CON LUCES Y SOMBRAS

Albert Einstein científico por excelencia del siglo XX y, sin duda, de la historia de la humanidad, hace ya unas cuantas décadas manifestó, de forma casi premonitoria, que "*El espíritu humano debe prevalecer sobre la tecnología*".

Y es que, sin duda, la tecnología es un fenómeno que puede aportar enormes beneficios a los seres humanos pero que, a su vez, entraña innumerables riesgos que conviene limitar. Y, en materia de justicia, si bien tales eventuales bondades pueden resultar tremendamente útiles, lo cierto es que los mencionados posibles peligros pueden acarrear fatales efectos, como consecuencia de la gran cantidad de derechos que hay en juego, por lo que los avances técnicos deben ser empleados con especial cautela.

Históricamente, por desgracia, el servicio que los órganos judiciales han venido prestando a los justiciables no ha sido el esperado, lo cual ha llevado a que la Administración de Justicia sea reiteradamente la peor valorada por los ciudadanos españoles[1], que ven constantemente frustradas sus ex-

1 Véase, entre otras, la encuesta sobre Opinión pública y política fiscal elaborada por el Centro de Investigaciones Sociológicas (CIS) en julio de 2020.

pectativas. Y es que la justicia española es, sobre todo, lenta, muy lenta, y, tal y como ya denunció hace miles de años el filósofo Séneca "*nada se parece tanto a la injusticia como la justicia tardía*".

Así, una justicia lenta, no es una justicia de calidad. Y ello es absolutamente inadmisible. Inadmisible sobre todo porque, para muchas personas, la justicia es su única y su última esperanza y, por ello, la Administración debe estar a la altura.

Si bien considero que la calidad del servicio que prestan los tribunales debe ser la máxima en cualquier orden jurisdiccional, entiendo que en el ámbito de la justicia penal los derechos de los ciudadanos están especialmente necesitados de protección, y por ello, debe actuarse con particular cuidado. Así, piénsese por ejemplo en el riesgo de las víctimas y de la propia sociedad en aquellos casos en que todavía no se ha identificado a los peligrosos autores de determinados hechos delictivos, o en aquellos casos en que estos se hallan a la espera de ser juzgados o de que se ejecuten sus sentencias; o piénsese, asimismo, en el derecho a la presunción de inocencia y a la defensa de los sospechosos, investigados, acusados/procesados o penados todavía no condenados en firme (que se despliegan en su máximo esplendor en la fase de instrucción, en que, salvo en casos muy flagrantes, la información y los datos que se manejan, son escasos), estando en juego su derecho a la libertad.

Y es que a pesar de que la Constitución Española de 1978, vigente hoy, con el objetivo de intentar mejorar la Justicia impartida a los ciudadanos, reconoció como derecho fundamental de especial protección, por su ubicación dentro de tal texto legal[2], el derecho a la tutela judicial efectiva y a un proceso sin dilaciones indebidas, lo cierto es que este se ve amenazado de forma constante y sin solución de continuidad.

Ante tal escenario, bajo mi punto de vista, con el fin de cumplir con el mandato constitucional dispuesto en el artículo 9.2 de la mencionada Carta Magna, los poderes públicos ostentan la obligación y la responsabilidad de buscar potenciales soluciones y de explorar todas las opciones y vías de mejora disponibles, siendo que, además, contribuir a la favorable evolución del servicio debería ser la principal aspiración de cualquier servidor público.

---

2 En el artículo 24, en relación con el artículo 53.2 de la referida Carta Magna.

Y, para ello, qué mejor manera que la de investigar qué posibilidades nos brindan las nuevas tecnologías que tenemos hoy a nuestro alcance para mejorar la eficiencia y, por ende, la calidad de la justicia.

Para llevar a cabo tal tarea de forma responsable, no obstante, tal y como ya he anunciado con anterioridad, resulta fundamental abordar dicho estudio poniendo siempre en una balanza los posibles beneficios y los potenciales riesgos que la tecnología puede entrañar, ya que en ocasiones estos últimos tienen potencial, incluso, para empañar los primeros.

Tal examen de la tecnología con el fin de emplearla para mejorar la eficiencia de la justicia, en mi opinión, debe realizarse, además, sin perder de vista, principalmente, la necesidad de proteger uno de los derechos más valiosos del ser humano, a saber, el derecho a la dignidad de la persona[3], ya que este nos define como especie y su respeto viene a garantizar nuestra continuidad. Y debemos tener claro que siempre tiene que prevalecer la prioridad de mantener al ser humano en el centro de nuestras sociedades, puesto que en caso contrario, la tecnología podría acabar arrasándonos.

Tras lo expuesto, no obstante, y haciendo honor al título de la presente obra, voy a centrarme a continuación en hacer referencia a un concreto derecho fundamental que puede verse conculcado por el uso de las nuevas tecnologías y que, por ende, debe ser especialmente protegido, a saber, el derecho a la defensa en el proceso penal.

El derecho a la defensa, como ya se ha avanzado con anterioridad, viene reconocido en el artículo 24.1 de la Constitución Española, que dispone: "*Todas las personas tienen derecho a obtener la tutela efectiva de los jueces y tribunales en el ejercicio de sus derechos e intereses legítimos, sin que, en ningún caso, pueda producirse indefensión.*"

Al respecto, el Tribunal Constitucional, en su histórica Sentencia 98/1987, de 10 de junio[4], que recoge su doctrina sobre el derecho a la defensa y, en concreto, sobre la prohibición de indefensión, estableció (con subrayado propio): "*Es obligado, por otro lado, para valorar el supuesto enjuiciado, recordar la doctrina reiterada de este Tribunal que entiende por indefensión una limitación de los medios de defensa producida por una indebida actuación de*

---

3 Reconocido, entre otros, en el artículo 1 de la Declaración Universal de Derechos Humanos; en el artículo 1 de la Carta de Derechos Fundamentales de la Unión Europea; y en el artículo 10 de la Constitución Española.

4 Fundamento Jurídico Tercero.

los órganos judiciales (STC 64/1986, de 21 de mayo), sin que coincida necesariamente, pese a lo anterior, una indefensión relevante constitucionalmente con un concepto de la misma meramente jurídico procesal (STC 70/1984, de 11 de junio), así como tampoco se produce por cualquier infracción de las reglas procesales (STC 48/1986, de 23 de abril), consistiendo, en esencia, en el impedimento del derecho a alegar y demostrar en el proceso los propios derechos, en la privación de la potestad de alegar y, en su caso, de justificar sus derechos e intereses por la parte, para que le sean reconocidos, o para replicar dialécticamente las posiciones contrarias (STC 89/1986, de 1 de julio). Tal doctrina se sostuvo ya en la STC 28/1981, de 23 de julio, en que se consideraba que existía indefensión cuando se sitúa a las partes en posición de desigualdad o se impide la aplicación efectiva del principio de contradicción, indicándose ya que la indefensión ha de apreciarse en cada instancia, así como que no puede afirmarse que se haya producido indefensión si ha existido posibilidad de defenderse en términos reales y efectivos, sin importar alguna limitación no trascendente de las facultades de defensa, y que la segunda instancia puede suponer un desarrollo complementario de tales facultades."

Y, por su parte, en su Sentencia de Pleno 258/2007, de 18 de diciembre, añadió (la cursiva es nuestra): "*En efecto, este Tribunal ya desde la STC 48/1984, de 4 de abril, destacó, por un lado, que «la idea de indefensión engloba, entendida en un sentido amplio, a todas las demás violaciones de derechos constitucionales que pueden colocarse en el marco del art. 24»*[5]

En relación con ello, procede poner de manifiesto que la vulneración del derecho a la defensa y la causación de indefensión, en la mayoría de ocasiones, no resulta una infracción de un derecho aislado, ya que va aparejada de la conculcación de diversos derechos que van íntimamente ligados al mismo, a saber, entre otros, el derecho a la libertad, el derecho a la igualdad y a la no discriminación, el derecho a la tutela judicial efectiva, el derecho a la presunción de inocencia y el derecho a un proceso sin dilaciones indebidas, entre otros, lo cual se reputa especialmente grave.

Así pues, y con el fin de preservar y garantizar al máximo los derechos de los ciudadanos, por un lado, se entiende conveniente el empleo de aquellas nuevas tecnologías que permitan mejorar la eficiencia del sistema judicial penal; si bien, por otro lado, se considera necesario limitar su uso justamente pare evitar que en vez de reportar beneficios, produzca perjuicios.

Y un uso en equilibrio de la tecnología, con tales fines, en mi opinión, únicamente puede conseguirse a través de la regulación.

---

5 Fundamento Jurídico Primero.

II. LAS NUEVAS TECNOLOGÍAS Y SU NECESIDAD DE REGULACIÓN

Al respecto, no obstante, la gran noticia es que mediante la oportuna legislación se puede llegar a conseguir potenciar al máximo los posibles beneficios que las nuevas tecnologías pueden brindar a la justicia penal y mitigar e incluso llegar a eliminar los eventuales riesgos que estas pudieran acarrear, y ello, sin duda, debe aprovecharse.

Tal regulación, bajo mi punto de vista, debería abordar de forma clara, profunda y específica, en el marco de las propias competencias del poder legislativo y de sus prioridades y estrategias de cada momento (siempre con respeto, por supuesto, a los derechos constitucionalmente reconocidos), todas las nuevas tecnologías que pudieran resultar de utilidad en el ámbito del proceso penal. Y considero que dicha regulación debería, en todo caso, hacer referencia a las siguientes cuestiones:

- por un lado, debería especificar qué clases de tecnologías pueden ser empleadas, en qué casos y en qué términos;
- y, por otro lado, debería prever la existencia de mecanismos de control público para garantizar la calidad de los sistemas empleados, de forma inicial y periódicamente, a lo largo de su vida útil.

Nuestro decimonónico Real Decreto de 14 de septiembre de 1882, por el que se aprobó la Ley de Enjuiciamiento Criminal (en adelante, LECrim), desde luego, en su redacción originaria no contemplaba referencia alguna a las nuevas tecnologías de que hoy en día disponemos (básicamente, porque no existían), habiendo sido el uso de estas introducido a lo largo de los años, tanto en la propia ley procesal, como en otras leyes que la complementan, a medida que la realidad social y las necesidades de los ciudadanos ha ido evolucionando (como ocurrió, por ejemplo, con la introducción por la LO 13/2015, de 5 de octubre, de modificación de la LECrim para el fortalecimiento de las garantías procesales y la regulación de las medidas de investigación tecnológica, del Capítulo IV del Título VIII del Libro II, que regula diversos medios de investigación tecnológicos).

Sin embargo, por lo general, tal y como sucede siempre que se producen cambios y novedades en nuestras sociedades, la legislación en este caso ha ido por detrás y, en ocasiones, ha llegado "tarde y mal", lo cual ha provocado situaciones de vacío legal con enorme potencial vulnerador de derechos.

1. La pandemia del COVID-19 como punto de partida

A raíz de la pandemia ocasionada por el COVID-19 fueron poniéndose de manifiesto de forma flagrante en nuestro día a día ciertas necesidades en el ámbito del proceso penal que, si bien tenían fácil solución mediante el uso de la tecnología, supusieron una gran dificultad práctico-jurídica que puso en evidencia la falta de adaptación de la regulación y de las dinámicas judiciales al S.XXI. Y ello, sin duda, derivó en un proceso de adaptación precipitado y, según como, hasta forzado, que dejó bien clara la insuficiencia legislativa y la necesidad de elaborar leyes que den cobertura completa al uso de las nuevas tecnologías con todas las garantías en el ámbito de la justicia penal.

Así, como consecuencia de la declaración del Estado de Alarma por el Real Decreto 463/2020, de 14 de marzo, se produjeron sendos cambios de forma repentina y abrupta en los procedimientos penales, a saber: se empezaron a llevar a cabo actuaciones judiciales telemáticas (incluida la celebración de juicios enteros), se generalizó la posibilidad de trabajar en remoto desde casa (normalizándose el término "teletrabajo"), se extendió el uso de la firma electrónica, etc.

Y todo ello, si bien no tuvo como principal y última finalidad la de mejorar de forma estructural la eficiencia de la justicia y tratar de ofrecer un mejor servicio al ciudadano a medio/largo plazo, sino la de adaptar de forma inmediata las prácticas judiciales a las exigencias sanitarias y de orden público que surgieron en tal momento, lo cierto es que generó múltiples dinámicas hasta entonces inexistentes (a pesar de que muchas de ellas ya estaban legalmente previstas con anterioridad, pero sin aplicación práctica) que llegaron para quedarse.

Y es que en el ámbito de la Administración, que resulta una pesada maquinaria difícil de mover, en ocasiones solo se logra avanzar cuando concurren ciertas circunstancias límite que no dejan otra opción. Y eso es lo que, bajo mi punto de vista, ocurrió con la pandemia del COVID-19 que, sin duda, marcó un antes y un después en el uso de las nuevas tecnologías en la justicia que ya hacía tiempo que debería haberse producido.

Por un lado, el término "teletrabajo" fue inicialmente acuñado en materia de justicia en el Acuerdo 2 (Anexo 11) adoptado por el Consejo General del Poder Judicial (en adelante, CGPJ) el 14 de marzo de 2020, que estableció una recomendación a los/as Presidentes/as de los Tribunales Superiores de Justicia y de la Audiencia Nacional para que en las propuestas de aprobación de turnos rotatorios de jueces/zas y magistrados/as tuvieran en cuenta la situación de aquellos/as que se hallaran en especial estado de vulnerabilidad para la prestación presencial de los servicios esenciales establecidos, sugiriendo "*facilitar el teletrabajo*", *lo cual, desde luego, únicamente resultaba viable mediante el uso de las nuevas tecnologías.*

Por otro lado, como ya se ha anunciado, por primera vez se puso sobre la mesa la posibilidad real de celebrar juicios telemáticos en su totalidad, lo cual hasta ese momento era absolutamente impensable.

Respecto de ello, por una parte, el RD-Ley 16/2020, de 28 de abril, de medidas procesales y organizativas para hacer frente al COVID-19 en el ámbito de la Administración de Justicia, ya puso de manifiesto la singular importancia de fomentar "la incorporación de las nuevas tecnologías a las actuaciones procesales y, en general, a las relaciones de los ciudadanos y ciudadanas con la Administración de Justicia", aunque con el objetivo de garantizar la distancia de seguridad interpersonal y evitar concentraciones en las sedes judiciales, y en su artículo 19 (ubicado en el Capítulo III, sobre Medidas organizativas y tecnológicas), se procedió a sentar las bases para la regulación de la "Celebración de actos procesales mediante presencia telemática".

Tal RD-Ley fue derogado por la Ley 3/2020, de 18 de septiembre, de medidas procesales y organizativas para hacer frente al COVID-19 en el ámbito de la Administración de Justicia, que en su artículo 14 (Capítulo III, sobre Medidas organizativas y tecnológicas), fijó la preferencia de la realización telemática de los actos de juicio, comparecencias, declaraciones, vistas y, en general, todos los actos procesales, siempre y cuando los juzgados, tribunales y fiscalías tuvieran a su disposición los medios técnicos necesarios para ello (lo que, por desgracia, no siempre ocurría).

Sin embargo, se establecieron dos excepciones a tal regla general, en concreto en el orden jurisdiccional penal:

a) la presencia física del acusado en los juicios por delito grave; y

b) la presencia física del investigado o acusado, a petición propia o de su defensa letrada, en la comparecencia de prisión provisional prevista en el artículo 505 de la LECrim o en los juicios en que alguna de las acusaciones solicitara una pena de prisión superior a los dos años, salvo que concurrieran causas justificadas o de fuerza mayor que lo impidieran.

El mencionado precepto, además, previó la necesidad de adoptar las medidas oportunas para garantizar los derechos de todas las partes del proceso en caso de emplear métodos telemáticos y, especialmente, para salvaguardar el derecho a la defensa de los acusados e investigados en los procedimientos penales, en concreto, el derecho a la efectiva asistencia letrada, a la interpretación y a la traducción y a la información y acceso a los expedientes judiciales.

Es interesante poner de relieve que, en el referido artículo, pues, no solo se contempló la posibilidad de emplear nuevas tecnologías para facilitar la práctica de las actuaciones procesales sino que, además, también se fijaron una serie de limitaciones para tratar de minimizar los riesgos que tal circunstancia podría implicar para los derechos de los ciudadanos, lo cual es altamente loable.

Las medidas contempladas en tal precepto, no obstante, tenían una vigencia limitada, hasta el 20 de junio de 2021 o, en su caso, hasta que el Gobierno declarara en los términos previstos en tal Ley, la finalización de la situación de crisis sanitaria ocasionada por el COVID-19, por lo que no pueden considerarse suficientes y adecuadas para dar por regulados tales extremos, siendo que estos requieren una legislación clara y específica con vocación de permanencia (aunque desde luego sirven como base para tal eventual regulación futura).

En tal sentido, no obstante, y como muestra de las colisiones de derechos que se generaron con el uso de las referidas nuevas tecnologías en los procedimientos penales en dicho periodo (y, en concreto, con el derecho a la defensa), resulta particularmente interesante traer a colación una sentencia dictada por la Audiencia Provincial de Barcelona (Sección 6ª) en fecha 21 de septiembre de 2020 que desestimó un recurso de apelación interpuesto por la representación procesal de un acusado que fue condenado por un delito de robo con fuerza y un delito leve de lesiones, alegando indefensión por no haber podido estar presente físicamente en el acto del juicio, puesto que como consecuencia de la situación generada por el COVID-19, compareció mediante videoconferencia desde prisión.

En tal resolución, de forma ordenada y detallada se puso de manifiesto que si bien la juzgadora de instancia denegó la solicitud de suspensión del juicio efectuada por la defensa, que pidió que este fuera aplazado hasta que el acusado pudiera estar presente físicamente, ello fue ajustado a Derecho y no supuso una vulneración del derecho a la defensa.

Y, en relación con ello, por un lado, se dispuso que la decisión de la juzgadora se apoyó en una norma con rango legal, en ese caso el artículo 19 del Real Decreto-ley 16/2020, de 28 de abril, de medidas procesales y organizativas para hacer frente al COVID-19 en el ámbito de la Administración de Justicia, dictado en el marco generado por el Real Decreto 463/2020, de 14 de marzo, por el que se declaró el Estado de Alarma, que establecía que los actos procesales debían llevarse a cabo preferentemente de forma telemática, resultando únicamente necesaria la presencia física del acusado en los juicios por delito grave (y en tal ocasión se trataba de un delito menos grave).

Y, por otro lado, ello se puso en relación con el artículo 6 del Convenio Europeo de Derechos Humanos y el artículo 24 de la Constitución Española y la jurisprudencia recaída sobre ambos preceptos, poniendo de relieve que el derecho a estar presente en el acto del juicio oral "no implica, siempre y en todo caso, la presencia física de la persona acusada en la Sala de vistas, pues pueden concurrir razones excepcionales que justifiquen su intervención a distancia (v.gr. por videoconferencia), lo que será conforme con las exigencias del proceso justo siempre y cuando tales razones persigan la satisfacción de un interés público relevante debidamente justificado y quede garantizada, inexcusablemente, la participación efectiva de la persona en el juicio."[6]

Al respecto, de forma muy ilustrativa y útil, se recogieron en la referida sentencia los criterios que deben servir para determinar si las prevenciones adoptadas en cada caso garantizaron la participación del acusado en el juicio en el que resultó condenado habiendo comparecido por videoconferencia, y se dispuso:

> *"A tal efecto, resulta de particular interés el estándar establecido en la STEDH 5.10.06, caso Marcello Viola c. Italia, para los supuestos de comunicación a través de videoconferencia:*
>
> *a) ha de examinarse, en primer lugar, si la persona acusada tuvo ocasión de comunicarse con su abogado reservadamente y transmitirle instrucciones concretas acerca del modo en que debía ejercerse la defensa, interviniendo activamente en dicha defensa;*
>
> *b) de lo anterior se desprende que tal comunicación no se limita a la entrevista previa al juicio y reservada, sino que debe asegurarse la posibilidad de comunicación bidireccional en el curso de la vista para que la persona acusada pueda intercambiar impresiones, sin alterar el orden de la Sala, con quien le asiste como defensor;*
>
> *c) además, debe garantizarse el derecho a presenciar el juicio en igualdad de condiciones, sin ningún tipo de interferencia, para lo que se utilizarán medios técnicos que garanticen la calidad y fiabilidad de la imagen y el sonido. Igualmente, tal sistema debe garantizar la posibilidad de que la persona acusada sea efectivamente oída si quiere hacer uso del derecho a declarar o a realizar manifestaciones."*[7]

En tal contexto, y con el fin de reducir la inseguridad jurídica que se estaba generando por la ausencia de regulación específica y completa (tal y como se acaba de ver), el CGPJ el 11 de febrero de 2021 publicó una "*Guía para la celebración de actuaciones judiciales telemáticas" (de obligado cumplimiento en virtud de lo dispuesto en el artículo 230.1 de la LOPJ), que justamente en su punto 3 hacía referencia a la insuficiencia de las normas vigentes, poniendo de manifiesto que en estas no se precisaban los criterios a seguir para "la aplicación preferente de los medios telemáticos ni la forma ni los requerimientos técnicos para*

---

6 Fundamento Jurídico Primero.

7 *Idem.*

esa aplicación que, en cualquier caso, ha de ser conciliable con el pleno respeto de las garantías del proceso: la aplicación de las tecnologías al proceso ha de ser una forma de avanzar, no de retroceder, e implicaría un retroceso limitar las garantías procesales al servicio de la tecnología, cuando ha de ser la tecnología la que se adapte y permita la plena satisfacción de esas garantías.", dando buena cuenta, pues, de la necesidad de regulación concreta para garantizar el respeto de los derechos de los ciudadanos (fruto de un "estudio detallado", tal y como se dispone en el punto 5) y evitar un retroceso en tal sentido.

En concreto, la mencionada Guía hacía referencia a una serie de derechos con potencial de verse vulnerados con el uso de las nuevas tecnologías, estrictamente relacionados con el derecho a la defensa (al que se hacía mención de forma específica), a saber: el principio de publicidad de las actuaciones judiciales, la confidencialidad prevista en las normas procesales y la protección de datos; la validez, la integridad y la calidad epistémica de la prueba de la que dependiera la convicción del juez o tribunal; y la inmediación.

No obstante, tal Guía se presentó como algo absolutamente provisional, para dar respuesta a las necesidades más inmediatas que surgieron en la época de la pandemia del COVID-19, reiterando a lo largo de ella la necesidad de tiempo para legislar al respecto de forma profunda, definitiva y completa.

2. La existencia de una regulación previa (insuficiente)

Gran parte del contenido de la normativa aprobada "en tiempo de pandemia", no obstante, si bien podía sonar novedoso, en su mayoría ya constaba contemplado en nuestra legislación desde hacía décadas, pero su puesta en práctica era algo absolutamente infrecuente y excepcional.

2.1. La Ley Orgánica 6/1985, de 1 de julio, del Poder Judicial (LOPJ) y leyes especiales

Así, ya mediante el artículo 8.2 de la Ley Orgánica 16/1994, de 8 de noviembre, por la que se reformó la Ley Orgánica 6/1985, de 1 de julio, del Poder Judicial (LOPJ), se dio una redacción a su artículo 230 que preveía la posibilidad de que los Juzgados y Tribunales pudieran utilizar "*cualesquiera medios técnicos, electrónicos, informáticos y telemáticos, para el desarrollo de su actividad y ejercicio de sus funciones*", con las correspondientes limitaciones legales.

Y parte del contenido del mencionado artículo pasó luego al artículo 229 del mismo cuerpo legal, a raíz de la reforma operada por la Ley Orgánica 13/2003, de 24 de octubre, de reforma de la LECrim en materia de prisión provisional -Disposición Adicional Única- (habiéndose publicado en el BOE el 15 de octubre de 2003, pocos días antes de la entrada en vigor de la referida ley, la Declaración de aplicación provisional del Convenio de asistencia judicial en materia penal entre los Estados miembros de la UE, de 29 de mayo del 2000, en cuyo artículo 10 ya se hacía referencia a la posibilidad de efectuar "*audición por videoconferencia*" de testigos y peritos que se hallaran en un Estado miembro, fijando las normas por las que ello debía regirse).

El antedicho precepto de la LOPJ prevé la posibilidad de llevar a cabo de forma telemática las actuaciones judiciales y, en concreto, las declaraciones, los interrogatorios, los testimonios, los careos, las exploraciones, los informes, la ratificación de los informes periciales y las vistas, concretando en su apartado 3 que ello deberá hacerse a través de videoconferencia u otro sistema similar que permita la comunicación bidireccional y simultánea de la imagen y el sonido y la interacción visual, auditiva y verbal entre dos personas o grupos de personas geográficamente distantes, asegurando en todo caso la posibilidad de contradicción de las partes y la salvaguarda del derecho de defensa, cuando así lo acuerde el juez o tribunal.

Y, además, añade que en tales casos, el Letrado de la Administración de Justicia "*acreditará desde la propia sede judicial la identidad de las personas que intervengan a través de la videoconferencia mediante la previa remisión o la exhibición directa de documentación, por conocimiento personal o por cualquier otro medio procesal idóneo.*"

Y todo ello, en mi opinión, resulta absolutamente fundamental para garantizar el principio de inmediación y de contradicción y para poder comprobar la identidad de los declarantes, siendo tales circunstancias básicas y esenciales para proteger el derecho a la defensa, si bien hace falta un desarrollo normativo detallado y amplio para que tales actuaciones judiciales puedan llevarse a efecto con plenas garantías.

Y es que, por ejemplo, ¿qué sucede cuando debe presentarse documentación durante el acto de un juicio telemático o cuando se lleva a cabo una declaración de un testigo o de un perito por videoconferencia y deben exhibírseles documentos? Pues, hoy en día, nada dice la legislación al respecto, si bien la Guía del CGPJ a la que se ha hecho referencia con anterioridad abordó tal cuestión (de forma provisional y por ende insuficiente, como se ha dicho) y en sus puntos 30 y 31 propuso que en tales casos se facilitara la documentación con antelación al juzgado o tribunal "*mediante un sistema que garantice su accesibilidad a los abogados de las partes para su visionado y eventual descarga*", añadiendo que *"en todo caso, conviene exigir que los documentos se presenten debidamente ordenados y foliados, con índices hipervinculados para facilitar su utilización durante la sesión telemática"*, poniendo de relieve, no obstante, que *"el volumen de documentos que se tenga previsto presentar es un factor de complejidad para valorar la oportunidad de la celebración de los juicios y vistas de manera telemática."* Además, también se consideró conveniente *"prever la posibilidad de exhibición a los abogados de las partes previo a la decisión del juez o tribunal para que la descarga de los documentos en sus equipos sólo pueda tener lugar una vez que se ha adoptado la decisión de admitir los documentos"*, lo cual sin duda supone un plus de garantía para el respecto de los derechos de las partes y, en concreto, del derecho a la defensa.

O, ¿cómo debería llevarse a cabo la práctica de las declaraciones testificales o periciales telemáticas? La legislación vigente tampoco dice nada específico, si bien la referida Guía abordó asimismo tal cuestión y, por un lado, en sus puntos 42 y 43 se dispuso que lo más adecuado sería que las intervenciones de las partes, los testigos, y los peritos se realizaran en una dependencia judicial (la propia del órgano en el que se desarrollara el acto u otro más cercano al lugar de residencia de quien interviniera en él), lo cual considero que, desde luego, es lo más garantista, en aras de asegurar que tales intervinientes prestan declaración de forma libre y voluntaria -puesto que resulta prácticamente imposible verificar cuál es el entorno en el que presta declaración una persona por vía telemática, no pudiendo descartar la presencia de terceros con fines y actitudes coactivas, por ejemplo, lo cual podría suponer una clara vulneración no solo del derecho a la libertad sino también del propio derecho a la defensa-.

Además, con el fin de evitar la contaminación de los testigos (lo cual, asimismo, podría ir en detrimento del derecho a la defensa), se previó en los mencionados puntos la conveniencia de adoptar medidas, *"ya sean técnicas -«salas de espera virtuales»- o físicas, que impidan que testigos y peritos tengan conocimiento del desarrollo de la sesión en tanto se produce su intervención"*.

Por otro lado, en el punto 45 se aconsejó que el examen forense de detenidos, investigados y víctimas fuera en todo caso presencial, sin perjuicio de la ratificación telemática del informe ante el juez o tribunal cuando fuera necesario.

Y, finalmente, en los puntos 46 y 47 se distinguió entre las actuaciones judiciales internas y externas, poniendo de manifiesto que en las primeras (por ejemplo, deliberaciones en órganos colegiados), los jueces y magistrados podían constituirse en la sede del órgano judicial o en cualquier otro lugar que contara con los medios idóneos para la celebración del acto; y, en las segundas, de forma general, estos debían estar en la sede del Juzgado o Tribunal, con la salvedad de lo dispuesto en el artículo 268.2 de la LOPJ, en casos de resultar imposible el traslado a la sede o existir razones justificadas para la mejor administración de justicia, en cuyo caso los jueces y miembros de los tribunales podrían acceder a las sesiones telemáticas *"desde lugares que reúnan las condiciones adecuadas para evitar interrupciones"* lo cual, asimismo, se reputa conveniente para garantizar la independencia judicial y el libre ejercicio de la función jurisdiccional.

Por su parte, el artículo 230 de la LOPJ, en su redacción introducida por la Ley Orgánica 7/2015, de 21 de julio, por la que se modificó la LOPJ (artículo 32), va un paso más allá y no solo prevé la opción de emplear medios telemáticos para llevar a cabo actuaciones judiciales (como ocurre en el ya mencionado artículo 229), sino que en su apartado 1 establece una obligación para los juzgados, tribunales y fiscalías: la de "*utilizar cualesquiera medios técnicos, electrónicos, informáticos y telemáticos, puestos a su disposición para el desarrollo de su actividad y ejercicio de sus funciones*", con las limitaciones legalmente previstas en materia de protección de datos de carácter personal; y en su apartado 5 fija una obligación para los ciudadanos: la de relacionarse con la Administración de Justicia, cuando así se establezca en las normas procesales, a través de medios técnicos "*cuando sean compatibles con los que dispongan los juzgados y tribunales y se respeten las garantías y requisitos previstos en el procedimiento de que se trate.*"

Y en el mismo sentido se pronuncia la Ley 18/2011, de 5 de julio, reguladora del uso de las tecnologías de la información y la comunicación en la Administración de Justicia, que en su artículo 8 dispone: *"Los sistemas informáticos puestos al servicio de la Administración de Justicia serán de uso obligatorio en el desarrollo de la actividad de los órganos y oficinas judiciales y de las fiscalías por parte de todos los integrantes de las mismas, conforme a los criterios e instrucciones de uso que dicten, en el ámbito de sus competencias, el Consejo General del Poder Judicial, la Fiscalía General del Estado y las Administraciones competentes, así como a los protocolos de actuación aprobados por los Secretarios de Gobierno."*

Respecto de ello, no cabe obviar que mediante el uso de ciertos sistemas tecnológicos se lleva a cabo el tratamiento de ingentes cantidades de datos de carácter personal que, en el ámbito de la justicia, son especialmente sensibles y, por ende, deben contar con especial protección, previendo el apartado 4 del mencionado precepto de la LOPJ que "*Los procesos que se tramiten con soporte informático garantizarán la identificación y el ejercicio de la función jurisdiccional por el órgano que la ejerce, así como la confidencialidad, privacidad y seguridad de los datos de carácter personal que contengan en los términos que establezca la ley.*"

No obstante lo anterior, la mencionada Ley Orgánica 7/2015, estableció en su Disposición Final Séptima que "*en el plazo de un año desde la entrada en vigor de esta Ley, el Gobierno remitirá a las Cortes Generales los proyectos de ley de modificación de las leyes procesales que resulten necesarios para la adaptación a lo dispuesto en ella y aprobará las normas reglamentarias precisas para su desarrollo*", y ello no se ha completado todavía, lo cual se reputa especialmente peligroso.

Y es que, a día de hoy, todavía no se cuenta con una legislación concreta y garantista que haya realizado una modificación profunda de la LECrim para adaptarla a lo dispuesto en la referida ley, lo cual es una paradoja en sí misma, ya que por una parte la legislación obliga a los jueces, magistrados y fiscales, operadores jurídicos y ciudadanos a emplear medios telemáticos, pero por otra parte, no establece una guía clara de cómo hacerlo para respetar los derechos de todos y, en especial, el derecho a la defensa, lo cual crea muchas situaciones de vacío legal y ambigüedad que no hacen más que dificultar las cosas.

2.2. El Real Decreto de 14 de septiembre de 1882 por el que se aprueba la Ley de Enjuiciamiento Criminal (LECrim)

En relación con lo anterior, la LECrim prevé en su artículo 743 que las sesiones de juicio oral se registrarán en soporte apto para la grabación y reproducción del sonido y de la imagen (siendo únicamente necesaria la intervención del Letrado de la Administración de Justicia para levantar acta cuando los medios de registro telemáticos no se pudiesen utilizar por cualquier causa), si bien no contempla de forma clara y concreta el uso generalizado de tales medios tecnológicos para el resto de fases del procedimiento, especialmente, para la fase de instrucción y, no obstante, en tal momento procesal se realizan grabaciones audiovisuales casi como norma general en los juzgados de nuestro país.

Al respecto, existen ciertos sectores doctrinales y jurisprudenciales que consideran que si bien ello no está específicamente previsto en la ley procesal penal, esta no impone obligatoriamente la forma escrita en la documentación de declaraciones de investigados, testigos y peritos (no pudiendo interpretar en tal sentido lo dispuesto en los artículos 397, 416, 437.3, 402, 443.2, 444, 450 y 478 de la LECrim), procediendo, por ende, aplicar de forma supletoria la Ley de Enjuiciamiento Civil, o la LOPJ, que permite que los Letrados de la Administración de Justicia, en uso de las facultades que les son atribuidas por los artículos 453.1 y 454.1 y 5, puedan optar por una u otra vía de documentación.[8] No obstante, otros sectores doctrinales y jurisprudenciales defienden lo contrario. Y, en tal sentido, reflexiona Don Juan Sánchez Martínez, fiscal, quien manifiesta "(...) *si optamos por dar vía libre a las grabaciones que se están realizando, y a su amparo normativo (art. 230.1 LOPJ), estamos consciente o inconscientemente abriendo la puerta a otro modelo de instrucción penal distinto del que regula la ley procesal penal. Y lo que es peor: lo estamos haciendo sin amparo normativo.*"[9]

Y todo ello, sin duda, supone otra clara contradicción en sí misma, puesto que nuestra decimonónica LECrim prevé una fase de instrucción penal eminentemente escrita (con contadas excepciones a las que luego se hará referencia) y, sin embargo, la LOPJ obliga a los jueces, magistrados y fiscales a emplear los medios tecnológicos que estén a su alcance para llevar a cabo las actuaciones judiciales lo cual, en la práctica, provoca un enorme galimatías que no hace más que crear inseguridad jurídica.

Ante tal circunstancia, procede cuestionarse qué derechos podrían verse conculcados como consecuencia de la falta de regulación clara y específica y la referida práctica jurídica llevada a cabo en fase de instrucción en los distintos juzgados de España.

A raíz de lo expuesto, lo que sucede en la realidad del día a día judicial es que en unos juzgados se llevan a cabo en fase de instrucción actos judiciales escritos y, en otros, actos judiciales grabados por medios de registro audiovisual, lo cual genera grandes diferencias para los ciudadanos afectados.

Así, por un lado, es sabido que en ocasiones una misma instrucción puede ser dirigida por varios jueces o magistrados, con intervención de distintos fiscales y letrados (que se suceden en el puesto, que se sustituyen por bajas médicas, etc) y en esos casos es muy distinto que el nuevo interviniente revise las actuaciones y pueda visualizar y escuchar los actos judiciales tal cual se llevaron a cabo en la realidad -en caso de constar grabados- o que simplemente lea su contenido -en caso de constar escritas- puesto que lo primero permite garantizar de forma mucho más efectiva

---

8 En tal sentido, véase, entre otros, el acuerdo de Plenillo de los Magistrados de las Secciones Penales de la Audiencia Provincial de Cádiz de 8 de mayo de 2015.

9 Sánchez Martínez, Juan. *La nueva instrucción penal creada con la práctica de las grabaciones audiovisuales.* 15 de febrero de 2018. Elderecho.com (LEFEBVRE). https://elderecho.com/la-nueva-instruccion-penal-creada-con-la-practica-de-las-grabaciones-audiovisuales Última visita el 15 de febrero de 2023.

el principio de inmediación y de contradicción y, por ende, preservar al máximo el derecho a la defensa.

Y es que, muchas veces, en las declaraciones judiciales "el diablo está en los detalles", y en caso de que consten en soporte audiovisual, estos quedan registrados. Además, si se cuestiona alguna incidencia, esta obra asimismo registrada en vídeo y simplemente hace falta reproducirlo para resolver cualquier tipo de duda.

No obstante, en el caso de las declaraciones escritas, sin embargo, se pierde mucha información por el camino, lo cual podría ir en claro detrimento del derecho a la defensa. Así, a pesar de que, por ejemplo, las declaraciones judiciales traten de transcribirse de modo literal, ello es prácticamente imposible, puesto que no es viable, con la carga de trabajo que hay en los juzgados, que los Letrados de la Administración de Justicia escriban una a una las palabras pronunciadas por los declarantes (y ello ni siquiera se exige legalmente, puesto que el artículo 397 de la LECrim dispone que "*El procesado podrá dictar por sí mismo las declaraciones. Si no lo hiciere, lo hará el Secretario judicial procurando, en cuanto fuere posible, consignar las mismas palabras de que aquél se hubiese valido*"), por lo que se obvian muchos detalles. E, incluso, aunque las declaraciones constaran transcritas de forma literal, al no quedar recogido ni el tono, ni los gestos, ni las demás circunstancias concurrentes en los declarantes, tampoco podría la transcripción aportar toda la información necesaria para garantizar de forma correcta todos los derechos en juego.

No obstante, si bien, como ya se ha puesto de manifiesto, la práctica de los actos judiciales en fase de instrucción por medios telemáticos resulta mucho más ágil y garantista del derecho a la defensa y de los demás derechos concurrentes, lo cierto es que ello no puede predicarse de forma absoluta, ya que aunque la realización de los actos judiciales por tales medios es inicialmente más rápida que la práctica escrita de los mismos (o debería serlo si no fallasen continuamente los sistemas, pero eso ya es otra "guerra"), y además supone un ahorro de recursos humanos considerable (puesto que no requiere que el Letrado de la Administración de Justicia tenga que intervenir de modo directo), lo cierto es que la posterior revisión de las grabaciones por parte del propio juez instructor, el fiscal y los letrados (para informar o resolver recursos, para tomar decisiones sobre la continuación del procedimiento, etc) o por parte de los nuevos intervinientes en la causa por sustitución de los anteriores, ralentiza muchísimo el trabajo. Y es que, desde luego, no consume el mismo tiempo leer una declaración, que verla en vídeo (en que constan todas las vicisitudes, a saber, por ejemplo, momentos de llanto de las víctimas que retrasan la práctica de la diligencia, traducciones del intérprete que no son simultáneas, etc), y ello es un bucle infinito, puesto que consume menos tiempo pero a la vez es grave perderse las referidas singularidades de la declaración.

Todo lo expuesto, además, puede acabar teniendo incidencia en el acto del plenario, en aquellos casos en que, por ejemplo, en virtud de lo dispuesto en el artículo 730.1 de la LECrim, se solicite la lectura de la declaración prestada por la víctima o por un testigo en fase de instrucción, lo cual puede suponer una prueba de cargo y eventualmente servir de base para condenar a un acusado sin que el fiscal, los letrados y el juez hayan podido realmente visualizar y oír la realidad de la misma, con toda la pérdida de información que ya se ha dicho que ello puede conllevar, lo cual bajo mi punto de vista no garantiza de forma efectiva el derecho a la defensa y el principio de contradicción. Y es que, aunque la actual redacción del referido precepto, a raíz de la reforma operada por la LO 8/2021, de 4 de junio, de protección integral a la infancia y la adolescencia frente a la violencia, prevé la posibilidad de reproducción de las diligencias practicadas en el sumario, lo cierto es que ello no siempre es posible puesto que estas, en ocasiones, no constan registradas en soporte audiovisual.

Y lo peor es que ello puede conllevar una clara inseguridad jurídica e incluso una eventual discriminación para los ciudadanos, habida cuenta de que, ante la falta de regulación clara y específica, como ya se ha dicho, en algunos juzgados de España en fase de instrucción se llevan a cabo actos judiciales escritos y en otros por medios telemáticos, en función del criterio del Letrado de la Administración de Justicia o del juez o magistrado (al amparo de la contradicción existente entre la LECrim y la LOPJ), lo cual sin duda podría llegar a vulnerar de forma directa el derecho fundamental a la igualdad y a la no discriminación previsto en el artículo 14 de la Constitución.

En mi opinión, la mejor y única opción para solucionar todo este embrollo práctico-jurídico sería la de llevar a cabo, por fin, una reforma completa de la LECrim que se pronunciara al respecto y adaptara la ley procesal a lo previsto en la Ley 18/2011, de 5 de julio, reguladora del uso de las tecnologías de la información y la comunicación en la Administración de Justicia y en la LOPJ (tal y como debería haberse hecho ya desde el año 2015).

Ello, no obstante, únicamente se ha llevado a cabo para la práctica de:

1) declaraciones testificales como prueba preconstituida en fase de instrucción, de acuerdo con lo previsto en el artículo 449 bis de la LECrim, introducido por el apartado siete de la Disposición Final primera de la LO 8/2021, de 4 de junio, de protección integral a la infancia y la adolescencia frente a la violencia.

Así, en dicho precepto se dispone que "*La autoridad judicial asegurará la documentación de la declaración en soporte apto para la grabación del sonido y la imagen, debiendo el Letrado de la Administración de Justicia, de forma inmediata, comprobar la calidad de la grabación audiovisual. Se acompañará acta sucinta autorizada por el Letrado de la Administración de Justicia, que contendrá la identificación y firma de todas las personas intervinientes en la prueba preconstituida*" lo cual, desde luego, es una perfecta garantía para que dicha diligencia se practique con respeto a los derechos en juego y, en especial, al derecho a la defensa, sobre todo si se combina con lo dispuesto en el artículo 730.2 de la LECrim, también modificado por la antedicha ley, que prevé la reproducción en el acto del juicio oral, a instancia de cualquiera de las partes, de la grabación audiovisual de la declaración de la víctima o testigo practicada como prueba preconstituida durante la fase de instrucción.

En relación con ello, el artículo 449 ter de la LECrim (introducido asimismo por la LO 8/21, de 4 de junio) prevé la obligación de acordar, en todo caso, la práctica, como prueba preconstituida, en los términos previstos en el precepto anterior, de la declaración testifical de personas menores de catorce años o con discapacidad necesitadas de especial protección en aquellos procedimientos judiciales que tengan por objeto la instrucción de delitos graves, en concreto, delito de homicidio, lesiones, contra la libertad, contra la integridad moral, trata de seres humanos, contra la libertad e indemnidad sexuales, contra la intimidad, contra las relaciones familiares, relativos al ejercicio de derechos fundamentales y libertades públicas, de organizaciones y grupos criminales y terroristas y de terrorismo; y la posibilidad de hacerlo, asimismo, cuando se trate de delitos leves.

Además, en el referido precepto también se otorga a la autoridad judicial la facultad de acordar que la audiencia del menor de catorce años se practique a través de equipos psicosociales de apoyo al Tribunal, en los términos en él recogidos, que deberá siempre constar grabada.

Y ello, desde luego, supone una perfecta combinación entre la protección para los menores y las personas con necesidades especiales que, de tal forma, solo deben prestar declaración en una ocasión (y, eventualmente, con ayuda de profesionales especializados) -con las salvedades previstas en el artículo 703bis de la LECrim, de forma excepcional-, y la salvaguarda del derecho a la defensa, ya que sin duda, la grabación de las declaraciones permite una mejor y más completa posibilidad de contradicción de su contenido en el plenario;

2) declaraciones testificales practicadas como prueba anticipada en fase de instrucción, en el ámbito del procedimiento abreviado, de acuer-

do con lo previsto en el artículo 777.2 de la LECrim, introducido por la Ley 38/2002, de 24 de octubre, de reforma parcial de la Ley de Enjuiciamiento Criminal (en consonancia con lo dispuesto en el artículo 657 párrafo 3 de la LECrim, en relación con el artículo 730.1 del mismo cuerpo legal, en el ámbito del sumario).

Así, en dicho precepto se dispone: "*Cuando, por razón del lugar de residencia de un testigo o víctima, o por otro motivo, fuere de temer razonablemente que una prueba no podrá practicarse en el juicio oral, o pudiera motivar su suspensión, el Juez de Instrucción practicará inmediatamente la misma, asegurando en todo caso la posibilidad de contradicción de las partes.*

Dicha diligencia deberá documentarse en soporte apto para la grabación y reproducción del sonido y de la imagen o por medio de acta autorizada por el Secretario judicial, con expresión de los intervinientes. A efectos de su valoración como prueba en sentencia, la parte a quien interese deberá instar en el juicio oral la reproducción de la grabación o la lectura literal de la diligencia, en los términos del artículo 730."

Y de ello se desprende que, en este caso, la ley no impone la obligación de practicar la prueba anticipada por medios telemáticos (como sí se ha visto que hace en casos de prueba preconstituida de declaraciones de menores y personas con necesidades especiales), sino que lo prevé como una mera alternativa a la documentación por medio de acta autorizada por el Letrado de la Administración de Justicia, lo cual podría llegar a generar en la práctica, como ya se ha dicho, no solo indefensión, por no poder someter a contradicción en el plenario la declaración tal cual se llevó a cabo, con imagen y sonido -siendo que resulta técnicamente viable hacerlo-, sino también una situación de desigualdad poco deseable entre los ciudadanos, puesto que unos contarían con la posibilidad de que aquellas pruebas que les pudieran beneficiar o perjudicar fueran reproducidas de forma integral (con imagen y sonido) en el acto del plenario y otros no, lo cual, como ya se ha dicho, a pesar de la fe pública otorgada por el Letrado de la Administración de Justicia, sin duda resta eficacia al principio de inmediación y contradicción.

2.3. Una concreta propuesta de mejora

En relación con todo ello, con la finalidad de mejorar, en todo caso, la eficiencia en el proceso penal, considero fundamental que se ponga a disposición de los órganos judiciales una herramienta que permita la transcripción automática de las declaraciones y otorgue la posibilidad no solo de poder visualizar y oír dichos actos judiciales, sino también de leer su contenido.

Y es que ello aportaría a jueces, magistrados, fiscales y resto de operadores jurídicos una mayor facilidad y flexibilidad para llevar a cabo sus tareas, habida cuenta de que daría la opción de participar de la realidad de los actos judiciales cuando ello fuera necesario, así como de simplemente proceder a la lectura de su contenido cuando resultara más conveniente (por ejemplo, para consultar datos concretos) y, además, resultaría de gran ayuda para copiar extractos literales de declaraciones en caso de necesitarlo para preparar y resolver recursos, poner sentencias, etc, con todas las garantías.

Y tal dualidad hoy resulta técnicamente viable mediante el uso de sistemas de Inteligencia Artificial que emplean técnicas de procesamiento del lenguaje natural (PLN) que, por supuesto, para garantizar del derecho a la defensa, deberían contar con todas las garantías.

Al respecto, consta que ya en 2021 el Ministerio de Justicia puso en marcha un proyecto para implementar micrófonos digitales en todas las sedes judiciales de España que, a través de un *software*, tienen capacidad para transcribir todas las declaraciones efectuadas en sede judicial, habiendo empezado los ensayos en cinco provincias con intención de extenderlo en caso de éxito.[10]

Y ello, sin duda, es una fantástica noticia, por todos los motivos ya expuestos. No obstante, la principal problemática con la que topa este tipo de sistemas es la gran cantidad de acentos existentes en el idioma español, lo que exige un alto nivel de calidad del *software* para asegurar buenos resultados y, sobre todo, garantizar el derecho a la defensa.

Sin embargo, desde luego, para que resultara completa la eficacia de tales medidas, en mi opinión, tal proyecto debería llevarse a cabo de forma conjunta con un proyecto que tratara de introducir la traducción e interpretación simultánea automática de las lenguas cooficiales en España y de las lenguas extranjeras. Y es que, en caso contrario, se podría producir un trato desigual en función de la lengua, ya que en el supuesto de los ciudadanos de habla hispana se contaría con una grabación y una transcripción literal de su declaración, y en los casos de los ciudadanos que hablaran otras lenguas se contaría solo con una grabación y una mera transcripción de lo que dijera el intérprete, que, por desgracia, solo en contadas ocasiones lleva a cabo traducciones literales simultáneas, lo cual podría llegar a poner a tales declarantes en clara posición de desventaja frente a los que hablaran

---

10 Noticia publicada por El Confidencial Digital el de 16 de abril de 2021. *Justicia prueba micrófonos digitales para transcribir las declaraciones de los acusados.*

el mismo idioma que el juez o magistrado, el fiscal y el resto de intervinientes, pudiendo llegar incluso a producir indefensión. Ello, bien configurado, además, ayudaría a acortar los tiempos de las actuaciones judiciales (que en caso de llevarse a cabo con intérprete siempre son más largas) y, sin duda, a garantizar el derecho a la defensa, por lo ya manifestado.

Para que lo expuesto resultara legalmente viable, no obstante, con carácter previo a su implementación deberían solucionarse las contradicciones jurídicas existentes respecto de la posibilidad de transcribir las declaraciones judiciales que tanta inseguridad jurídica están provocando en la práctica en los últimos años, a raíz de resoluciones y posturas contrapuestas sobre la interpretación de lo dispuesto en las leyes.

Y es que, por un lado, el artículo 230.3 de la LOPJ en mi opinión es claro al determinar que "*Las actuaciones orales y vistas grabadas y documentadas en soporte digital no podrán transcribirse, salvo en los casos expresamente previstos en la ley*", por lo que, en cualquier caso, la transcripción automática a la que he hecho referencia debería constar prevista legalmente; y, por otro lado, ciertos sectores doctrinales y jurisprudenciales[11] consideran que la LECrim contiene diversos preceptos que dan por hecha la existencia de un acta escrita (397, 416, 437.3, 402, 443.2º, 444, 448 y 478 LECrim) y, por ende, es procedente transcribir las grabaciones.

2.4. El futuro de la regulación: ¿qué nos espera?

En relación con todo lo anterior, asimismo, a nivel nacional constan más actuaciones impulsadas por el Ministerio de Justicia tendentes a modernizar la justicia y, entre otras, procede hacer mención a lo acontecido en el marco del Plan de Justicia 2030 -proyecto del referido Ministerio que sienta las bases de la justicia española del futuro-, en que se han tramitado dos proyectos de ley que, en caso de resultar finalmente aprobados, supondrían una verdadera revolución tecnológica en el ámbito judicial: el Proyecto de Ley de Medidas de Eficiencia Procesal del Servicio Público de Justicia, y el Proyecto de Ley de Medidas de Eficiencia Digital del Servicio Público de Justicia.

Y lo positivo es que, por un lado, en tal potencial legislación, lejos de contribuirse a fomentar una eventual "brecha digital", se establecen ciertas

---

11 Entre otros, véase el Auto de la Audiencia Provincial de Barcelona de 15 de diciembre de 2017.

medidas para prevenirlo (aunque habrá que ver si son suficientes o no una vez se publiquen los textos definitivos); y, por otro lado, se toma conciencia de la necesidad de que las tecnologías empleadas por la Administración de Justicia (*ad intra y ad extra) cuenten con todas las garantías y resulten transparentes y explicables y, especialmente, respeten la protección de datos de carácter personal.*

Y es que la cuestión de la trazabilidad y la transparencia en materia tecnológica es absolutamente fundamental, especialmente en el ámbito del sector público y, más en concreto, en el marco del proceso penal, en que debe llevarse a cabo una escrupulosa protección del derecho a la defensa, habida cuenta de que, en todo caso, la persona investigada, acusada o penada debe tener la posibilidad real de conocer todas las características y modo de funcionamiento de los medios técnicos empleados para llevar a cabo actuaciones judiciales que, sin duda, pueden afectar a sus intereses, y ello en aras de evitar la indefensión.

Asimismo, a nivel europeo, entre otras iniciativas, el 21 de abril de 2021 la Comisión Europea publicó una Propuesta de reglamento del Parlamento Europeo y del Consejo por el que se establecen normas armonizadas en materia de Inteligencia Artificial (Ley de Inteligencia Artificial) y se modifican determinados actos legislativos de la Unión, y el Consejo de la Unión Europea, en su sesión nº3917/1, celebrada los días 5 y 6 de diciembre de 2022, adoptó su posición ("orientación general") sobre la referida propuesta, restando pendiente la publicación, finalmente, en los próximos meses, del Reglamento Europeo de Inteligencia Artificial, lo cual, sin duda, supondrá un antes y un después en el uso de las nuevas tecnologías (en este caso, de las más sofisticadas) en el ámbito de la Administración (y, por ende, en la Justicia).

III. EL MAYOR DE LOS RIESGOS: LA DESHUMANIZACIÓN DE LA JUSTICIA

Para concluir, me gustaría hacer referencia al que para mí, sin duda, es el peor de los peligros al que nos enfrentamos al autorizar el uso de medios tecnológicos por parte de los tribunales: el de la deshumanización de la justicia.

Y es que, desde luego, vivimos en un Estado de Derecho en el que prevalece la ley, pero es sabido que en ocasiones la ley concede la posibilidad a las autoridades que la aplican de llevar a cabo interpretaciones y valoraciones de las concretas circunstancias del caso o análisis de ciertos criterios conforme a su experiencia que, sin duda, aportan un elemento más flexible y más humano a la justicia.

Y en el proceso penal considero que esa parte más humana está especialmente patente, ya que a nadie se le escapa que a los órganos de justicia penal la mayoría de las personas que acuden están en situaciones límite, con circunstancias altamente vulnerables, y llegan con historias cargadas de miedos y de matices que hoy en día es imposible gestionar bien a través del uso exclusivo de medios telemáticos o sistemas informáticos, sin tener contacto personal directo. Y me atrevería a decir que ni hoy ni nunca, por mucho que ello acabe siendo jurídica y técnicamente viable, puesto que entiendo que aunque tengamos a nuestro alcance toda la tecnología del mundo, nada jamás podrá sustituir la mirada y el calor humano, y eso es lo que no podemos perder de vista, ya que es lo que nos define como especie, lo que constituye nuestra propia esencia, y lo único que nos va a permitir preservar nuestra dignidad como individuos y como sociedades.

Y ello, sin duda, en mi opinión, podría servir como reflexión de base a la hora de introducir los cambios legislativos que se reputen oportunos que, bajo mi punto de vista, deberían pasar, sobre todo, por efectuar una profunda reforma de la LECrim (que al parecer iba a llegar, pero no llega), ya que esta actualmente contiene preceptos que es cuestionable que puedan ser aplicados sin llevar a cabo vulneraciones de derechos, a la vista de la realidad social concurrente y de la existencia de otras normas contradictorias que pueden llegar a generar situaciones de indefensión y de desigualdad en la práctica jurídica altamente peligrosas para los ciudadanos. Y es que no hay que tener ni temor ni mucho menos desidia para afrontar modificaciones legislativas de gran calado cuando ello sea necesario (como ocurre en el presente caso), sobre todo si se detectan posibles riesgos y disfunciones en la legislación vigente que pueden llegar a provocar vulneraciones de derechos, debiendo siempre tener en cuenta la célebre frase atribuida a Montesquieu, filósofo ilustrado por antonomasia, que reza: "*Una cosa no es justa por el hecho de ser ley. Debe ser ley porque es justa.*"

En definitiva, un gran reto el que tenemos por delante los juristas y, desde luego, una enorme responsabilidad, ya que a pesar de los esfuerzos que ello suponga, debemos estar a la altura del momento histórico en el que nos hallamos para sentar las bases de nuestra evolución y nuestro futuro como especie conviviendo con un fenómeno tan apasionante pero a la vez tan peligroso como es la tecnología.

LAS ENTRADAS Y REGISTROS DOMICILIARIOS EN EL SENO DE LAS ACTUACIONES DE INSPECCIÓN TRIBUTARIA: ALGUNAS CUESTIONES PENDIENTES

JUAN IGNACIO MORENO FERNÁNDEZ

Letrado de Tribunal Constitucional

RESUMEN

Las entradas y registros en el domicilio constitucionalmente protegido de los obligados tributarios, y directamente relacionado con ellas, el acceso a la información existente en elementos materiales o inmateriales (como las cajas de seguridad, los ordenadores, los teléfonos inteligentes, la nube, etc.), plantea algunas cuestiones que actualmente carecen de una respuesta normativa: la necesaria atribución de funciones de "policía judicial" a la Administración tributaria en el seno del procedimiento de inspección para que pueda desarrollar sus potestades investigadoras de forma legítima; la imprescindible aplicación de la Ley de Enjuiciamiento Criminal a las entradas administrativas ante la falta de un desarrollo legal en el ámbito tributario; el obligado requerimiento al titular del derecho fundamental afectado para la prestación del consentimiento, aunque se haya obtenido de forma preventiva una autorización judicial; y la inexcusable "doble ponderación" judicial que legitime la entrada y el registro con acceso a la información privada de los obligados tributarios.

ABSTRACT

Entering and searching the constitutionally protected home of taxpayers, and –directly relating to this– gaining access to material or immaterial sources of information (such as safes, computers, smartphones, the cloud, etc.), raises some concerns which currently lack a regulatory response: the necessary attribution of "judicial police" functions to the Tax Administration within the context of tax inspection procedures, so that it can develop its investigative powers in a legitimate manner; the necessity of, in the absence of legal development in the tax field, applying the Criminal Procedure Code to home entries performed by the administration; the requirement that the concerned fundamental rights holder provides consent even when judicial authorisation has been obtained preventively; and the inexcusable judicial "double weighing" by which the entry and search with access to private information of taxpayers is legitimised.

PALABRAS CLAVE

Derecho de defensa. Entradas domiciliarias. Registros. Acceso a los dispositivos de almacenamiento masivo de información. Intimidad. Secreto de las comunicaciones. Protección de datos. Delito fiscal. Ley de Enjuiciamiento Criminal.

KEYWORDS

Right to defense. Home entries. Searches. Access to mass storage devices. Privacy of communications. Data protection. Tax crimes. Criminal Procedure Code.

I. IDEAS PREVIAS: LA PREOCUPANTE INACCIÓN DEL LEGISLADOR

Sobre las entradas y registros en el domicilio constitucionalmente protegido de los obligados tributarios se ha escrito mucho. Por esta razón, el presente trabajo no va a ahondar sobre los aspectos sistemáticamente tratados por la doctrina científica de este país, sino que se va a dirigir a analizar aquellos otros prácticamente olvidados y que están necesitados de una pronta regulación legal que dote de seguridad jurídica a una materia tan delicada como es la de la injerencia del poder público en los derechos fundamentales de los ciudadanos. La obcecada inacción del legislador en la materia resulta preocupantemente contraria a su posición constitucional. No solo las entradas y registros administrativas están huérfanas de una regulación normativa específica que proteja a los ciudadanos de eventuales injerencias arbitrarias en sus derechos fundamentales por parte de los poderes públicos, sino que ni siquiera se ha dotado legalmente a la Administración tributaria de las potestades necesarias de investigación de hechos fiscales con relevancia penal en sede administrativa a modo de "policía judicial" (no en "sentido genérico", sino en "sentido específico"), lo que la lleva a actuar en demasiadas ocasiones por la "vía de hecho".

En las siguientes líneas se van a analizar brevemente cuatro problemas actuales necesitados de solución. En primer lugar, la necesaria atribución de funciones de "policía judicial" a la Administración tributaria en el seno de los procedimientos de comprobación para que pueda realizar sus potestades investigadoras legítimamente (lo que dotará de todas las bendiciones legales a la prueba regularmente obtenida[1]). En segundo lugar, la imprescindible aplicación "analógica" de la LECrim, con las modulaciones que sean necesarias, para cubrir el vacío legislativo existente en las "entradas administrativas", no solo con la finalidad de proteger los derechos fundamentales de los ciudadanos, sino también con la de garantizar que la injerencia por parte de la Administración se haga de forma legítima (lo que nuevamente asegurará la validez de la prueba regularmente obtenida). En tercer lugar, al "inexcusable" requerimiento al titular del derecho fundamental afectado para la prestación (o la negación) del consentimiento, aunque se haya obtenido de forma preventiva una autorización judicial, la cual solo alcanzará su efectividad "a falta" de aquel, pero nunca en su "sustitución". Y, en último lugar, a la obligada "doble ponderación judicial" para la entrada (en el domicilio constitucionalmente protegido) y el registro (con acceso a la información privada), tanto en la solicitud por la Administración tributaria, como en la propia resolución judicial autorizante, que garantice que el sacrificio de los derechos fundamentales afectados ha sido asumido conforme a las pautas del principio de proporcionalidad (necesidad, idoneidad y equilibrio).

Antes de entrar en el análisis de las cuestiones suscitadas, es necesario recordar que en una "entrada" domiciliaria no solo está en juego el derecho a la inviolabilidad del domicilio, como ámbito espacial de privacidad o confidencialidad inmune a cualquier tipo de invasión exterior por otras personas o autoridades[2]. A esa entrada es consustancial el "registro" con el acceso a espacios cerrados (cajones, armarios, cajas de seguridad...), que afectará fundamentalmente al derecho a la intimidad, el cual implica la existencia de un ámbito propio y reservado frente a la acción y conocimiento ajeno[3]. Si, además, durante el registro se accediese a la información contenida en los dispositivos de

---

1 Sobre la validez de la prueba ilícita por haber sido obtenida con lesión de derechos fundamentales, véase: MORENO FERNANDEZ, J.I. (2021). La necesidad social de castigar al malhechor y la lucha contra el fraude fiscal: el doble paradigma de la validez de la prueba ilícita. En *Estudios en Homenaje al Profesor Luis María Cazorla Prieto.* Vol. II. Arazandi, pp. 1163-1221.

2 STC 10/2002, de 17 de enero, FJ 5.

3 STC 233/2005, de 26 de septiembre, FJ 4.

almacenamiento masivo de la información (teléfonos, tabletas, ordenadores, correos electrónicos, nube...), no solo se produciría una injerencia en ese derecho a la intimidad, sino posiblemente también en los derechos al secreto de las comunicaciones (art. 18.3 CE) y a la protección de datos de carácter personal (art. 18.4 CE), que garantizan, el primero, las comunicaciones, sea cual sea su contenido y pertenezca o no al ámbito de lo personal, lo íntimo o lo reservado[4]; el segundo, cualquier dato personal, íntimo o no, público o privado, cuyo conocimiento o empleo pueda afectar a los derechos individuales[5]. Sin embargo, pese a la afectación de tantos derechos fundamentales, no existe en la materia administrativo-tributaria el necesario desarrollo legal al que apela el art. 53.1 CE para regular su ejercicio. De este modo, "[e]n el ámbito penal el registro es concomitante a la entrada, no así en el ámbito tributario, donde solo está regulada la entrada, y, ni la Ley general tributaria faculta al Inspector de Hacienda para realizar registros, ni la Ley de la jurisdicción contencioso-administrativa habilita al Juez de lo contencioso para autorizarlos, máxime teniendo en cuenta que la Ley orgánica 13/2015 exige autorización judicial para el registro de ordenadores" (Delgado Sancho, 2018).

Salvo para la materia penal, la legislación actual soslaya totalmente los intereses concurrentes en juego, pues ni dota a la Administración tributaria de un marco normativo adecuado que garantice la corrección jurídica de su actuación (y, por tanto, la validez de las pruebas obtenidas), ni ofrece a los órganos judiciales pautas claras en las que basar su actuación, ni, en fin, protege adecuadamente los derechos fundamentales comprometidos. En efecto, en la materia administrativa, con carácter general, las "entradas", que no los "registros", están previstas en el art. 100.3 de la Ley 39/2015, de 1 de octubre, del Procedimiento Administrativo Común de las Administraciones Públicas (LPAC), al señalar que "*[s]i fuese necesario entrar en el domicilio del afectado o en los restantes lugares que requieran la autorización de su titular, las Administraciones Públicas deberán obtener el consentimiento del mismo o, en su defecto, la oportuna autorización judicial*". En términos similares, aunque incluyendo los "registros", el art. 113 de la Ley 58/2003, de 17 de diciembre, General Tributaria (LGT), dispone que "*[c]uando en las actuaciones y en los procedimientos de aplicación de los tributos sea necesario entrar en el domicilio constitucionalmente protegido de un obligado tributario o efectuar registros en el mismo, la Administración tributaria deberá obtener el consentimiento de aquél o la oportuna autorización judicial*". Por su parte, el art. 142.2 LGT establece que "*[c]uando para el ejercicio de las*

4 STC 99/2021, de 10 de mayo, FJ 3.

5 STC 89/2022, de 29 de junio, FJ 3.

actuaciones inspectoras sea necesario entrar en el domicilio constitucionalmente protegido del obligado tributario, se aplicará lo dispuesto en el artículo 113 de esta Ley". Finalmente, el art. 172.4 del Real Decreto 1065/2007, de 27 de julio, por el que se aprueba el Reglamento General de las actuaciones y los procedimientos de gestión e inspección tributaria y de desarrollo de las normas comunes de los procedimientos de aplicación de los tributos (RGIT), añade que "*[u]na vez finalizada la entrada y reconocimiento, se comunicará al órgano jurisdiccional que las autorizaron las circunstancias, incidencias y resultados*".

La anterior era toda la regulación existente en la materia tributaria hasta que se dictó la sentencia de la Sala de lo Contencioso-administrativo del Tribunal Supremo núm. 1231/2020, de 1 de octubre[6], en la cual se concluyó que la autorización de entrada «debe estar conectada con la existencia de un procedimiento inspector ya abierto y cuyo inicio se haya notificado al inspeccionado», de modo que sin la existencia de ese acto previo «el juez no podrá adoptar medida alguna en relación con la entrada en el domicilio constitucionalmente protegido a efectos de práctica de pesquisas tributarias» (FD 5º). Esta sentencia provocó la inmediata reacción del legislador que aprovecho la Ley 11/2021, de 9 de julio, de medidas de prevención y lucha contra el fraude fiscal, de transposición de la Directiva (UE) 2016/1164, del Consejo, de 12 de julio de 2016, por la que se establecen normas contra las prácticas de elusión fiscal que inciden directamente en el funcionamiento del mercado interior, de modificación de diversas normas tributarias y en materia de regulación del juego, para introducir una precisión en el art. 113 LGT, concretamente, que "*[t]anto la solicitud como la concesión de la autorización judicial podrán practicarse, aun con carácter previo al inicio formal del correspondiente procedimiento, siempre que el acuerdo de entrada contenga la identificación del obligado tributario, los conceptos y períodos que van a ser objeto de comprobación y se aporten al órgano judicial*".

No mejora la regulación existente si acudimos a las leyes procesales aplicables al orden contencioso-administrativo. El art. 91.2 de la Ley Orgánica 6/1985, de 1 de julio, del Poder Judicial (LOPJ), se limita a atribuir a los Juzgados de lo Contencioso-administrativo la competencia para "*autorizar, mediante auto, la entrada en los domicilios y en los restantes edificios o lugares cuyo acceso requiera el consentimiento de su titular, cuando ello proceda para la ejecución forzosa de actos de la Administración*". Y en el mismo sentido se manifiesta el art. 8.6 de la Ley 29/1998, de 13 de julio, reguladora de la Jurisdicción Contencioso-administrativa (LJCA), en la redacción dada por la citada Ley 1/2021, de 9 de julio, al disponer que "*[l]os Juzgados de lo Contencioso-administrativo conocerán también de las autorizaciones para la entrada*

6 Recurso 2966/2019, asunto "Taberna La Montillana, S.L." (ECLI:ES:TS:2020:3023).

en domicilios y otros lugares constitucionalmente protegidos, que haya sido acordada por la Administración Tributaria en el marco de una actuación o procedimiento de aplicación de los tributos aún con carácter previo a su inicio formal cuando, requiriendo dicho acceso el consentimiento de su titular, este se oponga a ello o exista riesgo de tal oposición". Ni una referencia, pues, a los "registros", pese a que sean la consecuencia lógica y necesaria de la propia "entrada".

La desidia legislativa se produce también, aunque con menor énfasis, en la propia materia penal. A este respecto, la Exposición de Motivos del último anteproyecto de Ley de Enjuiciamiento Criminal (2020) apunta textualmente: "*Ningún Gobierno ha negado la necesidad de aprobar una nueva Ley de Enjuiciamiento Criminal que permita la construcción de un sistema de justicia penal moderno y garantista pero esta labor ha sido, una y otra vez, pospuesta o evitada. Decenas de reformas parciales han convertido la Ley de Enjuiciamiento Criminal de 1882, uno de los textos más brillantes de nuestro pasado jurídico, en un cuerpo normativo irreconocible, que, tras setenta y siete modificaciones, cincuenta y cuatro de ellas posteriores a la aprobación de la Constitución, se ha visto, de facto, sustituido por una maraña de normas fragmentarias, encajadas unas con otras por razones coyunturales*" (párrafo segundo del apartado I). Hubo un primer anteproyecto de ley (aprobado por el Consejo de ministros de 22 de julio de 2011 fruto de las tareas del Grupo de Trabajo constituido en el Ministerio de Justicia en mayo de 2010). Sin embargo, la prematura finalización de la legislatura impidió su envío a las Cortes Generales para su tramitación. No obstante, tras las elecciones generales, el Consejo de ministros de 2 de marzo de 2012 acordó la creación una Comisión Institucional a la que dio el encargo de elaborar un texto articulado de Ley de Enjuiciamiento Criminal. De los trabajos de esa comisión resultó una Propuesta de Código Procesal Penal de 2013 la cual, sin embargo, no llegó a plasmarse en un texto prelegislativo, salvo alguno de sus contenidos (como las diligencias de "investigación tecnológica"') que dieron lugar a la Ley Orgánica 13/2015, de 5 de octubre, de modificación de la Ley de Enjuiciamiento Criminal para el fortalecimiento de las garantías procesales y la regulación de las medidas de investigación tecnológica, que introdujo un nuevo Título VIII ("*De las medidas de investigación limitativas de los derechos reconocidos en el artículo 18 de la Constitución*") y, concretamente y en lo que ahora interesa, con el "*registro de dispositivos de almacenamiento masivo de información*" (nuevo art. 588 *sexies*). Con esta reforma se ha tratado de fortalecer los derechos procesales de los ciudadanos "*de conformidad con las exigencias del Derecho de la Unión Europea y la regulación de las medidas de investigación tecnológica en el ámbito de los derechos a la intimidad, al secreto de las comunicaciones y a la protección de datos personales garantizados por la Constitución*" (apartado II de la Exposición de Motivos de la Ley Orgánica 13/2015)[7].

La situación es tan rocambolesca que la Ley de Enjuiciamiento Criminal (LECrim) actualmente vigente (aprobada por el Real Decreto de 14 de septiembre de 1882) exige para las entradas y registros en su art. 550, "*el consentimiento del interesado conforme se previene en el artículo 6º de la Constitución*", a saber, la de Monarquía española de 1876, en tiempo del rey Alfonso XII[8]. De hecho, el art. 545 art. 545 LECrim es una réplica de la primera previsión del art. 6 de ese Texto Constitucional. Pues bien, al margen de esta curiosa "licencia histórica" del texto vigente, la falta de iniciativa legislativa provoca una serie de problemas necesitados de una pronta solución, como el de la forma de prestación del consentimiento, el de la necesaria participación de los letrados de la Administración de Justicia en el registro, el de la intervención del fiscal durante el procedimiento o el de la exigencia de un acta que recoja las vicisitudes del registro. Es cierto que la participación de los letrados de la Administración de Justicia ha sido prevista (en materia penal) por la Ley 22/1995, de 17 de julio, mediante la que se garantiza la presencia judicial en los registros domiciliarios, al modificar el párrafo cuarto del art. 569 LECrim para prever que "*[e] l registro se practicará siempre en presencia del Secretario del Juzgado o Tribunal que lo hubiera autorizado, o del Secretario del servicio de guardia que le sustituya, quien levantará acta del resultado, de la diligencia y de sus incidencias y que será firmada por todos los asistentes*"[9]. Y también lo es que la participación del fiscal ha venido siendo

---

7 En la página web del Ministerio de Justicia puede consultarse la "Versión para información pública": https://www.mjusticia.gob.es/es/AreaTematica/ActividadLegislativa/Documents/210126%20ANTEPROYECTO%20LECRIM%202020%20INFORMACION%20PUBLICA%20(1).pdf

8 Cuyo contenido disponía: "*Nadie podrá entrar en el domicilio de ningún español, o extranjero residente en España, sin su consentimiento, excepto en los casos y en la forma expresamente previstos en las leyes. El registro de papeles y efectos se verificará siempre a presencia del interesado o de un individuo de su familia, y en su defecto, de dos testigos vecinos del mismo pueblo*".

9 Eso sí, de producirse su ausencia durante el registro solo se producirá una irregularidad procesal. Aunque la entrada en un domicilio autorizada judicialmente sin la presencia del secretario judicial invalida el acta de la intervención, su resultado puede incorporarse al proceso a través de la testifical de quienes estuvieron presentes. En efecto, «la ausencia del Secretario Judicial constituye, en su caso, una irregularidad procesal que, desde la perspectiva constitucional, no afecta al derecho fundamental a la inviolabilidad del domicilio», dado que «una vez obtenido el mandamiento judicial, la forma en que la entrada y registro se practiquen, las incidencias que en su curso puedan producirse y los excesos o defectos en que incurran quienes lo hacen, se mueven siempre en otra dimensión, el plano de la legalidad» (STC 171/1999, de 27 de

deducida de la previsión del art. 306 LECrim cuando señala que "*los Jueces de instrucción formarán los sumarios de los delitos públicos bajo la inspección directa del Fiscal del Tribunal competente*" quien la ejercerá "*por sí o por medio de sus auxiliares al lado del Juez Instructor*". Pero, en la práctica administrativa, salvo excepciones, ni se da traslado por el órgano judicial autorizante al ministerio fiscal, ni se persona el letrado de la Administración de Justicia durante el desarrollo de la entrada y registro, ni, en fin, se levanta un acta sobre su resultado [por mucho que lo exijan los arts. 588 bis g) LECrim y 172.4 RGIT][10].

---

septiembre, FJ 11; y, en el mismo sentido, SSTC 133/1995, de 25 de septiembre, FJ 4; y 94/1999, de 31 de mayo, FJ 3). De este modo, «el eventual incumplimiento de las normas procesales donde se imponen ese tipo de requisitos, no habría tampoco transcendido al plano de la constitucionalidad, pues sus efectos se producen en el ámbito de la validez y eficacia de los medios de prueba y no en el del derecho a la inviolabilidad domiciliaria» (STC 94/1999, de 31 de mayo, FJ 3). Dicho de otro modo «la ausencia del secretario judicial, cuando su presencia viene exigida por la normativa procesal, determina la nulidad del acto como actuación procesal, privándole de su carácter de prueba anticipada o preconstituida y al del acta en que se recoge su resultado, pues la ausencia de la fe pública legalmente exigida le priva de autenticidad y valor probatorio pero no constituye una violación del derecho constitucional a la inviolabilidad del domicilio–al estar amparada la intervención domiciliaria por una autorización judicial válida, que es lo que se exige constitucionalmente- y en consecuencia no determina el efecto prevenido en el art. 11.1. LOPJ para cualquier contenido probatorio que se derive directa o indirectamente de la violación de un derecho fundamental, por lo que nada impide que mediante otros medios de prueba complementarios se evidencie la ocupación de los efectos intervenidos en el domicilio registrado con autorización judicial (STS 183/2005, de 18-2, 408/2006 de 12-4), pudiendo suplirse tal defecto con la declaración de los intervinientes en el registro en dicho acto, por ejemplo, funcionarios de policía (STS 21-11-94, 14-11-97)» [STS -Penal- 360/2022, de 7 de abril, FD 2º (recurso 3329/2020; ECLI:ES:TS:2022:1449); y también STS -Penal- 39/2022, de 20 de enero, FD 4º (recurso 1569/2020; ECLI:ES:TS:2022:38)].

10 Pese a que el art. 172.4 RGIT exige que *"[u]na vez finalizada la entrada y reconocimiento, se comunicará al órgano jurisdiccional que las autorizaron las circunstancias, incidencias y resultados", la Administración tributaria incumple sistemáticamente esta exigencia, y ello cuando está desarrollando en la investigación funciones de "policía judicial" (de hecho), respecto de las que el art. 588 bis g) exige que informe al juez "del desarrollo y los resultados de la medida".* Esto lo viene denunciando el Tribunal Supremo en los últimos años al señalar que en los registros ni se levanta acta de constancia por funcionario alguno, ni se da cuenta al juez autorizante del resultado del registro: «Este trámite, habitualmente omitido, es esencial en la medida en que permite al juez de la autorización controlar la regularidad de ésta ex post facto, esto es, desde el punto de vista de la sujeción de la práctica de la prueba a los términos subjetivos, objetivos y temporales que operan como condición en el auto de entrada. Si no la Administración tiene un poder libérrimo e incontrolable si quiere llevarla a término sin documentarla y sin atenerse a

Como tiene dicho el Tribunal Supremo «la autorización de entrada es un acto judicial, pero al mismo tiempo también es un trámite o acto-condición incrustado en un procedimiento administrativo. No existe un procedimiento judicial contradictorio. Se ejecuta por la Administración, no por el órgano judicial, y sin la presencia del fedatario público judicial. Resultando excepcional que la jurisdicción contencioso-administrativa no revise un acto de la administración sujeto al Derecho Administrativo, sino simplemente se fiscalizan decisiones judiciales»[11]. Resulta, sin embargo, que la forma de prestación del consentimiento es fundamental para su validez (previo, informado y libre), sobre todo, si la eventual autorización judicial otorgada de forma preventiva fuese nula por adolecer de vicios invalidantes (como, por ejemplo, por la falta de una adecuada motivación/ ponderación); que la participación del letrado de la Administración de Justicia es imprescindible para asegurar el cumplimiento de las formalidades legales (garantía de legalidad), la certeza de lo acaecido durante el registro (garantía de autenticidad) y la seguridad de que la intromisión en el derecho se ha llevado a cabo dentro de los términos establecidos por el

una captación selectiva y respetuosa de información de los titulares de los domicilios o de terceros» [SSTS -Contencioso- 1027/2021, de 14 de julio, FD 3º (recurso 3895/2020; ECLI:ES:TS:2021:2982); y 1361/2021, de 23 de noviembre, FD 3º (recurso 5060/2020; ECLI:ES:TS:2021:4397)]. En efecto, «no se documentó, en absoluto, en un acta u otro documento firmado por funcionario responsable de la actuación administrativa en la entrada, con indicación de la práctica e incidencias de la entrada y registro, con vulneración de los artículos 143.2 LGT, 172 a 175 RGAT y 36 y 53 de la Ley 39/2015, del Procedimiento Administrativo Común, de todos los cuales se desprende la idea de que toda actuación de la Administración -salvo aquellas derivadas de su propia naturaleza- debe ser documentada» [STS -Contencioso- 1099/2022, de 26 de julio, FD 3º (recurso 5427/2020; ECLI:ES:TS:2022:3162)]; «la actuación de la Administración ha bordeado, cuando menos, la vía de hecho, si es que no incurre en ella, dado el alejamiento, no sólo de los términos del auto legitimador, sino de cualquier atisbo de objetividad y respeto a los derechos del registrado y de terceros: a) no se levantó acta de constancia por funcionario alguno (en contra de lo estatuido en los arts. 175 y 176 RGAT). Esto es, estamos ante una actuación meramente material de cuyo resultado no hay constancia directa, salvo en sus efectos posteriores, lo que sólo puede aceptarse y rebatirse creyendo a la Administración si asegura que la diligencia fue correcta, pues no existe posibilidad alguna de reaccionar frente al modo de captación de la información de terceros» [SSTS -Contencioso- 1361/2021, de 23 de noviembre, FD 3º (recurso 5060/2020; ECLI:ES:TS:2021:4397); y -Contencioso- 1027/2021, de 14 de julio, FD 3º (recurso 3895/2020; ECLI:ES:TS:2021:2982)].

11 STS -Contencioso- 1422/2022, de 2 de noviembre, FD 4º [recurso 7353/2020 (ECLI:ES:TS:2022:4016)].

mandato judicial autorizante (garantía judicial) [Sánchez Melgar, 2004][12]; que la intervención del fiscal es obligada dado que es quien debe velar "*por el respeto de las instituciones constitucionales y de los derechos fundamentales y libertades públicas con cuantas actuaciones exija su defensa*" (según el art. 3.3 de la Ley 50/1981, de 30 de diciembre, por la que se regula el Estatuto Orgánico del Ministerio Fiscal)[13]; y que el levantamiento de un acta de registro es necesaria para que el juez autorizante controle su legalidad (que se haya ajustado a los términos de la autorización concedida) y su resultado (en particular, la posible aparición de hallazgos casuales).

II. LAS POTESTADES DE INVESTIGACIÓN DE HECHOS CON RELEVANCIA PENAL EN SEDE ADMINISTRATIVA: LA AUSENCIA DE UNA ATRIBUCIÓN EXPRESA A LA ADMINISTRACIÓN TRIBUTARIA

Las entradas y registros se producen en el seno de actuaciones de comprobación e inspección (arts. 113 y 142.2 LGT), la mayoría de las cuales terminan con la imposición de una sanción tributaria y unas pocas con el traslado del tanto de culpa a la jurisdicción penal. Sin embargo, la Administración tributaria carece de la competencia para la investigación de los hechos eventualmente constitutivos de delito porque las potestades inspectoras están destinadas a la comprobación "*de la veracidad y exactitud de las declaraciones*", a la "*investigación de los supuestos de hecho de las obligaciones tributarias*" y a la "*realización de actuaciones de obtención de información relacionadas con la aplicación de los tributos*" (art. 141 LGT). El objeto del procedimiento inspector recae en "*comprobar e investigar el adecuado cumplimiento de las obligaciones tributarias*" (art. 145.1 LGT), que no en investigar en sede administrativa hechos con trascendencia penal y, ni mucho menos, en "instruir" procedimientos administrativos con resultado de delito.

Aunque el legislador no ha atribuido a la Administración tributaria las competencias necesarias para la investigación de conductas penales, le exige en la práctica la elaboración de un informe que recoja los hechos que se

---

12 También STS -Penal- 360/2022, de 7 de abril, FD 2º (recurso 3329/2020; ECLI:ES:TS:2022:1449)].

13 En la actualidad, la intervención del fiscal en materia administrativa depende de la entera voluntad del órgano judicial autorizante, siendo muy pocos los juzgados que le dan traslado para informe.

estimen constitutivos de un eventual delito contra la Hacienda Pública [arts. 95.3 LGT y 100.2.b) RGI] con carácter previo al traslado de las actuaciones a la jurisdicción penal. Y para cumplir con esa exigencia legal la finalidad de su actuación deja de ser la de la investigación de hechos fiscales "con relevancia tributaria" (labor comprobadora) para pasar a ser la del descubrimiento de aquellos que tengan "relevancia penal" (labor inquisitiva). Es el propio legislador el que está situando a la Administración en la posición de ejercer en una fase preprocesal unas potestades que expresamente no le atribuye, obligándole a efectuar pseudo-instrucciones penales en sede administrativa. Por esta razón, siendo absolutamente necesario que la Administración tributaria pueda desarrollarlas, el legislador tiene que dotarla expresamente de las potestades necesarias y suficientes, pues la DA 19ª LGT[14] -a la que apela sistemáticamente la AEAT para justificar sus actuaciones- no supone, en modo alguno, la atribución de competencias investigadoras del delito. Se refiere exclusivamente a la "*investigación patrimonial de los sujetos afectados o relacionados con un proceso por delito contra la Hacienda Pública*", como así lo apunta textualmente la propia Exposición de Motivos de la Ley 7/2012, de 29 de octubre, de modificación de la normativa tributaria y presupuestaria y de adecuación de la normativa financiera para la intensificación de las actuaciones en la prevención y lucha contra el fraude.

Por la anterior razón, es necesario dotar a la Administración tributaria de funciones propias de la "policía judicial" (como sucede en Alemania, Bélgica o Italia) o crear dentro de ella un órgano especializado con atribuciones específicas para la investigación de los indicios de delito (como ocurre en Francia, Países Bajos o Portugal) [Moreno Corte, 2022]. Eso sí, esa atribución debe hacerse por la ley y de una forma clara y directa. No sirven, a estos efectos, atribuciones como la que se ha hecho al "Servicio de Vigilancia Aduanera" (o "Dirección Adjunta de Vigilancia Aduanera") cuyas funciones de investigación de los delitos se anuda a la DA 1ª de la Ley Orgánica 12/1995, de 12 de diciembre, de Represión del Contrabando, que dispone que, en la investigación, persecución y represión de los delitos

---

14 Esta disposición establece que "*en los procesos por delito contra la Hacienda Pública, y sin perjuicio de las facultades que corresponden a las unidades de la Policía Judicial, los órganos de recaudación de la Agencia Estatal de Administración Tributaria mantendrán la competencia para investigar, bajo la supervisión de la autoridad judicial, el patrimonio que pueda resultar afecto al pago de las cuantías pecuniarias asociadas al delito*".

de contrabando, "*actuará en coordinación con las Fuerzas y Cuerpos de Seguridad del Estado y tendrá, a todos los efectos legales, carácter colaborador de los mismos*"[15].

No hay que olvidar que «[e]l conocimiento de los hechos constitutivos de infracción penal» es «competencia exclusiva» del orden jurisdiccional penal, de manera que «tratándose de infracciones penales, la capacidad para investigarlas a partir del momento en que aparecen indicios de que se ha producido un hecho delictivo corresponde, por tanto, a la autoridad judicial y, en su caso, al Ministerio Fiscal» auxiliados «por la policía judicial en sus funciones de indagación del delito bajo la dependencia de jueces, tribunales y el Ministerio Fiscal»[16]. Por su parte, el art. 283 LECrim atribuye la condición de "*Policía judicial*", como "*auxiliares de los Jueces y Tribunales competentes en materia penal y*

---

15 En el anteproyecto de ley de Contrabando de 1994, el apartado segundo de la disposición adicional única establecía que "*el Servicio de Vigilancia Aduanera tendrá la consideración de Cuerpos y Fuerzas de Seguridad a los efectos del descubrimiento y persecución de los delitos de contrabando, contra la Hacienda Pública y cualesquiera otros públicos cuya persecución le sea encomendada por Ley*". En la Memoria del anteproyecto se justificaba la atribución de esa condición para amparar "*de modo inequívoco la actuación en esta materia de los funcionarios del Servicio de Vigilancia Aduanera y permita optimizar los resultados, dando cobertura legal a unas actuaciones que ya realizan*". En el informe del Consejo General del Poder Judicial de 21 de septiembre de 1994 al citado anteproyecto se avisaba de las disfunciones que podía provocar "*la dependencia orgánica de dicho Servicio de un Departamento ministerial distinto del Ministerio de Justicia e Interior*". Finalmente, la anterior redacción desapareció del proyecto de ley. Sin embargo, durante la tramitación parlamentaria hubo diferentes grupos parlamentarios que solicitaron la atribución expresa al "*Servicio de Vigilancia Aduanera*" de funciones de "*policía judicial*". *Pueden verse, en este sentido, las intervenciones de los diputados Sres. González de Txabarri Miranda (Grupo Vasco), Vázquez Romero (Grupo Federal de Izquierda Unida-Iniciativa per Catalunya), Cava de Llano y Carrio (Grupo Popular) y Mardones Sevilla (Grupo de Coalición Canaria), en defensa, respectivamente, de las enmiendas núms. 1 (que pretendía "dotar de la necesaria cobertura jurídica a los funcionarios de Aduanas"* que actúan "*muchas veces de hecho como policía judicial*"*),* 11 (para dotarle "*de la consideración de policía judicial*"*),* 18 (para dotarle de la condición de "*cuerpo de Seguridad del Estado y de policía judicial*"*)* y 36 (para darle "*la consideración de policía judicial*" *y* "*otorgarle todos los derechos y posibilidades técnicas que el ordenamiento vigente atribuye al resto de las fuerzas de seguridad del Estado*"*)* [Boletín Oficial de las Cortes Generales, Congreso de los Diputados, V Legislatura, Serie A: Proyectos de ley, núm. 93-8, 15 de marzo de 1995, Enmiendas, núms. 1 (Grupo Vasco/Grupo Mixto), 11 (Grupo Federal IU-IC), 18 (Grupo de Coalición Canaria), 21 (Grupo Socialista), 27 (Grupo Catalán), 28 (Grupo Catalán), 29 (Grupo Catalán) y 36 (Grupo Popular); y Diario de Sesiones del Congreso de los Diputados, Comisiones, V Legislatura, núm. 526, sesión núm. 45 de 19 de junio de 1995 (págs. 16079, 16080, 16081 y 16087); y núm. 166, sesión plenaria núm. 164 de 14 de septiembre de 1995 (págs. 8881, 8883, 8884, y 8887 a 8889)].

16 STC 85/2018, de 19 de julio, FJ 5.

del Ministerio fiscal", a efectos de la investigación de los delitos y persecución de los delincuentes, entre otros, a las "*autoridades administrativas encargadas de la seguridad pública y de la persecución de todos los delitos o de algunos especiales*".

Tanto la Sala de lo Penal del Tribunal Supremo[17] como la Fiscalía General del Estado[18], han entendido que de la DA 1ª de la Ley Orgánica 12/1995 deriva que el "Servicio de Vigilancia Aduanera", aunque "no constituye policía judicial en sentido estricto", sí lo es "en sentido genérico del art. 283 de la LECrim". De este modo, existe una "policía judicial genérica" o de "primer grado", entre la que se encontraría el "Servicio de Vigilancia Aduanera" o los "agentes forestales"[19], como medios auxiliares de la Justicia a los que se refiere el art. 283 LECrim, y una "policía judicial específica" o en "sentido estricto", que serían las unidades de las fuerzas y cuerpos de seguridad del Estado (con la colaboración de la policía de las comunidades autónomas y de las corporaciones locales)[20], "*que dependerán funcionalmente de las autoridades judiciales y del Ministerio Fiscal en el desempeño de todas las actuaciones que aquéllas les encomienden*" (art. 548.1 LOPJ) y a las que corresponde, entre otras funciones, "*[l]a averiguación acerca de los responsables y circunstancias de los hechos delictivos*", "*[e]l auxilio a la autoridad judicial y fiscal en cuantas actuaciones deba realizar*" y "*[l]a realización material de las actuaciones que exijan el ejercicio de la coerción y ordenare la autoridad judicial o fiscal*" [art. 549.1 a), b) y c) LOPJ]. Y no cabe duda alguna de que entre esas funciones se halla la entrada y registro en el domicilio de los obligados tributarios cuando estos no presten el consentimiento y sea necesaria la autorización judicial.

En fin, ha sido el Anteproyecto de LECrim de 24 de noviembre de 2020 el que ha aludido "*a la posibilidad excepcional y por disposición de una norma con rango de ley de que determinadas funciones investigadoras se ejerzan por agentes de*

---

17 Acuerdo del pleno no jurisdiccional de la Sala Segunda del Tribunal Supremo de 14 de noviembre de 2003 sobre la cuestión "¿El Servicio de Vigilancia Aduanera es policía judicial?".

18 Instrucción 1/2008, de 7 de marzo, sobre la dirección del Ministerio Fiscal de las actuaciones de Policía Judicial [Ref. FIS-I-2008-00001 (2008/03/07)].

19 El párrafo q) del art. 6 de la Ley 43/2003, de 21 de noviembre, de Montes, modificado por la Ley 10/2006, de 28 de abril, ha atribuido la condición de Policía Judicial "en sentido genérico" a los agentes forestales, según la propia Instrucción 1/2008, de 7 de marzo, sobre la dirección del Ministerio Fiscal de las actuaciones de Policía Judicial [letra A) de su apartado II "El sistema español de Policía Judicial"].

20 Policía a la que se refieren los arts. 548 y siguientes de la Ley Orgánica 6/1985, de 1 de julio, del Poder Judicial, y 29 y siguientes de la Ley Orgánica 2/1986, de 13 de marzo, de Fuerzas y Cuerpos de Seguridad.

la autoridad que no pertenezcan a estas fuerzas y cuerpos. Se acepta, así, la noción de policía judicial genérica que se ha consolidado en la práctica y que ha permitido la actuación puntual de unidades especializadas, como el Servicio de Vigilancia Aduanera". "*Se admite igualmente la incorporación, como actos realizados en funciones de policía, de las actuaciones inspectoras previamente realizadas por cuerpos y servicios administrativos*" cuando "*una norma con rango de ley lo disponga así en cada caso concreto*" (apartado XX de su Exposición Motivos).

No cabe duda alguna de que ha llegado el momento de atribuir expresamente la condición de policía judicial "en sentido estricto", no solo al Servicio de Vigilancia Aduanera ("Dirección Adjunta de Vigilancia Aduanera"), sino también a unidades especializadas de la Agencia Tributaria (como la "Unidad de apoyo a la Fiscalía Especial contra la Corrupción y la Criminalidad Organizada"), para que, bajo el control judicial y la dirección del fiscal, tengan la potestad de investigar legal y legítimamente hechos fiscales con trascendencia penal (hechos susceptibles de ser constitutivos de un delito contra la Hacienda Pública [Moreno Corte, 2022].)[21].

---

21 La AEAT define sus funciones de "Colaboración en el ámbito de los delitos contra la Hacienda Pública" del siguiente modo: "*Actuaciones anteriores a la iniciación del proceso penal. Las actuaciones de comprobación que desarrolla la Agencia Tributaria a través del procedimiento de inspección pueden poner de manifiesto hechos susceptibles de ser constitutivos de un delito contra la Hacienda Pública. En tal caso, una vez ultimada la actuación de la Agencia Tributaria, da lugar a la elaboración de un informe detallado por el actuario y a la presentación de las correspondientes denuncias y querellas. Adicionalmente, la Agencia Tributaria también presenta denuncias por la existencia de indicios de fraude fiscal tras la realización de actuaciones de investigación por los órganos de Inspección, sin que se haya iniciado un procedimiento de comprobación. Actuaciones durante el proceso penal. Durante el proceso penal, son numerosas las solicitudes de colaboración de la Agencia Tributaria por parte de los órganos jurisdiccionales, bien a través de un auxilio judicial, bien a través de peritajes, en causas por delitos contra la Hacienda Pública, materia en la que sus funcionarios son plenamente competentes*". (https://sede.agenciatributaria.gob.es/Sede/informacion-institucional/memorias/memoria-2021/4-principales-actuaciones/4_2-control-fraude-tributario-aduanero/4_2_4-colaboracion-at-organos-jurisdiccionales.html).

III. LA DETALLADA REGULACIÓN DE LA LEY DE ENJUICIAMIENTO CRIMINAL: SU IMPRESCINDIBLE APLICACIÓN ANALÓGICA

Hasta el año 1998 el juez de instrucción era el garante del derecho fundamental a la inviolabilidad del domicilio, también para las entradas en el seno de los procedimientos administrativos, aplicando las exigencias de la LECrim[22]. La atribución de la competencia para controlar la entrada en el domicilio constitucionalmente protegido por el art. 8.6 de la entonces nueva Ley 29/1998, de 13 de julio, reguladora de la Jurisdicción Contencioso-administrativa (y en coherencia con ella, también por el art. 91.2 la Ley Orgánica 6/1998, de 13 de julio, de reforma de la Ley Orgánica del Poder Judicial), no se hizo para relativizar las garantías del control judicial, sino para llevar la tutela judicial al ámbito material en el que se producían las injerencias en los derechos fundamentales: en la actividad de la Administración. Atribuida, pues, la competencia a los jueces de lo contencioso-administrativo, su papel de garantes en la protección de los derechos fundamentales es el mismo que el de los jueces de instrucción, pues en ambos casos nos hallamos ante investigaciones para las que son necesarias las entradas y registros en el domicilio constitucionalmente protegido de los ciudadanos, unas, en el seno de un proceso penal que pueden concluir con una condena, y otras, en el ámbito de un proceso administrativo que puede terminar con la imposición de una sanción (en el mejor de los escenarios) o desembocar en el traslado del tanto de culpa a la jurisdicción penal (y, en su caso, con la imposición de una pena).

Como se ha señalado, «la LJCA se limita a atribuir esta competencia a los juzgados, como hemos visto, sin establecer una regulación del procedimiento o de las características de la autorización, de manera que, para suplir esta omisión, ha sido la jurisprudencia del Tribunal Constitucional y de los tribunales del orden contencioso-administrativo la que progresivamente ha configurado sus principales contornos jurídicos y procesales»[23]. Siendo cierta la anterior afirmación, también lo que es que la mera atri-

---

22 De la misma manera que es el garante "en los delitos contra la Hacienda Pública" en relación con la suspensión de las actuaciones de ejecución de la "*liquidación vinculada al delito*" prevista en los arts. 250 LGT y 305.5 CP [arts. 621 bis y ter LECrim (introducidos por la Ley 34/2015, de 21 de septiembre, de modificación parcial de la Ley 58/2003, de 17 de diciembre, General Tributaria)].

23 STSJ -Contencioso- de Andalucía 3016/2022, de 12 de julio, FD 4º [recurso 296/2022 (ECLI:ES:TSJAND:2022:10549)].

bución de la competencia para autorizar las entradas a los jueces de lo contencioso-administrativo, sustrayéndoselas a los de instrucción, no les habilita a desconocer las garantías legalmente establecidas. Carece de todo fundamento jurídico señalar que el juez de contencioso-administrativo cuenta con un poder no reglado y que, sin embargo, el de instrucción, tiene que constreñir su actuación a los parámetros legalmente establecidos. Es importante no olvidar que «el juez ha de ser garante de éstos, no pasivo brazo ejecutor de la Administración, lo que queda reforzado si se advierte que esa tutela judicial se ha de dispensar en un ámbito procesal donde las garantías de audiencia y contradicción escasean, son mínimas para el titular del derecho en juego y sólo pueden desplegarse una vez consumada la entrada en el domicilio, por lo que la afectación del art. 18.2 CE engloba también, por necesaria conexión, la de la tutela judicial que, por mandato constitucional, ha de ser efectiva (art. 24.1 (CE)»[24].

En nuestro sistema constitucional de derechos y garantías no caben compartimentos al margen del ordenamiento jurídico constitucional. La unidad de la Constitución y del ordenamiento jurídico impide su división en parcelas estancas, impermeables las unas a las otras. La Constitución «no es la suma y el agregado de una multiplicidad de mandatos inconexos, sino precisamente el orden jurídico fundamental de la comunidad política, regido y orientado a su vez por la proclamación de su art. 1, en su apartado 1, a partir de la cual debe resultar un sistema coherente en el que todos sus contenidos encuentren el espacio y la eficacia que el constituyente quiso otorgarles»[25]. Los principios constitucionales tienen un valor propio, siendo los mismos con independencia de la materia sobre la que se proyecten, sin perjuicio de que su aplicación concreta se haga con los matices que sean necesarios en cada caso. Cada principio cobra valor en una materia en función de las demás y en tanto sirva para promover los valores superiores del ordenamiento jurídico que propugna el Estado social y democrático de derecho[26]. No tienen, pues, un contenido distinto según el ámbito material sobre el que se proyectan, aunque sí podrán tener una intensidad diferente en función de las circunstancias concurrentes. No es lo mismo acceder a un domicilio a la "búsqueda de prueba" con la que corroborar las sospechas en la comisión de un ilícito (administrativo o penal), que para desalojar una vivienda ilegal-

---

24 STS -Contencioso- 1307/2022, de 14 de octubre, FD 3º [recurso 3410/2020 (ECLI:ES:TS:2022:3808)].

25 STC 206/1992, de 27 de noviembre, FJ 3.

26 STC 104/2000, de 13 de abril, FJ 6.

mente ocupada. No es tampoco lo mismo acceder a la intimidad corporal de una persona (un cacheo integral) que a sus datos económicos. Por tanto, aunque la protección que dispensa la Constitución es única, sin embargo, su intensidad varía en función de las circunstancias.

Según el art. 3.1 del Código Civil las normas se interpretarán "*en relación con el contexto..., atendiendo fundamentalmente al espíritu y finalidad de aquellas*". Habiendo una regulación detallada (*ex* art. 53.1 CE) sobre la forma de llevar a cabo las entradas y registros en el domicilio constitucionalmente protegido de los ciudadanos (LECrim), ninguna duda debería caber sobre su aplicación analógica a las entradas y registros que se efectúen en el seno de los procedimientos de inspección, con todas las matizaciones que sean necesarias. Y ello porque la actividad de investigación concluye, en la mayoría de los supuestos, con una sanción tributaria, y, en un número pequeño, pero en ningún caso desdeñable, con el traslado del tanto de culpa a la jurisdicción penal (en el supuesto más habitual, por delitos contra la Hacienda pública del art. 305 del Código Penal), siendo necesario para la comprobación de los indicios existentes la entrada y el registro domiciliario[27]. No hay que olvidar que «[e]l procedimiento de la inspección tributaria tiene una naturaleza inquisitiva y cumple, en su ámbito, la función de investigar y documentar el resultado de las pesquisas o averiguaciones, como medio de prueba en un procedimiento posterior, que normalmente será el de liquidación pero que muy bien pudiera desembocar en otro sancionador e incluso penal por delito fiscal»[28] y que «el acta de la Inspección contiene la constatación de unos hechos de los cuales se infiere una *notitia criminis* suficiente para la apertura de un proceso penal»[29].

---

27 Según la Memoria 2020 de la Agencia Tributaria, los delitos fiscales denunciados por las áreas de Inspección Financiera y Tributaria y de Aduanas e Impuestos Especiales fueron 177 en 2019 (con una cuantía total de 256,8 millones de euros) y 168 en 2020 (con una cuantía total de 178,7 millones de euros). Ahora bien, según recoge ese informe: "Los datos de denuncias por delito contra la Hacienda Pública no incluyen los correspondientes a investigaciones para la denuncia temprana de delitos que se producen sin la instrucción previa de procedimientos administrativos de comprobación. Se trata de operaciones judicializadas que cuentan con la participación de los servicios de Inspección como denunciante y/o auxilio judicial". En la Memoria 2021 los delitos denunciados ascendieron a 179 (con una cuantía total de 156,31 millones de euros). Además, "las investigaciones para la denuncia temprana de delitos que se producen sin la instrucción previa de procedimientos administrativos de comprobación" ascendieron a 11.

28 STC 50/1995, de 23 de febrero, FJ 6.

29 STC 76/1990, de 26 de abril, FJ 8 B).

Por esa razón, tanto las garantías materiales que para el ejercicio de la potestad sancionadora establece el art. 25.1 CE como las garantías procedimentales previstas en el artículo 24.2 CE en orden al ejercicio del derecho de defensa del imputado, son de aplicación a toda manifestación del *ius puniendi* del Estado, en la medida necesaria para preservar los valores esenciales del Estado de derecho. Ahora bien, no se trataría de «trasladar mecánicamente garantías y conceptos propios del orden penal a actuaciones y procedimientos administrativos distintos y alejados del mismo»[30], sino únicamente de aplicar las garantías y los conceptos propios de derechos a situaciones como «al procedimiento de la inspección tributaria, con una semejanza tan notable a la instrucción sumarial en los aspectos que tocan al casi inevitable desencadenamiento de la potestad sancionadora o del tanto de culpa a la propia jurisdicción penal»[31]. La unidad del ordenamiento punitivo del Estado, del que tanto el derecho penal como el administrativo sancionador son meras manifestaciones, exige una aplicación homogénea de los principios consagrados en 24.2 y 25.1, ambos de la CE.[32]. En efecto, «nuestra Constitución no ha excluido la existencia de una potestad sancionadora de la Administración, sino que, lejos de ello, la ha admitido en el artículo 25, apartado tercero, aunque, como es obvio, sometiéndole a las necesarias cautelas, que preserven y garanticen los derechos de los ciudadanos»[33], razón por la cual, las garantías contenidas en el art. 24.2 C.E. «son, en principio y con las oportunas modulaciones, aplicables al procedimiento administrativo sancionador, dado que también éste es manifestación del ordenamiento punitivo del Estado»[34]. Y no hay que descuidar que «las medidas restrictivas de los derechos fundamentales han de reducirse al mínimo indispensable, adoptando en su ejecución las cautelas imprescindibles al efecto, bajo la salvaguardia del Juez»[35].

Para el Tribunal Constitucional, de la misma manera que existe razón «para que se extienda el ámbito de la norma [LOPJ], por vía analógica ante el silencio de la Ley, al procedimiento de inspección tributaria, con una semejanza tan notable a la instrucción sumarial»[36], la misma aplicación analógica debe hacerse de «nuestra Ley de Enjuiciamiento Criminal

---

30 STC 76/1990, de 26 de abril, FJ 10.

31 STC 50/1995, de 23 de febrero, FJ 6.

32 STC 18/1981, de 8 de junio, FJ 2.

33 STC 77/1983, de 3 de octubre, FJ 2.

34 STC 3/1999, de 26 de enero, FJ 4.

35 STC 50/1995, de 23 de febrero, FJ 7.

36 STC 50/1995, de 23 de febrero, FJ 5.

[que] se pronuncia en el mismo sentido, desde 1882, para los registros domiciliarios, dentro de la fase de instrucción en causas por delitos, actividad investigadora cuya semejanza con la inspectora... desemboca frecuentemente en un procedimiento sancionador y puede terminar en manos del Fiscal por un eventual delito tributario»[37]. Por esa razón, la posición de juez ante la autorización de entrada en el domicilio particular es la de protector del derecho fundamental a la inviolabilidad del domicilio «garantizando al tiempo que esa irrupción en el ámbito de la intimidad se produzca sin más limitaciones de esa (o de otros derechos fundamentales de los ocupantes) que aquellas que sean estrictamente indispensables para ejecutar la resolución administrativa»[38]; «intervención de la autoridad judicial que, aunque inserta en un procedimiento administrativo, como en este caso el de inspección tributaria, no puede entenderse como automática», debiendo tratarse «de una resolución motivada, exigencia que en el art. 558 de la Ley de Enjuiciamiento Criminal encuentra general formulación y que el art. 87.2 de la Ley Orgánica del Poder Judicial reproduce para los supuestos de ejecución forzosa de actos de la Administración»[39].

Existen órganos de la jurisdicción ordinaria que también han entendido aplicables las previsiones de la LECrim a las entradas administrativas en los procedimientos de gestión e inspección, hasta el punto de que su incumplimiento provocaría la invalidez de la prueba irregularmente obtenida: «[l]a Administración tributaria no puede realizar válidamente comprobaciones, determinar liquidaciones o imponer sanciones a un obligado tributario tomando como fundamento fáctico de la obligación fiscal supuestamente incumplida los documentos o pruebas incautados como consecuencia de un registro practicado en el domicilio de terceros (aunque se haya autorizado la entrada y registro por el juez de esta jurisdicción), cuando tales documentos fueron considerados nulos en sentencia penal firme, por estar incursos en vulneración de derechos fundamentales en su obtención, al no haberse efectuado el registro conforme a las exigencias de la LECrim» [40]. Hay otros, sin embargo, que consideran que no son

---

37 STC 50/1995, de 23 de febrero, FJ 7.

38 STC 144/1987, de 23 de septiembre, FJ 2.

39 ATC 129/1990, de 26 de marzo, FJ 5.

40 STS -Contencioso- 1099/2022, de 26 de julio, FD 5º [recurso 5427/2020 (ECLI:ES:TS:2022:3162)]. Esta sentencia confirmó la anulación de la prueba obtenida en un registro con autorización judicial porque no solo «[l]os funcionarios de la Agencia Tributaria que practicaron el registro incurrieron en exceso en relación con los términos de la autorización judicial», sino que «[e]l registro

trasladables las garantías legales de la LECrim para las entradas penales a una entrada administrativa[41]: «el auto no contempla esa ley orgánica por la sencilla razón de que no es aplicable; como su propio nombre indica, la Ley Orgánica 13/2015, de 5 de octubre, opera una modificación de la Ley de Enjuiciamiento Criminal para el fortalecimiento de las garantías procesales y la regulación de las medidas de investigación tecnológica, es decir, su ámbito propio y exclusivo es la instrucción de causas penales, por lo que no tiene porqué aplicarse a la autorización de entrada prevista y regulada en la Ley General Tributaria y sus disposiciones de desarrollo»[42].

A la vista de lo que antecede, hay que insistir en que el ordenamiento jurídico español cuenta con una detallada regulación de las "*medidas de investigación limitativas de los derechos reconocidos en el artículo 18 CE*" en el Titulo VIII de la LECrim, que debe ser aplicada a toda "*medida de investigación*" limitativa

no respetó las exigencias de la ley de Enjuiciamiento Criminal. No consta que se haya levantado Acta en la que se refleje la documentación intervenida; no consta que se haya hecho relación de los documentos intervenidos, tampoco que se haya dado cuenta de su resultado al juez de lo Contencioso que lo autorizó, cuestión ésta de suma importancia dado el exceso anteriormente referido. No existe en la causa constancia alguna de tal registro, ni de cómo se llevó a cabo, ni de su resultado» (AH 1°). También la STSJ de Castilla y León -Contencioso- 2129/2000, de 24 de noviembre [recurso 2169/1996 (ECLI:ES:TSJCL:2000:6017)] entiende aplicable la LECrim a las entradas en el domicilio constitucionalmente protegido por el art. 18.2 CE y no así cuando lo sean en establecimientos que no gozan de la protección constitucional. En efecto, en el registro de un local comercial (hostal) por razones de extranjería se excluyó la aplicación de la LECrim al considerar que entraban dentro de la definición de "*lugares públicos*" a los que hace referencia el art. 547.3 LECrim y, como tales, a los que no les son aplicables «las reglas procesales que la LECrim prevé para los registros domiciliarios» (FD 2°).

41 En un recurso de apelación contra un auto de autorización a la AEAT para la entrada y registro con posibilidad de acceso forzado en el sistema, red, equipos y soportes informáticos, en el que la parte apelante consideraba que tenían que haberse aplicado las previsiones de la LECrim (tras la redacción dada por la Ley Orgánica 13/2015) y, por tanto, que tenía que haberse efectuado una ponderación separada de los derechos fundamentales en juego. Sin embargo, ni el Juzgado de lo Contencioso-administrativo núm. 15 de Madrid ni el TSJ de Madrid consideraron necesaria dicha ponderación, habilitando la autorización judicial de entrada en el domicilio, sin más, la injerencia en todos los derechos afectados: domicilio, intimidad, secreto de comunicaciones y protección de datos de carácter personal.

42 Se trata de la STSJ de Madrid -Contencioso- 509/2020, de 24 de junio, FD 3° [recurso 238/2020 (ECLI:ES:TSJM:2020:5469)]. La misma doctrina se recogerá luego en la STSJ de Madrid -Contencioso- 249/2022, de 25 de mayo, FD 7° [recurso 2/2022 (ECLI:ES:TSJM:2022:7874)].

de los derechos fundamentales, sea cual fuere el ámbito sectorial en el que se materialice. Y no cabe duda de que la entrada y registro en el domicilio constitucionalmente protegido de un obligado tributario (art. 18.2 CE), o la injerencia en sus derechos a la intimidad, honor e imagen (art. 18.1 CE), al secreto de las comunicaciones (art. 18.3 CE) o a la protección de datos de carácter personal (art. 18.4 CE), fruto del acceso -con las "*medidas de investigación*" desarrolladas en las actuaciones inspectoras- a la información existente en espacios cerrados (cajones, armarios, cajas de seguridad dentro o fuera del domicilio, correos electrónicos, agendas, nube…), tiene que hacerse con las garantías y cautelas previstas en la legislación de desarrollo de la Constitución. Esta legislación habilita la forma en la que llevar a cabo las injerencias en esos derechos para que puedan considerarse como "legítimas" en cuatro capítulos: "*De la entrada y registro en lugar cerrado*" [arts. 545 a 572 (Capítulo I)]; "*Del registro de libros y papeles*" [arts. 573 a 578 (Capítulo II)]; "*De la detención y apertura de la correspondencia escrita y telegráfica*" [arts. 579 a 588 (Capítulo III)]; y "*Disposiciones comunes a la interceptación de las comunicaciones telefónicas y telemáticas, la captación y grabación de comunicaciones orales mediante la utilización de dispositivos electrónicos, la utilización de dispositivos técnicos de seguimiento, localización y captación de la imagen, el registro de dispositivos de almacenamiento masivo de información y los registros remotos sobre equipos informáticos*" [art. 588 *bis* (Capítulo IV)].

En fin, si "*solo se reputarán proporcionadas cuando, tomadas en consideración todas las circunstancias del caso, el sacrificio de los derechos e intereses afectados no sea superior al beneficio que de su adopción resulte para el interés público y de terceros*", debiendo valorarse "*la gravedad del hecho, su trascendencia social o el ámbito tecnológico de producción, la intensidad de los indicios existentes y la relevancia del resultado perseguido con la restricción del derecho*" [art. 588 bis a) LECrim], ¿acaso no es aplicable esta declaración de intenciones a toda "medida de investigación" limitativa de los derechos fundamentales autorizada por un órgano judicial, lo sea en la materia penal o en la administrativa?

IV. LA ENTRADA O REGISTRO: EL OBLIGADO REQUERIMIENTO AL OBLIGADO TRIBUTARIO PARA LA PRESTACIÓN DEL CONSENTIMIENTO

En los procedimientos de aplicación de los tributos "para entrar" en el domicilio constitucionalmente protegido de un obligado tributario o "para efectuar registros", "*deberá obtenerse el consentimiento de aquel o la oportuna autorización judicial*" (art. 113 LGT). Una vez otorgada esa autorización judicial es necesario, en todo caso, con carácter previo a su "ejecución", la negativa del afectado a una entrada consentida. La obtención de una autorización judicial "preventiva" (aquella que se solicita con anterioridad a la personación en el domicilio y a la petición de prestación del consentimiento) no excusa a la Administración actuaria de intentar buscar "*el consentimiento del interesado*" de modo que, solo "a falta" del mismo (art. 550 LECrim), podrá procederse a la entrada forzosa en el domicilio: «a falta de consentimiento del titular el acceso al domicilio inviolable se posibilita únicamente sobre la base de una resolución judicial debidamente motivada, en atención al principio de proporcionalidad»[43]. De este modo, la "petición" de la autorización judicial por parte de la Administración no queda supeditada a la negativa del titular de domicilio; su efectividad, sí[44].

La autorización judicial no opera en "sustitución" sino "a falta" del consentimiento[45]. No hay que olvidar que, conforme al antiguo art. 39.3 del Real Decreto 939/1986, de 25 de abril, por el que se aprobaba el Reglamento General de la Inspección de los Tributos, "*[c]uando la entrada y reconocimiento se refieran al domicilio particular de una persona física será precisa la obtención del oportuno mandamiento judicial, si no mediare consentimiento del interesado*". Ahora bien, «[l]a previsión del requerimiento no es tanto la de subordinar la expedición de la autorización judicial a la manifestación de la prohibición del titular del domicilio, como la de no tener por permitida la entrada domiciliaria sin que sea realmente consentida por su titular»[46].

---

43 STC 22/2003, de 10 de febrero, FJ 4. Para L.M. ALONSO GONZÁLEZ (1993). Jurisprudencia constitucional tributaria. Instituto de Estudios Fiscales/Marcial Pons) "[e]l titular del domicilio puede legítimamente manifestar su consentimiento a que se produzca tal entrada. Pero su manifestación de voluntad no es en absoluto definitiva. Si no se produce o, por su contenido, es contraria a la entrada domiciliaria, la resolución del órgano despliega entonces toda su eficacia supliendo el asentimiento del titular del domicilio o superponiéndose a su negativa".

44 ÁLVAREZ MARTÍNEZ, J. (2007). La inviolabilidad del domicilio ante la inspección de tributos. La Ley, considera que de la lectura del art. 18.2 CE "no se desprende, en modo alguno, ningún tipo de exigencia que venga a condicionar la eficacia conferida a la autorización judicial, otorgándole por el contrario a ésta, a través del empleo de una fórmula alternativa, idéntico valor que al titular del consentimiento".

45 «La resolución judicial, pues, aparece como el método para decidir, en casos de colisión de valores e intereses constitucionales, si debe prevalecer el derecho del art. 18.2 C.E. u otros valores e intereses constitucionalmente protegidos. Se trata, por tanto, de encomendar a un órgano jurisdiccional que realice una ponderación previa de intereses, antes de que se proceda a cualquier entrada o registro, y como condición ineludible para realizar éste, en ausencia de consentimiento del titular» (STC 160/1991, de 18 de julio, FJ 8).

46 ATC 129/1990, de 25 de marzo, FJ 6.

En consecuencia, ningún óbice constitucional existe para que la Administración tributaria se pertreche de la correspondiente autorización judicial con carácter preventivo por si el obligado tributario se negara, al solicitarse el consentimiento, a prestarlo[47]. De este modo, aun cuando la posible negativa a facilitar la entrada en las dependencias objeto de registro no va a tener virtualidad para evitarla, habida cuenta de que la resolución judicial autorizante se dicta para suplir una eventual falta de consentimiento[48], sin embargo, sólo se podrá hacer efectiva «ante la negativa del titular a consentir la entrada o ante la imposibilidad de conseguir su consentimiento», de manera que «[a] la entrada forzosa deberá preceder el oportuno requerimiento al responsable o encargado de la actividad para que preste su con-

47 Como señala la STS -Contencioso- de 15 de junio de 2015 [recurso 1407/2014 (ECLI:ES:TS:2014:2879)] «corresponde a la Autoridad administrativa actuante decidir el procedimiento de actuación más adecuado a la hora de llevar a cabo una inspección en el domicilio de una empresa; de manera que la petición al Juez no tiene por qué haber venido precedida por el intento infructuoso de entrada consentida, pero, a la inversa, tampoco la Ley exige que necesariamente se haya de solicitar la autorización judicial con carácter previo al intento de entrada consentida por el representante de la empresa» (FD 5º). Por otra parte, hemos de recordar que la Ley 11/2021, de 9 de julio, de medidas de prevención y lucha contra el fraude fiscal, introdujo en el ordenamiento tributario tanto las autorizaciones judiciales "preventivas", al modificar, primero el art. 113 LGT para habilitar a que "*[t]anto la solicitud como la concesión de la autorización judicial podrán practicarse, aun con carácter previo al inicio formal del correspondiente procedimiento*"; y, después, el art. 8.6 LJCA, para atribuir a los Juzgados de lo Contencioso-administrativo la competencia para otorgar autorizaciones para la entrada en domicilios "*aún con carácter previo a su inicio formal cuando, requiriendo dicho acceso el consentimiento de su titular,...exista riesgo de... oposición*". De este modo, la autorización judicial "preventiva" se condiciona al "*riesgo de oposición*" del titular del domicilio constitucionalmente protegido. Esto supone obligar a la Administración tributaria solicitante a acreditar un eventual hecho negativo, o lo que es lo mismo, una especie de prueba diabólica (la acreditación de una circunstancia inexistente). La intención de esta previsión parece dirigirse a permitir las entradas domiciliarias "preventivas" ante el riesgo de destrucción de las pruebas derivado de tener que acudir al órgano judicial a solicitar la autorización tras una negativa expresa del titular del domicilio a consentir la entrada tras ser requerido para ello. En tal caso, cuando la Administración estuviese pertrechada de la correspondiente autorización judicial y practicase la entrada, el resultado del registro sería simplemente inútil. Por tanto, el "riesgo de oposición" provocaría el "riesgo de destrucción" de las pruebas confirmadoras de los indicios, lo que implicaría que la autorización "preventiva" se justificaría en el segundo riesgo, que sería la consecuencia natural del primero

48 AJCA núm.7 de Málaga 147/2015, de 11 de mayo, RJ 4º (recurso 184/2015).

sentimiento», que podrá practicarse «inmediatamente antes del momento previsto para la entrada forzosa»[49].

Una vez autorizada judicialmente la entrada domiciliaria, si el afectado abdicara del ejercicio de su "derecho de oposición", el consentimiento eventualmente prestado sólo será eficaz cuando se hubiese hecho de manera libre y espontánea, para lo cual es necesaria la previa información conforme a pautas de lealtad, buena fe y transparencia (Moreno Fernández, 2019)[50]. Es decir, para que el consentimiento prestado sea válido «debe estar garantizada la ausencia de todo tipo de coerción o amedrentamiento que pueda viciar la libertad con la que ha de tomarse la decisión»[51]. Para ello, debe haber recibido una información veraz, expresa y previa, con inclusión de su derecho de oposición y revocación (Bosch Cholbi, 2015). No son válidos, por el contrario, ni los consentimientos prestados con engaño (lo que acaecería, por ejemplo, cuando la inspección actuaria ocultase al afectado la negativa del juez a la concesión de la autorización[52] o cuando le hiciese creer que contaba con una autorización judicial de la que carecía[53]), ni los mediatizados por las circunstancias am-

---

49 SSTSJ de Cataluña -Contencioso- 889/2017, de 30 de noviembre, FD 2º [recurso 73/2017 (ECLI:ES:TSJCAT:2017:12404)]; de Castilla y León -Contencioso- 920/ 2018, de 11 de octubre, FD 2º [recurso 349/2018 (ECLI:ES:TSJCL:2018:3825)]; y de Asturias -Contencioso- 764/2016, de 24 de octubre, FD 3º [recurso 663/2015 (ECLI:ES:TSJAS:2016:2852)]. Y en el mismo sentido, AATC 129/1990, de 26 de marzo, FJ 5; y 85/1992, de 30 de marzo, FJ 2.

50 SSTS -Contencioso- de 15 de junio de 2015, FD 5º [recurso 1407/2014 (ECLI:ES:TS:2014:2879)]; -Contencioso- de 17 de septiembre de 2018, FD 3º [recurso 2922/2016 (ECLI:ES:TS:2016:3106)]; y -Contencioso- núm. 253/2023, de 28 de febrero, FD 3º [recurso 7650/2021 (ECLI:ES:TS:2023:798)].

51 STS –Penal- 1451/2003, de 26 de noviembre, FD 7º [recurso 733/2002 (ECLI:ES:TS:2003:7528)].

52 En efecto, «una vez que el Juzgado denegó tal autorización por considerar que no había quedado suficientemente justificada la razón de la solicitud, era una exigencia de buena fe no ocultar ese dato a la empresa y no proceder como si nunca se hubiera pedido autorización judicial y nunca se hubiera denegado dicha solicitud» [STS -Contencioso- de 15 de junio de 2015, FD 5º (recurso 1407/2014: ECLI:ES:TS:2014:2879)].

53 Como ha señalado el Tribunal Supremo «no puede considerarse conforme a las pautas de lealtad, buena fe y transparencia exigibles a la actuación administrativa la ocultación de un dato sin duda relevante para la empresa inspeccionada, como es el relativo a si los inspectores habían solicitado autorización judicial para la entrada y, en definitiva, si el juez había dictado un auto autorizando la entrada en la empresa. La elusiva respuesta que la jefe de la unidad inspectora dio a esa pregunta ("no está autorizada a revelar la citada información") se aparta claramente de aquellas pautas a las que acabamos de aludir de lealtad, buena fe y transparen-

bientales concurrentes (como sucedería cuando su prestación hubiese podido estar condicionada por la presión judicial/policial/legal sobre el afectado). Tampoco son válidos los consentimientos otorgados al finalizar la entrada y registro mediante la mera firma de la diligencia practicada[54].

No es infrecuente encontrarse ante autorizaciones judiciales de entrada y registro del domicilio constitucionalmente protegido de un obligado tributario que, por el incumplimiento de los requisitos exigibles, son posteriormente revocadas en sede judicial (falta de motivación, inexistencia de indicios suficientes, etc.). Pero tampoco es infrecuente encontrarse con que la Administración tributaria, acto seguido, pretende hacer valer el eventual "consentimiento" prestado por el afectado las más de las veces "contaminado" por las circunstancias ambientales concurrentes, habida cuenta que la forma de articular una entrada forzada en el domicilio (autorizaciones judiciales preventivas esgrimidas por los funcionarios de la inspección tributaria que son secundados por las fuerzas de seguridad del Estado y que actúan bajo la amenaza de la infracción por resistencia u obstrucción o del delito de desobediencia) es constitutiva de un ambiente de coerción que resulta «inapropiado para expresar con voluntariedad la renuncia a un derecho constitucional»[55]. No hay que descuidar que la negativa a la entrada ya autorizada chocaría frontalmente con la propia existencia de esa autorización judicial ("*coerción judicial*"), esgrimida en presencia de las fuerzas y cuerpos de seguridad del Estado garantes de una eventual entrada por la fuerza ("*intimidación policial*") y bajo la amenaza de una posible subsunción de la conducta opositora en el tipo infractor de la resistencia u obstrucción a la actuación inspectora o, incluso, en el tipo penal por desobediencia grave a la autoridad

cia en la actuación administrativa. Y, desde luego, no cabe excluir que la ocultación de ese dato relevante tuviese incidencia, o fuese incluso determinante, en la prestación del consentimiento que a continuación otorgó el responsable de la empresa inspeccionada » [STS -Contencioso- de 17 de septiembre de 2018, FD 3º [recurso 2922/2016 (ECLI:ES:TS:2016:3106)].

54 STS -Contencioso- de 15 de junio de 2015, FD 5º [recurso 1407/ 2014 (ECLI:ES:TS:2015:2879)].

55 En términos similares, STS –Penal- 1451/2003, de 26 de noviembre, FD 7º [recurso 733/2002 (ECLI:ES:TS:2003:7528)]. Como apunta J.M. Rojí Buqueras, "la actuación de la Inspección debe evitar todo tipo de coacción o intimación psicológica, por liviana que ésta pueda parecer, como la amenaza de una Inspección más a fondo, de un mayor rigor en la futura liquidación, de una ampliación de las actuaciones o del establecimiento de cualquier tipo de presunción como consecuencia de la legítima negativa" (El derecho a la inviolabilidad del domicilio y la actuación de los órganos de la Inspección de los Tributos. Un estudio a propósito de la nueva Ley Jurisdiccional 29/1998, de 13 de julio. Impuestos, 1).

("*coacción legal*")[56]. En estas circunstancias, el consentimiento eventualmente prestado sería el fruto de "una voluntad viciada" por la intimidación producida por quien formula la "invitación" a permitir el registro voluntariamente[57].

Por la anterior razón, es necesario comprobar que el consentimiento eventualmente otorgado al momento de la entrada, no solo se prestó de forma informada (incluyendo el derecho de oposición y el de revocación), sino también de manera libre y espontánea[58]. Y ese análisis de su validez «se debe realizar acudiendo a una interpretación restrictiva y siempre en favor de la tutela del derecho fundamental afectado», para lo cual hay que determinar «si la autorización ha sido prestada en condiciones de libertad necesarias para que pueda hablarse de una verdadera autodeterminación»[59]. Dicho de otra manera, hay que analizar que no ha sido consecuencia "de

---

56 Constituye infracción tributaria "*la resistencia, obstrucción, excusa o negativa a las actuaciones de la Administración tributaria*" y, concretamente, "*[n]egar o impedir indebidamente la entrada o permanencia en fincas o locales a los funcionarios de la Administración tributaria o el reconocimiento de los locales, máquinas, instalaciones y explotaciones relacionados con las obligaciones tributarias*". Desde el punto de vista penal "*...se procederá a la entrada y registro, empleando para ello, si fuere necesario, el auxilio de la fuerza*" (art. 568 LECrim). Además, "*[l]a resistencia... producirá la responsabilidad declarada en el Código Penal a los reos del delito de desobediencia grave a la Autoridad, sin perjuicio de que la diligencia se practique*" (art. 569 LECrim). Por otra parte, "*[t]odos están obligados a exhibir los objetos y papeles que se sospeche puedan tener relación con la causa. [/] Si el que los retenga se negare a su exhibición, será corregido con multa de 125 a 500 pesetas; y cuando insistiera en su negativa, si el objeto o papel fueren de importancia y la índole del delito lo aconseje, será procesado como autor del delito de desobediencia a la Autoridad, salvo si mereciera la calificación legal de encubridor o receptador*" (art. 575 LECrim). *En fin, "[s] erán castigados con la pena de prisión de tres meses a un año o multa de seis a dieciocho meses, los que, sin estar comprendidos en el artículo 550 [atentado a la autoridad: resistencia grave con intimidación o violencia], resistieren o desobedecieren gravemente a la autoridad o sus agentes en el ejercicio de sus funciones" (*art. 556.1 del Código Penal).

57 Véase, STS –Penal- de 13 de junio de 1992, FD 1º [recurso 5228/1989 (ECLI:ES:TS:1992:4748)].

58 Hay que tener presente que es nulo, *ex art. 1.265 CC, «el consentimiento obtenido sin haber sido informado de un dato relevante para la toma de posición sobre el consentimiento que se solicita» [STS –Contencioso- de 15 de junio de 2015, FD 5º (recurso núm. 1407/2014; ECLI:ES:TS:2015:2879)]* Pero no hay que olvidar que la STS -Contencioso- 1230/2022, de 3 de octubre [recurso 1566/2021 (ECLI:ES:TS:2022:3426)] ha señalado que «[e] l consentimiento prestado tras la entrega del anexo informativo sobre derechos y obligaciones del obligado tributario antes de realizarse la inspección, (…) ha de considerarse un consentimiento prestado de forma libre e informada» (FD 8º)..

59 STS –Penal- 1061/1999, de 29 de junio, FD 3º [recurso 795/1998 (ECLI:ES:TS:1999:4620)].

un comportamiento debido", entendido como "deber del que no es posible sustraerse" (García Moreno, 2015), porque de ser así, estaríamos ante «un supuesto paradigmático de coacción o falta de voluntariedad» (intimidación)[60] que lo convertiría en nulo (art. 1.265 CC) y en carente de valor para legitimar ninguna clase de entrada domiciliaria[61].

V. EL ACCESO A LA INFORMACIÓN: LA NECESIDAD DE UNA DOBLE PONDERACIÓN JUDICIAL

Es preciso recordar que, si bien «la inviolabilidad domiciliaria tiene carácter instrumental respecto a la protección de la intimidad personal y familiar, (…) dicha instrumentalidad no empece a la autonomía que la Constitución Española reconoce a ambos derechos»[62]. Por tanto, no solo para "*entrar*" en un domicilio constitucionalmente protegido hace falta el consentimiento o la autorización judicial, sino también para "*efectuar registros*" (art. 113 LGT). La autorización judicial de entrada no legitima, entonces, la injerencia en los dispositivos de almacenamiento de información privados[63] (ordenadores, tabletas, discos duros, teléfonos inteligentes,

---

60 STS –Penal- 1451/2003, de 26 de noviembre, FD 6º [recurso 733/2002 (ECLI:ES:TS:2003:7528)].

61 No siempre se ha visto así. El Tribunal Supremo, en alguna ocasión, ha entendido que, existiendo una autorización judicial, si el afectado no se opone a la entrada y registro, la está consintiendo: «En el presente caso consta que el Auto judicial de entrada y registro le fue notificado al interesado en su domicilio, y consta también que enterado de ello no se opuso a la entrada y facilitó la práctica de la diligencia, tal y como se hizo constar expresamente en el Acta; de modo que consintió el registro. (…) Y en este caso tal consentimiento se prestó por el interesado que no se opuso a la entrada en su vivienda y facilitó la práctica de la diligencia de registro» [STS –Penal- 628/2002, de 12 de abril, FD 1º (recurso 409/2009; ECLI:ES:TS:2002:2593)].

62 STS–Penal-360/2022,de7deabril,FD2º[recurso3329/2020(ECLI:ES:TS:2022:1449)].

63 Evidentemente, los dispositivos no privados (por ejemplo, los públicos, los de trabajo afectados exclusivamente a fines laborales y no particulares, o los de los menores sometidos a la patria potestad de sus padres), no estarían amparados por la intimidad ni podría esgrimirse «una expectativa razonable de privacidad o confidencialidad» [STC 170/2013, de 7 de octubre, FJ 5 b)]. Algo similar ocurriría con los ordenadores utilizados por varios usuarios (por ejemplo, en un entorno familiar), en los que «la frontera que define los límites entre lo íntimo y lo susceptible de conocimiento por terceros, se difumina de forma inevitable» [STS -Penal-287/2017, de 19 de abril, FD 2º (recurso 1893/2016; ECLI:ES:TS:2017:1487)].

nube, correos electrónicos...)[64], que no están garantizados por el derecho a la inviolabilidad del domicilio (art. 18.2 CE) sino por el derecho a la intimidad (art. 18.1 CE) y, en ocasiones, también por el derecho al secreto de las comunicaciones (art. 18.3 CE) y por el derecho a la protección de datos de carácter personal (art. 18.4 CE)[65]. Hay que tener presente que «[e]n el ordenador coexisten, es cierto, datos técnicos y datos personales susceptibles de protección constitucional en el ámbito del derecho a la intimidad y la protección de datos (art. 18.4 CE)» y «su contenido también puede albergar -de hecho, normalmente albergará- información esencialmente ligada al derecho a la inviolabilidad de las comunicaciones»[66]. Por tanto, una cosa es la información a la que se puede "acceder" en el domicilio sin violentar otro derecho fundamental (cajones, armarios, falsos techos, dobles paredes...) y, otra muy diferente, a la que se puede acceder a través de elementos que están en el domicilio (ordenadores, teléfonos, tabletas, correos electrónicos...) o fuera de él (nube o cajas de seguridad en entidades financieras).

La Ley Orgánica 13/2015, de 5 de octubre, de modificación de la Ley de Enjuiciamiento Criminal para el fortalecimiento de las garantías procesales y la regulación de las medidas de investigación tecnológica, tenía como finalidad la regulación de este tipo de medidas "*en el ámbito de los derechos a la intimidad, al secreto de las comunicaciones y a la protección de datos personales garantizados por la Constitución*", de modo que el acceso al contenido de la información alojada en cualquier tipo de dispositivos «requiere una habilitación judicial especifica, distinta de la concedida para una entrada y

64 Y ello con independencia, en el supuesto de los dispositivos de almacenamiento masivo de información, de que se trate de "registros estáticos" (el de los propios dispositivos) o "dinámicos" (registros remotos sobre equipos informáticos). Véase, en este sentido la Introducción de la Circular 5/2019, de 6 de marzo, de la Fiscal General del Estado, sobre sobre registro de dispositivos y equipos informáticos (BOE núm. 70, de 22 de marzo).

65 «A pesar de las múltiples funciones tanto de recopilación y almacenamiento de datos como de comunicación con terceros a través de internet que posee un ordenador personal, el acceso a su contenido podrá afectar bien al derecho a la intimidad personal (art. 18.1 CE), bien al derecho al secreto de las comunicaciones (art. 18.3 CE), en función de si lo que resulta desvelado a terceros son, respectivamente, datos personales o datos relativos a la comunicación» (SSTC 412/2012, de 2 de julio, FJ 3; y 173/2011, de 7 de noviembre, FJ 3).

66 STS -Penal- 342/2013, de 17 de abril, FD 8º A) [recurso 1461/2012 (ECLI:ES:TS:2013:2222)].

registro»[67]. Aunque «el modo habitual de proceder [con anterioridad a la LO 13/2015] era el de considerar amparado su registro por la resolución judicial que autorizaba la entrada en el domicilio del investigado y el registro de los libros, papeles y demás documentos del mismo que pudieran tener relación con el delito», la nueva regulación «parte de la conclusión esencial de que la simple incautación de los dispositivos de almacenamiento masivo de información que se lleve a cabo con motivo de una entrada y registro no permite acceder al contenido de los mismos», siendo necesaria «una motivación judicial especial e independiente para registrar o acceder a la información contenida» en esos dispositivos[68].

En materia administrativa (tributaria), sin embargo, el modo habitual de proceder que se seguía antes de la LO 13/2015 sigue siendo el mismo tras su entrada en vigor. Nada ha cambiado. Basta con acudir, por ejemplo, a los autos núm. 166/2019, de 1 de octubre, del Juzgado de lo Contencioso-administrativo núm. 15 de Madrid, y núm. 407/2017, de 14 de noviembre, del Juzgado de lo Contencioso-administrativo núm. 32 de Madrid, para comprobar la anterior afirmación. En el primero de ellos, ante la petición de la AEAT del "acceso forzado en el sistema, red, equipos y soportes informáticos, y para el descerrajamiento de puertas, armarios, cajones, cajas de seguridad, así como para el examen y apertura y/o derribo, en su caso, de falsas paredes y techos", el juez de garantías constitucionales, sin mayor motivación, "está en el caso de acceder a la autorización pretendida... pero no así para que puedan proceder al derribo de falsas paredes y falsos techos; sin perjuicio de que, si llegado el caso, fuera necesario llevar a cabo actuaciones de esta clase se puedan adoptar cuantas medidas cautelares de las autorizadas por el artículo 146 de la LGT se consideren adecuadas o pertinentes, y se haya de acudir a este Juzgado para ampliar o extender la autorización a esos derribos" (RJ 3º). En el segundo supuesto se solicitaba por la AEAT "el examen de documentos, libros, contabilidad principal y auxiliar, ficheros, facturas, justificantes, correspondencia con trascendencia tributaria (incluido el acceso y copiado de correos electrónicos), bases de datos informatizadas, programas, registros y archivos informáticos, archivos alojados en la 'nube', relativos a sus actividades económicas y profesionales, obtención de las copias de los mismos, ya sean en soporte informático o en papel, así como la incautación de cualquier elemento

---

67 STS –Penal- 311/2020, de 15 de junio, FD 3º [recurso 3777/2018 (ECLI:ES:TS:2020:2160)].

68 STS –Penal- 311/2020, de 15 de junio, FD 3º [recurso 3777/2018 (ECLI:ES:TS:2020:2160)].

físico o inmaterial tales como archivos, facturas, fichas, ordenadores, correos electrónicos o cualquier documento original que se considere necesario para la realización de las actuaciones inspectoras de comprobación e investigación tributaria". También en este caso el juez de garantías constitucionales dispuso, sin argumentación alguna, autorizar a que "puedan ejercer las facultades que le atribuye la Ley General Tributaria en los artículos 142 y siguientes, así como la adopción de medidas cautelares a que se refiere el art. 146 LGT, asistidos para ello por los funcionarios del Servicio de Vigilancia Aduanera que se designen, si fuera necesario; con la prevención antes referida en cuanto al derribo de falsas paredes y falsos techos". Como puede comprobarse, en una y otra resolución judicial se asume la "doble autorización" pero sin una "doble ponderación", tutelando y, con ello, protegiendo, los muros y escayolas, que no los derechos fundamentales de los ciudadanos, que quedan al margen de cualquier tipo de tutela judicial mínimamente efectiva.

Como se ha señalado, "dado el estado actual de las tecnologías de la información, las entradas domiciliarias que se realicen en el seno de las actuaciones tributarias ya no pueden limitarse a la aprehensión de «papeles» con contenido económico (libros de contabilidad, facturas, justificantes, etc.). La Administración tributaria ha de poder acceder a los dispositivos informáticos a la búsqueda de la información con relevancia fiscal. No obstante, habida cuenta de que dicho acceso va a incidir necesariamente en otros derechos fundamentales distintos de la protección constitucional del domicilio, se debe hacer mediante una necesaria habilitación legal y al amparo de una autorización judicial que, previa ponderación de los intereses públicos y privados en juego legitime la injerencia" (Moreno Corte, 2022)[69]. Por esta razón, aunque la exigencia de una autorización judicial previa para la intromisión en la intimidad de las personas no viene prevista en la Constitución (art. 18.1 CE) bastando, en principio, con la expresa habilitación legal, sin embargo, al estar en juego otros derechos fundamentales (la propia inviolabilidad del domicilio, el secreto de las comunicaciones o la protección de datos personales), la injerencia en la esfera de la privacidad constitucionalmente protegida debe acordarse mediante

---

69 Como señaló la STC 233/2005, de 26 de septiembre, «la injerencia en los derechos fundamentales sólo puede ser habilitada por la ley» (FJ 6). De este modo, «cualquier medida limitativa del derecho a la intimidad... ha de estar prevista por la Ley» [STC 207/1996, de 16 de diciembre, FJ 4 b)]. En consecuencia, es necesaria, en todo caso, una «habilitación legal específica que autorice la práctica de diligencias que incidan en el ámbito de intimidad» (STC 70/2002, de 3 de abril, FJ 10).

una resolución judicial motivada conforme a criterios de proporcionalidad (idoneidad, necesidad y equilibrio)[70].

Así, por ejemplo, el acceso a los datos bancarios de los obligados tributarios por la Administración tributaria implica la intromisión en su intimidad económica, que no viene necesitada del consentimiento del titular o de una autorización judicial al estar expresamente prevista en la ley (en el art. 93 LGT). Por el contrario, la injerencia en la intimidad protegida por un ordenador, un teléfono o una caja de seguridad en una entidad bancaria, reclama una resolución judicial autorizante pues, a diferencia de los meros datos económicos, es imprescindible, en cada caso, un juicio de ponderación individualizado por afectar a aspectos reservados de la privacidad de cada cual[71]. En uno y otro caso, la intensidad de la protección del derecho y, por tanto, del sacrificio que provoca la intervención del poder público, es diferente: «La razón de ser de la necesidad de esta autorización con carácter generalizado es la consideración

[70] Apartado 3.3.3 de la Circular 5/2019, de 6 de marzo, de la Fiscal General del Estado, sobre sobre registro de dispositivos y equipos informáticos (BOE núm. 70, de 22 de marzo). En efecto, como ha reconocido la STS -Penal- 786/2015, de 4 de diciembre [recurso 10447/2015 (ECLI:ES:TS:2015:5362)], «[l]a jurisprudencia de esta Sala ha recordado la necesidad de que exista una resolución jurisdiccional habilitante para la invasión del derecho al entorno digital de todo investigado. Como hemos indicado supra, esa resolución ha de tener un contenido propio, explicativo de las razones por las que, además de la inviolabilidad domiciliaria, se alza la intimidad reflejada en el ordenador. Nuestro sistema no tolera el sacrificio de los derechos proclamados en los apartados 3 y 4 del art. 18 de la CE a partir de una legitimación derivada, de suerte que lo que justifica un sacrificio se ensanche hasta validar implícitamente otra restricción. Esta idea tiene ya un reflejo normativo en el art. 588 sexies a) 1º de la LECrim (...). Se trata, por tanto, de una regulación rupturista, que pretende abandonar prácticas en las que la autorización judicial para la entrada en el domicilio del investigado amparaba cualquier otro acto de injerencia, incluso cuando desbordara el contenido material del derecho reconocido en el art. 18.2 de la CE. Lo que el legislador pretende, por tanto, es que el Juez de instrucción exteriorice de forma fiscalizable las razones que justifican la intromisión en cada uno de los distintos espacios de exclusión que el ciudadano define frente a tercero» [FD 1º F)].

[71] No hay que olvidar que el Tribunal Constitucional, aunque no exista en la Constitución «una reserva absoluta de previa resolución judicial», ha venido exigiendo para legitimar la injerencia en el derecho a la intimidad del art. 18.1 CE «la existencia de una resolución judicial previa... como "regla general"» (STC 233/2005, de 26 de septiembre, FJ 7). Y ello porque «no es constitucionalmente exigible que sea el Juez quien tenga que autorizar esta medida limitativa, pudiéndola adoptar, siempre que una ley expresamente la habilite, la autoridad que, por razón de la materia de que se trate, sea la competente» (FJ 7).

de estos instrumentos como lugar de almacenamiento de una serie compleja de datos que afectan de modo muy variado a la inviolabilidad de las comunicaciones (comunicaciones a través de sistemas de mensajería, por ejemplo, tuteladas por el art 18 3º CE, contactos o fotografías, por ejemplo, tuteladas por el art 18 1º CE que garantiza el derecho a la intimidad, datos personales y de geolocalización, que pueden estar tutelados por el derecho a la protección de datos, art 18 4º CE). La consideración de cada uno de estos datos de forma separada y con un régimen de protección diferenciado es insuficiente para garantizar una protección eficaz, pues resulta muy difícil asegurar que una vez permitido, por ejemplo, el acceso directo de los agentes policiales a estos instrumentos para investigar datos únicamente protegidos por el derecho a la intimidad (por ejemplo, los contactos incluidos en la agenda), no se pueda acceder o consultar también otros datos tutelados por el derecho a la inviolabilidad de las comunicaciones albergados en el mismo dispositivo. Es por ello por lo que el Legislador otorga un tratamiento unitario a los datos contenidos en los ordenadores y teléfonos móviles, reveladores del perfil personal del investigado, configurando un derecho constitucional de nueva generación que es "el derecho a la protección del propio entorno virtual"»[72].

Según lo que antecede, cuando la intromisión no está prevista en la ley, a falta del consentimiento del titular, es necesaria una autorización judicial distinta de aquella que habilita a la entrada en el domicilio, que efectúe una ponderación separada y diferente que legitime la intromisión en esos otros derechos fundamentales conforme al principio de proporcionalidad (idoneidad, necesidad y equilibrio)[73]. Como señala expresamente el art.

---

72 STS –Penal- 891/2022, de 11 de noviembre, FD 2º [recurso 10106/2022 (ECLI:ES:TS:2022:4755)].

73 Esa otra autorización judicial que legitime el acceso a la información contenida en los diferentes elementos "puede realizarse en la misma resolución de entrada y registro o en otra independiente" [Apartado 3.3.3 de la Circular 5/2019, de 6 de marzo, de la Fiscal General del Estado, sobre sobre registro de dispositivos y equipos informáticos (BOE núm. 70, de 22 de marzo)]. Así lo señala también la jurisprudencia del Tribunal Supremo, conforme a la cual «desde la perspectiva del derecho de exclusión del propio entorno virtual, como de las garantías constitucionales exigidas para el sacrificio de los derechos a la inviolabilidad de las comunicaciones y a la intimidad, la intervención de un ordenador para acceder a su contenido exige un acto jurisdiccional habilitante. Y esa autorización no está incluida en la resolución judicial previa para acceder al domicilio en el que aquellos dispositivos se encuentran instalados. De ahí que, ya sea en la misma resolución, ya en otra formalmente diferenciada, el órgano jurisdiccional ha de exteriorizar

588 *sexies* a) LECrim, bajo el rótulo de "*Necesidad de motivación individualizada*", la simple incautación de cualquiera de ordenadores, instrumentos de comunicación telefónica o telemática o dispositivos de almacenamiento masivo de información digital "*no legitima el acceso a su contenido*", el cual podrá ser autorizado por el juez competente que "*habrá de extender su razonamiento a la justificación, en su caso, de las razones que legitiman el acceso de los agentes facultados a la información contenida en tales dispositivos*". Para ello, la resolución del juez "*fijará los términos y el alcance del registro y podrá autorizar la realización de copias de los datos informáticos*" y concretará "*las condiciones necesarias para asegurar la integridad de los datos y las garantías de su preservación*" [art. 588 *sexies* c) LECrim].

En consecuencia, para el acceso a la información contenida en una caja de seguridad, ordenadores, teléfonos, correos electrónicos, nube, etc., dentro o fuera del domicilio del investigado (registro estático o dinámico), es imprescindible una autorización judicial con una motivación individualizada (diferente a la de la entrada en el domicilio), que fije los términos y el alcance del acceso a la privacidad constitucionalmente protegida (de la intimidad, de las comunicaciones o de los datos personales), salvo por razones de urgencia (flagrancia), que se produce cuando el delincuente es "sorprendido" (visto directamente o percibido de otro modo) en el momento de delinquir o en circunstancias inmediatas a la perpetración del ilícito (evidencia del delito) y es urgente la intervención policial para impedir su consumación, detener al culpable o evitar la desaparición de las pruebas (art. 795.1.1ª LECrim)[74]. Es cierto que en los delitos contra la Hacienda Pública es muy difícil su apreciación al tratarse de delitos de "resultado" (perjuicio económico), que se consuman al momento del vencimiento del plazo para el pago de la deuda, lo que hace que exista una notable dificultad de que concurra la inmediatez personal de la acción delictiva: «si fuese preciso elaborar un proceso deductivo más o menos complejo para establecer la realidad del delito y la participación en él del

en su razonamiento que ha tomado en consideración la necesidad de sacrificar, además del domicilio como sede física en el que se ejercen los derechos individuales más elementales, aquellos otros derechos que convergen en el momento de la utilización de las nuevas tecnologías» [STS -Penal- 342/2013, de 17 de abril, FD 8º (recurso 1461/2012; ECLI:ES:TS:2013:2222)]. También STS -Penal- 204/2016, de 10 de marzo, FD 11º [recurso 10633/2015 (ECLI:ES:TS:2016:1218)].

[74] STS –Sala Penal- 758/2010, de 20 de junio, FD 1º [recurso 10303/2010 (ECLI:ES:TS:2010:4494)].

delincuente no puede considerarse un supuesto de flagrancia»[75]. Ahora bien, la "flagrancia" también se asocia a dos situaciones: la destrucción de pruebas y el hallazgo casual. En el primer caso, lo es la "ocultación" o "destrucción" de pruebas (libros contables o documentación) como sucedería, por ejemplo, en las "insolvencias punibles" (art. 259 CP), en la que esa "destrucción" es, precisamente, la conducta típica, o en los delitos contra la Hacienda Pública si, una vez consumado, se procediese a la destrucción de los elementos de convicción[76]. Y, en el segundo supuesto, cuando en la práctica de un registro judicialmente autorizado aparecen elementos de convicción de los que podría nacer otras conductas delictivas diferentes a la inicialmente investigada y para la que se concedió el mandato habilitante de la entrada[77].

Por último, hay que recordar que, cuando aparecen instrumentos con información potencialmente probatoria pero protegida por los derechos fundamentales del art. 18 CE, se hallen o no dentro del domicilio (como sucede con las cajas de seguridad en entidades bancarias, con el acceso remoto a dispositivos de almacenamiento masivo de información o con el acceso a la información archivada en la "nube"), puesto que será necesaria una autorización judicial específica que legitime la injerencia, entre tanto,

---

75 STS -Sala Penal- 585/2016, de 1 de julio, FD 5º [recurso 1932/2015 (ECLI:ES:TS:2016:3159)].

76 Para el TEDH, el riesgo de desaparición de pruebas de un delito es susceptible de justificar una injerencia en el domicilio sin consentimiento ni autorización judicial [STEDH de 16 de mayo de 2019, asunto «*Halabi c. Francia*», § 67 (demanda núm. 66554/2014, sobre entrada domiciliaria "urgente" en materia de urbanismo para el control de las obras realizadas en un edificio)].

77 «Tal descubrimiento se instala en la nota de flagrancia por lo que producida tal situación la inmediata recogida de las mismas no es sino consecuencia de la norma general contenida en el artículo 286 de la Ley Procesal» (que ordena a las autoridades investigadoras que entreguen al juez "*los efectos relativos al delito que se hubiesen recogido*") [SSTS –Penal- 17/2014, de 28 de enero, FD 5º (recurso 11118/2012; ECLI:ES:TS:2014:202); y –Contencioso- 1099/2022, de 26 de julio, FD 3º (recurso 5427/2020; ECLI:ES:TS:2022:3162)]. En efecto, «[l]a teoría de la flagrancia ha sido una de las manejadas para dar cobertura a los hallazgos casuales..., teniendo en cuenta que no hay novación del objeto de la investigación sino simplemente "adición"» [SSTS –Penal- 315/2003, de 4 de marzo, FD 4º (recurso 2233/2001; ECLI:ES:TS:2003:1470); -Penal- 167/2010, de 24 de febrero, FD 3º (recurso 11146/2009; ECLI:ES:TS:2010:758); y –Penal- 400/2017, de 1 de junio, FD 2º (recurso 1642/2016; ECLI:ES:TS:2017:2800)]. Nada impide, entonces, «que en la diligencia de registro puedan obtenerse pruebas de otro delito distinto de aquel para cuya investigación fuera inicialmente concedida, máxime cuando tales pruebas se hubieran podido obtener mediante una autorización judicial de entrada y registro» [STS –Penal- 742/2003, de 22 de mayo, FD 2º (recurso 2385/2001; ECLI:ES:TS:2003:3471)].

la Administración tributaria podrá adoptar "*las medidas cautelares que se estimen necesarias*" (art. 172.4 RGIT; y también arts. 162 LGT y 181.1 RGIT), como el precinto[78], el depósito[79] o la incautación[80] (art. 146.1 LGT)[81].

VI. Bibliografía

ALONSO GONZÁLEZ, L.M. (1993). *Jurisprudencia constitucional tributaria.* Instituto de Estudios Fiscales/Marcial Pons.

ÁLVAREZ MARTÍNEZ, J. (2007). *La inviolabilidad del domicilio ante la inspección de tributos.* La Ley.

BOSCH CHOLBI, J.L. (2015). La entrada y registro por la inspección de tributos en los domicilios de empresas y despachos profesionales: cuestiones problemáticas. En X *Congreso Tributario: La Justicia ¿Garantía del Estado de Derecho?.* Ediciones Foro Jurídico, pp. 353-387.

DELGADO SANCHO, C.D. (2018). Entrada y registro en el domicilio del contribuyente. *Revista Técnica Tributaria,* 122, pp. 37-62.

---

78 El cual se realizará "*mediante ligadura sellada*" (art. 181.2 RGIT).

79 Poniendo los elementos de prueba "*bajo custodia o guarda de la persona física o jurídica que se determine por la Administración*" (art. 181.2 RGIT).

80 Mediante "*la toma de posesión de elementos de prueba de carácter mueble*" adoptando las medidas necesarias para su adecuada conservación (art. 181.2 RGIT).

81 Aunque «[n]o parece que una caja de seguridad pueda ser considerada como domicilio constitucionalmente protegido de una persona física, pues tal espacio no presenta una recta correspondencia con la aptitud para desarrollar en él la vida privada» [STSJ de la Comunidad Valenciana -Contencioso- 1311/2020, de 22 de julio, FD 2º (recurso 423/2020; ECLI:ES:TSJCV:2020:8883)], no solo con su apertura «se produciría el conocimiento de ese ámbito propio que se reserva a terceros y, por tanto, quedaría afectado el derecho a la intimidad»» [STSJ de la Comunidad Valenciana -Contencioso- 1311/2020, de 22 de julio, FD 4º (recurso 423/2020; ECLI:ES:TSJCV:2020:8883)], sino que, también, el precinto «afecta al derecho constitucional a la intimidad», porque «el contenido de una caja de seguridad representa 'un ámbito propio y reservado frente a la acción y conocimiento de los demás'», pues «usualmente la contratación de las cajas de seguridad, además de la pura finalidad de protección, viene determinada por el deseo o interés de su titular de obviar su conocimiento por terceros, esto es, de preservar aspectos de la intimidad», de manera que el derecho se ve afectado no solo «cuando se accede a los elementos materiales que una persona reserva al conocimiento de los demás, sino también cuando queda sustraído su derecho o facultad de libre disposición de tales objetos o elementos protegidos por el derecho a la intimidad», pues «no hay plena intimidad si no se puede disponer de aquello que es íntimo» [STSJ de la Comunidad Valenciana -Contencioso- 923/2021, de 3 de noviembre, FD 4º (recurso 859/2021; ECLI:ES:TSJCV:2021:6710)].

GARCÍA MORENO, V.A. (2015). Procedimiento inspector, validez del consentimiento otorgado para acceder al domicilio y derecho a no autoincriminarse (a propósito de la STC 54/2015). *Carta Tributaria*, 2, pp. 52-57.

MORENO CORTE, M. (2022). El registro de dispositivos de almacenamiento masivo en el seno de las autorizaciones judiciales de entrada en el domicilio. En *Anuario Jurídico Secciones del ICAM 2022.* Sepín, pp. 225-236.

MORENO CORTE, M. (2022). *La posición jurídica de la Administración y del obligado tributario ante el descubrimiento de hechos fiscales con relevancia penal.* Aranzadi.

MORENO FERNÁNDEZ, J.I. (2019). Requisitos para la validez del consentimiento prestado a la entrada en el domicilio por la inspección de los tributos con autorización judicial. En *Amici, amico. Estudios en homenaje al profesor Antonio Aparicio Pérez.* Universidad de Oviedo, pp. 227-242.

MORENO FERNANDEZ, J.I. (2021). La necesidad social de castigar al malhechor y la lucha contra el fraude fiscal: el doble paradigma de la validez de la prueba ilícita. *En Estudios en Homenaje al Profesor Luis María Cazorla Prieto.* Vol. II. Arazandi, pp. 1163-1221.

ROJÍ BUQUERAS, J.M. (2000). El derecho a la inviolabilidad del domicilio y la actuación de los órganos de la Inspección de los Tributos. Un estudio a propósito de la nueva Ley Jurisdiccional 29/1998, de 13 de julio. Impuestos, 1, pp. 607-664.

SÁNCHEZ MELGAR, J. (2004). La entrada y registro en domicilio de particulares: análisis doctrinal y jurisprudencial. En *Dogmática y ley penal. Libro homenaje a Enrique Bacigalupo,* Tomo II (). Instituto Universitario de Investigación Ortega y Gasset/ Marcial Pons, pp. 1433-1460.

EL DERECHO A GUARDAR SILENCIO

EMILIO RODRÍGUEZ MARQUETA
Abogado

RESUMEN

El derecho a guardar silencio está comprendido en el derecho de defensa del que es instrumental. Pero también es expresión del derecho a la presunción de inocencia como una manifestación de que es la acusación la que ha de aportar las pruebas de cargo. A pesar de su amplio reconocimiento legislativo y jurisprudencial lo cierto es que el ejercicio de este derecho puede no ser neutro en la valoración probatoria en determinadas circunstancias. En su forma más genuina, la que prohíbe obtener declaraciones del acusado bajo coacción o engaño, su vigencia apenas tiene controversia. Sin embargo, en lo que se refiere a obtener pruebas o documentos requeridos al acusado existen diversos puntos de vista, algunos de ellos muy restrictivos desde la perspectiva del derecho de defensa.

ABSTRACT

The right to remain silent is included in the right of defense of which it is instrumental. But it is also an expression of the right to the presumption of innocence as a manifestation that it is the prosecution that must provide the evidence for the charge. Despite its wide legislative and jurisprudential recognition, the truth is that the exercise of this right may not be neutral in the assessment of evidence in certain circumstances. In its most genuine form, the one that prohibits obtaining statements from the defendant under duress or deception, its validity is hardly controversial. However, when it comes to obtaining evidence or documents required from the accused, there are different points of view, some of them very restrictive.

PALABRAS CLAVE

Derecho de defensa. Derecho a no declarar contra uno mismo. Consecuencias del ejercicio del derecho al silencio. Requerimientos al investigado. Límites del derecho a no declarar.

KEYWORDS

Right to defense. Right not to testify against oneself. Consequence of the exercise of the right to silence. Requirements to the investigated. Limits of the right not to declare.

Sumario. I. Perspectiva histórica. II. Marco legal. III. Contenido y alcance del derecho al silencio. IV. Momento en que surge el derecho a no declarar. V. Consecuencias del ejercicio del derecho a no declarar. VI. Algunas situaciones de crisis para el derecho a no declarar. 1. Autoincriminación en fase previa al juicio. 2. Declaración autoincriminatoria causalmente vinculada con un medio de prueba declarado ilícito. 3. Confesiones extrajudiciales. 4 Grabaciones hechas por particulares. 5. Declaraciones heteroincriminatorias de los coacusados que se acogen a su derecho a no declarar a las defensas de los incriminados. 6. Manifestaciones espontáneas. 7. Requerimientos documentales. 8. Derecho a no declarar de la persona jurídica. 9. STEDH de 1 de junio de 2010: el caso Magnus Gafgen. VII. Conclusiones. VIII. Bibliografía.

I. PERSPECTIVA HISTÓRICA

Aunque los orígenes remotos de este derecho pueden rastrearse tanto en el Derecho Romano, como en la biblia y, por supuesto, en el derecho canónico donde se halla la formulación de Graziano *nemo tenetur se ipsum accusare,*[1] el derecho al silencio como conquista del constitucionalismo moderno se gesta en la Inglaterra del siglo XVI como una reacción al juramento inquisitivo que se implantó en las cortes británicas Star Chamber y Courts of High Comission.

La corona inglesa al generalizar las practicas inquisitivas encontró la oposición de los jueces de los tribunales del Derecho Común.

En 1568 el juez Dyer ordenó la liberación de un hombre que había sido obligado a tomar juramento y aplicó el aforismo "*nemo tenetur se impsum procedere*" Sir Edward Coke, primer juez del Tribunal Supremo inglés, en 1613 destacó en su lucha por abolir el juramento inquisitivo, pero el honor de haber provocado la disolución de las cámaras Star Chamber y Courts of High Comission y la paralela prohibición de tomar juramento en los procedimientos penales suele atribuirse al editor y activista político John Lilburne, quien tras imprimir unos libros en Holanda tachados de sediciosos fue interrogado por la Cámara Estrellada ante la que se negó a declarar por lo que fue multado y azotado.

Después de presentar distintas peticiones en ese sentido fue liberado por el Parlamento el 3 de noviembre de 1640 y el 4 de mayo de 1641 la Cámara de los Comunes resolvió que la sentencia contra Lilburne había sido ilegal.[2]

---

1 ORTEGA, Javier, RODRIGUEZ ANTOLIN, Beatriz, ZAMBRANA, Nicolás (2006). *Principios de Derecho Global.* (Coord. Rafael DOMINGO) Pamplona: Editorial Aranzadi, p. 288.

2 VILLALBA, Gisela (2017). "Orígenes del Derecho a no declarar contra sí mismo y su garantía", *Revista de Derecho Procesal Penal,* 12.

No es hasta más de un siglo después cuando en 1774 la Declaración de Derechos de Virginia estableció en su artículo 8 que en los juicios criminales no se podía obligar a suministrar pruebas contra uno mismo, antecedente que fue de una importancia singular para el establecimiento de la 5ª enmienda de la Constitución de Estados Unidos que establece que nadie podrá ser obligado a declarar contra uno mismo, así como para el resto de los textos constitucionales de los estados liberales.

En el ámbito histórico español el derecho a no declarar no se contempla hasta que no es promulgada la Constitución de 1812 en la que se abolieron tanto el juramento como el tormento. Con anterioridad, la confesión del acusado constituía la prueba reina. En Las Partidas de Alfonso X se regula con cierto detalle en la partida séptima la forma de aplicar el tormento a quien no confesara[3], en el Ordenamiento de Alcalá (a. 1348) y en la *Constitutio Criminalis Carolina*[4], se configura el procedimiento inquisitivo, vigente hasta el fin de la inquisición en 1834[5]. El juramento se incorporó de nuevo al Reglamento para la Administración de la Justicia de 1835 y, de hecho, el artículo 387 de la Ley de Enjuiciamiento Criminal que, aunque no preceptuaba la toma de juramento exhortaba a decir la verdad y responder conforme a ella, estuvo vigente formalmente, nada menos, que hasta Ley Orgánica 13/2015, de 5 de octubre, aunque tácitamente derogado al menos desde la entrada en vigor de la C.E. de 1978.

II. MARCO LEGAL

En la actualidad el derecho al silencio es parte de la misma esencia del derecho de defensa, sin embargo, no es reconocido expresamente en prácticamente ningún texto internacional ni tampoco en la C.E. que, a lo que se refiere es al derecho a no declarar contra uno mismo.

El artículo 14.3 del Pacto Internacional de Derechos Civiles y Políticos de Nueva York de 1967 consagra el derecho a no declarar contra uno

---

3 LÓPEZ BARJA DE QUIROGA, Jacobo (2004) "El Derecho a guardar silencio y a no incriminarse", *Derechos Procesales Fundamentales. Manuales de Formación Continuada. Consejo General del Poder Judicial, nº22.*

4 GUTIERREZ AZANZA, Diego Alberto (2022). "Silencio del acusado: ¿Una estrategia adecuada procesal?", *La Ley nº158.*

5 GONZÁLEZ-CUELLAR SERRANO, Nicolás (2014). *Ecos de la Inquisición, Madrid: Castillo de Luna. Ediciones Jurídicas, p. 305.*

mismo y a no confesarse culpable en el mismo sentido que el artículo 8.2 de la Convención Americana sobre Derechos Humanos.

El Convenio Europeo de Derecho Humanos ni siquiera se refiere a este derecho expresamente, lo que ha sido puesto de relieve muchas veces por el Tribunal de Estrasburgo que en varias sentencias ha precisado que el derecho a no declarar contra sí mismo subyace a la noción de proceso equitativo que establece el artículo 6 del Convenio[6].

En el ámbito europeo, La Carta de Derechos Fundamentales de la Unión Europea establece en su artículo 48 que se garantiza el derecho de defensa, pero lo hace de un modo genérico sin ninguna precisión sobre el contenido efectivo de este derecho.

Sin embargo, la Directiva 2016/343 del Parlamento Europeo y del Consejo de 9 de marzo de 2016 por la que se refuerzan algunos aspectos de la presunción de inocencia establece en su artículo 7 el derecho a guardar silencio y a no declarar contra sí mismo. El punto 5 de este artículo ordena a los estados miembros a que no tomen el silencio como una prueba de haber cometido la infracción y a no utilizarlo en su contra. Este aspecto es relevante porque, a veces, la jurisprudencia dota al silencio de un significado negativo para el acusado lo que no parece compatible con la norma europea.

Por otra parte, el artículo 7.3 de la Directiva establece que este derecho no impedirá a las autoridades recabar las pruebas que puedan obtenerse legalmente mediante el ejercicio de poderes coercitivos y que tengan una existencia independiente de la voluntad del sospechoso. Esta expresión, un poco alambicada y oscura, es importada de la Jurisprudencia del TEDH y va a tener una trascendencia decisiva en el ámbito de aplicación del derecho a no declarar contra uno mismo.

El artículo 24.2 de la C.E. consagra el Derecho a no declarar contra uno mismo y no confesarse culpable.

En el plano legal el artículo 520 de la Ley de Enjuiciamiento Criminal con relación a personas detenidas establece el derecho a guardar silencio, no declarando si no se quiere y a no contestar alguna o algunas de las preguntas que se les formulen.

El artículo 118.1. g, referido al investigado, establece que se tendrá derecho al silencio o a contestar alguna o algunas de las preguntas.

---

6 *Saunders vs The United Kingdon* de 17 de diciembre de 1996, *Funke vs Francia de 25 de febrero de 1993 o Murray vs The United Kingdom de 8 de febrero de 1996.*

Todos los anteproyectos y borradores frustrados de modificación de la Ley de Enjuiciamiento Criminal han contemplado y desarrollado este derecho.

El anteproyecto de 2011 en su artículo 33 extendía el derecho a no declarar del imputado no sólo respecto de los hechos investigados sino de cualesquiera otros que le fueran perjudiciales.

El artículo 10 del borrador de Código Procesal de 2013 regulaba de modo expreso que del ejercicio de este derecho no podía derivarse ninguna consecuencia perjudicial salvo la pérdida de una oportunidad de ejercitar el derecho de defensa de modo activo. En ese sentido es la formulación más coherente con las exigencias de la Directiva[7].

En el anteproyecto aprobado por el Consejo de Ministros el 24 de noviembre de 2020 el artículo 207 recogía el derecho de la persona detenida a guardar silencio, no confesarse culpable y responder sólo alguna de las preguntas formuladas, y en el artículo 318, respecto de la persona investigada, se reconocían igualmente estos derechos y se establecen algunas reglas, entre ellas la de advertirde la responsabilidad en que se puede incurrir si se atribuyera falsamente a otro la comisión del delito; lo que puede resultar algo perturbador si esta disposición no se interpreta desde una visión integradora con el derecho de defensa.

También se prohíbe que durante la declaración se utilicen medios o métodos coactivos y por supuesto las preguntas sugestivas o capciosas. Resulta llamativa la previsión expresa que proscribe la administración de sustancias, fármacos o procedimientos que alteren la conciencia, la voluntad o la libertad de decidir en el momento de declarar. No son admisibles tampoco la hipnosis, el engaño, la promesa de ventajas que no estén previstas en la ley ni utilizar instrumentos o dispositivos para valorar la credibilidad de la declaración. Ciertamente, aunque parezca ocioso establecer estas cautelas, no lo es. El avance actual de la neurociencia, algunos precedentes jurisprudenciales como el auto del Pleno de la Audiencia Provincial de Zaragoza de 19 de febrero de 2014 que admitió la validez de la prueba P 300, y las insaciables demandas de seguridad aconsejan anticiparse a estas posibilidades.

---

7 ASENSIO GALLEGO, José María (2017). *El derecho al silencio como manifestación del derecho de defensa, Valencia: Editorial Tirant lo Blanch, p. 256.*

III. CONTENIDO Y ALCANCE DEL DERECHO AL SILENCIO

El TC en distintas sentencias como la 161/1997 de 2 de octubre, con cita de la jurisprudencia europea más importante sobre esta materia como son las del caso *Saunders c. Reino Unido* de 17 de diciembre de 1996, *Funke c. Francia* de 25 de febrero de 1993 o *Murray c. Reino Unido* de 8 de febrero de 1996 tiene dicho que "el derecho al silencio y a la no autoincriminación residen en el corazón de un proceso equitativo y está enlazado con el derecho a la presunción de inocencia"

Se configura como una parte del derecho de defensa y es instrumental respecto de éste prestándole cobertura a su dimensión pasiva. (SSTC 229/1999 de 13 de diciembre, 127/2000 de 16 de mayo).

Es un derecho fundamental pero no absoluto, y su formulación va dirigida tanto a las autoridades para que respeten y protejan su ejercicio como a los particulares para que actúen sabiendo que ejercitarlo no les deparará ningún perjuicio. (STS 4 de mayo de 2000).

Se trata de un derecho sucesivo, tantas veces se declara tantas veces puede ser ejercitado, sin que uno pueda quedar condicionado por sus elecciones previas.

También ha dicho el Tribunal Constitucional que la declaración del investigado es un medio de prueba o un acto de investigación pero que ha de ser asumido esencialmente como un medio idóneo de defensa. (STC 197/1995 de 21 de diciembre).

El derecho a no declarar conecta con el derecho a la presunción de inocencia y es una expresión más de que la prueba le corresponde aportarla a quien acusa.

En el caso *Krumpholz c. Austria* (STEDH 18 de marzo de 2010) se consideró violado el Convenio por establecer las autoridades que el propietario de un vehículo que no facilitó la identidad del conductor, el cuál cometió una infracción de exceso de velocidad, era el conductor del vehículo. Se estimó entonces que esa no era la única alternativa razonable y que el interés público no puede ser invocado para justificar el uso de respuestas obtenidas bajo coacción en una investigación no judicial para incriminar al acusado durante el juicio.

Sin embargo, esta concepción del interés público ha sido matizada, casi desvirtuada, en otras resoluciones del mismo Tribunal.

Estos derechos deben ser aplicados a todos los procedimientos y ni la simpleza ni el orden público o la seguridad nacional pueden justificar disposiciones legales que los limiten o eliminen.[8]

Una de las principales diferencias que se debe observar es la distinción entre el derecho a no incriminarse y aquellos casos que no se refieren a una declaración y sí a someter al acusado a alguna pericia.

No se extiende la facultad de no declarar a no someterse a alguna pericia o prueba como la de alcoholemia. La STC 103/1985 dijo: "no es equiparable el derecho a no declarar contra uno mismo: no es lo mismo obligar a que exteriorice una manifestación que tolerar que se le haga objeto de una modalidad de pericia exigiéndole una colaboración. Se considera que son pericias de resultado incierto, no testimonios y que existe obligación de soportarlas ".

Igualmente se ha declarado constitucional el artículo 380 del Código Penal que asigna una pena por delito de desobediencia al que no se someta a las pruebas de alcoholemia.

Según la jurisprudencia constitucional el privilegio tampoco alcanza a la posibilidad de negarse a someterse a un reconocimiento médico (STC 37/1989) siempre, desde luego, que se respete el principio de proporcionalidad, se practique en condiciones no atentatorias de la dignidad y sin riesgo para la salud, incluso aunque sea necesaria una coerción física, admitida por el TEDH en el caso *Jalloh* de 2006, que sin embargo fue rechazada por el TC en distintas resoluciones (SSTC 107, 1985, 39/1989, y 207/1996)

No obstante, se diferencia entre los supuestos en que hay una colaboración activa pero el acusado sólo es objeto de prueba de aquellos otros casos en que lo que se le requiere es que aporte elementos probatorios directamente lo que el TEDH, generalmente, ha rechazado que sea compatible con el Convenio.

El derecho al silencio incluye que las declaraciones de los acusados no se puedan obtener de modo coactivo o amenazante y también que no pueden usarse compulsiones de ninguna clase.

---

8 *Saunders vs The United Kingdom* de 17 de diciembre de 1996: ***los requerimientos generales de justicia contenidos en el artículo 6 CEDH incluido el derecho a no autoincriminarse se aplican a los procedimientos penales respecto a toda clase de juicios sin distinción del más simple al más complejo. El interés público no puede ser invocado para justificar el uso de respuestas obtenidas bajo coacción en una investigación no judicial para incriminar al acusado durante el juicio.***

En el caso *Heaney y Mc Guiness c. Irlanda* de 21 de diciembre 2000 los acusados, tras un atentado del IRA, fueron requeridos para dar explicaciones sobre sus movimientos en base a una ley de 1939. Estos no facilitaron dicha información y fueron condenados a seis meses de cárcel por no aportar los datos, si bien fueron absueltos del delito de organización criminal. El Tribunal consideró violado el Convenio por considerar que se había ejercido una compulsión contraria a sus derechos a no declarar y que las argumentaciones de seguridad tampoco eran atendibles.

Posteriormente, el asunto *JB c. Suiza* de 3 de mayo de 2001 estudia el supuesto en el que a un investigado por fraude fiscal se le requiere, en el marco de un procedimiento *sui generis* entre tributario y penal, determinada documentación para acreditar sus ingresos. El investigado no los aporta y le imponen multas coercitivas. Se estimó que había una violación del Convenio por la intensidad del grado de compulsión y por el hecho de que, a pesar de no tratarse de un procedimiento estrictamente penal, su situación personal ya estaba seriamente comprometida.

En el caso *Funke c. Francia* de 1993 se consideró violado el Convenio por haber sido obligado el investigado a aportar una documentación a los servicios de aduanas. Se consideró que se había violado el derecho a no declarar, aunque la coacción no se produjo en un procedimiento estrictamente penal, por la utilización de medidas coercitivas tales como la imposición de multas.

En esta materia es habitualmente citado el caso Saunders. Los hechos se referían al directivo de una empresa que fue entrevistado por los inspectores del mercado de valores a los que tenía obligación de responder con relación a una operación societaria bajo la amenaza de sanciones si no lo hacía. Esas declaraciones luego se usaron para fundamentar una condena penal. El TEDH falló que se había violado el Convenio por la utilización de aquellas declaraciones bajo coacción legal pues su negativa a responder le habría podido acarrear la imposición de multas o incluso ser ingresado en prisión por dos años. También rechazó el Tribunal que la complejidad del asunto pudiera limitar el alcance del derecho a no declarar.

En sentido parecido en el caso *Shannon c. Reino Unido* de 4 de octubre de 2006 en el que se trata de un investigado que no compareció a los requerimientos de una investigación financiera no penal. El Tribunal concluyó que el requerimiento realizado al solicitante para que asistiera a una entrevista con los investigadores financieros y el ser obligado a responder preguntas relacionadas con hechos respecto de los cuales ya había sido acusado no era compatible con su derecho a no auto incriminarse por lo que entendió que se había verificado una vulneración del art. 6 del CEDH.

Sin embargo, en la sentencia del caso *Web c. Austria* de 8 de abril de 2004 la opinión del Tribunal fue distinta. El investigado se negó a identificar al conductor que había cometido una infracción en el ámbito de la circulación. El Tribunal consideró que el vínculo entre la obligación del nacionales de revelar la identidad del conductor de su automóvil y la iniciación de posibles procedimientos penales por conducción en exceso de velocidad, era remoto e hipotético, de tal forma que sin un vínculo suficientemente concreto con estos procedimientos penales, el uso de facultades coactivas (la imposición de una multa) para obtener información, no plantea un problema con respecto al derecho del solicitante a guardar silencio y el derecho a no auto incriminarse y, en consecuencia, no se había vulnerado el art. 6 del CEDH.

No obstante, es importante resaltar que a veces esta sentencia es citada en el marco de procedimiento penales para justificar la solicitud de un requerimiento de información, cuando precisamente no se consideró violado el Convenio por ser hecho el requerimiento de información en un contexto distinto al del procedimiento penal que además no se advertía como probable.

El Tribunal Constitucional Español en, al menos, dos sentencias, consideró que no se había vulnerado el derecho a no declarar del acusado en un procedimiento por delito fiscal pues la persona que en el expediente tributario fue requerida para aportar documentación fue la persona jurídica y no la persona física que posteriormente fue acusada. Así la STC 68/2006 del mismo modo que en la STC 18/2005, concluyó que "no apreciándose la existencia del requisito subjetivo de que la coacción haya sido ejercida por el poder público sobre la persona que facilitó la información incriminatoria y que finalmente fue la destinataria de las medidas punitivas, debe desestimarse el recurso de amparo"

El argumento, a mi juicio, peca de un excesivo formalismo y dejó pasar una ocasión para perfilar los límites constitucionales del derecho a no declarar en una situación que tiene gran incidencia en la práctica.

Otra de las características tuitivas del derecho a no declarar es que no son aceptables los subterfugios para burlar la garantía.

En el caso *Allan c. Reino Unido* de 5 de noviembre 2003 se introdujo en las celdas policiales a unos confidentes y colaboradores de la policía para propiciar que el sospechoso les confesara un crimen y poder usar esas pruebas en el juicio. El TEDH consideró que se había violado el Convenio por cuanto dichos colaboradores policiales estaban al servicio de agentes estatales, afirmando que no sólo la compulsión directa. sino la utilización de subterfugios violaba el derecho a no confesarse culpable.

Tampoco pueden ser usados narcóticos o cualquier otro modo, aunque no sea violento, de doblegar la voluntad del acusado, la STS de 26 de noviembre de 1991 rechazaba esta posibilidad incluso aunque la solicitara el propio acusado:

"Pero tampoco es admisible la utilización de estos medios de prueba cuando sean los propios imputados quienes lo soliciten. La dignidad humana no es negociable, tampoco la libertad. El Ordenamiento jurídico, y con él los Tribunales, han de velar por estos valores explícitos en la Constitución. El imputado no puede invitar a que le torturen sus interrogadores ni a que le inyecten fármacos que le sitúen en una posición *de* carencia de libertad. En ese instante ha perdido su libertad, su dignidad y la propia grandeza del ser humano. Suponiendo, por vía de hipótesis, la posibilidad de una práctica de este tipo de pruebas, si el resultado fuera desfavorable al acusado no sería aceptable porque faltaría la libertad de la declaración y, siendo así, lo procedente es rechazarlo de forma incondicionada."

Se podría añadir que aquél que no se sometiera a dichas pruebas acarrearía con un poderoso indicio de inveracidad lo que a su vez alentaría que los investigados aceptaran pruebas denigrantes desestabilizando el sistema de garantías.

Otra faceta a tener en cuenta es si el derecho al silencio incluye el derecho a la mentira. En contra de lo que a veces se suele creer la respuesta constitucional (STC 142/2009) es claramente que no.

"Pues bien, situándonos en esa dimensión de la queja, es cierto que este Tribunal ha afirmado que el imputado en un proceso penal no está sometido a la obligación jurídica de decir la verdad, sino que puede callar total o parcialmente o incluso mentir, en virtud de los derechos a no declarar contra sí mismo y a no confesarse culpable (por todas, SSTC 68/2001, de 17 de marzo, FJ 5, 233/2002, de 9 de diciembre, FJ 3; 312/2005, de 12 de 27 diciembre, FJ 1; 170/2006, de 5 de junio, FJ 4) y que no pueden extraerse consecuencias negativas para el acusado derivadas exclusivamente del ejercicio de su derecho a guardar silencio o de los derechos a no declarar contra sí mismo o a no confesarse culpable (por todas, STC 76/2007, de 16 de abril, FJ 8). A lo que cabría añadir que el ejercicio del derecho de defensa -al que aparecen íntimamente vinculados los derechos fundamentales invocados por los recurrentes- ofrece una cobertura reforzada a las manifestaciones vertidas tanto por los Abogados en el ejercicio de su función de defensa, como por los ciudadanos que asumen por sí mismos en un procedimiento la defensa de sus derechos e intereses legítimos, por no ser preceptiva la asistencia letrada (por todas, SSTC 288/1994, de 27 de octubre, FJ 2; 102/2001, de 23 de abril, FJ 4 y 299/2006, de 23 de octubre, FJ 4). Ahora bien, de todo lo anterior no puede concluirse -como hacen los recurrentes- que los derechos a no declarar contra sí mismos y no declararse culpables en su conexión con el derecho de defensa consagren un derecho fundamental a mentir, ni que se trate de derechos fundamentales absolutos o cuasi absolutos, como se llega a sostener en la demanda, que garanticen la total impunidad cualesquiera que sean las manifestaciones vertidas en un proceso, o la ausencia absoluta de consecuencias derivadas de la elección de una determinada estrategia defensiva. Ello no es así ni siquiera en el proceso penal.

En el mismo sentido, el Tribunal Supremo (STS 142/2009) ha estimado que: "Las acusaciones inveraces a otros imputados pueden ser constitutivas de un delito de acusación y denuncia falsa (STS 1839/2001, de 17 de octubre) aunque alguna aislada resolución de esta Sala, precisamente en este contexto de argumentación, lo haya cuestionado. El derecho a no declararse culpable no abarca un inexistente derecho fundamental a mentir (STC 142/2009, de 15 de junio); aunque, obviamente, fuera de los casos de imputación falsa a otras personas, las mentiras del acusado vertidas en su declaración son impunes." De hecho, el Tribunal Supremo ha ido mucho más lejos al considerar en varias resoluciones referidas a casos de enorme trascendencia social que las declaraciones del acusado podrían constituir un delito contra la integridad moral de las víctimas.

En la STS 62/2013, de 29 de enero se examina un caso en el que los acusados dieron múltiples versiones sobre el paradero del cadáver de la victima. La conducta analizada, calificada de innecesaria, persistente en el tiempo, realizada con conocimiento de que no conduciría a la localización de cadáver, atentó contra la integridad moral de los padres, consumando el delito, concluyendo el Tribunal que «No puede justificarse, en suma, en nombre del derecho de defensa el menoscabo de la integridad moral de las personas y excluir la relevancia penal autónoma de dicha conducta, entre otras razones porque tampoco se desprende otra cosa en este punto del art. 24.2 CE (no declarar contra sí mismo y no declararse culpable)»

Y en la sentencia del Tribunal Supremo de 16 de diciembre de 2020 nº 701/2020 se mantiene que hay otros datos que, fuera del ámbito del autoencubrimiento, permiten ser calificados como delitos contra la integridad moral, como son "una cierta sobreactuación y protagonismo y las palabras de esperanza que dirigía a los padres, en particular aquellas en que les decía que esa misma tarde volvería y estaría tomando una coca-cola con ellos...por cuanto nos encontramos ante un comportamiento continuado de sobreactuación y fingimiento innecesarios, con falsas expresiones de aliento y de esperanza dirigidas a los padres, a sabiendas de que el niño no aparecería, pues lo había matado ella. No resulta difícil entender que esa conducta aumentó el dolor de la madre del menor."

En mi opinión, creo evidente que determinadas estrategias procesales tendentes al autoencubrimiento pueden resultar dolorosas para las víctimas y rechazables desde puntos de vista morales, pero por más que eso sea así, siempre y cuando no tengan un contenido calumnioso, han de estar amparadas por el derecho de defensa so pena de hacer una delimitación demasiado restrictiva del mismo basada, además, en el impacto emocional que pudiera tener su desarrollo en los perjudicados, lo que es difícilmente evaluable desde un punto de vista objetivo.

IV. MOMENTO EN QUE SURGE EL DERECHO A NO DECLARAR

Un aspecto fundamental es cuando nace el derecho a no declarar. El TEDH ha establecido que este derecho surge cuando una persona es acusada y respecto de cuando se da esta situación, el Tribunal de Estrasburgo en sentencias como la de *Mc Guines o Quinn c. Irlanda* dice que no es preciso una acusación formal en sentido estricto, sino que basta que la situación individual de la persona se haya visto sustancialmente afectada.

Aunque no forme parte de nuestra tradición jurídica cuando se diserta acerca de cuándo nace el derecho a no declarar es imposible no referirse a la Sentencia Miranda dictada por el Tribunal Supremo de Estados Unidos en 1966 en uno de los tribunales de Earl Warren.

Miranda era un ciudadano de origen hispano al que se le acuso de violación, fue interrogado por la policía y aunque en principio negó los hechos acabó reconociéndolos. No quedó claro si se le coaccionó de algún modo para firmar la declaración pero sí que no se le informó de su derecho a solicitar un abogado.

La Sentencia estableció las archiconocidas «prevenciones Miranda» consistentes en la obligación de advertir e informar al acusado de que tiene derecho a no declarar y que sí lo hace cualquier cosa que diga podrá ser usada en su contra, que tiene derecho a un abogado y que si no tiene dinero se le costeara de oficio, estableciendo una regla de exclusión probatoria

De los nueve magistrados cinco votaron a favor y cuatro en contra, argumentando que sí es aceptable no informar al detenido de sus derechos, incluso engañarle o coaccionarle levemente.[9]

---

[9] BELTRÁN DE FELIPE, Miguel y GONZALEZ GARCÍA, Julio (2005). *Las sentencias básicas del Tribunal Supremo de Estados Unidos.* Madrid: Centro de Estudios Políticos

La sentencia fue muy polémica y en 1968 con el cambio de ciclo político se aprobó una ley que admitía las confesiones sin prevenciones previas si eran voluntarias tomando en consideración todas las circunstancias ambientales. Aunque muchos tribunales consideraron que las prevenciones Miranda tenían carácter constitucional y no podían alterar lo establecido en la sentencia a partir de ahí el debate se centró en qué momento debían realizarse las prevenciones Miranda, y el Tribunal Supremo consideró que hay interrogatorio desde el momento que un policía considera a alguien sospechoso y sus preguntas van dirigidas a obtener respuestas incriminatorias. Las prevenciones en todo caso se habrán de hacer cuando su libertad de acción sea reducida a un nivel que sea parecido al de una detención formal. En el año 2000 en el caso Dickerson (atracador de bancos que confeso ante el FBI) se declaró que eran reglas constitucionales y que no podían ser modificadas por el Congreso.[10]

V. CONSECUENCIAS DEL EJERCICIO DEL DERECHO A NO DECLARAR

Llegados a este punto hay que referirse a una de las cuestiones fundamentales y más polémicas del derecho al silencio: *las consecuencias de su ejercicio.*

Es innegable que admitir cualquier consecuencia negativa en el ejercicio del derecho al silencio constituye un debilitamiento de la garantía. Pero en verdad eso es lo que ha sucedido.

En la década de los noventa del siglo pasado algunos ordenamientos jurídicos, particularmente el inglés, hicieron reformas legislativas que permitían realizar inferencias adversas sobre el imputado que rehusaba presentar pruebas o contestar preguntas, cuando no explicara la procedencia de un objeto, o no explicara su presencia en un lugar, siempre que la acusación fuese suficientemente sólida.

Lamentablemente, a mi juicio, el TEDH no tuvo inconveniente en considerar que del silencio del acusado se podían realizar inferências negativas.

La Sentencia paradigmática sobre la cuestión es la del TEDH Murray vs. United Kingdom de 8 febrero de 1996. Los hechos versaban sobre una

---

y Constitucionales.

10 LÓPEZ BARJA DE QUIROGA, Jacobo. "EL Derecho a guardar silencio y a no incriminarse". Op cit.

persona acusada de terrorismo que no respondió en los interrogatorios policiales. Fue detenido con otras siete personas del Ejército Republicano Irlandés en un domicilio donde se encontraba secuestrado un colaborador de la policía. De acuerdo con la legislación procesal se le advirtió por la policía en los siguientes términos: «*no tiene que decir nada a menos que desee hacerlo, pero debo advertirle que si no menciona algún hecho que vaya a invocar en su defensa ante un Tribunal, el hecho de no aprovechar esta oportunidad para mencionarlo puede ser tratado en el Tribunal como respaldo de cualquier evidencia relevante en su contra. Si desea mencionar algo, lo que diga podrá ser presentado como evidencia*», a lo que el solicitante respondió que no tenía nada que decir.

Durante los días que estuvo detenido se le interrogó en doce ocasiones sin la presencia de su abogado y se admitió que no pudiera disponer del mismo hasta las 48 horas siguientes de haberlo solicitado. En todas las ocasiones manifestó que no iba a declarar. En el acto del juicio fue informado de que según la Ordenanza aplicable si se negaba a responder el Tribunal podía tenerlo en cuenta a la hora de decidir sobre su culpabilidad o inocencia. Nuevamente optó por no prestar declaración.

El 8 de mayo de 1991, fue condenado como autor de un delito de detención ilegal y condenado a ocho años de prisión. En ningún momento, ni mientras estuvo detenido o durante el proceso penal, el acusado dio alguna explicación acerca de su presencia en la casa. Presentó un recurso argumentando que la ley no permitía que se extrajeran conclusiones negativas del silencio, pero fue rechazado por el Tribunal señalando que la Ordenanza de 1988 autorizaba a que el Juez aplicara el sentido común al establecer presunciones en contra del acusado cuando se dieran las circunstancias que la norma preveía.

La sentencia dictada por el TEDH marcó completamente la jurisprudencia posterior. En primer término, afirmó que una condena basada exclusiva o principalmente en la ausencia de explicaciones violaba el Convenio, pero no consideró que extraer consecuencias del silencio necesariamente vulnerase su artículo 6. Argumentó que si las pruebas en contra del acusado eran de tal intensidad que razonablemente demandaban una explicación que sólo él estaba en condiciones de ofrecer y no lo hacía, era de sentido común extraer inferencias negativas sin que ello supusiese una inversión de la carga de la prueba[11]

---

[11] GALLARDO ROSADO, Maydeli. (2022). *Los Derechos a permanecer en silencio y a no declarar contra sí mismo*, Valencia: Tirant lo Blanch, p. 40.

Por otra parte, y aunque no suele tenerse en cuenta cuando es citada esta sentencia de cara a valorar negativamente el silencio del acusado, una de las claves del razonamiento del Tribunal para adoptar esa postura se hallaba en que la Ordenanza de Pruebas Criminales de 1988 establecía la obligación de advertir al acusado sobre las consecuencias de su silencio, previsión que como es sabido, no existe en absoluto en nuestro ordenamiento.

La sentencia *Murray* por más que sus razonamientos estén impregnados de un sentido común muy popular supuso un drástico recorte en el núcleo del derecho de defensa, y desde luego un factor de disuasión para el ejercicio del derecho a no declarar.

La Jurisprudencia española recepcionó pronto su doctrina. En STC 202/2000, de 24 de julio, el Tribunal admitió la posibilidad de valoración del silencio del acusado como indicio de culpabilidad,si existen otras pruebas. En la STC 26/2010, de 27 de abril, con referencia a la anteriormente citada, precisaba que el silencio del acusado no puede sustituir la ausencia de prueba de cargo suficiente, pero «sí puede tener la virtualidad de corroborar la culpabilidad del acusado». En esta misma línea se pronunció la STC 9/2011, de 28 de febrero, donde se indicaba que el silencio del imputado puede tener valor como «elemento adicional o de refuerzo», pero no sustituir la existencia de otra prueba de cargo.

El Tribunal Supremo también ha asumido en algunas de sus sentencias la "tesis de la explicación" en la 658/2018, de 14 de diciembre, ha indicado que puede valorarse el silencio del acusado como indicio inculpatorio «si el conjunto probatorio reclamaba una explicación por parte del imputado que éste injustificadamente rehúsa ofrecer». En su sentencia 298/2020, de 11 de junio, aun indicando que la condena no puede basarse en el silencio añade que no es algo totalmente neutral en la valoración probatoria. En otras ocasiones se ha negado la posibilidad de valoración del silencio del acusado, STS 728/2022, de 14 de julio pero en otras ha afirmado que si bien la suficiencia probatoria ajena al silencio es imprescindible sí puede usarse el mismo argumentativamente (STS 158/2018, de 5 de abril).

En la jurisprudencia más reciente del Tribunal Supremo, en conjunto, parece desprenderse la idea de que el silencio no surte efectos probatorios ni siquiera como un elemento de corroboración pero que sí puede usarse a efectos argumentales. Así, en la STS 447/2019, de 3 de octubre de 2019 se afirma rotundamente que «el silencio del acusado, desde el punto de vista probatorio, es igual a cero; y la prueba de cargo tendrá que formarse a expensas de otras fuentes y a tenor de la calidad convictiva de lo que aporten».

A pesar de esa amplia recepción, el TEDH ha matizado su doctrina. En el caso *Condron c. Reino Unido* del 2 de mayo de 2000, trasunto jurídico del caso Murray, dos heroinómanos no dieron explicaciones acerca de algunas transacciones sospechosas que realizaron con otras personas. Lo hicieron por consejo de su abogado que estimó que al estar bajo síndrome de abstinencia no era conveniente que lo hicieran. En el juicio no prestaron declaración y el juez dirigió al jurado instrucciones en las que les indicaba que podían extraer consecuencias del silencio pero no les advirtió que sólo en el caso de que ese silencio pudiera ser entendido como la falta de cualquier explicación. Fueron condenados. En este caso, El TEDH entendió que pudiera haber una explicación para su silencio: el haber seguido un consejo honesto de su abogado y que, por lo tanto, no era aplicable la *"tesis de la explicación"* Este matiz, muy significativo, suele ser obviado cuando de valorar el silencio del acusado se trata.

VI. ALGUNAS SITUACIONES CRÍTICAS PARA EL DERECHO A NO DECLARAR

1. Autoincriminación en fase previa al juicio

En la práctica es relativamente frecuente el caso en que el acusado reconoce los hechos en sede policial o judicial en fase de instrucción, pero se acoge a su derecho a no declarar en el acto del juicio oral. En estos supuestos debe diferenciarse si la declaración se prestó ante la autoridad judicial o ante agentes de policía. En el primer caso la jurisprudencia se muestra pacífica y por el cauce del art. 730 LECrim. pueden introducirse válidamente en el juicio y formar parte del cuadro probatorio tales declaraciones (STS 926/2006, de 6 de octubre; y 30/2009, de 20 de enero o STS 529/2018, de 31 de octubre de 2019, entre muchas otras) Para que la declaración pueda valorarse se han de dar una serie de requisitos: a) Material o que sea imposible reproducirse en el acto del juicio oral, asimilándose la negativa al derecho a declarar a esta posibilidad b) Subjetivo, que haya intervenido el juez de instrucción en la diligencia sumarial c) que se garantice la contradicción d) Formal, que sea leída en el acto del juicio oral.

Más problemas presentan las declaraciones prestadas en sede policial cuando en el acto del juicio oral se ejercita el derecho a no declarar. De hecho, la jurisprudencia del Tribunal Supremo ha sido oscilante en esta materia. El pleno 28 de noviembre de 2006, que establecía que «*las declaraciones válidamente prestadas ante la policía pueden ser objeto de valoración por el Tribunal, previa su incorporación al juicio oral en alguna de las formas admitidas por la jurisprudencia*» trató de poner fin a las distintas interpretaciones que se venían dando, pero no alcanzo su propósito unificador. El Tribunal Constitucional se había mostrado siempre muy reacio a admitir la validez de declaraciones prestadas en fases preprocesales, aunque en ocasiones había afirmado que estas declaraciones si eran introducidas por medios de prueba válidos podían ser tenidas en cuenta. Este era el razonamiento que latía en el pleno de 28 de noviembre de 2006. Sin embargo, a partir de 2010 el TC comenzó a dictar unos pronunciamientos muy rotundos declarando que las declaraciones del atestado no tienen valor probatorio de cargo porque ni son reproducibles ni están prestadas ante la autoridad judicial, única independiente e imparcial (STC 68/2010 de 18 de octubre). Finalmente, el Tribunal Supremo dictó un segundo pleno sobre la cuestión el 3 de junio de 2015 con el siguiente contenido:

"Las declaraciones ante los funcionarios policiales no tienen valor probatorio. No pueden operar como corroboración de los medios de prueba. Ni ser contrastadas por la vía del art. 714 de la LECrim. Ni cabe su utilización como prueba preconstituida en los términos del art. 730 de la LECrim. Tampoco pueden ser incorporadas al acervo probatorio mediante la llamada como testigos de los agentes policiales que las recogieron. Sin embargo, cuando los datos objetivos contenidos en la autoinculpación son acreditados como veraces por verdaderos medios de prueba, el conocimiento de aquellos datos por el declarante evidenciado en la autoinculpación puede constituir un hecho base para legítimas y lógicas inferencias. Para constatar, a estos exclusivos efectos, la validez y el contenido de la declaración policial deberán prestar testimonio en el juicio los agentes policiales que la presenciaron. Este acuerdo sustituye el que sobre la materia se había adoptado en el mes de noviembre de 2006"

Lo cierto es que con posteridad a este pleno tanto el Tribunal Supremo como el Tribunal Constitucional cuando se han enfrentado a enjuiciamientos por delitos muy graves han terminado valorando las declaraciones policiales autoincriminatorias argumentando que si bien no es una prueba de confesión, sí es una manifestación voluntaria y libre que cuando se realiza con observancia de requisitos legales adquiere existencia jurídica siendo útil como elemento de contraste con las declaraciones judiciales posteriores, incidiendo en su propia credibilidad, lo que, en definitiva, se quiera o no, no es otra cosa sino la valoración de las declaraciones policiales.

2. Declaración autoincriminatoria causalmente vinculada con un medio de prueba declarado ilícito

Es el caso en el que un investigado se autoincrimina en sede policial pero su detención y declaración han sido la consecuencia causal de la utilización de un medio de prueba que se declara ilícito posteriormente. En el foro este caso suele darse en supuestos de intervenciones telefónicas que proporcionan los datos para realizar un registro donde se encuentra droga por la que se interroga al investigado. Éste, compelido por la aplastante fuerza de las evidencias, se autoincrimina en sede policial e incluso en el juzgado de instrucción, pero llegado el juicio oral, se acoge a su derecho a no declarar y solicita la nulidad de la intervención telefónica y de la entrada y registro. En el caso de que estas pretensiones sean estimadas y en consecuencia no se valore dicho material probatorio cabe preguntarse qué valor debe darse a dicha declaración sumarial. La cuestión ha sido resuelta aplicando la doctrina de la conexión de antijuricidad formulada por el TC. en su sentencia 81/1998 de 2 de abril y modulada en algunas sentencias posteriores. Dicha doctrina importa del derecho norteamericano las denominadas excepciones a la regla de exclusión probatoria. En supuestos como el señalado, el uso que ha hecho el Tribunal Supremo de dicha doctrina tampoco ha sido uniforme. Muy sintéticamente podría decirse que en una primera etapa el Tribunal Supremo consideraba que era aprovechable la declaración de instrucción por no existir una conexión de antijuricidad entre la prueba nula y la declaración, pero siempre con muchas resoluciones discrepantes, si bien, más o menos, a partir de la STS nº 91/2011 se vinieron a imponer unos requisitos muy rigurosos para aprovechar esa declaración incriminatoria: que fuera sumarial, que no hubiera sido prestada mientras estuviera declarado el secreto de las actuaciones y que fuera ratificada por completo en el acto del juicio oral. Por lo tanto, en estos casos el mantener silencio en el juicio impediría rescatar sus declaraciones auto incriminatorias anteriores.

3. Confesiones extrajudiciales

Este tipo de confesiones suele producirse en documentos notariales o privados o en presencia de otras personas. El Tribunal Supremo ha admitido su validez si bien en tanto que son efectuadas sin asistencia de letrado ni garantía procesal alguna, la Sala 2ª exige que se incorporen al juicio oral, y allí sean sometidas a contradicción con presencia de las personas ante quienes se realizaron. El Tribunal Supremo parte de su validez teórica pero entiende que es una prueba que ha de medirse con cautela y estar corroborada por otros medios de prueba (STS 6 de junio de 1980, 13 de mayo de 1989, 17 de octubre de 1992, 1262/2002 de 2 de julio, 1282/2000 de 25 de septiembre).

4 Grabaciones hechas por particulares

En la experiencia forense es muy común que una de las partes del procedimiento pretenda hacer valer como prueba de cargo una grabación que se realizó subrepticiamente en la que el acusado se incriminaba desconociendo, obviamente, que estaba siendo grabado.

La Jurisprudencia del Tribunal Supremo suele considerar que no existe vulneración del *nemo tenetur* porque este es un derecho que sólo surge en el contexto de una investigación oficial. Pero añade que, si el particular actúa instigado por la policía o con la finalidad de preconstituir pruebas incitando al interlocutor a una confesión involuntaria, la confesión adolece de causa de nulidad. Es lo que ha ocurrido en la sentencia STS 311/2018 de 27 de junio. En la STS 857/2021 de 11 de noviembre se absuelve y anula la sentencia porque la policía se vale de un confidente para realizar una grabación. Tanto los hechos como los fundamentos jurídicos guardan mucho parecido con la anterior. Sin embargo, se aceptaron este tipo grabaciones por considerarlas una iniciativa exclusiva del particular en la STS 964/21.

Así pues, la clave reside en si la persona que graba la conversación lo hace por iniciativa propia y sin la voluntad de preconstituir pruebas o instigada por agentes estatales.

5. Declaraciones heteroincriminatorias de los coacusados que se acogen a su derecho a no declarar a las defensas de los incriminados.

También es muy frecuente el caso en que el coacusado hace un uso del derecho a no declarar selectivo, contestando las preguntas de las acusaciones e incriminando a los demás encausados, pero luego no respondiendo a los letrados de las personas a las que ha acusado. De esta manera, entran en tensión dos derechos procesales del máximo rango axiológico: el derecho a contestar sólo ciertas preguntas y el derecho a interrogar a los que presten un testimonio de cargo en virtud del principio de contradicción.

En términos generales la doctrina muy mayoritaria del Tribunal Supremo no considera que se vulnere ningún derecho de los coacusados porque aquél que declara contra ellos luego no conteste las preguntas de sus letrados pues es el ejercicio de un derecho.

No obstante, aunque muy minoritarias, sí existen sentencias del Alto Tribunal que consideran el derecho de contradicción de los acusados puede verse afectado en las circunstancias descritas con anterioridad, en ese sentido la STS 223/2017 de 30 de marzo. También la STS 754/2017 de 24 de noviembre: *De cualquier modo, la sentencia recurrida no puede ser mantenida en tanto se produce una falta de posibilidad de contradicción, lo que determina la inoperancia probatoria de la heteroincriminación de Gerardo Victorio (por lo demás, no muy rotunda, al ser preguntado acerca de si Baldomero Epifanio conocía el destino de las lanchas, se expresó así: «pienso que sí», pero es lo cierto que se niega a contestar a las preguntas que le formula la defensa de este recurrente. Nos encontramos ante lo que se ha denominado la contradicción atenuada o limitada.*

La STS 460/2015, de 20 de junio consideró de modo radical que el derecho de defensa quedaba violado cuando se produce la situación referida: *Hemos de convenir que se ha de exigir, no una contradicción atenuada, o devaluada, sino real y verdadera, material, lo que aquí no se ha producido, en tanto que el coimputado no declaró ante las preguntas que le quiso formular la defensa del ahora recurrente, razón por la cual su potencia incriminatoria, conforme a lo declarado en el art. 6.3º d) del Convenio Europeo de Roma (CEDH), quedó desvanecida. No se respetó, en consecuencia, su derecho de defensa.*

Sin embargo, como se decía, la postura mayoritaria del Tribunal Supremo es considerar valorables esas declaraciones aun cuando no se contesten las preguntas de las defensas con posteridad. No obstante, la declaración debe responder a un auténtico interrogatorio y no a la mera expresión monosilábica de conformidad con la acusación del Fiscal, como ha indicado la STS 296/2022 de 24 de marzo.

6. Manifestaciones espontáneas

Las manifestaciones espontáneas son aquellas que vierte un investigado en presencia de los agentes de policía fuera del ámbito reglado de su toma de declaración.

Han sido referidas en muchas ocasiones por la jurisprudencia y de un modo muy mayoritario consideradas utilizables incluso aunque se produzcan antes de que al investigado se le instruyan de sus derechos, siempre que se cumplan ciertos requisitos. Deben ser libres y espontáneas y no deben ser incorporadas en el atestado con la firma del detenido. El aspecto fundamental de cara a su validez es que no pueden ser consecuencia de un interrogatorio formal o informal. En este sentido cobra enorme importancia el momento en que se debe instruir al investigado de sus derechos en particular del derecho a no declarar. Las manifestaciones espontáneas por ser realizadas aun en un marco extraprocesal no se rigen por las exigencias de una declaración formal, pero una vez realizadas es precisa inmediatamente la lectura de derechos según señala la STS 344/2018.

La sentencia 386/2017 hace hincapié en estos aspectos incidiendo también en que han de ser introducidas en el debate contradictorio del juicio oral a través de la declaración de los agentes que directamente les percibieron (STS 655/2014). Es de destacar la STS 376/2017 que constituye una excepción a la doctrina general y considera que conforme al pleno de 3 de junio de 2015 las manifestaciones espontáneas pierden valor probatorio.

Suele decirse en la jurisprudencia que los agentes de policía no están obligados a taparse los oídos cuando escuchan la autoincriminación espontánea de un sospechoso y que sin permitir estas manifestaciones se impediría la posibilidad de que éste voluntariamente decidiera colaborar con la policía, sin embargo estos argumentos no pueden ocultar la profunda antinomia que existe entre la jurisprudencia que concede valor a estas manifestaciones del investigado y a la doctrina desplegada en aplicación del pleno del 3 de junio de 2015. Es muy difícil entender por qué no pueden utilizarse la declaración del agente que presencia una declaración autoincriminatoria de un investigado que la presta en un acto formal, instruido de sus derechos, en presencia de un abogado y reflejándolas por escrito, y por el contrario se puedan tener en cuenta las manifestaciones de un investigado desprovistas de cualquier garantía. Razonablemente, el hecho de que no vengan precedidas de un interrogatorio no parece justificar por sí solo que las unas sean utilizables y las otras no.

7. Requerimientos documentales

Con cierta frecuencia durante la instrucción de los procedimientos penales y administrativos de carácter sancionador se requiere al investigado para que aporte documentos y esto puede violentar su derecho a no declarar. Sobre esto, el Tribunal Europeo de Derechos Humanos ha establecido en la Sentencia dictada en el asunto *Saunders vs Reino Unido*, de 17 de diciembre de 1996, que el derecho a no declarar contra sí mismo no se extiende a los materiales que tienen una existencia independiente de la voluntad del acusado, tal y como sucede, entre otros, con las «muestras de aliento, sangre u orina, o tejido corporal para realizar pruebas de ADN». Doctrina que reiteró en la sentencia *J.B. vs Suiza*, de 3 de mayo de 2001.

En los procedimientos judiciales penales suele entenderse que no cumplimentar un requerimiento documental queda amparado por el *nemo tenetur*[12] si bien no son extrañas las resoluciones que se pronuncian en sentido contrario.[13]

En todo caso, el problema se presenta en toda su intensidad en los procedimientos tributarios.[14] En este ámbito se podría decir que el *nemo tenetur* sólo tienen una existencia teórica. La jurisprudencia constitucional ha primado el deber de contribuir sobre el derecho fundamental a no declarar afirmando con claridad en la STS 76/1990 de 26 de abril: "Los documentos contables son elementos acreditativos de la situación económica y financiera del contribuyente, situación que es preciso exhibir para hacer posible el cumplimiento de la obligación tributaria y su posterior inspección, sin que pueda considerarse la aportación o exhibición de esos documentos contables como una colaboración equiparable a la "declaración" comprendida en el ámbito de los derechos proclamados en los arts. 17,3 y 24,2 CE. Del mismo modo que el deber del ciudadano de tolerar que se le someta a una especial modalidad de pericia técnica no puede considerarse contrario al derecho a no declarar contra sí mismo y al de no declararse culpable (SS 103/1985, 145/1987, 22/1988, entre otras muchas), cuando el contribuyente aporta o exhibe los documentos contables pertinentes no está haciendo una manifestación de voluntad ni emite una declaración que exteriorice un contenido admitiendo su culpabilidad"

Las tesis que habitualmente se manejan para justificar la legalidad de los requerimientos documentales son las siguientes: [15]

---

12 AAP Barcelona, secc. 5ª, 655/2010, de 15 de octubre; AAP Gerona, secc. 4ª, 651/2018, de 28 de noviembre; AAP Gerona, secc.4ª, 670/2017, de 5 de diciembre; AAP Murcia, secc. 3ª, 162/2017, de 6 de marzo; AAP Lérida, secc. 1ª, 356/2018, de 26 de junio.

13 AAP Guipúzcoa, secc. 1ª, 190/2019, de 14 de marzo; SAP Zaragoza, secc. 6ª, 36/2015, de 21 de enero; AAP Madrid, secc. 5ª, 3544/2008, de 13 de octubre; AAP Catellón, secc. 2ª, 54/2009, de 12 de febrero; AAP Castellón, secc. 2ª, 285/2008, de 19 de junio.

14 ROMERO FLOR, Luis. María (2015). "Deberes tributarios vs Derechos humanos: el Derecho a no autoincriminarse en el procedimiento tributario", *Revista Parlamento y Constitución,* nº17, pp. 255 a 276.

15 GALBE TRAVER, Guillermo (2020). "Cuatro tesis sobre el derecho a no autoincriminarse y los requerimientos documentales". *La Ley Penal* 143.

a) *Tesis de la preexistencia*: Es la más restrictiva. Considera que el derecho a no autoincriminarse sólo protege frente a la extracción por medios coactivos declaraciones autoinculpatorias pero si el documento preexiste al requerimiento no se trata de una verdadera declaración. El único alcance del *nemo tenetur* sería frente a la creación de documentos *ex novo.*

b) *Tesis de la predeterminación normativa*: Según esta teoría el derecho a no declarar no podría invocarse referido a documentos cuya confección o conservación venga determinada por el ordenamiento jurídico. Tiene incluso expresión en la Ley General Tributaria que en su artículo 99.2 permite rehusar a los obligados tributarios la aportación de documentos que no resulten exigibles por la normativa tributaria, aunque también es cierto que la misma norma en su artículo 29.2 exige conservar cualquier documento con trascendencia tributaria.

c) *Tesis de la accesibilidad*: Considera que son legítimos los requerimientos de documentos que el investigado quiera voluntariamente aportar y que la administración podría obtener por sus propios medios. Se llega a razonar que si los documentos podrían ser obtenidos mediante un registro no tendría sentido que no se le pudieran requerir voluntariamente al investigado.

Como conclusión podría decirse que si bien es razonable que la administración tributaria pueda requerir documentos a los obligados tributarios para poder aplicar el sistema tributario e incluso imponer sanciones en caso de que se obstaculice esa labor, lo que no parece respetuoso con el *nemo tenetur* según la jurisprudencia del TEDH es que se utilicen esos documentos obtenidos bajo la compulsión para fundamentar una sentencia condenatoria en el ámbito penal.

8. Derecho a no declarar de la persona jurídica

A diferencia de lo que ocurre en otros países, en España se reconoce a las personas jurídicas el derecho a no declarar el cual se introdujo en los artículos 409 bis y 786 bis de la LECrim por la Ley 37/2011, de 10 de octubre, de medidas de agilización procesal.

En Estados Unidos, la Corte Suprema ha negado expresamente la posibilidad de que las personas jurídicas tengan derecho a no declarar contra sí mismas. El *leading case* que sentó el precedente en este sentido fue el fallo *Hale vs. Henkel 5 (1903).*

El problema estriba en cuál de las personas físicas que integran la persona jurídica ha de articular ese derecho. En particular, si el abogado inhouse se encuentra entre esas personas.

Aunque coexisten varias tesis que en sus extremos van de reconocer ese derecho exclusivamente a la persona especialmente designada por un lado y de otro a reconocérselo a todos los trabajadores, la tesis intermedia viene a ser la más aceptada. Esta sostiene que el derecho abarca tanto a la persona especialmente designada como a los administradores de la empresa. Sin embargo, ha destacado la doctrina que sería más acertado que el derecho pueda ejercerse por «cualquiera de los representantes legales o miembros de los órganos directivos de la persona jurídica».

Otros autores, a mi juicio con enorme acierto, han propuesto que este derecho alcance a todas las personas que se encuentra en el círculo del artículo 31 del Código Penal, pues esa postura sería la más armónica con el conjunto del ordenamiento.[16]

Finalmente, cabe destacar que la jurisprudencia comunitaria (Sentencia del Tribunal de Justicia de las Comunidades Europeas *AM&S Europe Limited c. Comisión,* de 18 de mayo de 1982 Asunto 155/79 y STJUE *Azko Nobel Chemicals Ltd y Akros Chemicals Ltd c. Comisión Europea,* de 14 de septiembre de 2010) no concede al abogado in house el derecho a no declarar contra la empresa en la que presta sus servicios , lo que merece un juicio extremadamente crítico por lo que supone de quiebra en el derecho de defensa en cuya base está la confianza, nervio de la relación entre abogado y cliente, que no puede existir bajo la posibilidad de que tu propio abogado pueda llegar a estar obligado a declarar en tu contra.

9. STEDH de 1 de junio de 2010: el caso Magnus Gafgen

El 27 de septiembre de 2002 Magnus Gafgen, estudiante de derecho, secuestró y asesinó al hijo de un banquero en Frankfurt. Pero hizo creer a los padres que su hijo se encontraba con vida y exigió un millón de euros por su liberación. La policía dispuso un dispositivo de vigilancia y detuvo al sospechoso trasladándole a una comisaría en la que se le instruyó de sus derechos. Tras un interrogatorio infructuoso el jefe de policía ordenó a uno de sus subordinados que amenazara al sospechoso con infligirle graves su-

---

16 GALVE TRAVER, Miguel Ángel (2018). "El secreto profesional del abogado in-house y el derecho a no autoincriminarse de la persona jurídica" *La Ley Penal.*

frimientos físicos si se seguía negando a revelar el lugar donde se ubicaba la víctima. El oficial de policía amenazó gravemente al sospechoso y llegó a golpearlo varias veces en el pecho.

Esta violencia dio resultado y el sospechoso acabó confesando que había matado a la víctima y proporcionó a la policía la información necesaria para encontrar el cadáver, señalando el lugar exacto donde se encontraba.

Posteriormente, en nuevos interrogatorios policiales y ante el juez, Magnus Gafgen confirmó la confesión que había efectuado.

El Tribunal Regional de Frankfurt señaló que las declaraciones realizadas por el acusado ante la policía, el Fiscal y el Juez de Distrito eran inadmisibles como prueba en el proceso penal, porque se habían obtenido mediante el uso de métodos prohibidos de interrogatorio; sin embargo, sí fueron admitidas las pruebas materiales obtenidas a partir de las declaraciones del 1 de octubre, esto es, el cuerpo.

El Tribunal razonó que ponderando la intensidad de las amenazas que había sufrido el acusado y la gravedad del delito, esto es, el asesinato de un niño, se consideraba que la exclusión de la evidencia que se obtuvo como resultado de la declaración del acusado –el descubrimiento del menor muerto- era desproporcionada.

Tanto el Tribunal Federal de Justicia como el Tribunal Constitucional Federal mantuvieron la condena.

Los policías fueron condenados a penas pecuniarias muy leves.

La Sentencia de 30 de julio de 2008 de la Sala 5ª del TEDH, en primera instancia, consideró que el art. 3 CEDH consagra uno de los valores más fundamentales de las sociedades democráticas y que a diferencia de la mayoría de las cláusulas sustantivas de la Convención, el art. 3 no establece excepciones y no se permite ninguna derogación de la misma en virtud del art. 15, incluso en el caso de una emergencia pública que ponga en peligro la vida de la nación, determinando que la Convención prohíbe en términos absolutos la tortura y los tratos o penas inhumanos o degradantes, independientemente de la conducta de la persona. La Sala señaló que el uso de las pruebas obtenidas como resultado de tortura o maltrato con vulneración del art. 3 CEDH, hace que el procedimiento en su totalidad no sea equitativo, independientemente de que la admisión de las pruebas haya sido decisiva para asegurar la condena del acusado.

Sin embargo, consideró que el acusado no había sido víctima de una infracción del art. 3 CEDH como consecuencia de la amenaza de torturas proferida contra su persona por la Policía de Frankfurt a tenor de la supuesta levedad de las mismas y escasa duración. Asimismo, se rechazó también la eventual infracción del art. 6 CEDH como consecuencia de la valoración de las pruebas efectuadas.

A mayor abundamiento, La Sala señaló que, si bien el acusado se vio obligado directamente a confesar esta en cualquier caso, las autoridades que investigaban el caso tenían a su disposición elementos de prueba, como la carta de chantaje y una nota sobre la planificación del delito que no estaban vinculadas a su confesión.

La Gran Sala en su sentencia de 1 de junio de 2010 afirmó que el art. 3 CEDH consagra un derecho absoluto. Siendo absoluto, no pueden sopesarse otros intereses, como la gravedad del delito investigado o el interés público en la persecución penal efectiva, ya que hacerlo socavaría su naturaleza absoluta. Por lo tanto, ni la protección de la vida humana ni la garantía de una condena penal pueden obtenerse a costa de comprometer la protección del derecho absoluto a no ser sometido a malos tratos prescritos en el art. 3, ya que esto sacrificaría dichos valores y desacreditaría la administración de justicia.

El Tribunal llegó a la conclusión de que en el «caso Gafgen» se estaba delante de un trato inhumano, pero no de un acto de torturas, si bien no podía discutirse el hecho de la aplicabilidad del art. 3 CEDH y la circunstancia de que la amenaza de maltrato lesionó la mencionada disposición.

Ahora bien, razonó el Tribunal, el artículo 6 del Convenio no consagra un derecho absoluto, por lo que la protección efectiva de la prohibición absoluta en virtud del art. 3 sólo entraría en juego si la vulneración del art. 3 fue determinante en el resultado del proceso contra el acusado.

La Gran Sala consideró que al haber declarado nuevamente en sentido autoincriminatorio de manera libre y sin ser sometido a ninguna coacción no se había producido una violación del artículo 6.[17]

Así pues, en primera instancia el TEDH estimó que las amenazas y los golpes leves sufridos por el acusado no lesionaban el artículo 3 del Convenio además de señalar que la policía disponía de otros elementos de prueba más o menos desconectados de su inicial confesión, por lo que se había respetado la equidad del proceso. La Gran Sala, por el contrario, sí

---

17 CANO PAÑOS, Miguel Ángel (2013). "La tortura policial y su valoración procesal penal en Alemania". *La Ley Penal*, 105.

considero que se había producido una lesión en el artículo 3 del Convenio pero que ésta no había sido sustancialmente decisiva para su condena por lo que el artículo 6 no se había visto conculcado.

El TEDH en sus sucesivas instancias minimizó primero el alcance de las coacciones sufridas por el sospechoso mientras que la Gran Sala relativizó el alcance de la exclusión de las pruebas obtenidas causalmente conectadas a su confesión bajo amenazas. Ambas posturas son censurables desde el punto de vista de la integridad de los derechos del acusado, pues las amenazas y los golpes, incluso leves, han de reconducirse al artículo 3 del Convenio como señaló La Gran Sala, pero, además, cuando el Estado se proporciona pruebas de ese modo, la exclusión de las derivadas debería ser radical, aunque sólo fuera como medida profiláctica y disuasiva.

Este caso muestra en toda su crudeza la dificultad de conciliar todos los intereses legítimos que se desenvuelven en un procedimiento penal, y la evidencia de que, las más de las veces, nuestros valores jurídicos no son reafirmados cuando llega la hora de la verdad.

VII. CONCLUSIONES

El derecho a no declarar está reconocido en todos los países de nuestro entorno jurídico. Aunque su respeto es condición necesaria del proceso debido y se ha considerado que su vigencia no puede ser evitada ni coactivamente ni bajo ningún tipo de engaño o subterfugio, lo cierto es que el perímetro de este derecho se ha recortado en distintas situaciones, generalmente, en aras de la eficacia de la investigación criminal. El derecho a no declarar no suele encontrar límites en su aplicación cuando se refiere estrictamente a declaraciones y el investigado lo ejercita con claridad. Sin embargo, en los casos críticos la respuesta jurisprudencial siempre suele ser valorar las declaraciones del investigado, e incluso su silencio, aunque ello suponga una restricción del *nemo tenetur*. La situación es especialmente preocupante en campos como el tributario en que el derecho no tiene virtualidad y en sede penal pueden aprovecharse los datos o aportaciones probatorias que haya hecho el acusado compelido por la imposición de sanciones administrativas, lo que parece contrario a la jurisprudencia del TEDH.

VIII. Bibliografía

ASENSIO GALLEGO, José María (2017). El derecho al silencio como manifestación del derecho de defensa, Valencia: Editorial Tirant lo Blanch, p. 256.

BELTRÁN DE FELIPE, Miguel y GONZALEZ GARCÍA, Julio (2005). Las sentencias básicas del Tribunal Supremo de Estados Unidos. Madrid: Centro de Estudios Políticos y Constitucionales.

CANO PAÑOS, Miguel Ángel (2013). "La tortura policial y su valoración procesal penal en Alemania". La Ley Penal, 105.

GALBE TRAVER, Guillermo (2020). "Cuatro tesis sobre el derecho a no autoincriminarse y los requerimientos documentales". La Ley Penal 143.

GALVE TRAVER, Miguel Ángel (2018). "El secreto profesional del abogado in-house y el derecho a no autoincriminarse de la persona jurídica" La Ley Penal.

GALLARDO ROSADO, Maydeli. (2022). Los Derechos a permanecer en silencio y a no declarar contra sí mismo, Valencia: Tirant lo Blanch, p. 40.

GONZÁLEZ-CUELLAR SERRANO, Nicolás (2014). Ecos de la Inquisición, Madrid: Castillo de Luna. Ediciones Jurídicas, p. 305.

GUTIERREZ AZANZA, Diego Alberto (2022). "Silencio del acusado: ¿Una estrategia adecuada procesal?", La Ley nº158.

LÓPEZ BARJA DE QUIROGA, Jacobo (2004) "El Derecho a guardar silencio y a no incriminarse", Derechos Procesales Fundamentales. Manuales de Formación Continuada. Consejo General del Poder Judicial, nº22.

ORTEGA, Javier, RODRIGUEZ ANTOLIN, Beatriz, ZAMBRANA, Nicolás (2006). Principios de Derecho Global. (Coord. Rafael DOMINGO) Pamplona: Editorial Aranzadi, p. 288.

ROMERO FLOR, Luis. María (2015). "Deberes tributarios vs Derechos humanos: el Derecho a no autoincriminarse en el procedimiento tributario", Revista Parlamento y Constitución, nº17, pp. 255 a 276.

VILLALBA, Gisela (2017). "Orígenes del Derecho a no declarar contra sí mismo y su garantía", Revista de Derecho Procesal Penal, 12.

LA PRUEBA ILICITA Y PRUEBA TECNOLÓGICA. REFLEXIONES A RAÍZ DEL CASO ENCROCHAT

JAVIER IGNACIO ZARAGOZA TEJADA
Fiscal. Letrado coordinador del área penal del Tribunal Constitucional

RESUMEN

En la operación Encrochat, las fuerzas del orden francesas recopilaron más de 120 millones de mensajes de 60.000 usuarios de EncroChat. Las pruebas derivadas del hackeo fueron posteriormente trasmitidas a otros países y se utilizaron en los tribunales de justicia para motivar sentencias condenatorias.

La legalidad o ilegalidad de las pruebas obtenidas por la operación de pirateo constituyen un importante problema que es objeto de debate en los tribunales de justicia penal de diferentes países de la UE.

Este artículo examina qué lecciones, y soluciones, pueden extraerse de las decisiones adoptadas por los distintos tribunales de justicia desde la perspectiva de los derechos humanos, en particular el derecho a un juicio justo (art. 6 CEDH) y a la intimidad (art. 8 CEDH).

ABSTRACT

In operation encrochat, French law enforcement authorities collected over 120 millon messages for 60.000 EncroChat users. Evidences obtained during the hacking operation were provided to other countries and used in criminal courts in order to motivate convictions.

The legality or illegality of evidences obtained during the hacking operation constitute an important problem being debated in the criminal courts of different EU countries.

This article examines what lessons, and solutions, can be learned from the decisions adopted for different courts of justice from a human rights perspective, in particular the right to fair trial (art. 6 ECHR) and right to privacy (art. 8 ECHR).

PALABRAS CLAVE

Derecho de defensa, Encrochat, hackeo, derecho a un juicio justo, intimidad, valoración de la prueba, prueba ilícita.

KEYWORDS

Right to defense, Encrochat, hacking, fair trial, privacy, evidence assessment, illegally obtained evidence.

I. LA PRUEBA ILÍCITA Y NUEVAS TECNOLOGÍAS. LA NECESIDAD DE UNA PROFUNDA REFLEXIÓN

1. La evolución de la doctrina sobre prueba ilícita en el ordenamiento jurídico europeo y en el ordenamiento jurídico español

La verdad no puede ser perseguida a cualquier precio. Esta realidad que el *Bundesgerichtshof* (BGH) expuso hace más de 60 años[1] constituye hoy en día un axioma de obligado cumplimiento en los modernos Estados de derecho. No en vano, la reseñada afirmación supuso un importante cambio de paradigma respecto a antiguos y desfasados sistemas penales –más propios de Estados totalitarios- en los que el ejercicio del *ius puniendi* y el interés del Estado en sancionar conductas delictivas justificaba el cercenamiento de los derechos fundamentales y libertades del investigado, el cual –como sujeto pasivo del proceso penal- no gozaba de ningún instrumento de protección frente a la acción indagadora/ investigadora del Estado.

Sin embargo, el nacimiento del movimiento constitucionalista –preconizado en la declaración de los derechos del hombre y del ciudadano de 1789

1 BGHsT, 14, 358, de 14 de junio de 1960.

y la carta de los derechos de los Estados Unidos de 1791- otorgó una nueva dimensión a los antiguos sistemas procesales penales los cuales se vieron obligados a abordar la protección de los derechos fundamentales no solo desde la perspectiva de la víctima sino, también, desde el punto de vista del investigado, limitando así los propios poderes del Estado en la prosecución de hechos criminales. Fruto de este nuevo movimiento, la doctrina alemana de principios de siglo comenzó a esbozar las bases y pilares fundamentales de lo que posteriormente se convertiría en la doctrina de la prueba ilícita basada en la regla de que aquellas pruebas obtenidas mediante violación de derechos fundamentales del investigado no pueden ser utilizadas en un proceso judicial. Aunque, de hecho, esta formulación compartía criterios y parámetros muy parecidos a la paralela y simultanea *"exclusionary rule"* elaborada por la doctrina norteamericana[2], lo cierto es que ambas doctrinas diferían en cuanto a su presupuesto esencial toda vez que en la doctrina alemana la *ratio essendi* de la prueba ilícita era la garantizar la protección de los derechos fundamentales del investigado mientras que, por el contrario, la *exclusionary rule*, al menos a partir, de la segunda mitad del S.XX, se basaba en el *deterrent effect* o, dicho de otra manera, en la generación de un efecto disuasorio para las autoridades estatales a la hora de vulnerar derechos fundamentales en la investigación de hechos delictivos.

Así, en Alemania surge en 1903 la *teoría de las prohibiciones probatorias* de Ernest Beling (*Bewisverbote)* cuya idea fundamental era que la búsqueda de la verdad dentro de la investigación procesal penal tenía una serie de límites de interés colectivo e individual cuales eran, precisamente, el respeto a los derechos fundamentales de investigado. Esta teoría desembocaría, a la postre, en la *teoría del entorno jurídico* y, posteriormente, en la *teoría de los tres círculos o esferas (Rechtskreistheorie),* elaborada por el *Bundesverfassungsgerich* (BVG) la cual entendía que había que atender al grado de afectación del derecho fundamental en cuestión, y al interés social en la persecución de la conducta, para determinar la aplicación o no de la regla de exclusión probatoria. Esta teoría evolucionó posteriormente hasta la denominada teoría de la *ponderación (Abwägungslehre).*

La doctrina alemana constituyó, de hecho, el alimento intelectual del que bebieron la mayoría de los sistemas procesales penales europeos, los cuales comenzaron a regular los requisitos y efectos de la prueba ilícita desde la perspectiva de la protección de los derechos fundamentales frente a

---

2 Sentencia de la Corte Suprema Federal de los Estados Unidos del 24 de febrero del 1914, caso *Weeks vs United States.*

acciones estatales tal y como, en definitiva, se establecía en el pensamiento constitucionalista clásico donde al enunciar los derechos individuales, y con independencia de que posteriormente se haya reconocido también la eficacia frente a particulares (*Drittwirkung*), estos se mostraban como mecanismos de reacción frente a los propios poderes de Estado y del gobierno.

Es el caso, por ejemplo, de Portugal en el que, a diferencia de la mayoría de los ordenamientos jurídicos europeos, la no utilización de prueba mediante violación de derechos fundamentales goza de reconocimiento constitucional vinculado a las garantías derivadas de un proceso judicial. En este sentido, el art. 32 de la Constitución Portuguesa de 1976 señala explícitamente que "*Serán nulas todas las pruebas obtenidas mediante tortura, coacción, atentado a la integridad física o moral de la persona, la intromisión abusiva en la vida privada, en el domicilio, en la correspondencia o en las telecomunicaciones*".

En Italia, por otra parte, la sentencia de la *Corte Constituzionale* 34/1973 supuso el punto de partida a la doctrina de la "*inutilizzabilitá*" que, posteriormente, tuvo su plasmación legal en el art. 191 del *Codice di procedura penale*, el cual prescribe que "*La prueba adquirida con violación de las prohibiciones establecidas por la ley no puede ser utilizada. La inutilización también puede detectarse de oficio en todos los estados y grados del procedimiento*". Al respecto, la *Corte di Casazzione* ha considerado que el incumplimiento de las formalidades prescritas por la ley para la obtención de un medio de prueba no es, en sí mismo, elemento literosuficiente para aplicar la regla de exclusión probatoria (sentencia 5021/1996). Así, distinguiendo entre nulidad e *inutilizzabilitá*", la *Corte di Casazzione* ha afirmado que la nulidad se refiere al incumplimiento de formalidades procesales, mientras que la *inutilizzabilitá* estaría concretada en un procedimiento ilegítimo de adquisición que se encontraría fuera del sistema procesal y que, por ende, se encontraría completamente proscrita. Por lo tanto, el citado art. 191 se refiere a las pruebas adquiridas con violación de las prohibiciones establecidas en la ley y no a aquellas cuya obtención se obtuvo sin cumplimentarse las formalidades prescritas. Se observan en los últimos años, no obstante, importantes voces que abogan por la adopción del principio de ponderación[3].

---

3 MARCHESE, V. (2016). *Principio di proporzionalità, diritti fondamentali e processo penale*, in *Percorsi giuridici della postmodernità*, a cura di R. Kostoris, Bologna, p. 381; CAIANIELLO, M. (2014). "Il principio di proporzionalità nel procedimento penale", *Dir. pen. cont. – Riv. trim.*, n. 3-4/2014, p. 145.

En cuanto al tratamiento de la cuestión en el derecho francés, este también carece de una regulación uniforme en su Código procesal penal (CPP, *Code du procedure penal*). Al igual que en el anterior caso, el estudio de la materia parte de la regulación de las diversas diligencias probatorias, de modo que su inobservancia puede dar lugar como efecto a la exclusión de la prueba obtenida. Esto sucederá en el caso de que la irregularidad produzca la lesión o perjuicio de los intereses de la parte a la que afectara (artículos 171 y 802 CPP). A estos efectos resulta determinante atender a si la contravención causó lesión de derechos fundamentales o del llamado principio de lealtad[4].

En lo que se refiere a nuestro país, bien es conocido que la doctrina sobre la prueba ilícita surge a raíz de la icónica STC 114/1984, de 29 de noviembre, donde el Tribunal Constitucional acabó declarando por primera vez que no existía un derecho fundamental autónomo a la no recepción jurisdiccional de las pruebas de posible origen antijurídico sino que la exclusión de dicho material probatorio se articulaba, más bien, como expresión de una garantía objetiva e implícita en el sistema de derechos fundamentales, cuya vigencia y posición preferente en el ordenamiento puede requerir desestimar toda prueba obtenida con lesión de los mismos. Señalaba en este sentido la mencionada sentencia (al estudiar la trascendencia constitucional del recurso de amparo) *"Tal afectación se da, sin embargo, y consiste, precisamente, en que, constada la inadmisibilidad de las pruebas obtenidas con violación de derechos fundamentales, su recepción procesal implica una ignorancia de las garantías propias del proceso (artículo 24.2 de la Constitución) implicando también una inaceptable confirmación institucional de la desigualdad entre las partes en el juicio (art. 14 de la Constitución), desigualdad que se ha procurado antijurídicamente en su provecho quien ha recabado instrumentos probatorios en desprecio a los derechos fundamentales de otro"*.

De ello se infiere que la estructura jurídica que el Tribunal Constitucional se encargó de otorgar a la doctrina de la prueba ilícita (un año después, normativizada a través de la LO 6/1985 en el art. 11 de la LOPJ: *En todo tipo de procedimiento se respetarán las reglas de la buena fe. No surtirán efecto las pruebas obtenidas, directa o indirectamente, violentando los derechos o libertades fundamentales*) suponía enmarcar nuestro sistema en un modelo alemán en el que la exclusión del proceso del material probatorio obtenido con violación de los derechos fundamentales residía en el valor preferente de estos últimos y en

---

4 ARMENTA DEU, T. (2009). "Exclusionary rule: convergencias y divergencias entre Europa y América". *Revista de estudios de la justicia*, Nº. 11, págs. 81-110.

la necesaria ponderación entre el grado de afectación de aquellos y el hipotético interés social en la persecución de la conducta y el ejercicio del *ius puniendi*. En estos términos, el alejamiento de los postulados y fundamentos establecidos en la doctrina norteamericana, en el que la *ratio essendi* de la *exclusionary rule* era el *deterrent effect*[5], parecía más que evidente.

Sin embargo, a pesar de este inicial posicionamiento jurisprudencial, lo cierto es que en la evolución de la doctrina de la prueba ilícita en nuestro país hemos podido asistir a un proceso de progresiva influencia de la teoría sobre la *exclusionary rule* y el *deterrent effect* [en alguna ocasión he tenido la oportunidad de catalogar este proceso (al igual que otros ilustres compañeros) como un *proceso de norteamericanización*], en el que el acogimiento apodíctico y sin ambages de la doctrina alemana fundada en la protección del derecho fundamental sustantivo ha venido siendo matizada o flexibilizada en favor de la aplicación de determinadas *excepciones* cuyo origen lo encontramos al otro del Atlántico. Ha de decirse, no obstante, que esta influencia norteamericana se infería ya desde la primigenia redacción del art. 11 LOPJ (LO 6/1985) en la que, a diferencia de otros ordenamientos jurídicos europeos[6], se optó

---

5 Conviene citar en este punto los argumentos acogidos por la Corte Suprema Norteamericana en las conocidas sentencias de los casos *Casandra vs United States* y *Janis vs United States* donde se consignaba que el fundamento de la prueba ilícita era "*proteger a los ciudadanos frente a las situaciones de abuso de poder por parte de los organismos estatales encargados de la investigación y represión de actos ilícitos*".

6 Así, por ejemplo, en Alemania la doctrina y jurisprudencia rechazan el efecto reflejo de la prueba ilícita (*Fernwirkung des Beweisverbots*) de tal manera que la vulneración de una prohibición probatoria no conlleva necesariamente la prohibición de utilización de la prueba derivada lo que habrá de determinarse en función de la gravedad del hecho y el peso de la infracción concreta. En este sentido, AMBOS, K. (2013). "La teoría del efecto extensivo en el derecho procesal penal estadounidense y su traslado al proceso penal alemán". *Revista General de Derecho Procesal*. Iustel, defiende l efecto extensivo depende esencialmente de la "*situación de hecho y de la clase de infracción" -en especial, con relación a la clase de prueba producida, la gravedad de la infracción y del reproche de hecho; el efecto tiene que ser admitido -en el sentido de la jurisprudencia del Tribunal Europeo de Derechos Humanos–en caso de una violación de derechos humanos que produzca que el proceso sea injusto como un todo*"

En Portugal, El denominado "*efecto-a-distancia*", o efecto reflejo de la nulidad en otras pruebas derivadas, está matizado, no obstante, por la singularidad del caso, el tipo de prohibición de prueba vulnerado, la naturaleza e importancia del derecho en conflicto, el bien jurídico o interés sacrificado, el sujeto pasivo de la vulneración, etc.

En Italia, la figura de la "*inutilizzabilitá derivata*" se aplica también de forma matizada. La ausencia de una normativa específica sobre la propagación de la

por regular no solo la prueba obtenida directamente mediante violación de derechos fundamentales (la denominada prueba directa), sino, también, los efectos reflejos de aquella (prueba derivada) de una manera similar a lo plasmado en la *teoría de los frutos del árbol envenenado (fruit of the poisonous tree doctrine)* recogida en *Nardone vs United States.*

De hecho, la adopción de la doctrina sobre el efecto reflejo constituyó el punto de partida para la lenta –pero progresiva- trasposición de doctrinas y excepciones provenientes del derecho norteamericano. Prueba de ello es que en los primeros años del Tribunal Constitucional la totalidad de las excepciones al art. 11 LOPJ vinieron referidas a la ruptura de la extensión del efecto contaminante de la prueba ilícita originariamente a la prueba derivada o, lo que es lo mismo, al establecimiento de excepciones al denominado efecto reflejo. A título meramente ejemplificativo encontramos la teoría de la desconexión de antijuridicidad (STC 81/1998, de 2 de abril), la excepción de la confesión voluntaria del investigado (STC 161/1999, de 27 de septiembre[7]), la excepción de la prueba jurídicamente independiente (STC 81/1998, de 2 de abril[8]), o la excepción del hallazgo inevitable (STS 4 de julio de 1997)[9].

Esto generó opiniones controvertidas, las cuales, basándose en la diferente configuración o estructura de ambos sistemas (sistema alemán continental/ sistema norteamericano), defendían que el acogimiento de dichas excepciones no tenía cabida en nuestro ordenamiento jurídico y que, por ende, estábamos ante una corrupción misma del sistema de prueba ilícita establecido por nuestro legislador. En este sentido, MIRANDA ESTRAMPES señalaba que "Partiendo de este anclaje constitucional debería resultar indiferente, a diferencia de los modelos basados en el *deterrent effect,* si la prueba fue obtenida por una autoridad o por un particular e incluso si la autoridad o sus agentes actuaron de buena fe, en la creencia de no estar

---

nulidad, salvo en materia de secreto de Estado (Ley 3 de Agosto de 2007) da lugar a soluciones jurisprudenciales muy variadas. Como ejemplo de exclusión de la ineficacia derivada puede citarse la Sentencia de la *Corte di casazzione,* Cass. Sec.VI, de 27 de marzo de 2009.

En Holanda, la existencia de una relación de causalidad entre la prueba derivada y la prueba ilícita no conlleva necesariamente la aplicación de la regla de exclusión probatoria debiéndose juzgar su licitud conforme a los principios de proporcionalidad y subsidiariedad.

7 Correspondencia con el caso *Wong Sun vs United States* (1963).

8 Correspondencia con el caso *Murray vs United States* (1988).

9 Correspondencia con el caso *Nix vs Williams* (1984).

vulnerando un derecho fundamental (…) La regla de exclusión ha dejado de ser una garantía procesal de carácter constitucional derivada de la posición preferente que los derechos fundamentales ocupan en el ordenamiento jurídico para convertirse en un simple remedio judicial que puede dejar de aplicarse cuando las necesidades de tutela de los derechos fundamentales sustantivos no lo exijan. Las dificultades de aplicación práctica de esta doctrina son evidentes, en línea con las dificultades de delimitación que denuncia la doctrina alemana con la teoría constitucional de las tres esferas o círculos"[10].

Interesante también es el posicionamiento adoptado por CAMPANER MUÑOZ[11] que considera que la adopción de las citadas excepciones supone un vaciamiento del contenido del art. 11 LOPJ que prohíbe –expresamente- la valoración de las pruebas obtenidas directa o indirectamente mediante violación de derechos fundamentales. Para CAMPANER MUÑOZ se trataría, en definitiva, de un problema basado en la misma estructura del ordenamiento jurídico toda vez que las excepciones a la *exclusionary rule* establecidas por la doctrina norteamericana tendrían su perfecto engarce en un sistema como el norteamericano en el que la aplicación de dicha regla no tendría un reconocimiento constitucional, lo que condiciona un ulterior desarrollo jurisprudencial al respecto (*Case law*). No obstante, a esta argumentación se le puede oponer que si bien la citada aseveración puede tener encaje al referirse a la prueba directa, es decir, aquella obtenida directamente mediante violación de derechos fundamentales, esta conclusión no puede ser sustancialmente idéntica en aquellos casos en los que examinamos la regla de exclusión probatoria desde la perspectiva de la prueba indirecta o derivada en la que, de ordinario, no sería descartable la concurrencia de circunstancias concurrentes o pre-existentes que, al estilo de la teoría de la equivalencia de condiciones o *condictio sine quae non*, permitan una ruptura del nexo causal entre aquella y la prueba originariamente obtenida mediante violación de derechos fundamentales. En estos casos, la inexistencia de una relación causalidad o la constatación de un enlace de la prueba derivada con un acto lícito de investigación permitiría una relajación del concepto "*indirecto*" empleado por el art. 11 LOPJ y, por ende, una limitación del denominado *efecto reflejo*.

---

10 MIRANDA ESTRAMPES, M. (2010). "La prueba ilícita: la regla de exclusión probatoria y sus excepciones", *Revista catalana de seguretat pública*.

11 CAMPANER MUÑOZ, J. (2018). *Pruebas obtenidas por particulares de modo delictivo. De la lista Falciani a las agendas de Nadine Heredia*. AC ediciones. Perú.

La evolución de la doctrina constitucional sobre prueba ilícita ha llegado en los últimos años, incluso, a cuestionar la propia inutilizabilidad en el proceso de pruebas obtenidas directamente mediante violación de derechos fundamentales. Así, a través de las conocidas STC 22/2003, de 10 de febrero, y STS 116/2017, de 23 de febrero, se importó la doctrina proveniente de las sentencias de la Corte Suprema Norteamericana casos *Leon vs United States* (1984) y *Burdeau vs Mcdowell* (1921) admitiendo la validez de pruebas obtenidas directamente mediante violación de derechos fundamentales en casos de buena fe (*excepción de buena fe*) u obtenidas por particulares siempre y cuando, claro está, aquellos no hayan actuado, directa o indirectamente, bajo la dirección de organismos estatales y el acto de violación de derechos fundamentales no tuviera por objeto presentar las pruebas en un proceso judicial ulterior (*excepción de prueba obtenida por particulares*).

No obstante, los términos manejados por la STS 116/2017, de 23 de febrero, fueron sustancialmente matizados por la STC 97/2019, de 17 de julio, que señaló que el dato de que la vulneración originaria del derecho sustantivo sea cometido por un particular no altera el canon de constitucionalidad aplicable desde el derecho a un proceso con todas las garantías (art. 24.2 CE), de suerte que es necesario acudir a cada caso en concreto a las necesidades de tutela procesal en relación con la violación consumada. En definitiva, a los efectos de aplicación del art. 11 LOPJ, no resulta imperativo establecer una distinción conceptual entre prueba obtenida por particulares y por organismos dependientes de las autoridades del Estado siendo que el canon a aplicar para determinar la validez de la prueba es en ambos casos el mismo.

Conforme a esta sentencia, para esclarecer si una prueba puede ser utilizada, o no, en un proceso judicial es necesario establecer si existe una conexión o vínculo jurídico entre el derecho fundamental sustantivo vulnerado (art. 18.1, 18.2, 18.3CE etc…) y el derecho fundamental a un proceso con todas las garantías (art. 24.2 CE) de tal manera que además de la esfera de protección de aquel derecho se haya visto comprometido la igualdad de las partes en un proceso y el derecho a la tutela judicial efectiva. Solo en estos casos, señala el Tribunal, será necesario una tutela procesal del derecho fundamental que sea encauzada a través del mecanismo del art. 11 LOPJ.

Finalmente, para determinar cuando existe esta conexión o vínculo entre el derecho fundamental sustantivo vulnerado y la igualdad de las partes en el proceso, la propia STC 97/2019, citando otros pronunciamientos precedentes, establece dos tipos de controles: (a) un control interno que exige valorar la proyección que sobre el proceso tiene la "*índole, características e intensidad*" de la violación del derecho fundamental sustantivo. Se trata de considerar, en definitiva, si la vulneración del derecho fundamental ha estado instrumentalmente orientada a obtener pruebas al margen del proceso. No obstante, señala en este punto la STC 97/2019 (FJ 3) que "*aunque este primer examen de la índole y características de la lesión evidencie la falta de conexión jurídica entre la intromisión en el derecho fundamental y el proceso, ha de evaluarse, asimismo, sin abandonar la perspectiva interna, si la vulneración del derecho fundamental sustantivo es de tal intensidad que, aun cuando esa conexión instrumental no exista, debe, aun así, proyectarse sobre el ámbito procesal al afectar al núcleo axiológico más primordial de nuestro orden de derechos fundamentales*"; (b) un control externo que exige valorar si existen necesidad generales de prevención o disuasión de la vulneración consumada que se proyecten sobre el proceso penal.

2. *Evolución de nuevas tecnologías y derechos fundamentales. La confluencia con la doctrina sobre la prueba ilícita*

En las últimas décadas hemos podido asistir también a un importante progreso y evolución de las tecnologías de la información y la comunicación. Así, el desarrollo de internet, de sistemas de mensajería o comunicación instantánea, o el comienzo de implementación de la inteligencia artificial en diversas áreas de la administración pública o de la justicia ha abierto nuevos, e inesperados, campos de desarrollo y desenvolvimiento de los derechos fundamentales dando lugar a la ampliación, reducción e, incluso, matización del contenido de aquellos.

Buen ejemplo de ello es que si casi finales del siglo XX, la distinción entre el derecho a la intimidad (art. 18.1 CE) y el derecho al secreto de comunicaciones (art.18.3) era cuestión sencilla y de fácil resolución, la implementación de internet y la utilización de novedosos medios e instrumentos tecnológicos ha creado importantes "zonas grises" o "de confluencia" entre ambos derechos cuya matización por la jurisprudencia ha sido no solo conveniente sino necesaria. Ello ha provocado, claro está, la proliferación de pronunciamientos jurisprudenciales que han abordado esta faceta de los derechos fundamentales tratando dar, con vocación de generalidad, criterios que permitan distinguir uno y otro derecho.

En el ámbito de ordenamiento jurídico español encontramos, por ejemplo, la STC 114/1984 que afirmó que el derecho al secreto de comunicaciones podía vulnerarse *tanto por la interceptación en sentido estricto como con el simple conocimiento antijurídico de lo comunicado*, la STC 70/2002 que, sin embargo, manteniendo una postura contraria, restringió el concepto del art. 18.3 afirmando que la violación de dicho derecho se producía únicamente cuando el acceso a lo comunicado se producía cuando este se encontraba en tránsito entre el emisor y el receptor. También la STC 115/2013, de 9 de mayo, donde se consagraba que el acceso a la agenda del teléfono móvil no afectaba al secreto de comunicaciones sino a la intimidad, las SSTC 123/2002, de 20 de mayo, FJ2; 56/2003, de 24 de marzo, FJ 3, 115/2003, de 9 de mayo, FJ 3; y SSTEDH de 2 de agosto de 1984, caso Malone contra Reino Unido, § 84, y de 3 de abril de 2007, caso Copland contra Reino Unido, § 43), que consideraban sin embargo que el derecho concernido era el 18.3 CE cuando se accedía al registro de llamadas entrantes y salientes; o la STS 864/2002 que certificaba la lesión del 18.1 CE cuando se valoraba el acceso a la memoria de un terminal telefónico.

Especial referencia sobre esta materia hay que hacer a la reciente STC 99/2021, de 10 de mayo, que analiza la problemática relativa a la colocación de sistemas de escucha ambiental en el interior de un vehículo y a la interpretación de los límites temporales de la medida de investigación prevista en el art. 588quater. Esta sentencia resulta especialmente interesante puesto que el Tribunal Constitucional, rompiendo con la doctrina constitucional previa que afirmaba que las comunicaciones orales tenían protección constitucional bajo la cobertura del art. 18.1 CE y no del 18.3 CE, declara por primera vez –con la salvedad de la STC 145/2014- la equiparación de las comunicaciones orales a las comunicaciones telefónicas afirmando que *el método a través del cual se efectúa una comunicación no otorga una protección constitucional diferenciada*, legitimando, por lo tanto y desde una perspectiva sistemática, la posibilidad de aplicar subsidiariamente el plazo previsto para las intervenciones del art. 579 LECrim a las medidas de investigación contempladas en el art. 588 quater[12].

En cualquier caso, la nueva dimensión que en relación con los derechos fundamentales ha provocado el desarrollo de las nuevas tecnologías ha supuesto la aparición, también, de nuevas concepciones y de nuevas interpretaciones relacionadas con cuestiones íntimamente vinculadas al ejercicio de derechos fundamentales. Famoso es, en este sentido la enunciación por parte de la STC 173/2011, de 7 de noviembre, (posteriormente reproducido en la reciente STC 30/2022, de 7 de marzo) del derecho al *entorno virtual* al afirmar:

> "Si no hay duda de que los datos personales relativos a una persona individualmente considerados, a que se ha hecho referencia anteriormente, están

[12] No obstante, la sentencia hace referencia a determinadas excepciones que serán expuestas más adelante.

dentro del ámbito de la intimidad constitucionalmente protegido, menos aún pueda haberla de que el cúmulo de la información que se almacena por su titular en un ordenador personal, entre otros datos sobre su vida privada y profesional (en forma de documentos, carpetas, fotografías, vídeos, etc.) —por lo que sus funciones podrían equipararse a los de una agenda electrónica—, no sólo forma parte de este mismo ámbito, sino que además a través de su observación por los demás pueden descubrirse aspectos de la esfera más íntima del ser humano.

Es evidente que cuando su titular navega por Internet, participa en foros de conversación o redes sociales, descarga archivos o documentos, realiza operaciones de comercio electrónico, forma parte de grupos de noticias, entre otras posibilidades, está revelando datos acerca de su personalidad, que pueden afectar al núcleo más profundo de su intimidad por referirse a ideologías, creencias religiosas, aficiones personales, información sobre la salud, orientaciones sexuales, etc. Quizás, estos datos que se reflejan en un ordenador personal puedan tacharse de irrelevantes o livianos si se consideran aisladamente, pero si se analizan en su conjunto, una vez convenientemente entremezclados, no cabe duda de que configuran todos ellos un perfil altamente descriptivo de la personalidad de su titular, que es preciso proteger frente a la intromisión de terceros o de los poderes públicos, por cuanto atañen, en definitiva, a la misma peculiaridad o individualidad de la persona.

A esto debe añadirse que el ordenador es un instrumento útil para la emisión o recepción de correos electrónicos, pudiendo quedar afectado en tal caso, no sólo el derecho al secreto de las comunicaciones del art. 18.3 CE (por cuanto es indudable que la utilización de este procedimiento supone un acto de comunicación), sino también el derecho a la intimidad personal (art. 18.1 CE), en la medida en que estos correos o email, escritos o ya leídos por su destinatario, quedan almacenados en la memoria del terminal informático utilizado. Por ello deviene necesario establecer una serie de garantías frente a los riesgos que existen para los derechos y libertades públicas, en particular la intimidad personal, a causa del uso indebido de la informática, así como de las nuevas tecnologías de la información".

Esta evolución tecnológica, con el surgimiento de nuevos entornos virtuales de interacción social, y la proliferación de novedosos medios de comunicación, nos ha enfrentado a los juristas a complejos problemas en los que no solo se encuentra en juego el correcto entendimiento de la situación de hecho planteada, sino también la adecuada interpretación de normas –por lo general, claramente desactualizadas- y la ponderación de la posible afectación de los derechos fundamentales de los ciudadanos.

Problemáticas como *Encrochat*, la distinción entre canales abiertos y cerrados en el ciberpatrulleo, el tratamiento legal de las situaciones acaecidas en el *metaverso*, la incautación de *criptoactivos* en la red *blockchain*, o la utilización de instrumentos de inteligencia artificial (*PAIS, TRINETRA,*

INNEFU) nos enfrenta cada día a complejos retos en los que se imbrican no solo conceptos tecnológicos de difícil entendimiento y comprensión sino, como ya se ha señalado, la afectación en diversos grados de derechos fundamentales que, aunque formulados de manera tradicional, han de ser interpretados conforme a la nueva realidad social y tecnológica.

Como es obvio, el impacto que en todas estas esferas han tenido las nuevas tecnológicas se ha traspuesto también a la doctrina sobre prueba ilícita. Así, la nueva concepción del contenido de los derechos fundamentales en relación con la utilización de instrumentos tecnológicos ha dado lugar a una amplísima doctrina jurisprudencial que, de manera más o menos exhaustiva, trata de hacer frente a la siempre compleja relación existente entre una medida de investigación tecnológica, el respecto al contenido de los derechos fundamentales garantizados en la Constitución y la aplicación del instituto contenido en el art. 11 LOPJ.

De hecho, si atendemos a las resoluciones dictadas por nuestros altos tribunales en los últimos años, nos atrevemos a señalar que la mayoría de resoluciones que abordan cuestiones relacionadas con la regla de exclusión probatoria lo hacen a colación de la utilización de medidas de investigación de contenido eminentemente tecnológico. Es el caso, por ejemplo, de la ya mencionada STC 99/2021, de 30 de mayo (utilización de dispositivos de escucha ambiental de conversaciones mantenidas personalmente); STS 832/2022, de 21 de octubre (acceso a bases de datos de empresas de alquiler de vehículos sobre datos relativos a geolocalización); STS 807/2022 (ciberpatrullaje a través de fuentes abiertas); STS 692/2022 -Sala Cuarta- (colocación de cámaras de seguridad en vigilancia de trabajadora del hogar); SAP de Madrid -Sección Cuarta- 508/2020 (uso de *dron* para observar el interior de una vivienda); SAP de Barcelona -Sección Décima- 131/2020 (colocación de cámaras de seguridad en el interior de garaje comunitario); STS 434/2021 (acceso a datos bancarios sin autorización judicial); STS 278/2021 -Sala Primera- (colocación de baliza de GPS en el interior de un vehículo); AAP de Barcelona -Sección Novena- 72/2021 (utilización de sistemas de reconocimiento facial por parte de un supermercado); STS 489/2018 (acceso a ordenador y correo corporativo por parte de empresario en el marco de una relación laboral); STS 823/2015 (acceso a ordenadores y dispositivos de almacenamiento masivo de la información); STS 891/2022 (acceso a pen drive); STS 824/2022 (validez de los datos conservados por operadoras en virtud de las obligaciones derivadas de la Ley 25/2007, de 18 de octubre, relativa a la conservación de datos asociados a procesos de comunicación); STS 197/2021 (identificación de dirección IP); STS 3062/2016 (identificación número IMEI e IMSI); STS 173/2018 (utilización de agente encubierto online); STS 236/2008 (utilización de metabuscadores en internet); STS 329/2016 (inviolabilidad del domicilio por la utilización de prismáticos) etc.

En la mayoría de estas resoluciones podemos observar que, con contadas y conocidas excepciones, los Tribunales han actuado con un claro automatismo en el sentido de considerar que la interferencia en el ámbito del derecho fundamental sustantivo en cuestión [piénsese en el derecho al secreto de comunicaciones (art. 18.3 CE), en el derecho a la intimidad (art. 18.1 CE), en el derecho a la autodeterminación informativa (art. 18.4 CE) o en el derecho a la inviolabilidad domiciliara (art. 18.2 CE)] supone una aplicación inexorable de la regla de exclusión probatoria del art. 11 LOPJ y el consiguiente apartamiento del material obtenido del acervo probatorio obrante en la causa judicial.

Cabe plantearse, no obstante, el carácter apodíctico de la citada aseveración. Resulta evidente que la doctrina del TC establecida en la STC 97/2019 huye de cualquier automatismo que permita vincular la lesión de un derecho fundamental sustantivo con la aplicación de instrumento del art. 11 LOPJ. Para la citada resolución, recordemos, la lesión del derecho fundamental sustantivo como consecuencia de un acto de injerencia –ya sea pública, ya sea privada- es susceptible de ser reparado a través de mecanismos alternativos tales como el ejercicio de una acción civil, la posible reclamación por responsabilidad patrimonial del Estado o, incluso, la presentación de acciones penales por la comisión de un delito previsto en el Código Penal. De esta manera, la tutela procesal –que se encauzaría a través de la regla de exclusión probatoria- solo sería aplicable cuando la antijuridicidad de la acción se extendiera al proceso judicial mismo creando o provocando una situación antijurídica de desigualdad de las partes en el procedimiento lo que, a su vez, se traduciría en una lesión autónoma del art. 24 CE.

Entender lo contrario supondría, en palabras de la STC 97/2019, admitir *la equivocada tesis de que existe una consecutividad lógica y jurídica entre la posible lesión extraprocesal de su derecho fundamental y la pretendida irregularidad procesal de admitir la prueba obtenida a partir de aquella lesión [...] Si se acogiese la tesis del recurrente habría que concluir que el contenido esencial de todos y cada uno de los derechos fundamentales abarcaría no ya sólo la esfera de libertad o la pretensión vital en que los mismos se concretan, sino también la exigencia, con alcance de derecho subjetivo de no reconocer eficacia jurídica a las consecuencias de cualquier acto atentatorio de tales derechos" (FJ 1).*

Aunque el mencionado pronunciamiento cifra la existencia/ inexistencia de este nexo jurídico en base a un control externo e interno en el que se evalúe, por un lado, la posible instrumentalización de la lesión con vistas al proceso judicial[13] y, por otro, la necesidad de prevención general, no se descarta tampoco la realización de un juicio de ponderación sobre el grado injerencia en el ejercicio del derecho fundamental. En este sentido, la sentencia es muy explícita al considerar que "*aunque este primer examen de la índole y características de la lesión evidencie la falta de conexión jurídica entre la intromisión en el derecho fundamental y el proceso, ha de evaluarse, asimismo, sin abandonar la perspectiva interna, si la vulneración del derecho fundamental sus-*

---

13 La existencia de una instrumentalización de la lesión con vistas al proceso judicial se ha traducido jurisprudencialmente en la constatación de la existencia, o no, de un interés en presentar pruebas en el proceso penal a la hora de provocar la vulneración del derecho fundamental sustantivo. Es en estos casos cuando, en palabras de la STC 97/2019, se produciría una situación de desigualdad entre las partes al haberse una de ellas procurado de manera antijurídica una ventaja procesal en detrimento de los derechos fundamentales de la otra. Cabe poner como ejemplo los argumentos acogidos en la STS 244/2022, de 16 de marzo, donde se consignaba: "*Decisivos resultan, por tanto, el alcance y la intensidad de la afectación del derecho fundamental menoscabado. Pero también lo es atender al significado de esa actividad del particular que, a raíz de su actuación, hace aflorar unos documentos o un archivo informático de singular valor probatorio. Sólo así la decisión sobre la regla de exclusión no correrá el riesgo de apartarse de su genuino fundamento. Quien busca hacerse con documentos para obtener un rédito económico o quien persigue denunciar la injusticia del sistema financiero, no está, desde luego, convirtiéndose en un agente estatal sumado espontáneamente al ejercicio del ius puniendi. Las reglas de exclusión probatoria se distancian de su verdadero sentido cuando no tienen relación con la finalidad que está en el origen mismo de su formulación. De lo que se trata es de limitar el afán del Estado en la persecución de los ilícitos penales, de apartar a los agentes de la autoridad de la tentación de valerse de medios de prueba que, por su alto grado de injerencia en el círculo de los derechos fundamentales, están sometidos a unas garantías constitucionales concebidas para la salvaguardia de aquéllos. Se ha dicho con acierto que la proscripción de la prueba ilícita se explica por el efecto disuasorio que para el aparato oficial del Estado representa tener plena conciencia de que nunca podrá valerse de pruebas obtenidas con vulneración de las reglas constitucionales en juego.*".
También la STS 56/2020, de 19 de enero, al señalar que "*la regla de exclusión probatoria, como manifestación reactiva del sistema de garantías, debe operar, sin duda, con toda la energía, cuando el Estado o los particulares, mediante la infracción del derecho fundamental, acceden a fuentes o medios de prueba y pretenden aprovecharse de su potencial valor incriminatorio. En estos casos, la regla de exclusión debe actuar como antídoto fundamental para la conservación de un determinado modelo de convivencia fundado en el valor de la Justicia y la preeminencia de los derechos fundamentales. Cuando estos se sacrifican injustamente y finalísticamente los efectos de la lesión se proyectan sobre el proceso no cabe otra opción que la de renunciar al esclarecimiento de la verdad, preservando el derecho a la presunción de inocencia de la persona acusada que sufre la injerencia intolerable en el núcleo de sus derechos.*»

tantivo es de tal intensidad que, aun cuando esa conexión instrumental no exista, debe, aun así, proyectarse sobre el ámbito procesal al afectar al núcleo axiológico más primordial de nuestro orden de derechos fundamentales".

Ahora bien, a pesar de que es cierto que este juicio de ponderación es enunciado como un elemento *a fortiori* o adicional a la propia existencia de una conexión instrumental entre la violación del derecho fundamental sustantivo y la posterior presentación en el proceso judicial de la prueba en cuestión, no resultaría descartable que, *a sensu contrario,* y aun concurriendo dicha relación instrumental, el propio juicio de ponderación conllevara que el carácter esencialmente leve de la injerencia, justificase una admisión de estos medios de prueba en base al interés social en el ejercicio del *ius puniendi* del Estado respecto a conductas de cierta gravedad.

De esta manera, el canon establecido en la STC 97/2019 para determinar la validez/ invalidez de un medio probatorio obtenido mediante violación de derechos fundamentales quedaría delimitado, en un margen superior, por la absoluta inadmisibilidad de aquellos medios de prueba obtenidos mediante una afectación a aspectos axiológicos del derecho fundamental en cuestión (véase, por ejemplo, casos de confesiones o pruebas obtenidas mediante torturas) y, en un margen inferior, por la admisibilidad de las pruebas derivadas de injerencias leves que, afectando a aspectos periféricos del derecho fundamental, no comprometan la equidad e integridad de proceso en su conjunto siendo susceptibles, por lo tanto, de ser reparados a través de vías alternativas a la propia tutela procesal.

Criterio similar ha sido adoptado, de hecho, por el Tribunal Supremo en diferentes pronunciamientos judiciales. Es el caso de, por ejemplo, la STS 244/2022, de 16 de marzo, que apunta a la necesidad de ponderar las circunstancias de cada caso concreto toda vez que: "*La vulneración de la intimidad de las personas -si éste es el derecho afectado por el particular- no puede provocar como obligada reacción, en todo caso, la declaración de ilicitud. Entre el núcleo duro de la intimidad y otros contenidos del círculo de exclusión que cada persona dibuja frente a los poderes públicos y frente a los demás ciudadanos, existen diferencias que no pueden ser orilladas en el momento de la decisión acerca de la validez probatoria. No pueden recibir el mismo tratamiento, por ejemplo, la interceptación de las comunicaciones telemáticas llevada a cabo por un particular y el acceso a unos documentos visibles en un escritorio. Tampoco pueden ser valorados con artificial simetría unos documentos obtenidos por un particular mediante la entrada subrepticia en el domicilio de otro y la información obtenida de forma casual por un error en la identificación del destinatario. Por la misma razón, tampoco pueden asimilarse en el plano valorativo los contenidos de un DVD en el que se reflejan actos de explícito contenido sexual y los datos referidos, pongamos por caso, a la información contable de una empresa. En definitiva, no pueden recibir el mismo tratamiento, una vez han sido debidamente contextualizadas, las lesiones periféricas frente a aquellas otras que alcanzan al núcleo mismo del contenido material de un derecho fundamental.*

También por el *Bundesverfassungsgericht* que siguiendo la denominada *teoría de los tres círculos o esferas (Rechtskreistheorie),* posteriormente matizada por la teoría de la ponderación *(Abwägungslehre),* entiende que resulta necesario atender al grado de afectación del derecho fundamental en cuestión para valorar la utilización de la prueba. Una vez determinado el grado de afectación, habría de ponderarse si la prueba había de ser excluida, o no, en atención a criterios como la gravedad del delito, el interés social en la persecución de la conducta. Esta solución fue, por ejemplo, adoptada en la conocida sentencia de 9 de Noviembre del 2010 (*asunto Liechestein Global Trust Treuhad AG*). En la misma, el *BVerfG* resolvió el recurso de inconstitucionalidad planteado y relativo a posible vulneración del derecho a la intimidad en la obtención de la prueba que había servido para enervar la presunción de inocencia del condenado bajo el argumento de que no existía ningún mandato constitucional que conllevara necesariamente la exclusión del acervo probatorio de toda prueba que hubiere sido obtenida ilegalmente y que, consecuentemente, debían ser los Juzgados y Tribunales los que, caso por caso, habían de resolver la problemática atendiendo al grado de afectación del derecho fundamental, la gravedad de la conducta delictiva cometida y el interés social en la persecución de la misma. Concretamente, en el caso planteado, el *BVerfG* entendía que la información que había sido objeto de intromisión reflejaba aspectos económicos (negocios y actividades financieras) pero no circunstancias personales y familiares del recurrente lo que impedía clasificar esta información como perteneciente al núcleo duro de la privacidad y excluirla, consecuentemente, del acervo probatorio del tribunal.

Y también por la jurisprudencia de la Corte Suprema de los Estados Unidos que ha acogido en algunos pronunciamientos –no sin ciertas matizaciones- la doctrina de la ponderación. Buen ejemplo de ello lo encontramos a razón de la, denominada por FRAKT[14], "*excepción del universo paralelo*" desarrollada por la sentencia de 15 de junio de 2016, *Hudson c. Michigan*, y que supuso una relativización de la " "*Knock-and-announce rule*" (conforme a la cual la policía tiene el deber de llamar a la puerta de un domicilio antes

[14] FRAKT, D. J. (2007). "Fruitless Poisonous Trees in a Parallel Universe: Hudson v. Michigan, Knock-and-Announce, and the Exclusionary Rule", *34 Fla. St. U. L. Rev.*

de entrar, dando un tiempo razonable al investigado para poder abrir)[15]. Pues bien, en este caso, la Corte Suprema, a través de un *"cost-benefit balancing test"* admitió que el perjuicio que la inadmisión de la prueba conllevaba para el sistema penal, y para el Estado en su conjunto, era muy superior al beneficio derivado del "*deterrent effect*"[16] siguiéndose, por lo tanto, la doctrina citada en *Pennsulvania Bd of Probation and Parole c. Scott* que ya había afirmado que la aplicación indiscriminada de la *exclusionary rule* solo era posible cuando los beneficios disuasorios superaban los costes sociales. Señala la citada resolución:

"Los costes sociales que deben sopesarse frente a la disuasión son considerables en este caso. Además de la grave consecuencia adversa que siempre conlleva la exclusión de pruebas incriminatorias relevantes -el riesgo de dejar en libertad a delincuentes peligrosos-, la imposición de un remedio tan masivo generaría una avalancha constante de presuntos incumplimientos de la norma, así como reclamaciones de que cualquier justificación alegada para una entrada no registrada carecía de apoyo suficiente. Otra consecuencia sería que los agentes de policía se abstuvieran de entrar a tiempo después de llamar a la puerta y anunciar la entrada, lo que produciría una violencia evitable contra los agentes en algunos casos, y la destrucción de pruebas en otros. Junto a estos costes sociales están los beneficios de la disuasión. El valor de la disuasión depende de la fuerza del incentivo para cometer el acto prohibido. Ese incentivo es mínimo en este caso, en el que puede esperarse de forma realista que ignorar el llama-

---

15 Esta regla viene ampliamente expuesta en el procedente de *Wilson vs Arkansas* (514 US, 927, 936 (1995)) en la que se detalla que su objetivo es evitar el riesgo que para la intimidad y para el propio patrimonio de los sometidos a une medida de investigación conlleva una entrada y registro policial. De esta manera, los habitantes o residentes del domicilio objeto de registro tendrían la oportunidad –mediante el anuncio de que se va a proceder a una entrada y registro a través de la llamada a la puerta- de facilitar el acceso a la vivienda de forma digna. Esta regla, no obstante, fue limitada con ocasión de otras resoluciones (véase *Terry vs Ohio)* donde se establecieron excepciones en casos de riesgo para la vida de los agentes actuantes o riesgo de destrucción de pruebas.

16 No obstante, el mismo pronunciamiento judicial establece la existencia de un vínculo causal entre un acto lícito de investigación y el resultado de la entrada y registro, de tal manera que el quebrantó de la *Knock and announce rule* no tiene ninguna incidencia en la validez de la prueba. Así, siguiendo los parámetros marcados en Nix *vs Williams* (1984), la Corte Suprema considera que el hallazgo de las evidencias era consecuencia necesaria de la entrada y registro –aunque esta se hubiera practicado sin cumplir con determinadas formalidades procedimentales- y, en consecuencia, la prueba era plenamente utilizable.

miento a filas no consiga nada más que prevenir la destrucción de pruebas y evitar una resistencia que ponga en peligro la vida, peligros que suspenden el requisito cuando existe una "sospecha razonable" de que existen, Richards v. Wisconsin, 520 U. S. 385. La disuasión masiva apenas es necesaria. Contrariamente al argumento de Hudson de que sin supresión no habrá disuasión, muchas formas de mala conducta policial son disuadidas por las demandas de derechos civiles y por las consecuencias de la creciente profesionalización de las fuerzas policiales, incluido un nuevo énfasis en la disciplina interna de la policía".

Como señala MIRADA ESTRAMPES[17], *Hudson c. Michigan* supuso la instauración de un test en dos fases: i) en primer lugar, los tribunales deben determinar si la violación constitucional fue la causa de obtención de la prueba y, además, si la violación tiene una relación causal atenuada con la evidencia obtenida; ii) aplicando la regla de ponderación de intereses, los tribunales deben determinar si los costos sociales de suprimir la evidencia superan al beneficio social generado como consecuencia de la imposición de la regla de disuasión.

En este punto, tampoco es posible obviar que la doctrina del TEDH y del TJUE ha huido de cualquier automatismo que vincule directamente la utilización de una prueba obtenida mediante violación de derechos fundamentales con el derecho a un proceso equitativo (art. 6 CEDH). Así, el TJUE, al examinar diversas cuestiones prejudiciales relativas a la conservación indiscriminada de datos asociados a procesos de comunicación en virtud de la Directiva 2006/24/CE –traspuesta a nuestro ordenamiento interno a través de la Ley 25/2007, de 18 de octubre- ha señalado que la problemática relativa a la validez en juicio de las pruebas obtenidas mediante una conservación generalizada e indiscriminada de datos es cuestión que compete determinar al derecho interno. De esta manera, "*la admisibilidad de las pruebas obtenidas mediante tal conservación se rige por el Derecho nacional, sin perjuicio del respeto en particular de los principios de equivalencia y efectividad*" STJUE *5 de abril de 2022 (GD and Comissioner and Garda Siochana).* Este canon se aproxima bastante, de hecho, a los postulados marcados por el TEDH que ha reiterado en diversas resoluciones que no se puede excluir que "*en principio y en abstracto se admita una prueba conseguida ilegalmente*" correspondiendo al Tribunal determinar únicamente si el proceso en su

17 MIRANDA ESTRAMPES, M. (2019). *Prueba ilícita y regla de exclusión en el sistema estadounidense. Crónica de una muerte anunciada.* Barcelona: Marcial Pons.

conjunto –totalmente analizado- fue equitativo (STEDH de 12 de julio de 1988, *Schenk vs Switzerland,* &46).

Este canon de equidad general del proceso judicial, y de ponderación con los intereses sociales en juego ha sido, de hecho, también referenciado en otros cuerpos jurisprudenciales del propio Tribunal de Estrasburgo. Es el caso de la STEDH 15 de diciembre de 2011, *Al-Khawaja y Tahery c. Reino Unido,* que ha realizado un *overruling* de su propia doctrina y, partiendo precisamente de *Luca c. Italia,* ha evolucionado hasta abandonar la regla de la prueba decisiva (*sole or decisive rule)* –concepción según la cual una condena no puede fundarse, exclusivamente, en un testimonio prestado sin contradicción- y aproximarse a postulados que reclaman analizar la vulneración del art. 6 CEDH desde la perspectiva de la equidad en conjunto del proceso (lo que se traduce, según el propio Tribunal de Estrasburgo, en la existencia de factores de compensación del déficit de defensa acarreados por la falta de contradicción de la declaración).

Por lo tanto, el Tribunal concluye que la "*sole or decisive rule*" no puede ser aplicada de una manera inflexible, sino que debe ser ponderada siguiendo como criterio los mismos estándares de ponderación que los utilizados en caso de proteger concretos intereses de las víctimas. Seguir una aplicación inflexible conllevaría que la "*sole or decisive rule*" quedaría conceptuada como "*un instrumento tajante y discriminado, contrato al modo tradicional al que el Tribunal aborda la cuestión de equidad global del procedimiento, en aras a ponderar los intereses enfrentados de la defensa, la víctima, y los testigos, así como el interés público en una efectiva administración de justicia*" (&146). Por lo tanto, el TEDH concluye que, aun cuando una condena esta basada únicamente en pruebas ofrecidas por testigos ausentes cuya declaración no haya sido sometida a contradicción, la vulneración del art. 6 CEDH no se producirá cuando existan "*suficientes factores de compensación, incluyendo medidas que permitan una correcta y adecuada evaluación de la fiabilidad de la prueba. Esto permitiría que una condena se fundara únicamente en dicha prueba solamente si es suficientemente fiable dada su relevancia para el caso*" (&147)[18].

Dos casos mediáticos sirven para ilustrar la conclusión lógica que se trata de alcanzar. Uno se encuentra en la STSJ de Cataluña de 5 de mayo de 2011 donde, en el marco de un proceso judicial por un delito de homicidio,

---

[18] Ésta línea jurisprudencial ha sido consolidada por pronunciamientos posteriores como las SSTEDH de 24 de abril de 2012, *Sibgatullin c. Rusia*; 17 de abril de 2012, asunto *Sarkizov y otros c. Bulgaria;* 15 de diciembre de 2015, asunto *Schatschaschwili c. Alemania.*

se declaró ilícita la prueba derivada de una cámara de seguridad de un establecimiento que, con infracción de la legislación de protección de datos personales, grababa una parte de la vía pública donde se había producido el hecho delictivo. Según consta en las actuaciones, la perspectiva y el ángulo de visión ofrecidos por la cámara de seguridad excedían notablemente de lo autorizado en atención a su finalidad (seguridad del propio establecimiento público) al captar en su posición imágenes de edificios y lugares circundantes así como de todos los vehículos y personas que transitaban por la calle. La cámara permitía, además, una movilidad rotatoria plena, así como de un efecto zoom o de acercamiento al objeto divisado, de modo que podía obtener primeros planos de las personas que transitaban o se detenían, incluso en la acera de enfrente, haciéndolas perfectamente reconocibles.

Al analizar la validez de la prueba, el TSJ señalaba:

"Ahora bien, por lo que se refiere específicamente a las imágenes captadas por sistemas de videovigilancia en entornos privados, surgen otros condicionantes relacionados, no sólo con el derecho a la intimidad propiamente dicho, sino más específicamente con el derecho fundamental a la protección de datos personales recogido en el art. 18.4 CE, teniendo en cuenta que la captación y, en su caso, la grabación, transmisión, conservación o almacenamiento de información personal en forma de imágenes, cuando su uso afecta a "personas identificadas o identificables", constituye un dato de carácter personal susceptible, tal y como ha reconocido nuestro TC (SSTC 94/1998 y 290/2000), de protección en ese ámbito, tanto a nivel nacional —Ley 23/1992 de 30 jul., de Seguridad Privada (LSP), (...) En este sentido, si bien está plenamente admitido que la preservación de los bienes y la protección de las personas constituyen presupuestos habilitantes que justifican la instalación en entornos privados de sistemas de seguridad que integren dispositivos de videovigilancia, ello no obsta para que, en todo caso, deban respetarse ciertas condiciones cuando tales dispositivos tengan capacidad para repercutir en los derechos de otras personas. Por ello, a falta de consentimiento del afectado, innecesario sólo en determinados supuestos excepcionales ajenos al caso de autos (arts. 6.2 y 11.2 LOPD), la captación, grabación y tratamiento informático de imágenes deberá realizarse con fundamento en una Ley que lo permita (art. 6.1 in fine LOPD: "...salvo que la Ley disponga otra cosa") y exclusivamente dentro de los estrictos límites previstos en ella. En materia de seguridad de entornos privados la única norma legal habilitante es la LSP (...) No obstante y precisamente debido a la deficiente regulación de la LSP, en esta materia es preciso tener en cuenta las disposiciones contenidas en la LOPD, en el RPD y en la Instrucción 1/2006 de la AEPD, además de la normativa internacional reseñada más arriba.

Por lo que se refiere a esos límites del derecho fundamental a la protección de datos personales y habiendo planteado cuestión el recurrente sólo en cuanto al entorno o espacio físico objeto de videovigilancia, es forzoso admitir que, si bien no existe obstáculo alguno para que se instalen videocámaras en los accesos, puertas, entradas o, incluso, en las fachadas del edificio privado objeto de la vigilancia, sin embargo, como viene entendiendo la AEPD (art. 4.3 Instrucción 1/2006, plenamente vigente pese a la entrada en vigor de la Ley 25/2009 de 27 dic.), las mismas "no podrán obtener imágenes de espacios públicos salvo que resulte imprescindible para la finalidad de vigilancia que se pretende, o resulte imposible evitarlo por razón de la ubicación de aquéllas". Conforme al propio organismo encargado de velar por la protección de los datos personales (véase la "Guía de Videovigilancia" de la AEPD) y a los tribunales contencioso administrativos que conocen de los recursos contra sus decisiones (SSAN de 11 feb. 2011 –ROJ 583 y 659/2011-), en ningún caso se admitirá que la captación de imágenes se extienda más allá del 15 entorno inmediato objeto de la instalación en la medida que resulte imprescindible para los fines de vigilancia del mismo, y, en particular, no podrá abarcar los espacios públicos circundantes, edificios contiguos y vehículos distintos de los que accedan al espacio vigilado, dado que la videovigilancia en la vía pública queda reservada exclusivamente a las FFCCSSEE, conforme al art. 282 LECrim y demás preceptos concordantes o, en su caso, al amparo de la LO. 4/1997, de 4 de agosto, la cual, como se dice en su Preámbulo, regula "el uso de los medios de grabación de imágenes y sonidos que vienen siendo utilizados por las Fuerzas y Cuerpos de Seguridad, introduciendo las garantías que son precisas para que el ejercicio de los derechos y libertades reconocidos en la Constitución sea máximo y no pueda verse perturbado con un exceso de celo en la defensa de la seguridad pública". 2. De todas formas, la aplicación en esta materia de la LOPD sólo se justifica en la medida en que la captación, grabación o tratamiento informático de imágenes permita la identificación de las personas que aparecen en ellas, puesto que, como advierte la Instrucción 1/2006 AEPD (art. 1.1 y 2), esta normativa sólo se aplica "al tratamiento de datos personales de imágenes de personas físicas identificadas o identificables (...)

A la vista de las anteriores consideraciones, resulta obligado considerar que la captación y grabación de la imagen "identificable" del acusado llevada a cabo sobre las 8 horas del día 15 julio 2007 por la cámara de vídeo instalada en la fachada del edificio privado ubicado en el número 19 de la calle Balmes de Barcelona sí vulneró el derecho fundamental del mismo a la protección de su imagen (además del de otros, lo que justifica que se dé cuenta a la AEAP a los efectos oportunos) como "dato personal" (art. 18.4 CE). La consecuencia directa es que la prueba de cargo así obtenida y utilizada en el presente procedimiento debe considerarse nula (art. 11.1 LOPJ). En efecto, tanto el visionado del DVD (f. 964) como el examen de los fotogramas impresos de diversas escenas del mismo (f. 166 a 172), permiten comprobar que la perspectiva y el ángulo de visión ofrecidos por la cámara de videovigilancia exceden notablemente de lo que es permisible en atención a la finalidad que justificó su instalación (la seguridad particular de un edificio perteneciente a una compañía mutualista), al captar en su posición fija imágenes de los edificios circundantes, incluidos los situados en la acera de enfrente, así como de todos los vehículos y de todas las personas que transitaban por esa calle, en toda su amplitud, con un horizonte de visión que llegaba a varias manzanas de casas de distancia, calle arriba. (...). Por lo que se refiere en concreto a la escena de la que fueron protagonistas el agresor y su víctima, la misma se inició con el plano totalmente abierto y la máxima amplitud de campo de visión, de manera que no es posible reconocer sus rostros en la grabación, pero sí contemplar toda la secuencia del ataque, que comenzó en la acera de enfrente y, tras una corta persecución, concluyó, por lo que se refiere a la agresión misma, en medio de la calzada, y más concretamente en el segundo carril de circulación a contar desde la acera del edificio vigilado, tras lo cual se observa como la víctima huye malherida calle abajo, mientras que el agresor continua en el lugar, según parece buscando algún objeto extraviado que finalmente encuentra y se mete en el bolsillo, accionando el vigilante por momentos el zoom sobre su figura, al parecer intentando centrar el plano y lograr una buena definición sin conseguirlo del todo, y lo sigue con la cámara hasta que se acerca a la puerta de un local (*******), situado al lado contrario de la calle, apreciándose en las imágenes de forma imprecisa que el agresor tiene el brazo y la mano derechos manchados de lo que parece sangre y cómo el portero del local le impide el acceso, después de lo cual el agresor se va andando tranquilamente calle arriba hasta doblar la esquina del chaflán con la calle Diputación, desapareciendo definitivamente del plano. Toda esa escena tiene lugar fuera del campo de visión que le hubiera sido exigible a una instalación de seguridad privada respetuosa con lo dispuesto en la LOPD y demás normativa aplicable, en los términos a que antes nos hemos referido, y sólo hubiera sido admisible de haber cumplido los requisitos previstos en la L.O. 4/1997.

4. No cabe duda, por tanto, que en la medida en que una infracción como la descrita incide en la legitimación misma de la instalación de videovigilancia y afecta de manera directa al núcleo esencial del derecho fundamental objeto de consideración, la solución procesal aplicada es la única posible, atendido el tenor del art. 11.1 LOPJ, sin que sea posible atemperar sus consecuencias anulatorias, bien sea so pretexto del deber legal de la empresa de seguridad de entregar las imágenes a la Policía o a los jueces por razón del delito que documentan (art. 11.2.d LOPD), ya que dicho deber no exime de la corrección de la instalación, sino que la presupone; bien sea con el argumento del juicio de proporcionalidad entre la importancia y trascendencia de la vulneración y la gravedad del delito filmado. A este respecto, téngase en cuenta que, como declara el TC, aunque la prohibición de valorar en juicio pruebas obtenidas con vulneración de derechos fundamentales sustantivos no se halla proclamada en un precepto constitucional, tal valoración implica, sin excepciones, una ignorancia de las garantías propias del proceso (art. 24.2 CE) y una inaceptable confirmación institucional de la desigualdad entre las partes en el juicio, y, en virtud de su contradicción con ese derecho fundamental y, en definitiva, con la idea de proceso justo, debe considerarse prohibida por la CE (SSTC 114/1984 -FJ5-, 81/1998 -FJ2-; 69/2001 -FJ26- y 19 66/2009 -FJ4-). Es más, esa prohibición atañe no sólo a los resultados directos de la vulneración, sino que se extiende a cualquier otra prueba derivada de ella, siempre que exista una conexión directa o indirecta entre ambos resultados probatorios (SSTC 85/1994 -FJ 4-, 86/1995 -FJ3-, 181/1995–FJ4-, 49/1996, de 26 de marzo -FJ3- y 54/1996 -FJ8-). En última instancia, tampoco puede soslayarse la anulación de la prueba, forzando la interpretación de los hechos, sobre la base de que la cámara fue accionada manualmente por el vigilante de seguridad durante buena parte de la escena que hemos descrito, hasta el punto de no ser aquélla más que el instrumento técnico que éste utilizó para documentar su testimonio personal, porque lo cierto es que —según lo que dicho testigo manifestó ante el Jurado— él sólo vio la agresión por medio de la cámara de videovigilancia y no pudo hacerlo directamente, circunstancia

ésta que, conforme a lo razonado, incide en la vulneración del derecho considerado y, por tanto, deberá conllevar, igualmente, la anulación de su propio testimonio. Ahora bien, la declaración de nulidad de ambas pruebas (documental y testifical) no habrá de suponer necesariamente la de otras pruebas de cargo si no existiera entre éstas y aquéllas —singularmente, la grabación videográfica- la necesaria conexión causal y de antijuridicidad, análisis que deberá posponerse al examen de la solicitud de nulidad autónoma del testimonio de quien fue la pareja sentimental del acusado".

Un segundo caso relevante se ha planteado en relación con la reciente STS 971/2022, de 13 de diciembre. Concretamente se refería a un supuesto en el que agentes policiales, en el marco de una investigación por varios delitos de robo con violencia y ante el hecho de que uno de los autores había resultado herido en uno de ellos, acudieron a varios centros hospitalarios para conocer que pacientes habían sido atendidos medicamente por presentar lesiones que fueran compatibles con la morfología del enfrentamiento relatado por las víctimas. De este modo, señala la citada resolución, se tuvo acceso a un parte médico-hospitalario donde aparecía identificado uno de los acusados con un cuadro clínico de fiebre, fuerte dolor en el hombro y en el primer dedo de la mano derecha. En dicho parte se incorporaba, además, el número de teléfono del citado paciente.

A pesar de que la prueba fue declarada valida por la Audiencia Provincial y por el Tribunal Superior de Justicia, el Tribunal Supremo la considera inadmisible atendiendo al hecho de que aquella había sido obtenida mediante violación de derecho fundamental, y sin resolución judicial, dados los términos mantenidos en la LO 7/2021, de 26 de mayo, en relación con la Ley 41/2002. Señalaba, en este sentido que: *aunque en el periodo enjuiciado el tratamiento policial de los datos médicos correspondientes a un individuo podía abordarse si era absolutamente necesario para los fines de una investigación concreta, y no existía una previsión específica que impusiera la previa autorización judicial que actualmente impone la LO 7/2021, esta jurisdiccionalidad de la actuación investigativa venía fijada por la doctrina constitucional reflejada en las SSTC 206/2007 y 142/2012 anteriormente analizadas.*

De esta manera:

"Los atentes policiales, sin autorización del titular del derecho y sin autorización judicial, accedieron a datos recogidos en el historial médico hospitalario obteniendo la identidad y los datos de incriminación que llevan a su condena. En concreto, en el historial se recogían las lesiones que determinaron a que el acusado -pocos días después del asalto- acudiera al servicio de urgencias del hospital. Además de las lesiones objetivas que observó el médico, el parte recogía la manifestación del paciente sobre cómo se habían causado, en concreto, que sufrió las lesiones como consecuencia

> de haber sido golpeado en el hombro con una maza y por haber sufrido después un accidente de tráfico, hechos que coincidían con la descripción del enfrentamiento mantenido con una de sus víctimas y con la localización del coche accidentado en el que habían huido. Y del mismo parte se obtuvieron los dos datos de asignación de responsabilidad al recurrente y que la investigación no pudo obtener por ninguna otra vía: a) en primer lugar, la identidad de individuo que presentaba las sugestivas lesiones y b) el número telefónico que permitió vincular al paciente con los hechos".

Como puede observarse, ambas resoluciones judiciales adoptan una postura dirigida a la aplicación de instituto del art. 11 LOPJ en dos supuestos de afectaciones leves –por no decir levísimas- del derecho a la intimidad y a la protección de datos personales.

¿Podemos afirmar con rotundidad que la afectación leve de estos derechos fundamentales ha de tener como respuesta necesaria e inexorable la aplicación de la regla de exclusión probatoria y de la extensión de los efectos contaminantes a la prueba derivada?; ¿La respuesta del Estado de derecho ante este tipo de situaciones debe siempre ir dirigida a evitar la punición de conductas delictivas de cierta gravedad excluyendo las pruebas que se han obtenido irregularmente?; ¿La tutela del derecho fundamental vulnerado puede quedar reparada a través de vías sustantivas alternativas distintas a la vía procesal del art. 11 LOPJ?.

La respuesta a todas estas cuestiones debe abordarse, siempre a juicio del que suscribe, acudiendo a un juicio de ponderación entre la gravedad de la injerencia, el carácter instrumental de la lesión y la gravedad del delito objeto de investigación.

Resulta difícil afirmar que cuando fue concebida la *teoría de las prohibiciones probatorias* de Ernest Beling (*Bewisverbote)* se estuviera pensando en la nulidad radical de todas las pruebas obtenidas mediante infracciones leves y periféricas de un derecho fundamental. De hecho, las, quizá extremistas, posiciones inicialmente mantenidas por Beling en los primeros años de la *Bewisverbote* fueron superadas, e incluso ampliamente criticadas, por autores posteriores tildando aquellas de anacrónicas o erróneas. Se afirmaba por estos autores –entre los que encontramos a Gerald Grünwald, Gerhard Herdegen o Kurt Schellhammer- que la aplicación indiscriminada de la citada doctrina supondría que toda infracción de la legalidad procesal traería aparejada como consecuencia una prohibición de valorar la prueba obtenida como consecuencia de ella lo que, obligatoriamente, debe ser contextualizado y matizado en función de las circunstancias concurrentes y de la gravedad de la infracción procesal en cuestión.

De hecho, la realidad es que el mismo Beling indicaba expresamente que la aplicación radical de la regla de exclusión probatoria debía operar excepcionalmente refiriéndose a infracciones procesales graves especialmente tipificadas, manteniendo que "*una acción procesal no autorizada, introduce un elemento torcido al proceso, generando una infracción procesal. Si bien muchas de estas infracciones, una vez cometidas, son consideradas por el legislador como inocuas, se mantienen algunas especialmente graves como intolerables, de modo tal que se genera un derecho de la parte a impugnar una decisión que las considere, o bien podrá el tribunal actuar de oficio, declarando la infracción*"[19].

Aunque desde luego esta teoría hoy en día debe considerarse superada (sobre todo en lo referente a que la aplicación de la regla de exclusión probatoria solo opera respecto a los supuestos en los que existe una absoluta prohibición legal expresa), los principios fundamentales que en la aquella se inspiraba siguen vigentes. Como señala GÖSSEL[20], es preciso contar con criterios normativos o jurisprudenciales internos que permitan distinguir aquellas infracciones a reglas de producción de prueba procesalmente irrelevantes, de aquellas que generan una prohibición de valoración del medio de prueba así obtenido. Solo en estos últimos casos, la aplicación de la regla de exclusión probatoria adquiere toda su vigencia debiéndose entrar, en consecuencia, en los criterios o pautas marcadas por la STC 97/2019.

II. EL CASO *ENCROCHAT*

1. El caso *Encrochat*. Explicación del supuesto de hecho

Encrochat constituía un sistema de comunicación encriptada cuya operatividad estaba sujeta directamente a la posesión de terminales telefónicos que disponían del *software* necesario para poder desencriptar los mensajes. Estos dispositivos –generalmente modelos *Android* o *BQ Aquaris xs*- disponían de sistemas operativos duales, de tal manera que cuando el terminal era aperturado utilizando una determinada combinación de botones, el teléfono activaba el sistema operativo secreto utilizando el sistema de en-

---

19 BELING, E. (1913). *Grenzlinien zwischen Recht und Unrecht in der Ausübung der Strafrechtspflege,* Tübingen.

20 GÖSSEL, K. H. (1981). "Kritische Bemerkungen zum gegenwärtigen Stand der Lehre von den Beweisverboten im Strafverfahren", *NJW,* 13, p. 650.

criptación proporcionado por *Encrochat*, mientras que, en modo ordinario, el uso del teléfono era similar al de cualquier otro dispositivo telefónico.

Ante el hecho constatado de que la especial seguridad de este sistema de comunicaciones provocaba que la mayoría de sus usuarios fueran personas relacionadas con actividades criminales, en el año 2020 se produjo, en el marco de un equipo conjunto de investigación formado por policía francesa y belga, un *hackeo* masivo de dicha red lo que supuso el levantamiento del velo de millones de conversaciones e interacciones entre sus usuarios (muchos de los cuales no se encontraban sometidos a un procedimiento judicial/ penal).

Hay que señalar que sobre los motivos/ razones/ argumentos/ operativa que fue utilizada para conseguir la infiltración en aquel sistema de comunicaciones opera un cierto secretismo. En Francia, la aportación de la información necesaria para conocer cómo se efectuó el *hackeo* masivo del sistema de comunicaciones *Encrochat* ha generado una gran polémica social y judicial. En este sentido, las autoridades francesas se han tratado de excusar en la redacción del art. 706-102-1 del *Code de procédure pénale*[21] –que prevé el secreto por razones de seguridad nacional- para no facilitar a las defensas información precisa de cómo se produjo el *hackeo*. Así, la decisión adoptada por el *Conseil Constitutionnel* de 8 de abril de 2022[22] señalaba que las herramientas tecnológicas utilizadas estaban amparadas por el secreto de defensa y, en consecuencia, la información técnica quedaba excluida del debate contradictorio. Obligar a levantar el secreto sobre estas herramientas socavaría la capacidad de los servicios de inteligencia, por lo que debía prevalecer aquel por razones de seguridad nacional (aun cuando se encontrase en juego el derecho de defensa). No obstante, la citada resolución si

---

21 Art. 706-102-1 *Code de procédure pénaleIl peut être recouru à la mise en place d'un dispositif technique ayant pour objet, sans le consentement des intéressés, d'accéder, en tous lieux, à des données informatiques, de les enregistrer, de les conserver et de les transmettre, telles qu'elles sont stockées dans un système informatique, telles qu'elles s'affichent sur un écran pour l'utilisateur d'un système de traitement automatisé de données, telles qu'il les y introduit par saisie de caractères ou telles qu'elles sont reçues et émises par des périphériques. Le procureur de la République ou le juge d'instruction peut désigner toute personne physique ou morale habilitée et inscrite sur l'une des listes prévues à l'article 157, en vue d'effectuer les opérations techniques permettant la réalisation du dispositif technique mentionné au premier alinéa du présent article. Le procureur de la République ou le juge d'instruction peut également prescrire le recours aux moyens de l'Etat soumis au secret de la défense nationale selon les formes prévues au chapitre Ier du titre IV du livre Ier.*

22 https://www.conseil-constitutionnel.fr/decision/2022/2022987QPC.htm

reconocía (apartado 17) una serie mínimas de garantías que deben operar en favor de los propios investigados señalando explícitamente que:

> *"deberá incorporarse al expediente del proceso el auto escrito y motivado del juez que autorice la utilización de un dispositivo de captación y que mencione, bajo pena de nulidad, la infracción para la que se utiliza el dispositivo, la localización exacta o la descripción detallada de los sistemas de tratamiento automatizado de datos de que se trate, así como el período durante el cual se autoriza la operación. El expediente también incluirá el informe sobre la instalación del dispositivo, en el que se mencionan, en particular, la fecha y la hora en que comenzó y terminó la operación, y el informe en el que se describen o transcriben los datos registrados que se consideran útiles para la determinación de la verdad. Por último, todos los elementos obtenidos al final de las operaciones de clarificación son objeto de un acta de aceptación que se incluye en el expediente del procedimiento y van acompañados de un certificado firmado por el responsable del organismo técnico que certifica la sinceridad de los resultados transmitidos".*

Esta decisión adoptada por el *Conseil Constitutionnel* fue seguida por la resolución dictada el 11 de octubre de 2022 por la *Cour de Cassation* [23] que, manteniendo una línea claramente continuista, afirmaba que: (i) se desestima la cuestión de constitucionalidad planteada sobre el art. 706-102-1 del *Code de procédure pénale* al haber sido esta ya resuelta por la decisión dictada por el *Conseil Constitutionnel* de 8 de abril de 2022 (epígrafe 20-22); (ii) sin perjuicio de las obligaciones derivadas de seguridad nacional, los resultados de la utilización de la medida de investigación deben venir acompañados de información útil para su comprensión y utilización así como un certificado firmado por el responsable del organismo técnico que certifique que los datos transmitidos son fehacientes (pár. 23); (iii) existe una evidente falta de motivación en la resolución de instancia toda vez que aquella se pronunció únicamente sobre la ausencia en las actuaciones de la información técnica por razones de seguridad nacional. Consecuentemente, se dejó sin respuesta las alegaciones del demandante referidas a la ausencia del certificado expedido por jefe del organismo técnico que certificaba la realidad de los datos transmitidos, lo que genera una lesión que justificaba la retroacción (pár. 24).

A pesar de la opacidad que cubre la citada operación de *hackeo*, lo cierto es que fuentes no oficiales han apuntado a que la operativa consistió en la actuación conjunta de fuerzas policiales que, bajo la autorización del juez

---

[23] https://www.dalloz-actualite.fr/sites/dalloz-actualite.fr/files/resources/2022/11/21-85.148.pdf

de Lille (Francia)[24], instalaron un *software* que permitió revelar las comunicaciones, y datos asociados, de más de 30.000 teléfonos localizados en 120 países diferentes. Esto desemboco en cientos de operaciones policiales que, de manera paralela y coordinada, fueron desmantelando diversas estructuras criminales produciéndose numerosas detenciones. Según información aportada por medios de comunicación[25], 100 personas fueron arrestadas en Países Bajos, 746 en Reino Unido o 750 en Alemania.

La progresiva apertura de procesos penales y criminales a raíz de los datos obtenidos a través de *Encrochat* fue acompañada de ulteriores peticiones de nulidad de las defensas que, entendiendo que la captura de datos había sido realizada de manera indiscriminada y prospectiva, proponían que se declarara la vulneración de los derechos fundamentales de los investigados y, por ende, la aplicación de la regla de exclusión probatoria.

---

24 Según información proveniente de diferentes fuentes, uno de los delitos por los cuales se habría autorizado judicialmente el *hackeo* del sistema de comunicaciones obedecía a la investigación seguida frente al citado servicio por una posible infracción de los arts. 31 y 35 de la *Loi n° 2004-575 du 21 juin 2004 pour la confiance dans l'économie numérique.* La citada ley establece una serie de obligaciones para las entidades que presten servicios de criptologia en territorio francés. El art. 35 establece para las entidades que incumplan las citadas obligaciones las siguientes penas: (i) un año de prisión y multa de 15.000 euros para los que incumplan las obligaciones del art. 30 en caso de suministro, transferencia, importación o exportación de un medio de criptografía; (ii) dos años de prisión y multa de 30.000 euros para los que exporten un medio de criptografía o de transferirlo a un Estado miembro de la Comunidad Europea sin haber obtenido previamente la autorización mencionada en el artículo 30 o al margen de las condiciones de dicha autorización; (iii) dos años de prisión y multa de 30.000 euros la venta o el alquiler de un medio de criptografía que haya sido objeto de una prohibición administrativa de circulación en virtud del artículo 34; (iv) dos años de prisión y multa de 30.000 euros la prestación de servicios de criptografía para garantizar las funciones de confidencialidad sin haber cumplido la obligación de declaración prevista en el artículo 31. No obstante, informaciones diferentes ratifican que la medida fue autorizada no solo por la comisión del citado delito, sino también de un amplio elenco de infracciones delictivas como "asociación ilícita" o "tráfico de drogas".

25 https://es.euronews.com/2020/07/03/europa-asesta-un-duro-reves-al-crimen-organizado

2. Análisis de las respuestas dadas a la petición de nulidad de la prueba en el derecho comparado

2.1. Alemania

El primer tribunal que tuvo la oportunidad de pronunciarse sobre la materia fue el *Landgericht* de Berlín (254 js, 592/2020) que, en sentencia de 1 de julio de 2021, afirmo que la prueba derivada del *hackeo* sería nula dada cuenta que: (i) los datos se obtuvieron con infracción del art. 31 de la Directiva europea de investigación toda vez que tratándose de interceptaciones que afectaban a otro Estado debía haber sido notificado este hecho por las autoridades francesas; (ii) en caso de notificación, esta medida no habría sido autorizada conforme a la legislación alemana dada la ausencia de indicios de criminalidad; (iii) el mero uso de un teléfono con el sistema operativo *Encrochat* no es suficiente indicio de criminalidad para acordar una medida de investigación de esta índole. Esta afirmación queda corroborada por el hecho de que solo el 67% de los usuarios de *Encrochat* estaban involucrados en actividades delictivas; (iv) la operación de piratería efectuada (que supuso someter a vigilancia a más de 30.000 personas en 122 países diferentes) es incompatible con el principio de proporcionalidad.

No obstante, esta decisión fue revocada por el *Oberlandesgericht* de Berlín que, mediante resolución de 30 de agosto de 2021 (2 Ws 79/21, 2 Ws 93/2021) declaró la plena utilizabilidad de las pruebas derivadas del *hackeo* de *Encrochat* en base a argumentos de diferente índole: (i) nos encontraríamos ante un hallazgo ocasional que se habría obtenido en el curso de un proceso judicial. Consecuentemente, "*el hecho de que no hubiera una sospecha cualificada frente al recurrente en el momento de la utilización de la medida de investigación… no conlleva el no uso de lo obtenido*"; (ii) la información fue obtenida en virtud de los instrumentos de cooperación internacional en los que existe un deber de confianza mutua (principio de no indagación); (iii) al llevar a cabo un juicio de ponderación, además de que se trata de un delito contra la salud pública también debe tenerse en cuenta la existencia de estructuras criminales que ponen en riesgo el funcionamiento de los propios Estados democráticos; (iv) el hecho de que no se haya cumplido con las previsiones de art. 31 de la OEI no conlleva como consecuencia necesaria la prohibición de utilizar el material objeto de interceptación. La admisibilidad de las pruebas debe evaluarse conforme a la legislación del Estado de emisión, siendo que la legislación alemana no contiene una prohibición general de utilización de pruebas sino que permiten que el uso de las mismas sea determinado conforme al principio de ponderación.

Idéntica resolución ha sido también adoptada por otros *Oberlandesgericht* como el de Hamburgo en su resolución de 29 de enero de 2021[26], el de Bremen (OLG) en resolución de 18 de diciembre de 2020 (Ws 166/2020), el de Rostock (OLG) en resolución de 1 de febrero de 2021 (11 Qs 5/2021), el de Schleswig (OLG) en resolución de 29 de abril de 2021 (Ws 47/2021). También existen resoluciones del *Bundesgerichtshof* de 8 de febrero de 2022 (6 StR 639/2021) y 2 de marzo de 2022 (5 StR 457/2021). Esta última resolución (2 de marzo de 2022) añade a los argumentos anteriores que, además, no se habría producido ninguna violación de los fundamentos axiológicos o principios estructurales básicos del Estado de derecho toda vez que la medida de *hackeo* no implicó la vigilancia masiva de un gran número de usuarios sin sospechas de criminalidad. Por otro lado, *Encrochat* fue catalogada por las autoridades francesas como una red diseñada para apoyar actividades delictivas organizadas, por lo que la mera posesión de un teléfono móvil con el sistema operativo *Encrochat* ya era indicio suficiente para acordar la medida de interceptación de comunicaciones.

Recientemente, el *Landgericht* de Berlín (525 KL 279JS 30/2022), mediante resolución de 19 de octubre de 2022, suspendió un procedimiento seguido contra un acusado en base a información obtenida por *Encrochat* y ha planteado varias cuestiones prejudiciales sobre la base de la Directiva 2014/41/CE relativa a la orden europea de investigación en materia penal (OEI) y el problema producido por la transmisión transfronteriza de pruebas derivadas del *hackeo* de *Encrochat.*

2.2. Reino Unido

En Reino Unido, por su parte, la *Court of Appeal,* mediante resolución de 5 de febrero de 2021[27] (proveniente de una decisión previamente dictada por la *Crown Court* de Liverpool), ha declarado también la admisibilidad de las pruebas obtenidas considerando que no se había infringido la *Investigatory Powers Act* de 2016 dada cuenta que los mensajes habían sido interceptados una vez almacenados en los terminales telefónicos y no cuando se encontraban en transmisión de un dispositivo telefónico a otro (art. 56 IPA).

---

26 Hamburg–1 Ws 2/21 1 Ws 2/21–7 OBL 3/21 | Hanseatisches Oberlandesgericht Hamburg 1. Strafsenat | Beschluss | Dringender Tatverdacht im Falle der hohen Wahrscheinlichkeit für eine Verurteilung bei Verwendung ... (landesrecht-hamburg.de)

27 A,B,C,D -v- Regina (judiciary.uk)

2.3. Italia

En Italia, los órganos jurisdiccionales han tenido, también, la oportunidad de pronunciarse sobre la legitimidad y validez de las pruebas derivadas del caso *Encrochat* (en este caso, la prueba viene referida a un caso similar: *Sky ECC*).

Así, la sentencia de 7 de septiembre de 2022 (Num. 32915 Anno 2022) dictada por la *Corte di Cassazione* analiza el supuesto de un recurso frente a una decisión del Tribunale *del Riesame* de Roma con ocasión de la adopción de una medida cautelar de prisión provisional en el marco de un delito de organización criminal destinada al tráfico de drogas. En dicha resolución, la *Corte di Cassazione* acaba estimado el recurso interpuesto por la defensa y, a través de la utilización de un mecanismo de anulación y retroacción, devuelve las actuaciones al tribunal de instancia a fin de valorar si la forma en la que fueron adquiridas las pruebas (en virtud de una OEI) atentan, o no, contra los principios estructurales del ordenamiento jurídico italiano. En este argumentario, la *Corte di Cassazione* adopta un criterio que, además, parece entrar en conflicto directamente con los fundamentos dados por el *Conseil Constitutionnel* de Francia de 8 de abril de 2022 toda vez que considera necesario determinar cómo se obtuvieron realmente las pruebas para que la defensa pueda ejercitar adecuadamente sus derechos e impugnar su validez y fiabilidad. Señala el citado pronunciamiento:

> "el principio de contradicción implica que la dialéctica procesal no solo se aplica al examen del material obtenido, sino que se extiende a la forma en que se obtuvo dicho material. Su función es el control de la legitimidad del procedimiento de obtención, incluso desde la perspectiva esbozada por el art. 191 de la ley de enjuiciamiento criminal, que establece que no pueden utilizarse las pruebas obtenidas con infracción de las prohibiciones establecidas por la ley, proyectando sus efectos también en el contexto especifico del procedimiento incidental de libertate, a condición, naturalmente, de que, como en el presente caso, se acredite la incidencia efectiva del elemento demostrativo examinado en el convencimiento del juez (Cas. Sala Cuarta, núm. 1832 de 2 de mayo de 206, Rv. 266644). La forma de obtener el material probatorio también es relevante desde el punto de vista, por lo que se refiere a la problemática específica sub iudice, de la correspondencia de la textualidad de dicha mensajería con el contenido literal de los mensajes originalmente enviados y recibidos, así como de los usuarios de los remitentes y destinatarios identificados con los reales, por lo que la cuestión que se examina también despliega su relevancia en relación con la fase de captación y desencriptación de los flujos telemáticos. Todo esto conlleva ineludiblemente la posibilidad de conocer como se ha desarrollado la actividad investigadora y el procedimiento de obtención de dicha mensajería, a fin de permitir el pleno ejercicio del derecho de defensa, mediante el establecimiento de una dialéctica procesal provechosa respecto a cualquier perfil de ritualidad, relevancia, fiabilidad y valor demostrativo que pueda aflorar, en el contexto de la acusación, lo cual no se ha permitido a los defensores en el caso examinado.

> Por lo tanto, en el presente caso, se impone un pronunciamiento resolutorio que permita al tribunal remitente aclarar, en el interrogatorio de las partes, todos los segmentos del proceso de obtención de los mensajes, para realizar las valoraciones de competencia en relación con los aspectos que acabamos de señalar. Por lo tanto, en el presente caso, se impone un pronunciamiento resolutorio que permita al tribunal remitente aclarar, en el interrogatorio de las partes, todos los segmentos del proceso de obtención de los mensajes, para realizar las valoraciones de competencia en relación con los aspectos que acabamos de señalar".

Distinta perspectiva adopta, no obstante, aquella misma Sala con ocasión de la sentencia de 1 de julio de 2022. Dicha resolución admite la validez de la prueba derivada del *hackeo* masivo de *Encrochat* y *Sky ECC* considerando que no se estaría ante un supuesto de interceptación ilícita de comunicaciones sino ante una obtención de documentos digitales almacenados en un servidor. Esta sentencia es extraordinariamente interesante toda vez que –de una manera similar a la decisión adoptada por la *Court of Appeal* de 5 de febrero de 2021- distingue directamente entre lo que constituye la interceptación de un mensaje cifrado mientras se encuentra en tránsito del descifrado de un mensaje almacenado en el servidor del prestador de servicios. Tratándose de mensajes almacenados, la *Corte di Cassazione* considera que aquellos se habrían obtenido de conformidad con lo establecido en el art. 234 del *Codice di Procedura Penale*[28] y, por lo tanto, pueden ser utilizados en un proceso judicial ulterior.

2.4. Países Bajos

A favor de la legalidad de las pruebas se ha pronunciado también el *Hoge Raad* el 28 de junio de 2022 admitiendo que los mensajes encriptados transmitidos a través de mecanismos de cooperación internacional podían ser utilizados ante los tribunales holandeses. La sentencia es interesante toda vez que justifica la legitimidad de los medios de prueba, por un lado, en su obtención a través de los citados mecanismos de cooperación internacional y, por otro lado, en la falta de indicios de que los datos aportados fueran (a) incorrectos; (b) incompletos; (c) ilegales.

---

28 *"È sempre consentita l´acquisizione di documenti e dati informatici conservati all`estereo, anche diversi da quelli disponibili al pubblico, previo consenso, in quest`ultimo caso, del legittimo titolare".*

En la mayoría de los casos, los tribunales ordinarios holandeses se han aquietado al principio de no indagación y de confianza mutua como argumento para no investigar la legitimidad de las evidencias entregadas por las autoridades judiciales francesas. Es el caso, por ejemplo, de la decisión adoptada por la Corte judicial de Rotterdam que en fecha 25 de junio de 2021 señalaba: "... *las autoridades judiciales francesas autorizaron el uso de herramientas de intercepción y obtuvieron los permisos judiciales necesarios. El fiscal ha reiterado que la investigación criminal estaba dirigida a una compañía situada en territorio francés (...) por este motivo, y con referencia al principio de confianza mutua, la Corte no puede evaluar ni controlar la legalidad de la resolución emitida por el Juez francés*".

Otro argumento evacuando por los tribunales holandeses[29] reside en que en el caso de *Encrochat* fueron adoptadas, además, una serie de garantías y cautelas adicionales. Así, tras la recepción de los datos obtenidos por mecanismos de cooperación judicial internacional, el fiscal holandés solicitó una autorización judicial en orden a utilizar los datos en otras investigaciones penales. En esta autorización se adoptaban determinadas limitaciones con el fin de evitar investigaciones prospectivas como permitir el análisis de los datos a través del uso de determinados *keyword* relacionados con delitos investigados o sospechosos; exigir que se adopte una descripción técnica de como se había producido el *hackeo* a los efectos de preservar el derecho de defensa (se evita no obstante detallar el *software* empleado); establecer una limitación temporal en los datos analizados; o intentar mantener al margen de la investigación conversaciones que pudiese considerarse que pertenecen a la esfera más axiológica de la privacidad. De hecho, la necesidad de que se dicte una nueva autorización judicial cada vez que se vaya a utilizar de nuevo, y en una investigación diferente, los datos obtenidos de *Encrochat* permite, según la Corte de Gelderland (8 de diciembre de 2021), evaluar la proporcionalidad y subsidiariedad de la medida y, de esta manera, garantizar los derechos fundamentales de los investigados.

Por último, la Corte de Amsterdam, en resoluciones de 1 de abril y 21 de mayo de 2021, ha reconocido también, en aras a preservar el principio de igualdad de armas, que las defensas pueden acceder a todos los datos provenientes de *hackeo* de *Encrochat* que sean relevantes para el caso en concreto. No obstante, este acceso quedaría prohibido a datos

---

29 Véase las decisiones adoptadas por la Corte de Rotterdam de 20 de octubre de 2020 y de 11 de octubre de 2021.

que tuvieran por objeto una investigación penal diferente dado el riesgo que ello generaría para otros procedimientos y personas

2.5. Noruega

El *Norges høyesterett* (Tribunal Supremo de Noruega) se ha pronunciado también en favor de la admisibilidad de la prueba en una resolución de 30 de junio de 2022[30] que traía a causa una previa decisión de la Borgarting *lagmannsrett* -una de las seis cortes de apelación en el Reino de Noruega- (asuntos acumulados: 22-027874STS-HRET; 22-027879STR-HRET; 22-027883STR-HRET). Dicha Corte de Justicia declaró la admisibilidad de las pruebas derivadas del *hackeo* de *Encrochat* (entregadas por las autoridades nacionales francesas) acudiendo a argumentos similares al principio de no indagación.

Hay que señalar que el *Norges høyesterett* ya había tenido la oportunidad de pronunciarse sobre la admisibilidad de las pruebas obtenidas en un Estado extranjero en diferentes ocasiones. Son los casos, por ejemplo, Rt-2005-1525; HR-2021-1446-U y 2021-1538-U donde se afirmaba que:

> *"no debe ser una condición para utilizar información procedente del control legal de las comunicaciones en el extranjero como prueba en como prueba en una causa penal en Noruega que la información pudiera haberse obtenido de la misma manera aquí. Si el control de las comunicaciones efectuado en el extranjero es conforme a los valores noruegos y la información se utiliza como prueba de un delito que en el país pertinente puede justificar la forma de control de las comunicaciones de la que se adquirida, la información debe ser admisible como prueba en un caso penal en Noruega, siempre que el acusado en el caso pertinente tenga acceso a ella".*

Esta posición resultó posteriormente matizada por una resolución de 2005 donde se afirmó que, no obstante, la regla anterior, la admisibilidad de las pruebas obtenidas en el extranjero quedaba sujeta a que el acusado tuviera acceso a toda la información recogida y que, a su vez, se respetaran los valores básicos noruegos, de tal manera que dichos valores no podrán haber sido vulnerados en el Estado remitente donde se obtuvo la prueba en cuestión. Así, en HR-2021-1336-U se planteó la admisibilidad de las pruebas derivadas del acceso a una plataforma de comunicación encriptada interceptada por las autoridades estadounidenses. Dicha plataforma se

30 https://www.domstol.no/globalassets/upload/hret/decisions-in-english-translation/hr-2022-1314-a.pdf

encontraba vigilada y la vigilancia era dirigida a todos los usuarios independientemente de la existencia, o no, de sospechas de actividades delictivas. El *Norges høyesterett* acabó declarando que (a) la medida de investigación era legal de acuerdo con la legislación estadounidense; (b) que la medida de investigación no entraba en conflicto con los valores básicos noruegos ya que los usuarios de la plataforma "*al menos deben saber que la policía asumirá que el servicio de cifrado es utilizado en gran medida por redes delictivas, y que pueden ser fácilmente objeto de vigilancia e investigación*" (apartado 21).

Aplicando los precedentes anteriores expuestos, el *Norges høyesterett* considera plenamente utilizable la prueba exponiendo: (i) las pruebas derivadas del *hackeo* de *Encrochat* han sido obtenidas en el extranjero sin que hubiera mediado iniciativa por parte de las autoridades noruegas. Por lo tanto, no estamos ante una "*forum shopping*" en virtud del cual las autoridades judiciales noruegas hayan tratado de eludir los impedimentos del derecho procesal noruego instando a las autoridades extranjeras para que ejecuten las medidas de investigación, lo que entraría en conflicto con los valores básicos del sistema procesal noruego (30); (ii) no estamos ante una prueba obtenida en Noruega. Lo decisivo no es el lugar donde se encontraban los terminales telefónicos desde donde se mantenían las conversaciones sino el lugar donde fueron adquiridos, "*hoy en día la información electrónica fluye sin obstáculos a través de las fronteras. El factor clave debe ser quién adquirió los materiales*" (32); (iii) existe una presunción de la legalidad de la medida de investigación adoptada en Francia. Esto, de hecho, ya había sido afirmado por el Borgarting *lagmannsrett* en la resolución de apelación al afirmar que no eran competente para revisar el cumplimiento por las autoridades extranjeras de su propia legislación salvo que "*existan indicios de violaciones de aspectos axiológicos de derechos fundamentales reconocidos en el CEDH* (37); (iv) en este caso, el uso de la plataforma de comunicación –cuyos usuarios en su mayoría son delincuentes- no es susceptible de protección. Las personas que optan por utilizar un servicio de este este tipo deben ser conscientes de la expectativa razonable de que sean objeto de vigilancia e investigación. Consecuentemente, y tomando como precedente los casos HR-2021-1336-U, resulta difícil afirmar que la medida de investigación violentó los valores esenciales del proceso penal noruego; (v) aunque la vigilancia masiva para detectar delitos sería fácilmente contraría a los valores noruegos, en el presente caso, la medida de investigación practicada no es una vigilancia masiva; (vi) el Estado donde se practicó la medida de investigación controvertida es un Estado con la misma tradición jurídica que Noruega y que, en consecuencia, comparte los mismos valores básicos.

2.6. Dinamarca

De una manera similar a lo afirmado por los tribunales noruegos se han pronunciado también los órganos judiciales de Dinamarca. Es el caso de la *High Court* de Copenhague de 10 de febrero de 2022 que afirmó que, dada cuenta que la prueba había sido obtenida de manera legítima en territorio Francés, y que, además, no existía una participación/ petición de las autoridades danesas para la realización de la operación masiva de *hackeo,* la prueba era plenamente utilizable ante los tribunales de justicia daneses. Esta resolución traía como causa la dictada previamente por el tribunal de primera instancia de Holbaek de 17 de enero de 2022 (60-2637/2021) que reconoció su falta de competencia para determinar la legalidad de las medidas de investigación conforme a la legislación holandesa o francesa.

2.7. Tribunal Europeo de Derechos Humanos y Tribunal de Justicia de la Unión Europea

Cabe decir que el propio TEDH tiene pendiente de resolución, al menos, dos casos relacionados con *Encrochat.* Estos son las aplicaciones *A.L c. Francia* (no, 44715/2020) y *E.J c. Francia* (no. 47930/2021), que se encuentran aún pendientes de la formulación de alegaciones por el gobierno francés, y en la que se cuestionan posibles lesiones del art. 6 (derecho a un proceso equitativo), art. 8 (derecho al respeto a la vida privada y a la correspondencia), y art. 13 (derecho al recurso) del CEDH. Concretamente, en dichos casos la información provisional[31] aportada por el TEDH es que las cuestiones planteadas al gobierno francés son, entre otras, las siguientes:

---

31 El TEDH también incluye un resumen de los antecedentes fácticos siendo el mismo el siguiente: "*En el marco de un procedimiento penal contra la red de comunicación encriptada "EncroChat", el juez de libertad y detención del tribunal judicial de Lille autorizó, en cinco autos dictados entre el 30 de enero y el 31 de marzo de 2020, la instalación en un servidor situado en Francia de un dispositivo técnico que permite la captura de datos a distancia, sobre la base del artículo 706-102-1 del código de procedimiento penal. El 1 de abril de 2020, los investigadores de la ciberdelincuencia irrumpieron en la red Encrochat. Su ataque informático permitió infectar varias decenas de miles de teléfonos conectados a esta red y situados en un centenar de países diferentes. Los investigadores procedieron entonces a capturar los datos almacenados e intercambiados con los dispositivos en cuestión, a copiarlos y a analizarlos. La autorización para la captura de datos fue ampliada por el juez de libertad y custodia y luego, tras la apertura de una investigación judicial, por el juez de instrucción. La medida cesó el 2 de julio de 2020. En ejecución de una decisión de investigación europea emitida por el Reino Unido, las autoridades judiciales francesas transmitieron a sus homólogos británicos los datos relativos a*

(i) *"Suponiendo que los presentes recursos sean admisibles, ¿la captación de datos, su tratamiento y/o su puesta en común con las autoridades del Reino Unido vulneraron el derecho de los demandantes al respeto de su vida privada y de su correspondencia en el sentido del artículo 8, apartado 1, del Convenio?*

(ii) *En caso afirmativo, ¿fueron estas injerencias "prescritas por la ley" y "necesarias" en el sentido del artículo 8 § 2 (véase Weber y Saravia c. Alemania (dec.), no. 54934/00, §§ 93 y ss., 29 de junio de 2006, y Roman Zakharov, citada anteriormente, §§ 228-234)?*

(iii) *En particular, ¿debe evaluarse la legalidad de dicha injerencia con arreglo a los criterios establecidos por el Tribunal en relación con la interceptación masiva (véase, entre otros, Big Brother Watch y otros contra el Reino Unido [GC], nº 58170/13 y otros 2, §§ 332-364, 25 de mayo de 2021)? ¿Cómo encajan a este respecto las garantías del Convenio y las normas pertinentes del Derecho de la Unión Europea?*

(iv) *Se invita al Gobierno encuestado a presentar la siguiente información:– ¿Cuántos dispositivos participaron en la captura de datos en disputa?–¿Cuál es la naturaleza de los datos que pueden haberse recogido?*

(v) *¿Qué salvaguardias contra la arbitrariedad y los riesgos de abuso se han previsto y aplicado en la fase de: a. ¿el examen, la selección, la utilización y el almacenamiento de los datos recogidos? b.¿la transmisión de dichos datos a terceros? c.la oportuna destrucción de los datos capturados y de los documentos de análisis y actos judiciales relativos a su uso?*

(vi) *¿Las personas que sospechan que sus datos están siendo vigilados tienen derecho a acceder a sus datos o a ser informadas de la existencia de dicha medida? ¿Existe un mecanismo de notificación posterior? ¿Se puede recurrir a un organismo independiente o a los tribunales en caso de abuso?".*

---

los dispositivos situados en su territorio a partir del 3 de abril de 2020. Las presentes solicitudes fueron presentadas por dos detenidos británicos. Ambos alegan que fueron detenidos y procesados penalmente en el Reino Unido sobre la base de los datos transmitidos por las autoridades francesas. Impugnaron la imputación de los datos supuestamente utilizados contra ellos. El primer demandante (nº 44715/20) afirma que fue detenido el 18 de junio de 2020. Fue acusado en el Tribunal de la Corona de Snarebrook de conspiración para importar y poseer con fines de reventa heroína y cocaína. El segundo demandante (nº 47930/21) dijo que fue detenido el 16 de junio de 2020. Fue acusado en el Tribunal de la Corona de Liverpool de conspiración para distribuir cocaína y heroína y de cometer tres asesinatos. En virtud del artículo 8 del Convenio, los demandantes denunciaron que las autoridades francesas se habían inmiscuido en la red encriptada de EncroChat, habían accedido a los datos de sus usuarios, se habían apoderado de ellos y los habían compartido con las autoridades del Reino Unido. Impugnan la legalidad, la necesidad y la proporcionalidad de estas injerencias".

Hay que recordar que en materia de captura masiva de datos el Tribunal Europeo de Derechos Humanos (TEDH) ya ha tenido, de hecho, la oportunidad de pronunciarse en las sentencias de 25 de mayo de 2021, *Centrum for rattvisa v. Sweden* y *Big Brother Watch v. United Kingdom* estableciendo una serie de garantías mínimas para este tipo de intervenciones: (i) la especificación de la naturaleza de las infracciones que pueden dar lugar a una orden de interceptación; (ii) la definición de las categorías de personas susceptibles de ver interceptadas sus comunicaciones; (iii) la limitación de la duración de la interceptación; (iv) el procedimiento de examen, utilización y conservación de los datos obtenidos; (v) las precauciones que deben tomarse al comunicar los datos a otras partes; y (vi) las circunstancias en las que los datos interceptados pueden o deben ser borrados o destruidos (con referencias a la STEDH *Huving v. France).* Estas garantías, consideraba el TEDH, eran exigibles por dos motivos: En primer lugar, por el carácter amplísimo que la macrovigilancia podía tener dada cuenta de los avances tecnológicos producidos en los últimos años; y, en segundo lugar, porque era necesario reflejar las características específicas de un régimen de interceptación masiva cuya naturaleza, e incidencia, era notablemente diferente a la interceptación selectiva en muchos aspectos importantes.

No obstante, la concurrencia de este segundo elemento justificaba que las garantías establecidas en *Huving v. France* fueran ampliadas sustancialmente. Así, a partir de las referencias contenidas en *Centrum for rattvisa v. Sweden* y *Big Brother Watch v. United Kingdom* el TEDH ha venido estableciendo como requisitos indispensables para este tipo de intervenciones; (i) La especificación en la legislación interna de los motivos por los que se puede autorizar la interceptación masiva; (ii) Las circunstancias en las que se pueden interceptar las comunicaciones de un individuo; (iii) El procedimiento que debe seguirse para conceder la autorización que debe ser otorgada por un órgano independiente del ejecutivo (no necesariamente judicial), que debe ser informado tanto del objetivo de la interceptación como de los portadores de la selección o de las vías de comunicación. Como mínimo, deben identificarse los tipos o categorías de selectores que se utilizarán. El uso de cualquier selector fuerte vinculado a personas identificables debe estar justificado con respecto a los principios de necesidad y proporcionalidad, y esa justificación debe registrarse escrupulosamente y someterse a una verificación independiente y objetiva; (iv) Los procedimientos que deben seguirse para seleccionar, examinar y utilizar el material de interceptación; (v) Las precauciones que deben tomarse al comunicar el material a otras partes: la transmisión debe estar sujeta a un control independiente, limitado al material que se haya recogido y almacenado de forma conforme al Convenio y acompañado de mayores garantías cuando se requiera una confidencialidad especial; las circunstancias en las que puede tener lugar dicha transferencia deben establecerse claramente en la legislación nacional; el Estado que transfiere debe asegurarse de que el Estado receptor, al manejar los datos, haya establecido salvaguardias capaces de evitar el abuso y la interferencia desproporcionada (en particular, garantizando un almacenamiento seguro y restringiendo la divulgación posterior del material). Esto no significa necesariamente que el Estado receptor deba disponer de una protección comparable a la del Estado que transfiere o dar una garantía antes de cada transferencia; (vi) Los límites de la duración de la interceptación, el almacenamiento del material de interceptación y las circunstancias en las que dicho material debe ser borrado y destruido: debe existir la obligación legal de borrar el material de interceptación que haya perdido pertinencia para los fines de inteligencia, independientemente de que contenga o no datos personales, y especialmente, cuando su conservación pueda afectar a los derechos del artículo 8; (vii) Los procedimientos y modalidades de supervisión por parte de una autoridad independiente del cumplimiento de las salvaguardias mencionadas y sus competencias para hacer frente al incumplimiento: cada etapa del proceso debe estar sujeta a una supervisión suficientemente sólida por parte de una autoridad independiente, que evalúe la necesidad y la proporcionalidad de la acción teniendo en cuenta el correspondiente nivel de intrusión en los derechos del Convenio. 8. Los procedimientos de revisión independiente a posteriori de dicho cumplimiento y los poderes conferidos al organismo competente para abordar los casos de incumplimiento: debe existir un recurso efectivo. Cuando dicho recurso no dependa de la notificación al sujeto de la interceptación, es imperativo que sea ante un órgano que, aunque no sea necesariamente judicial, sea independiente del ejecutivo y garantice la equidad del procedimiento, ofreciendo, en la medida de lo posible, un proceso contradictorio. Sus decisiones deberán ser motivadas y jurídicamente vinculantes.

A pesar de ello, no parece que el TEDH vaya a analizar directamente la validez de las pruebas derivadas del caso *Encrochat*. Así, y como ha sido señalado anteriormente, el TEDH ha mantenido sobre esta materia una posición equidistante afirmando que no es posible rechazar que "*en principio y en abstracto se admita una prueba conseguida ilegalmente*" debiéndose valorar, únicamente, la equidad del proceso en su conjunto (STEDH de 12 de julio de 1988, *Schenk vs Switzerland*, &46). Esta ha sido la postura adoptada, de hecho, en la reciente STEDH de 26 de septiembre de 2023, Yüksel Yalçinkaya c. Turquía, relativo a la condena del Sr. Yalçinkaya por su participación en el intento de golpe de Estado que tuvo lugar en Turquía el 15 de julio de 2016. La condena en dicho caso se había fundamentado en las pruebas derivadas de la interceptación, por parte de las autoridades turcas, de un sistema de mensajería cifrado denominado Bylock que los tribunales nacionales consideraron diseñado para uso exclusivo de los miembros de la "organización terrorista Fetullahista" (FETÖ/PDY).

Al igual que se afirmaba en los pronunciamientos anteriormente reseñados, el TEDH comienza afirmando (&310 y ss) que cuenta con un "papel limitado en la determinación de la admisibilidad de una prueba o la revisión de su evaluación por parte de los tribunales nacionales, no siendo necesario, a los efectos del presente examen (...) si la prueba impugnada se obtuvo legalmente en términos de derecho nacional y era admisible, o si los tribunales nacionales cometieron algún error sustantivo en su evaluación" siendo su tarea "evaluar la equidad del procedimiento en su conjunto, teniendo en cuenta la naturaleza y las circunstancias específicas del caso, incluida la forma en que se tomaron y utilizaron las pruebas, y la forma en que se trataron las objeciones relativas a aquellas".

Diferente puede ser, no obstante, la postura que puede llegar a adoptar desde la perspectiva de la equidad del proceso y de la igualdad de armas entre la acusación y la defensa. En virtud de esta última, el TEDH se ha esforzado en remarcar reiteradamente que las partes han de tener la oportunidad de conocer y acceder a los elementos de prueba aducidos por la otra parte lo que, en ocasiones, puede suponer la obligación de la acusación a desclasificar todos los elementos de prueba existentes frente al encausado (STEDH de 4 de julio de 2017, *Mantanovic c. Croacia).* Esta obligación –irremediablemente vinculada al derecho a un proceso justo *(fair trial)*- queda no obstante matizada y rebajada cuando existen intereses adicionales en juego como la protección de los derechos fundamentales de otros individuos, la salvaguarda de un interés público especialmente relevante o la propia seguridad nacional del Estado (STEDH de 16 de febrero de 2000, *Jasper c. United Kingdom,* &52). En estos casos, no obstante, cualquier dificultad causada a la defensa por una limitación de sus derechos o del acceso a un determinado tipo de información debe compensarse por las autoridades en orden a garantizar el derecho a un proceso justo (STEDH de 31 de marzo de 2009, *Natunen c. Finlandia,* &40). La mencionada STEDH de 26 de septiembre de 2023, Yüksel Yalçinkaya c. Turquía, resulta verdaderamente interesante a los efectos de esta cuestión, toda vez que, aunque el TEDH reconoce la utilidad de las nuevas tecnologías y la captura masiva de datos para garantizar la seguridad nacional y defender al Estado frente a acciones terroristas [admitiendo, incluso, que ello lleve en ocasiones a una "retención" de las prueba a la defensa (&329)], una revisión de la equidad general del procedimiento "también debe incorporar una evaluación de si al solicitante se le dio la oportunidad de impugnar las pruebas y de oponerse a su uso en circunstancias en las que se respetaron los principios de los procedimientos contradictorios y la igualdad de armas entre la fiscalía y la defensa" (&325).

Analizando dicho caso el Tribunal de Estrasburgo observa que, a pesar de que es cierto que el demandante tuvo a su disposición todos los informes de

Bylock, no se le facilitó, sin embargo, los datos brutos relativos a los usuarios individuales, lo que le privó de la oportunidad de presentar cualquier contra-argumento, como impugnar la validez de esas razones o disputar que se había hecho todos los esfuerzos para lugar un equilibrio justo entre los intereses en competencia y para garantizar los derechos de defensa (&331).

Resulta interesante, a estos efectos, lo afirmado en el &336 al señalar que "Si bien no es tarea del tribunal determinar si el pleno acceso del solicitante al material de Bylock que le concierne, en particular el contenido de sus mensajes y contactos, podría haber afectado al resultado, no se puede descartar que podría haber servido para reforzar sustancialmente los argumentos de la defensa, incluida la validez de las inferencias extraídas de uso de la solicitud de ByLock. En consecuencia, el Tribunal opina que dar al solicitante la oportunidad de familiarizarse con el material descifrado de ByLock en su respecto habría constituido un paso importante en la preservación de sus derechos de defensa".

En base a todo ello, el Tribunal de Estrasburgo acaba concluyendo que: (i) las pruebas electrónicas que acreditan la utilización por un individuo de un sistema de mensajería cifrada supuestamente diseñado por una organización terrorista puede ser muy importante en la lucha contra la criminalidad organizada; (ii) no obstante, el derecho a un proceso equitativo prevalece sobre el interés del Estado en perseguir este tipo de conductas de tal manera que el uso de este tipo de pruebas nunca podrá socavar los principios básicos del fair trial; (iii) los tribunales turcos no adoptaron las medidas necesarias para garantizar la equidad del proceso justo, no permitiendo al demandante impugnar eficazmente las pruebas usadas en su contra -derivadas, en todo caso, de la interceptacion del sistema encriptado de comunicaciones- y menoscabando los derechos procesales del art. 6.1 CEDH.

En lo relativo al TJUE, cabe señalar que el 19 de octubre de 2022 el *Landgeritch* de Berlín ha planteado una cuestión prejudicial en relación con el caso *Encrochat*, la transmisión transfronteriza de datos derivados de *hackeo* y la interpretación de las disposiciones contenidas en la Directiva 2014/41/CE relativa a la orden de investigación en materia penal. En concreto, son planteadas las siguientes cuestiones[32]:

a. Sobre el concepto de "*autoridad de emisión*". *¿Debe una OEI a efectos de obtener pruebas que ya existen en el país de ejecución ser expedida por un juez*

[32] Asunto C-670/22: Petición de decisión prejudicial planteada por el Landgericht Berlin (Alemania) el 24 de octubre de 2022 — Proceso penal contra M.N. (europa.eu)

si, con arreglo a la legislación de la autoridad de emisión, en un caso nacional comparable, la obtención de pruebas debería haber sido ordenada por un juez?; ¿esta obligación aplicable al menos si el Estado de ejecución ha ejecutado la medida subyacente en el territorio del Estado de emisión con el fin de poner posteriormente los datos recogidos a disposición de las autoridades investigadoras del Estado de emisión interesadas en los datos a efectos de enjuiciamiento? – ¿Debe emitir una OEI un juez (o un organismo independiente que no participe en investigaciones penales), con independencia de las normas nacionales de competencia del Estado de emisión, siempre que la medida se refiera a una injerencia grave en derechos fundamentales de alto rango?

b. <u>Sobre los requisitos para la emisión de una OEI,</u> *¿Se opone el artículo 6, apartado 1, letra a), de la Directiva relativa a la orden europea de investigación a una orden europea de investigación para la transmisión de datos de vigilancia de telecomunicaciones ya existentes en el Estado de ejecución, en particular datos de tráfico y de localización y grabaciones de contenidos de comunicaciones si a) la interceptación efectuada por el Estado de ejecución abarcó a todos los usuarios de un servicio de comunicación para el que el OEI solicita la transmisión de datos de todas las conexiones utilizadas en el territorio del Estado de emisión; y B) no existían indicios concretos de la comisión de delitos graves por parte de esos usuarios individuales, ni en el momento de la orden, ni durante la ejecución de la medida ni en el momento en que se emitió la OEI; ¿Se opone el artículo 6, apartado 1, letra a), de la Directiva relativa a la orden europea de investigación a una orden europea de investigación si la integridad de los datos recogidos a través de la medida de vigilancia no puede verificarse en el Estado de ejecución debido al amplio secreto de las autoridades?*

c. <u>Sobre los requisitos para la adopción de una medida de investigación semejante en el Estado de emisión;</u> *¿Se opone el artículo 6, apartado 1, letra b), de la Directiva 2014/41 a una OEI para la transmisión de datos de telecomunicaciones que ya existen en el Estado de ejecución (Francia) si, en un caso interno similar, la medida de intervención del Estado de ejecución en la que se basa la obtención de los datos hubiera sido inadmisible con arreglo al Derecho del Estado de emisión (Alemania)? b) Con carácter subsidiario: ¿ocurre así en cualquier caso cuando el Estado de ejecución llevó a cabo la intervención en el territorio del Estado de emisión y en interés de este?*

d. <u>Sobre la interpretación del artículo 31, apartados 1 y 3, de la Directiva 2014/41:</u> *¿Una medida asociada a la infiltración de dispositivos terminales para la recogida de datos de tráfico, de localización y de comunicación de un servicio de comunicaciones por Internet constituye una intervención de telecomunicaciones en el sentido del artículo 31 de la Directiva 2014/41? ¿La notificación prevista en el artículo 31, apartado 1, de la Directiva 2014/41 debe ir* *dirigida siempre a un juez o se aplica esto al menos cuando la medida prevista por el Estado que realiza la intervención (Francia), en un caso interno similar, con arreglo a la legislación del Estado notificado (Alemania), solo podría ser ordenada por un juez?; En la medida en que el artículo 31 de la Directiva 2014/41 sirva también para proteger los derechos individuales de los usuarios de las telecomunicaciones afectados, ¿se extiende dicha protección también al uso de los datos para la práctica de diligencias penales en el Estado notificado (Alemania) y, en su caso, tiene esta finalidad el mismo valor que la finalidad adicional de proteger la soberanía del Estado miembro notificado?*

e. Sobre las consecuencias jurídicas de una obtención de pruebas contraria al Derecho de la Unión*: Si las pruebas se obtienen mediante una OEI contraria al Derecho de la Unión, ¿del principio de efectividad del Derecho de la Unión puede derivarse directamente una prohibición de utilización de las pruebas?; En el caso de pruebas obtenidas mediante una OEI contraria al Derecho de la Unión, ¿el principio de equivalencia del Derecho de la Unión implica una prohibición de utilización de las pruebas si la medida en la que se basa la obtención de las pruebas en el Estado de ejecución no podría haber sido ordenada en un caso interno similar en el Estado de emisión y las pruebas obtenidas mediante ese tipo de medida interna ilegal no podrían utilizarse con arreglo al ordenamiento jurídico del Estado de emisión?; ¿Es contrario al Derecho de la Unión, en particular al principio de efectividad, el hecho de que la utilización en un proceso penal de pruebas cuya obtención era contraria al Derecho de la Unión precisamente porque no había sospecha de delito se vea justificada, en el marco de una ponderación de intereses, por la gravedad de los hechos que se hayan conocido por primera vez a raíz del análisis de las pruebas?; Con carácter subsidiario: ¿resulta del Derecho de la Unión, en particular del principio de efectividad, que las infracciones del Derecho de la Unión en materia de obtención de pruebas no pueden quedar totalmente sin consecuencias en los procedimientos penales nacionales, incluso en el caso de delitos graves, y que, por lo tanto, deben tenerse en cuenta a favor del acusado al menos al valorar la prueba o al determinar la pena?. En fecha 26 de octubre de 2023 han sido presentadas, por la Abogada General, conclusiones a la cuestión prejudicial anterior. En las mismas, la Abogada General afirma que no se requiere resolución judicial para la emisión de una OEI que tiene por objeto la entrega de pruebas obtenidas en otro Estado mediante resolución judicial. En este sentido, afirma que "el derecho de la unión no exige que la OEI para el traslado de pruebas existentes que se hayan obtenido mediante intervención de telecomunicaciones sea emitida por un tribunal cuando el derecho nacional determina* *que un fiscal puede ordenar traslado en un caso interno similar". Dicha afirmación descartaría, en definitiva y según la propia Abogada General, una tesis que orbitara sobre la necesidad de una doble resolución judicial en Estado de emisión y en el Estado de ejecución.*

f. *Sostiene además la Abogada General que al decidir sobre si puede emitir una OEI para el traslado de pruebas existentes en otro Estado, la autoridad de emisión no puede examinar la legalidad de la obtención de pruebas subyacentes en el Estado de ejecución cuyo traslado se solicita a través de OEI. No obstante, la admisibilidad de las pruebas debe regirse por el derecho nacional el cual deberá, además, respetar las exigencias del derecho de defensa que se consagran en los arts. 47 y 48 de la Carta de Derechos fundamentales de la Unión Europea.*

g. *Además, mantiene que la medida de interceptación de las comunicaciones encriptadas practicadas con ocasión de estos hechos presenta importantes diferencias con la vigilancia masiva de datos que aparece tratada en la jurisprudencia del TJUE (casos Prokuratuur o Quadrature du Net, toda vez que mientras en el presente caso la medida aparece referida a los usuarios del sistema de comunicaciones Encrochat, el caso planteado en aquellas sentencias constituía una injerencia en datos de toda la población recabados indiscriminatoriamente*

2.8. España

En España, hasta la fecha, son pocas las resoluciones que han abordado y analizado el problema de la validez probatoria de los datos derivados del *hackeo* de Encrochat. La mayoría de aquellas se refieren a supuestos de extradiciones solicitadas por el Reino Unido (en base al nuevo acuerdo de cooperación y comercio establecido tras el *Brexit -Acuerdo de Comercio y Cooperación entre la Unión Europea de la Energía Atómica, por una parte, y el Reino Unido de Gran Bretaña e Irlanda del Norte, por otra" suscrito el 30 de diciembre de 2020-*) en los que la defensa se ha mostrado contraria a la concesión de extradición toda vez que parte de la prueba sobre la cual se fundamentaba el título extradicional procedía del *hackeo* de *Encrochat* [en algunos casos se ha solicitado, incluso, que se requiera a las autoridades británicas (vía art. 604.c del Tratado de Cooperación y Comercio) el envío de información complementaria al respecto]

Frente a esta postura, la Sala de lo Penal de la Audiencia Nacional en la práctica totalidad de los casos ha desestimado las peticiones de la defensa afirmando que las mismas iban directamente a efectuar un control sobre la validez de las pruebas obtenidas por Reino Unido lo que excedía de la competencia y la jurisdicción de aquel Tribunal y del principio de confianza mutua que inspira el acuerdo de 30 de abril de 2021.

Esta postura parece más que razonable. Así, a pesar de que la doctrina del Tribunal Constitucional –doctrina sobre "*control pasivo*" o "*control indirecto*" de la vulneración de derechos fundamentales- ha sido muy reiterada en el sentido de afirmar que es responsabilidad de los tribunales españoles realizar una cuidadosa labor de verificación en relación con las circunstancias alegadas por el reclamado, con el fin de evitar que, en caso de accederse a la extradición, se pudiera convertir en autor de una lesión contra los derechos del extraditado, bien porque hubiera contribuido a que la lesión de un derecho ya acaecida en el extranjero no fuera restablecida, o a que no se impidiera que de la misma se derivaran consecuencias perjudiciales para el reclamado (SSTC 13/1994, de 17 de enero, FJ 4, 141/1998, de 29 de junio, FJ 1, y 91/2000, de 30 de marzo, FJ 6, STC 49/2006, de 13 de febrero, FJ 3) lo cierto es que las exigencias derivadas de este control pasivo de los derechos fundamentales no pueden ser reconvertidas en una suerte de capacidad de los órganos judiciales españoles para examinar la licitud o la suficiencia de la prueba obtenida en el extranjero cuando, además, aquella debe producir sus efectos probatorios en procesos judiciales fuera de nuestras fronteras.

Así, de hecho, se pronunciaba este Tribunal con ocasión de la STC 398/2004 al señalar que:

> *"el procedimiento de extradición es, por su naturaleza, un acto de auxilio judicial internacional, en cuya fase judicial no se decide acerca de la hipotética culpabilidad o inocencia del sujeto reclamado ni se realiza un pronunciamiento condenatorio. Esto que hemos afirmado para cuando se trata de una extradición pasiva y para cuando deben resolver sobre ella los órganos judiciales españoles, es aplicable, como punto de partida, a este caso (...) el recurso de amparo puede ser un remedio para depurar las posibles vulneraciones de derechos fundamentales cometidas por los poderes públicos españoles, pero no lo es para las que pudieran haber cometido las autoridades extranjeras. En el ATC 113/2000, de 3 de mayo, lo afirmamos expresamente: "El amparo no constituye un recurso universal contra las lesiones de derechos producidas fuera del ámbito donde dichos poderes públicos españoles actúan, entendiendo la noción de poderes públicos como un «concepto genérico que incluye a todos aquellos entes (y sus órganos) que ejercen un poder de imperio, derivado de la soberanía del Estado y procedente, en consecuencia a través de una mediación más o menos larga, del propio pueblo» (STC 35/1983, de 11 de mayo, FJ 3)".*

Por lo tanto, salvo en aquellos casos en los que exista una disposición normativa al respecto en el correspondiente convenio bilateral de extradición (es el caso, por ejemplo, del tratado de extradición con Estados Unidos[33]) que permita que el Estado requerido realice un examen externo sobre la suficiencia y razonabilidad de los indicios que justifican la reclamación extradicional (examen que según BAUTISTA SAMANIEGO[34] nunca debe alcanzar un análisis pormenorizado y profundo de la solidez de los indicios existentes), no parece que el Estado requerido pueda ejercer una modalidad de jurisdicción ultraterritorial examinando, conforme a su propio prisma y principios, la validez de una prueba obtenida en el extranjero a los efectos,

---

33 Este tratado prevé en su art. X d que "*Cuando la solicitud de se refiera a una persona que todavía no haya sido condenada, deberá ir también acompañada de una orden de detención emitida por un juez u otro funcionario judicial de la parte requirente y deberá ir acompañada de la información que justificaría el procesamiento de dicha persona si el delito se hubiere cometido en el territorio del Estado requerido. La parte requerida podrá denegar la extradición solicitada si al examinar el caso en cuestión, la orden de detención aparece manifiestamente infundada*". Cuando la solicitud se refiera a una persona que todavía no haya sido condenada, deberá ir también acompañada de una orden de detención emitida por un Juez u otro funcionario judicial de la Parte Requirente y deberá ir acompañada de la información que justificaría el procesamiento de dicha persona si el delito se hubiere cometido en el territorio del Estado Requerido. La Parte Requerida podrá denegar la extradición solicitada si al examinar el caso en cuestión, la orden de detención aparece manifiestamente infundada Cuando la solicitud se refiera a una persona que todavía no haya sido condenada, deberá ir también acompañada de una orden de detención emitida por un Juez u otro funcionario judicial de la Parte Requirente y deberá ir acompañada de la información que justificaría el procesamiento de dicha persona si el delito se hubiere cometido en el territorio del Estado Requerido. La Parte Requerida podrá denegar la extradición solicitada si al examinar el caso en cuestión, la orden de detención aparece manifiestamente infundada Cuando la solicitud se refiera a una persona que todavía no haya sido condenada, deberá ir también acompañada de una orden de detención emitida por un Juez u otro funcionario judicial de la Parte Requirente y deberá ir acompañada de la información que justificaría el procesamiento de dicha persona si el delito se hubiere cometido en el territorio del Estado Requerido. La Parte Requerida podrá denegar la extradición solicitada si al examinar el caso en cuestión, la orden de detención aparece manifiestamente infundada Cuando la solicitud se refiera a una persona que todavía no haya sido condenada, deberá ir también acompañada de una orden de detención emitida por un Juez u otro funcionario judicial de la Parte Requirente y deberá ir acompañada de la información que justificaría el procesamiento de dicha persona si el delito se hubiere cometido en el territorio del Estado Requerido. La Parte Requerida podrá denegar la extradición solicitada si al examinar el caso en cuestión, la orden de detención aparece manifiestamente infundada

34 BAUTISTA SAMANIEGO, C. (2020). *Procedimiento de extradición pasiva, doctrina y jurisprudencia.* Madrid: Sepin.

precisamente, de determinar cómo debe ser valorada o interpretada aquella por los órganos jurisdiccionales competentes para el enjuiciamiento en el Estado requirente[35].

Esto aparece afirmado de una manera diáfana por el Auto del Pleno de la Audiencia Nacional de fecha 25 de febrero de 2022 (Recurso de Súplica 11/2022), señalando que "*De acuerdo con esta doctrina del Pleno es claro que los Tribunales del Reino Unido son soberanos en su jurisdicción para decidir acerca de la licitud, legalidad, procedencia, etc...., de las pruebas y evidencias obtenidas en el procedimiento que ellos han de enjuiciar*".

En sentido similar se ha pronunciado también el TJUE en la reciente sentencia de 31 de enero de 2023 (C-128/2021) que, al examinar una cuestión prejudicial planteada por el Tribunal Supremo español, acabó señalando que los artículos 1, apartados 1 y 2, y 6, apartado 1, de la Decisión Marco 2002/584, en su versión modificada por la Decisión Marco 2009/299, deben interpretarse en el sentido de que la autoridad judicial de ejecución no puede comprobar si una orden de detención europea ha sido emitida por una autoridad judicial que era competente a tal efecto y denegar la ejecución de esa orden de detención europea cuando considere que no es así. La razón de ello reside, claro está, en que reconocer que la propia competencia por la autoridad judicial emisora puede ser controlada posteriormente por la autoridad judicial de ejecución equivaldría a atribuir a esta última autoridad una función general de control de las resoluciones procesales dictadas en el Estado miembro emisor, lo que sería contrario al principio de reconocimiento mutuo.

Esta regla solo tiene como excepción aquellos casos en los que –respecto a la posible falta de competencia del órgano encargado del enjui-

---

35 Postura contraria mantiene, no obstante, GASCÓN INCHAUSTI que afirma que la doctrina sobre el "control pasivo" o "vulneración indirecta" de los derechos fundamentales establecida por el Tribunal Constitucional en procesos extradicionales *"podría trasladarse también al ámbito probatorio y permitiría a los tribunales españoles rechazar la eficacia en España de pruebas obtenidas en el extranjero con arreglo a los métodos y formas que son válidas según la lex loci, pero que según la ley española serían contrarias al contenido esencial de alguno de nuestros derechos fundamentales"*. GASCÓN INCHAUSTI, F. (2019). "La eficacia de las pruebas penales obtenidas en el extranjero al amparo del régimen convencional: apogeo y declive del principio de no indagación", en VV.AA. *Orden europea de investigación y prueba transfronteriza en la Unión Europea* (Directora: María Isabel González Cano), Valencia: Tirant lo Blanch.

ciamiento en el Estado requirente- existe un riesgo real de que se viole el derecho fundamental a un proceso equitativo garantizado por el artículo 47, párrafo segundo, de la Carta, debido a deficiencias sistémicas o generalizadas en el funcionamiento del sistema judicial del Estado miembro emisor, por lo que, en aquellos casos, la autoridad de ejecución dicha deberá comprobar, de modo concreto y preciso, si, habida cuenta de la situación individual de esa persona, de la naturaleza de la infracción que se le imputa y del contexto fáctico en el que se dictó la orden de detención europea, existen razones serias y fundadas para creer que dicha persona correrá tal riesgo en caso de ser entregada a ese Estado miembro [véanse, en este sentido, las sentencias de 17 de diciembre de 2020, Openbaar Ministerie (Independencia de la autoridad judicial emisora), C-354/20 PPU y C-412/20 PPU, EU:C:2020:1033, apartado 52, y de 22 de febrero de 2022, Openbaar Ministerie (Tribunal establecido por la ley en el Estado miembro emisor), C-562/21 PPU y C-563/21 PPU, EU:C:2022:100, apartado 50].

Esta excepción, obviamente, debe entenderse en clave de lo marcado por el TJUE y por el TEDH respecto a los casos de Polonia (STJUE de 22 de febrero de 2022, C-562/2021, 563-21 y STEDH de 22 de julio de 2021, *Reczkowicz c. Polonia*) y Hungría (STJUE de 25 de julio de 2018, C-22/2018 –referida esta última a condiciones de reclusión-) en el que la existencia de deficiencias sistémicas y generalizadas en el sistema de justicia del Estado requirente se encuentran indefectiblemente vinculadas al existencia de un tribunal independiente e imparcial en cuanto a la composición de sus miembros así como a la *apreciación global, basada en todo dato objetivo, fiable, preciso y debidamente actualizado sobre el funcionamiento del sistema judicial en dicho Estado miembro, en concreto el marco general de nombramiento de los jueces de dicho Estado miembro,* debiéndose demostrar, además, que estas deficiencias *tuvieron una incidencia concreta en el procedimiento penal que se siguió contra ella, y en particular en la composición del órgano enjuiciador que conoció de su causa penal, de suerte que uno o varios jueces de ese órgano no ofrecieran las garantías de independencia e imparcialidad exigidas por el Derecho de la Unión*[36].

---

36 El TJUE acaba concluyendo en la mencionada STJUE de 22 de febrero de 2022 (C-562/2021, 563/2021) que En atención a todas las consideraciones que anteceden, procede responder a las cuestiones prejudiciales planteadas que el artículo 1, apartados 2 y 3, de la Decisión Marco 2002/584 debe interpretarse en el sentido de que, cuando la autoridad judicial de ejecución que ha de pronunciarse sobre la entrega de una persona objeto de una orden de detención europea dispone de datos que acreditan la existencia de deficiencias sistémicas o generalizadas relativas a la independencia del poder judicial del Estado miembro emisor, que afectan en particular al procedimiento

Más interesante resulta no obstante la decisión adoptada por el Juzgado Central de Instrucción núm. 6 de la Audiencia Nacional que, en el marco de una prisión provisional acordada por un delito de tráfico de drogas, acabó admitiendo como válida la prueba derivada del *hackeo* de *Encrochat* a través de la siguiente argumentación:

(i)- el acceso a la red *Encrochat* se produjo bajo el paraguas de una investigación judicial, por lo que han existido una serie de garantías judiciales en Francia que dan legitimidad al resultado de la intervención. *Ha de enfatizarse en que esta intervención se produjo en el marco de unas diligencias judiciales abiertas en Francia y conformes con el Derecho galo. En este sentido, debemos traer a colación el ordenamiento jurídico francés, por lo que a nosotros nos interesa, el art. 706-102-1 del Código de Procedimiento Penal, en que se recoge la diligencia de captura de datos por computadora, y se la cataloga como una técnica de investigación especial (…) Por ende, tomamos como referencia que existía una habilitación legal francesa para llevar a cabo la interceptación de tales datos. A mayor abundamiento, y avanzando un paso más, debemos consignar que en Francia se produjo la apertura de una información judicial, por los jueces de instrucción, el 28 de mayo de 2020, y que la medida se autorizó y se controló por el Juez de libertades y detención. En concreto, el citado 28 de mayo de 2020, los JIRS de Lille abrieron una investigación judicial por una pluralidad de delitos, entre los que se incluían el narcotráfico y el blanqueo de dinero. Asimismo, entre los ilícitos investigados,*

de nombramiento de los miembros de dicho poder, esa autoridad solo puede denegar la entrega de esta persona: en el marco de una orden de detención europea dictada para la ejecución de una pena o de una medida de seguridad privativas de libertad, si dicha autoridad constata que, en las circunstancias particulares del asunto, existen razones serias y fundadas para creer que, habida cuenta, en concreto, de los datos aportados por esa persona en relación con la composición del órgano enjuiciador que conoció de su causa penal o con cualquier otra circunstancia pertinente para apreciar la independencia e imparcialidad de ese órgano enjuiciador, se vulneró el derecho fundamental de dicha persona a un proceso equitativo ante un juez independiente e imparcial, establecido previamente por la ley, que se consagra en el artículo 47, párrafo segundo, de la Carta, y, en el marco de una orden de detención europea dictada para el ejercicio de acciones penales, si la referida autoridad constata que, en las circunstancias particulares del asunto, existen razones serias y fundadas para creer que, habida cuenta, en particular, de los datos aportados por la persona de que se trate en relación con su situación personal, la naturaleza de la infracción que se le imputa, el contexto fáctico en que se enmarca dicha orden de detención europea o cualquier otra circunstancia pertinente para apreciar la independencia e imparcialidad del órgano enjuiciador que probablemente conocerá del procedimiento relativo a dicha persona, esta corre, en caso de entrega, un riesgo real de que se vulnere este derecho fundamental.

y sin ánimo de agotar el pliego de tipos que allí se recogían, debemos aludir a que la investigación recaía sobre Encrochat, por cuanto se imputaba a dicho sistema de comunicaciones los siguientes delitos del CP francés: "- suministro de un medio de criptología que no proporciona funciones exclusivas de verificación, de autenticación o integridad sin declaración previa.

(ii)-La decisión del hackeo de Encrochat, por lo tanto, se adoptó en Francia, por un órgano judicial galo, en virtud de la habilitación conferida por su ordenamiento jurídico. Por ende, resulta de aplicación el principio de no indagación, puesto que partimos de que la obtención de los datos se llevó a cabo en legal forma, en el contexto de una investigación judicial. Es más, pese a que en la solicitud se alegue en reiteradas ocasiones que se ha producido una vulneración en el derecho a la intimidad, no concreta en qué modo se produjo ésta, ni su extensión, alcance o término. Se alude a la injerencia invasiva e indiscriminada en un sistema de comunicaciones, pero se obvia que se atribuían a Encrochat una serie de delitos, y que existía base jurídica en el ordenamiento francés para llevar a cabo la medida limitativa de los derechos fundamentales.

(iii)- Estaríamos, además, ante un supuesto de hallazgo casual pues los datos se habrían obtenido como consecuencia de una investigación realizada en Francia. Recuerda el magistrado que el art. 706-95-14 del *Code de Procedure Penal* reconoce la no nulidad de estos hallazgos.

(iv)- la transmisión espontanea de información a la fiscalía de la AN es totalmente valida siempre y cuando se cumplan con los requisitos establecidos en la Directiva 2014/41. *En el caso que analizamos, el Juzgado de Lille transmitió la información a las autoridades españolas, y autorizó su uso para cualquier procedimiento, por lo que resultan lícitas tanto la obtención como el uso procedimental de dicha información. Pero hemos de apostillar que la incorporación formal de esta información a la causa judicial española se verificó con la recepción de la OEI, remitida por la Fiscalía Antidroga y cumplimentada por la autoridad judicial francesa. A su vez, es certera la puntualización del Ministerio Público, cuando matiza que, cuando se recibió esta información, el solicitante ya estaba siendo investigado, por lo que no cabe inferir un elemento prospectivo ligado a la actuación desarrollada en territorio galo.*

(v)- No existe la obligación de cumplir las exigencias formales reconocidas en el Anexo C de la Directiva 2014/41 toda vez que no existía una interceptación de comunicaciones en territorio español. Además, en todo caso, el incumplimiento de estas formalidades nunca podría conllevar como efecto inexorable la nulidad de las actuaciones.

Termina concluyendo la resolución:

"Al hilo de esta cuestión debemos precisar que en la fase de instrucción no contamos con pruebas, sino con indicios, y que no es la finalidad de esta fase del proceso la realización de una valoración probatoria, sino acumular indicios racionales de criminalidad. En el caso que nos ocupa, el solicitante ya estaba siendo investigado con carácter previo a que se recibiese la OEI cumplimentada, y lo era, precisamente, por una información suministrada por la policía sueca -y no como causa de la intervención de Encrochat-. A su vez, debemos reiterar que la intervención de Encrochat fue acordada por un órgano judicial, en el marco de una investigación judicial abierta, por una serie de delitos, varios de ellos atribuidos a dicho sistema de comunicación. Por si ello fuera insuficiente, hemos de tomar en consideración que la investigación francesa estuvo participada por Eurojust, puesto que en su página web figuraba la información referente a este caso. De ahí que, al contar con la cobertura de Eurojust, ello constituya un indicio de la licitud de las diligencias practicadas. Así y todo, no podemos obviar que lo que ha de tenerse presente es la ley francesa, puesto que la medida limitativa de derechos ha de tamizarse a la luz del ordenamiento galo, y no ha lugar a efectuar una lectura desde los parámetros internos del Derecho español.

Tomamos como punto inicial que existía una habilitación legal para adoptar la medida de injerencia en el derecho fundamental a la intimidad de los afectados, y que esta diligencia se acordó por un juez de garantías, lo que suministra la máxima cobertura posible, en orden a la ponderación de todos los intereses en presencia y, en esencia, a la salvaguarda de los derechos fundamentales, salvo en aquellos casos en los que se repute que existe un interés superior, como es el presente supuesto. El incidente de la nulidad de actuaciones no se puede convertir en cauce por el cual se transmute la convicción judicial el órgano competente -objetiva y territorialmente-, y se supla una pretendida carencia mediante un juicio de inferencia que se base en otro sistema procesal y que no cuenta con la totalidad de los elementos fácticos para valorar. En este sentido, ha de proclamarse que se carece de la totalidad de los elementos de juicio para valorar si la decisión gala vulneraba los derechos fundamentales o no: desconocemos cómo era el concreto funcionamiento del sistema Encrochat, cuántos usuarios estuvieron afectados por la medida de injerencia, en qué grado se les afectó, qué información total se obtuvo, cuánto tiempo duró la observación, qué resultados se extrajeron… Y en la petición de nulidad tampoco se detallan, como es lógico, tales aspectos, más allá a una alusión genérica a la intervención indiscriminada que se habría producido.

Como se puede derivar de la mera lectura de lo que acabamos de exponer, el órgano judicial que estaba en mejores condiciones para valorar todos los componentes fácticos y jurídicos era el Juzgado de Lille, que llevaba la causa. Y dicho juzgado, al amparo del Derecho francés y aplicando tal ordenamiento, consideró que la medida era legal. Por ende, con base en el principio esencial del reconocimiento mutuo y de la confianza recíproca, no cabe declarar la nulidad de unas diligencias de investigación acordadas en un Estado miembro, en cumplimiento de todas sus garantías procesales.

Así y todo, tampoco cabría entender que existe una conexión de antijuridicidad entre la información obrante en Encrochat y las diligencias de investigación que se iniciaron frente al solicitante puesto que, como ya hemos advertido, el inicio de las investigaciones por parte de la Guardia Civil se basó en la información suministrada por la policía sueca, que se recibió en agosto de 2020, es decir, varios meses antes de que las autoridades galas cumplimentasen la OEI de remisión de los datos obtenidos.

Como pronunciamientos adicionales que tratan –con más o menos exhaustividad- la polémica planteada encontramos el AAN 623/2022, de 22 de diciembre; el AAN 34/2023, de 23 de enero; el AAN 544/2021, de 24 de septiembre; AAN 537/2022, de 6 de septiembre; AAN 3/2022, de 5 de enero; 44/2023, de 3 de enero; AAN 684/2022, de 22 de septiembre; 106/2022, de 12 de diciembre; 716/2022, de 23 de diciembre; AAN 343, de 6 de junio; AAN 439/2022, de 19 de julio, entre otros.

III. ESTUDIO, ANÁLISIS Y CRÍTICA DE LOS ARGUMENTOS EVACUADOS POR LOS ÓRGANOS JUDICIALES FRENTE AL CASO *ENCROCHAT*. LÍMITES DEL PRINCIPIO DE NO PONDERACIÓN Y DE HALLAZGO CASUAL

1. Principio de no indagación

De lo expuesto hasta el momento se puede observar que un gran número de órganos jurisdiccionales de Estados comunitarios han optado por acogerse al *principio de no indagación* como argumento legitimador para considerar utilizables en un proceso judicial las pruebas derivadas del caso *Encrochat.* Es el caso, recordemos, del *Oberlandesgeritcht* de Berlín (resolución de 30 de agosto de 2021); del *Bundersgerichtshof* (resolución de 8 de febrero de 2022); de la Corte Judicial de Rotterdam (resolución de 25 de junio de 2021); del *Norges høyesterett* (30 de junio de 2022); de la *High Court* de Copenhague (10 de febrero de 2022); o del Juzgado Central de Instrucción núm. 6 de la Audiencia Nacional.

Dicho *principio de no indagación* surge en el ámbito de la Unión Europea como consecuencia necesaria del principio de confianza mutua y se fundamenta en la asunción reciproca por parte de Estados miembros de que las legislaciones procesales nacionales, a pesar de sus diferencias, se han de ver como equivalentes a las propias, lo que, consecuentemente, desemboca en una presunción de validez y eficacia a las actuaciones de prueba practicadas ultaterritorialmente[37].

No en vano, debe destacarse como la Ley 16/2015, de 7 de julio, por la que se regula el estatuto del miembro nacional de España en Eurojust,

---

[37] Existen no obstante casos donde el *principio de no indagación* se ha aplicado a Estados ajenos al ámbito de la Unión Europea. Es el caso de la STS 816/2021, de 4 de marzo, referido a una prueba pericial practicada en EEUU.

ya establecía en su art. 4 que "*se considerarán validos en España los actos de instrucción realizados por el Estado que remite el procedimiento, siempre que no contradigan los principios fundamentales del ordenamiento jurídico español*".

El denominado *principio de no indagación* ha sido acogido desde hace años por la Sala Segunda del Tribunal Supremo como canon de valoración de las pruebas obtenidas en virtud de instrumentos de cooperación judicial internacional, reconociendo que resulta manifiestamente inexigible hacer depender la validez de aquellas del cumplimiento de las garantías procesales existentes en territorio español, debiéndose estar, respecto a esta cuestión, a las normas y garantías que para la obtención de las pruebas rigen en el país que se han obtenido (*lex loci*). Este principio de no indagación ha sido seguido, a título meramente ejemplificativo, por la STS 456/2013 que en relación con la cuestión señalaba:

> "la *pretensión de que los Tribunales españoles se conviertan en custodios de la legalidad de actuaciones efectuadas en otro país de la Unión Europea deviene inaceptable, ya que no procede la facultad de supervisión, porque no cabe efectuar controles sobre el valor de los actos realizados ante las autoridades judiciales de los diversos países de la Unión, ni menos de su adecuación a la legislación española cuando aquellos se hayan efectuado en el marco de una comisión rogatoria. Precisa la S.T.S. nº 340/2000, de 3 de marzo, que la incorporación a causa penal tramitada en España de pruebas practicadas en el extranjero en el marco del Convenio Europeo de Asistencia Judicial no implica que dichas pruebas deban ser sometidas al tamiz de su conformidad con las normas españolas; mientras que la S.T.S. nº 947/2001, de 18 de mayo, concluye que no le corresponde a la autoridad judicial española verificar la cadena de legalidad por los funcionarios de los países indicados. Se reitera que al juez español no le incumbe verificar un previo proceso de validación de la prueba practicada conforme a normas procesales extranjeras. Pero a continuación se expresa que el principio de no indagación no puede interpretarse más allá de sus justos términos*".

Y también en la STS 816/2021 de 4 de marzo donde, evaluando la validez de una prueba pericial informática practicada en EEUU, se acabó concluyendo (FJ 4) que:

> "*Pero en materias más versátiles y poliédricas (un ejemplo paradigmático puede ser la técnica de las entregas vigiladas; otro, el agente encubierto...) en que son constatables divergencias entre las distintas legislaciones que arbitran desarrollos diferenciados, no podemos instalarnos en una suerte de imperialismo o colonialismo jurídico imponiendo las soluciones adoptadas por nuestro legislador ordinario a los demás países como si fuesen las únicas aceptables; y negando, desde un infantil supremacismo, calidad democrática o déficit de tutela de derechos fundamentales a otros posibles y aceptables desarrollos legislativos, dentro de nuestro entorno jurídico y en el marco de una cultura de respeto a los derechos fundamentales. Hay principios no negociables (prohibición de la tortura, secreto de las comunicaciones salvo autorización judicial...). Pero aparecen otras cuestiones,*

especialmente algunas atinentes a derechos de nueva generación (autodeterminación informativa, derecho al entorno virtual...), o en que confluyen derechos e intereses variados y contrapuestos (v.gr., infiltración policial como método de investigación) conformando una encrucijada susceptible de matices y modulaciones, en que las legislaciones nacionales presentan divergencias (quién debe autorizar la técnica del agente infiltrado -policía, fiscal o autoridad judicial-, v.gr). Estas propician mayor permeabilidad transfronteriza. No está legitimado un Estado para exigir que las actuaciones de otros países se atengan a su específica legislación cuando las soluciones admisibles, y respetuosas todas en lo esencial con la tutela del derecho fundamental, pueden ser variadas".

En base a dicha doctrina, encontramos ejemplos de aplicación del *principio de no indagación* en supuestos en que se valoraba la declaración de un testigo prestada en Alemania sin intervención del juez (STS de 19 de enero de 1995); en supuestos de declaración de testigos prestada en Suecia sin contradicción (STS 9 de diciembre de 2016); intervención de comunicaciones telefónicas practicadas en Francia (STS de 25 de septiembre de 2002); o en supuestos de declaraciones prestadas en Rumanía mediante comisión rogatoria (STS 554/2019, de 13 de noviembre)[38].

Sin embargo, este *principio de no indagación* no puede ser concebido, en modo alguno, como una *patente de corso* o como una suerte de comodín que permita blanquear cualquier tipo de prueba obtenida en el extranjero, cualquiera sea el modo o forma en el que se haya obtenido o cualquiera que sea la garantía procesal/ derecho fundamental que haya sido quebrada/o. En este sentido, la propia jurisprudencia de la Sala Segunda ha venido señalando que el *principio de no indagación* no puede extenderse hasta el punto obviar cualquier inobservancia de los aspectos axiológicos de derechos fundamentales o de los principios estructurales esenciales del proceso judicial. Esta idea no solamente ésta recogida en la STS 456/2013 que señala "*Su invocación deberá operar en el marco exclusivamente formal que afecta a la práctica de los actos de investigación en uno u otro espacio jurisdiccional, resultando obligada la indagación de la vigencia de los principios estructurales del proceso, sin cuya realidad y constatación la tarea jurisdiccional se aparta de sus principios legitimadores*", sino también en la propia STS 23 de febrero de 2017 (caso *Falciani)* que, al analizar la validez de la prueba documental obtenida en un registro domiciliario

---

38 Sobre el principio de no indagación encontramos también las SSTS STS 116/2017 de 23 de febrero (caso *Falciani,* relativa a unas actuaciones probatorias obtenidas en Francia); STS 1521/2002 de 25 de septiembre; STS 340/2000 de 3 de marzo; STS 340/2000 de 3 de marzo; STS 947/2001 de 18 de mayo; STS 556/2006 de 31 de mayo; STS 816/2021 de 4 marzo entre otras

practicado en Francia, acababa consignando que "*la histórica vigencia del principio locus regit actum, de dimensión conceptual renovada a raíz de la consolidación de un patrimonio jurídico europeo, no puede convertirse en un trasnochado adagio al servicio de la indiferencia de los órganos judiciales frente a flagrantes vulneraciones de derechos fundamentales. Incluso si en el plano semántico la expresión principio de no indagación, si se interpreta desbordando el ámbito exclusivamente formal que le es propio resulta incompatible con algunos de los valores constitucionales comprometidos en el ejercicio de la función jurisdiccional*".

La cuestión estribaría, consecuentemente, en la determinación de cuáles son los límites a los que está sujeto el principio de no indagación. O dicho de otra manera, cuáles son estos "aspectos axiológicos" o "principios estructurales" del proceso penal que, a modo de estándar mínimo al que debe estar sujeto el sistema penal de todo Estado de derecho no pueden quedar rebasados o deliberadamente ignorados a través de una excesiva desidia en aplicación del *principio de no indagación.*

Quizá el caso paradigmático que represente a la perfección estos límites se encuentre en el supuesto de declaraciones prestadas mediante tortura (con consiguiente lesión del art. 3 CEDH). A este supuesto se refiere la STEDH de 5 de noviembre de 2020, *Cwik c. Polonia,* donde el demandante ante el TEDH había sido condenado en base a unas declaraciones prestadas por el mismo bajo una situación de tortura a la que fue sometido por los miembros de una organización criminal rival a la que él pertenecía. En este supuesto, el TEDH acabó declarando la inutilizabilidad de las pruebas obtenidas mediante tortura enfatizando que el valor fundamental en las sociedades democráticas que tiene la prohibición de torturas y tratos inhumanos o degradantes (art. 3 CEDH) constituye "*un valor de civilización estrechamente vinculado con el respeto a la dignidad humana* (STEDH *Boyuid c. Bélgica*), y señalando que "*El uso de dicha prueba, garantizado como resultado de la violación de uno de los derechos fundamentales y absolutos garantizada por la Convención (en este caso, el art. 3 CEDH), siempre plantea serios problemas en cuanto a la equidad del proceso, incluso si la admisión de tales pruebas no fue decisiva para asegurar la condena*" (&73)

Esta misma posición fue adoptada por la Sala Segunda en la STS 829/2006, de 20 de julio, donde se planteaba la validez de una entrevista policial prestada por un preso interno en la base militar estadounidense situada en Guantánamo. En dicha resolución, el Tribunal Supremo aplicó con acierto los límites al *principio de no indagación* considerando que "… *la detención de cientos de personas, entre ellas el recurrente, sin cargos, sin garantías y por tanto sin control y sin límites, en la base de Guantánamo, custodiados por el ejército de los Estados Unidos, constituye una situación de imposible explicación y menos justificación desde la realidad jurídica y política en la que se encuentra enclavada. Bien pudiera decirse que Guantánamo es un verdadero limbo en la Comunidad Jurídica...*" y concluyendo que la práctica del interrogatorio en estas condiciones era ajena a los principios estructurales de contradicción y defensa y que, por si fuera poco, se practicó en un entorno coacción moral que es imaginable en un centro de reclusión concebido en los términos que aquel fue diseñado.

En el caso de los principios estructurales del proceso penal, por otro lado, parece que estos deben referirse, exclusivamente, a los supuestos en que el Estado de ejecución no ha cumplido garantías procesales auténticamente esenciales que constituyan, en sí misma, la base de la propia catalogación del proceso judicial como justo y equitativo. Es el caso, por ejemplo, del deber de proporcionar a los investigados la posibilidad de participar en el proceso (STEDH *Murtazaliyeva c. Reino Unido),* la igualdad de armas entre las partes comparecientes (STEDH *Foucher c. Francia),* o el derecho a permanecer en silencio (STEDH *Funke c. Francia)* etc.

En el ámbito del derecho comparado, el estándar mínimo al que debe quedar sujeto todo proceso judicial para ser respetuoso con las garantías del *fair trial* ha sido también catalogado como un límite a la aplicación del principio de *non inquiry* o *mutual trust.* Es el caso, por ejemplo, de Noruega donde el *Norges høyesterett* requiere que la prueba obtenida por instrumentos de cooperación judicial internacional ha de ser respetosa con los "valores básicos noruegos" pudiéndose valorar a los efectos de la aplicación, o no, de este límite el hecho de si la prueba fue obtenida en el extranjero a través de un fraude procesal encauzado mediante un "*fórum shopping*" o si el ordenamiento jurídico del Estado remitente tiene la misma "tradición jurídica" que el Estado noruego.

Aplicando la anterior doctrina al caso *Encrochat* cabría preguntarse, por lo tanto, si la prueba obtenida por las autoridades francesas resulta respetuosa, o no, con las limitaciones establecidas para el *principio de no indagación.* O dicho de otra manera, si la prueba derivada del *hackeo* del sistema de comunicaciones *Encrochat* produjo una afectación de aspectos axiológicos de derechos fundamentales o de principios estructurales de proceso penal de tal entidad que parapetarse en el *principio de no indagación* o *confianza mutua* no tenía cabida.

Ciertamente resulta difícil la contestación a esta cuestión sin tener una información completa (hasta ahora, censurada por las autoridades francesas bajo el argumento de necesidad de protección de la seguridad nacional) sobre el modo y la forma en la que se produjo el *hackeo.* No obstante, con la información aportada por fuentes no oficiales en la mano (y, por lo tanto, con las debidas cautelas), se puede constatar que se produjo un acceso a un sistema de comunicaciones usado por más de 30.000 personas en 120 países diferentes muchas de las cuales (o la mayoría) no se encontraban sometidos a una investigación penal. Esto supuso además, la captura y acceso a millones de conversaciones mantenidas durante meses (con datos referentes no solo a comunicaciones de índole personal, sino también de fotos, geolocalizaciones etc.)[39].

Bajo estos parámetros provisionales (se reitera que no se tiene toda la información sobre la operativa efectuada), ¿puede concluirse realmente que el paraguas protector, o justificativo, de la existencia de una investigación de un delito castigado con penas de dos años de prisión[40] imputado a una entidad concreta, puede justificar la aprehensión de un material incriminatorio tan importante que afecta a más de 30.000 personas, muchos de los cuales, ha de decirse, no figuraban como investigados hasta ese momento?, ¿la ponderación de los derechos e intereses en juego que fue efectuada por el Juez de Lille al autorizar el *hackeo* de *Encrochat*, así como los indicios concurrentes, hubieran sido también suficiente para defender la obtención de un material tan invasivo y que permitía reconstruir la vida de tantos usuarios?, ¿nos encontramos ante una captura masiva e indiscriminada de

---

39 Conviene recordar como la Corte Suprema de los Estados en sentencia de 25 de junio de 2014 (*Riley vs California*) ya afirmaba categóricamente que existía, por parte de las fuerzas y cuerpos de seguridad del Estado, una imposibilidad absoluta de acceder a dispositivos *smartphone* (sin autorización judicial) dada la profunda afectación de derechos fundamentales que ello conllevaba y dado el riesgo de que, con una medida de este tipo, se reconstruyera la vida privada del sometido a aquella. Reproduciendo literalmente los argumentos de la citada resolución: "*The storage capacity of cell phones has several interrelated consequences for privacy. First, a cell phone collects in one place many distinct types of information—an address, a note, a prescription, a bank statement, a video—that reveal much more in combination than any isolated record. Second, a cell phone's capacity allows even just one type of information to convey far more than previously possible. The sum of an individual's private life can be reconstructed through a thousand photographs labeled with dates, locations, and descriptions; the same cannot besaid of a photograph or two of loved ones tucked into a wallet. Third, the data on a phone can date back to the purchase of the phone, or even earlier. A person might carry in his pocket a slip of paper reminding him to call Mr. Jones; he would not carry a record of all his communications with Mr. Jones for the past several months, as would routinely be kept on a phone*". www.supremecourt.gov/opinions/13pdf/13-132_8l9c.pdf

40 Según la información aportada, el delito objeto de investigación fue una posible infracción de los arts. 31 y 35 de la *Loi n° 2004-575 du 21 juin 2004 pour la confiance dans l'économie numérique*

datos de las que, con las diferencias ya reseñadas, resultan proscritas por *Centrum for rattvisa v. Sweden* y *Big Brother Watch v. United Kingdom*?[41].

La respuesta a estos interrogantes no resulta sencilla. Solo cuando los órganos judiciales europeos estén en posesión de toda la información que permita aclarar cuestiones como: a) cual fue el delito de objeto de investigación que motivó el dictado de la resolución del Juez de *Lille;* b) como se produjo el *hackeo;* c) a que tipo de datos se accedieron y hasta que fecha; d) cuantos fueron los sujetos afectados por esta medida de investigación; e) cuales eran los vínculos que aquellos tenían entre sí; f) la medida afectó, o no, a sujetos sobre los que no existían sospechas de actividades ilícitas; g) como se filtró y evaluó la información que fue transmitida a otros países por instrumentos de cooperación judicial internacional; h) donde se encontraban los datos/ conversaciones almacenadas; i) puede descartarse la alteración de la prueba por parte de organismos estatales, podrá darse una adecuada respuesta a los problemas planteados y abordar, desde una perspectiva más completa, la afectación, o no, de los principios estructurales del proceso penal y, por ende, la aplicación o no del *principio de no indagación.*

2. Principio de *hallazgo casual*

La doctrina del *hallazgo casual* ha sido también acogida por órganos jurisdiccionales de diferente índole como el Juzgado Central de Instrucción núm. 6 de la Audiencia Nacional o el *Oberlandesgericht* de Berlín mediante resolución de 30 de agosto de 2021 (2 Ws 79/21, 2 Ws 93/2021). Según estos órganos, el hecho de que la intromisión en el sistema de comunicaciones *Encrochat* fuera realizado bajo autorización judicial y con la finalidad de investigar un determinado delito permitiría considerar que todas las demás pruebas obtenidas en el curso de la medida de investigación podrían ser utilizadas en procesos penales ulteriores amparándose en la doctrina del *hallazgo casual.*

Conforme a dicha doctrina, recordemos, no resulta razonable exigir a un funcionario que se encuentre investigando unos hechos de apariencia delictiva cierre los ojos ante indicios de delito que se presentasen a su vista, aunque los hallados casualmente sean distintos a los hechos comprendi-

---

41 En contra de la afirmación de que estamos ante una vigilancia masiva en los términos de las antecitadas resoluciones se manifiestan El *Norges høyesterett* (Tribunal Supremo de Noruega) en resolución de 30 de junio de 2022 y el *Bundesgerichtshof* (Tribunal Supremo de Alemania) en resolución de 2 de marzo de 2022 (5 StR 457/2021).

dos en su investigación oficial (STS 1110/2010). La concurrencia de estas circunstancias justifica, en palabras del Tribunal Supremo, que los agentes encargados del ejercicio del *ius puniendi* tengan la obligación de poner en conocimiento de la autoridad penal competente los delitos de los que tuvieren conocimiento a los efectos bien de ampliar la investigación primigenia (cuando los descubiertos fueron conexos) bien de servir como *notitia criminis* en una investigación penal independiente (en los casos de hechos con los que no existiera dicha relación de conexidad).

Esto viene afirmado por LOPEZ-FRAGOSO[42], el cual recalca que es necesario distinguir entre función probatoria y función investigadora. En el primer caso, los descubrimientos casuales no pueden ser valorados en un proceso judicial distinto a aquel en el seno del cual se obtuvieron (excepción hecha, claro está, cuando se trata de delitos conexos a los que están siendo objeto de investigación en el procedimiento judicial primigenio), mientras que, en el segundo caso, el descubrimiento casual de hechos no conectados con los inicialmente investigados actuaría como *notitia criminis* en una ulterior investigación penal[43]. En estos términos se maneja también la STS de 11 de octubre de 1994 afirmando que no puede renunciarse a investigar un nuevo hecho delictivo incidentalmente descubierto en una intervención dirigida a otro fin, aunque ello precisara de una autorización judicial especifica o una investigación diferente.

No obstante, la doctrina del *hallazgo casual* debe ponderarse en cuanto su presupuesto, ámbito de aplicación y sus efectos. La utilización de la misma no debe aprovecharse como una suerte de mecanismo a través del cual la justificación de la existencia de indicios de un delito, y el conocimiento de como consecuencia de su investigación serán hallados indicios de otro/os, permitan bordear u orillar las garantías de los derechos fundamentales necesarias para investigar estos últimos, "*provocando*" de esta manera el propio *hallazgo casual.*

En este sentido se ha pronunciado, por ejemplo, el Tribunal Supremo (Sala de lo Contencioso-Administrativo) en sentencia de 21 de abril de 2016 que, refiriéndose a un registro autorizado por la Jurisdicción Contencioso-Administrativa con ocasión una inspección tributaria, aca-

---

42 LOPEZ FRAGOSO, T. (1994). *Los descubrimientos casuales en las intervenciones telefónicas como medidas coercitivas en el proceso penal.* Madrid: Instituto de derechos humanos de Bartolomé de las Casas.

43 Postura mantenida también por NARVAEZ RODRÍGUEZ, A. (1995). "Escuchas telefónicas: alcance constitucional y procesal". *Revista del Ministerio Fiscal.* Núm. 1. Enero-junio.

baba señalando que "*el desarrollo del registro debe tratar en todo momento de restringirse al objeto de la investigación autorizada, mediante la colaboración del personal de la empresa si se presta a ello y, en todo caso, mediante una actuación proporcionada y encaminada a dicho objetivo, excluyéndose las requisas generales e indiscriminada de material, o de aquello que manifiestamente sea ajeno a la investigación*".

En al ámbito penal, la STS 17/2014 (Sala de lo Penal) ha establecido, por otra parte, que, en lo que respecta a los descubrimientos casuales de pruebas de otro delito distinto del inicialmente investigado, la posibilidad de su validez y de la adjudicación de valor probatorio a los elementos encontrados, *siempre que se cumpla con el principio de proporcionalidad entre la injerencia en el derecho fundamental y la gravedad del ilícito inesperadamente descubierto* y *que la autorización y la práctica del registro se ajuste a las exigencias y previsiones legales y constitucionales.* Tan solo si se advirtiera que todo ello pueda responder, en realidad, a un designio intencionado de los funcionarios solicitantes del registro que fraudulentamente hubieren ocultado al Juez autorizante, por las razones que fueren, el verdadero motivo de su investigación, la violación del domicilio habría de ser considerada nula.

Finalmente, en el ámbito constitucional, la doctrina del *hallazgo casual,* quizá por no estar directamente vinculada a la lesión de un derecho fundamental salvo en lo relativo a la constitucionalidad de la medida de investigación donde se produce el mismo, no ha tenido un desarrollo jurisprudencial muy amplio. Cabe citar, no obstante, la conocida STC 22/2003, de 10 de febrero, (anteriormente citada al analizar la denominada *excepción de buena fe),* donde se señalaba, al establecer un vínculo causal con una medida de investigación lícita, que

> "La inconstitucionalidad de la entrada y registro obedece, en este caso, pura y exclusivamente, a un déficit en el estado de la interpretación del Ordenamiento que no cabe proyectar sobre la actuación de los órganos encargados de la investigación imponiendo, a modo de sanción, la invalidez de una prueba, como el hallazgo de una pistola que, por sí misma, no materializa en este caso, lesión alguna del derecho fundamental (vid. STC 49/1999, de 5 de abril, FJ 5) y que, obviamente, dada la situación existente en el caso concreto, se hubiera podido obtener de modo lícito si se hubiera tenido conciencia de la necesidad del mandamiento judicial. En casos como el presente, en que el origen de la vulneración se halla en la insuficiente definición de la interpretación del Ordenamiento, en que se actúa por los órganos investigadores en la creencia sólidamente fundada de estar respetando la Constitución y en que, además, la actuación respetuosa del derecho fundamental hubiera conducido sin lugar a dudas al mismo resultado, la exclusión de la prueba se revela como un remedio impertinente y excesivo que, por lo tanto, es preciso rechazar".

Refiriendonos al caso *Encrochat,* la cuestión consistiría en determinar si el *hackeo* efectuado por la policía francesa y belga, amparándose en la investigación de varios delitos castigados con penas de diferente naturaleza (muchas de ellas graves),, iba dirigida indirectamente a justificar una intromisión en un sistema de comunicaciones utilizado por miles de personas y obtener, así pruebas de otros hechos delictivos de difícil investigación. De ser afirmativa esta postura, podríamos concluir que la medida de *hackeo* fue ejecutada en un evidente fraude procesal y con la intención de evitar las formalidades legales y exigencias constitucionales que implicaba la investigación de estos segundos delitos, lo que debería dar lugar *prima facie* a la excepción ya señalada en la anteriormente mencionada STS 17/2014 y a la exclusión de la capacidad de las pruebas obtenidas respecto a delitos derivados de operar como *notitia criminis* a los efectos de la apertura de ulteriores procesos penales.

3. Principio de ponderación

Difícil parece también que los argumentos anteriormente expuestos sobre la necesidad de ejercer un juicio de ponderación entre el grado de injerencia en el derecho fundamental vulnerado y el interés social existente en la persecución de una determinada conducta delictiva puedan ser fácilmente extrapolables al caso *Encrochat.*

En primer lugar, porque con la STC 97/2019, de 16 de julio, en la mano parece, como poco, complicado admitirse la utilizabilidad de una prueba como la obtenida del *hackeo* del sistema de comunicaciones *Encrochat.* Ha de recordarse que dicha sentencia –que establece el más moderno canon sobre el cual orbita los márgenes de operatividad del art. 11 LOPJ- señala que para alcanzar una conclusión sobre la decisión de exclusión de una prueba obtenida mediante violación de derechos fundamentales ha de acudirse a un doble control: i) en primer lugar, determinar si existe una conexión jurídica entre el derecho fundamental sustantivo violentado y la posible afectación del contenido axiológico del art. 24CE de tal manera se genere una situación de manifiesta desigualdad entre las partes en el proceso judicial; ii) en segundo lugar, determinar si existe necesidad general de prevención que reclame la tutela procesal del derecho fundamental. Es decir, si, de cara al futuro, debe disuadirse de realizar conductas vulneradoras (*deterrent effect).*

Pues bien, si aplicamos este canon al supuesto de hecho planteado con ocasión del *hackeo* de *Encrochat* observamos que (si damos por ciertas las informaciones aportadas por fuentes no oficiales) no solamente existiría una evidente conexión entre el derecho fundamental sustantivo vulnerado (en este caso, derecho al secreto de comunicaciones –art. 18 CE-) y el derecho a la tutela judicial efectiva (art. 24 CE) al haberse producido la intromisión en *Encrochat*, y el consiguiente levantamiento del velo de millones de conversaciones de usuarios, con la finalidad de recabar pruebas para ser utilizadas en el proceso penal sino que, además, concurriría un claro caso de necesidad de prevención general al ser necesaria una disuasión a los organismos estatales de efectuar este tipo de prácticas en el futuro.

Así se ha admitido tradicionalmente en la jurisprudencia de la *US Suprem Court* cuando la vulneración del derecho fundamental se había producido, precisamente, por las fuerzas y cuerpos de seguridad del Estado en el ejercicio de funciones de investigación del hecho delictivo (véase *US Suprem Court 24-02-2013, case: Weeks vs United States*[44].

En segundo lugar, porque como ya hemos señalado, la citada STC 97/2019, establece como argumento *a fortiori* que "*aunque este primer examen de la índole y características de la lesión evidencie la falta de conexión jurídica entre la intromisión en el derecho fundamental y el proceso, ha de evaluarse, asimismo, sin abandonar la perspectiva interna, si la vulneración del derecho fundamental sustantivo es de tal intensidad que, aun cuando esa conexión instrumental no exista, debe, aun así, proyectarse sobre el ámbito procesal al afectar al núcleo axiológico más primordial de nuestro orden de derechos fundamentales*".

En este sentido, la excepción establecida en el propio FJ 6 a la norma general marcada por el citado pronunciamiento sería plenamente aplicable al caso presente dada cuenta que el *hackeo* supuso la afectación de aspectos axiológicos y profundos del derecho al entorno virtual, a la intimidad y al secreto de comunicaciones, por lo que ni siquiera parece que sería necesario acudir al doble control interno/ externo a los efectos de ponderar la aplicación del mecanismo procesal del art. 11 LOPJ (hemos de pensar que la una captación indiscriminada de conversaciones, fotos, localizaciones

---

44 "*The tendency of those executing Federal criminal laws to obtain convictions by means of unlawful seizures and enforced confessions in violation of Federal rights is not to be sanctioned by the courts which are charged with the support of constitutional rights. The Federal courts cannot, as against a seasonable application for their return, in a criminal prosecution, retain for the purposes of evidence against the accused his letters and correspondence seized in his house during his absence and without his authority by a United States marshal holding no warrant for his arrest or for the search of his premises*".

durante un periodo indeterminado de tiempo permite, en gran medida, reconstruir la vida de una persona[45]).

En este sentido se posicionó, precisamente, la sentencia de la Sala de lo Penal de la Audiencia Nacional de 30 de abril de 2009 (2051/2009) que acabó categorizando como nulas una intervención de comunicaciones efectuada en Estados Unidos a resultas de una comisión rogatoria emitida por el Juez Central de Instrucción por ausencia de control judicial. En dicho caso, la autoridad judicial española no había dictado una resolución judicial acordando la intervención telefónica posteriormente practicada por los Estados Unidos al amparo de la legislación antiterrorista norteamericana y sin control judicial. Señalaba la citada resolución al declarar ilícita la prueba:

> *"Estimando como se ha hecho, que las tres situaciones o procedimientos de obtención de información sobre correos electrónicos son restrictivas de derechos fundamentales, en cuanto que afectan al núcleo esencial del derecho a la privacidad y al secreto de las comunicaciones, de personas que se encontraban en España, hacían uso de un sistema de comunicación por correo electrónico desde España, dándose la circunstancia de que incluso algunas de ellas ostentaban la nacionalidad española, la única solución posible, prevista en el art.18.3 de la CE , es la plena jurisdiccionalidad de la medida, con respecto a la que no cabe ninguna excepción, como ya ha tenido ocasión de manifestar el TC en múltiples resoluciones y ha dado lugar precisamente a la promulgación de la Ley Orgánica 2/2002, de 6 de mayo, relativa al control judicial previo del Centro Nacional de Inteligencia, complementaria de la Ley 11/2002 de 7 de mayo, reguladora del Centro Nacional de Inteligencia(CNI), para posibilitar y asegurar la jurisdiccionalidad de las intervenciones de las comunicaciones realizadas a instancias del CNI. Tampoco modifica esta situación la Ley 34/2002 de 11 de julio, de Servicios de la Sociedad de la Información y de Comercio Electrónico (LSSI), en cuyas definiciones contenidas en su anexo se excluyen del ámbito de su aplicación al intercambio de información por correo electrónico o medios equivalentes.*
>
> *Estimamos, porque tienen una naturaleza semejante y no existe razón que justifique otro régimen distinto, que en materia de intervención y observación de comunicaciones mantenidas por vía de correo electrónico, debe regir las mismas garantías legales (art. 579 de la LECrim .) y jurisprudenciales, perfectamente fijadas y consolidadas en relación con las intervenciones y observaciones postales y telefónicas, tanto en cuanto a sus requisitos o régimen de autorización y control judicial, incluso como medio de investigación, como también los de adveración y correcta introducción en el procedimiento para su definitiva además validez como prueba.*
>
> *Desconoce en realidad la Sala cual ha sido el procedimiento policial seguido para obtener directamente la información procedente de la entidad Microsoft. Existe una cadena de confusas resoluciones judiciales que posiblemente estén en el origen del problema y probablemente les permitió recibir esa información. Pero lo que es cierto, es que por el Juzgado no se había dictado ningún auto ha-*

---

45 *Ridley c. California; US Suprem Court.*

bilitante que diera cobertura a dichas observaciones, tal como viene exigido por el art. 18.3 CE y 579 de la LECrim. No cabe, por ello, sino considerar que estas observaciones de correos electrónicos no son solo ilegales, sino también contrarias a la Constitución y, como tales, afectadas de nulidad radical e insubsanable, con todas las subsiguientes consecuencias contaminantes de aquellos actos que se encuentren en una relación de conexión de antijuricidad con aquellas".

Cierto es que, a diferencia de aquel caso, en el supuesto de *Encrochat* si existiría una resolución judicial habilitante, pero la existencia de la misma no excluye la circunstancia de que con ocasión de *hackeo* se accedieron a datos relativos a aspectos profundos de la privacidad de individuos/ usuarios que no solamente no se encontraban dentro de ámbito subjetivo de la resolución judicial habilitante sino que, ni siquiera, se encontraban investigados/ procesados por infracción penal alguna, lo que nos devolvería a los criterios establecidos en la anteriormente mencionada SAN de 30 de abril de 2009.

4. Razones de seguridad Nacional

Como se ha visto anteriormente, los órganos judiciales franceses -a través de resoluciones adoptadas por el el Conseil Constitutionel y la Court de Cassation- han legitimado que el interés en la protección de la seguridad nacional puede llegar a justificar una limitación o "restricción" del derecho de defensa en relación el acceso a la información derivada del hackeo. Dicha decisión se fundamenta en un test de proporcionalidad que, en definitiva, tiene en cuenta no solo los intereses de la defensa en conocer, e impugnar, el origen de las pruebas recopiladas en contra del encausado, sino, también, como ya se ha dicho, la protección de la seguridad nacional encauzada a través del ya mencionado art. 706-102-1 del Code di Procédure Pénale.

Ahora bien, y teniendo siempre como base lo preceptuado en la STEDH de 26 de septiembre de 2023, Yüksel Yalçinkaya c. Turquía -necesidad de preservar la equidad del proceso justo- cabe plantearse si este mismo test de proporcionalidad podría ser realizado por los órganos jurisdiccionales de otros Estados cuando: (i) no se encuentra en juego su seguridad nacional sino la del Estado francés y (ii) no existe en su legislación interna un precepto similar al establecido en el art. 706-102-1 del CPP.

IV. CONCLUSIONES

Todo lo anteriormente expuesto debe ser tomado con cierta precaución. Como ya se ha tenido la oportunidad de remarcar en sucesivas ocasiones, los aspectos fácticos, subjetivos y temporales en el marco del cual se desarrolló la operación de *hackeo* de los servidores de *Encrochat* están sujetos a una cierta opacidad. La decisión adoptada por el *Conseil Constitutionnel* el pasado 8 de abril de 2022 de considerar que la información era reservada por razón de seguridad nacional [al amparo del art. 706-102-1 del *Code de procédure pénale]*, impide tener un conocimiento completo de cómo se produjo la intromisión en el sistema cifrado de comunicaciones, cual/ es eran los delitos investigados y quienes eran las personas inicialmente investigadas.

La falta de conocimiento de estos aspectos de la operativa, unida a la falta de especificación de a qué tipo de datos se accedieron, cual fue el espacio temporal de datos examinados, o que precauciones se tomaron para preservar comunicaciones de naturaleza privada (entre otras cuestiones), impide la formulación de un análisis más profundo y exacto sobre las posibles implicaciones de la medida de investigación acordada en el contenido esencial de los derechos fundamentales a la intimidad, secreto de comunicaciones, entorno virtual o protección de datos personales de terceros.

Llama la atención, en cualquier caso, que en contraposición a una postura cada vez más estricta en Europa sobre la protección de la intimidad o de los datos personales frente a actuaciones generalizadas de conservación desarrolladas por Estados comunitarios[46], en este caso la mayoría de los órganos judiciales internos hayan adoptado una posición más laxa dirigida a declarar la validez de la prueba.

Será el tiempo el que definitivamente resuelva la situación planteada y nos de las respuestas necesarias. No solo para saber con certeza cuales fueron exactamente los términos y ámbito de la resolución judicial y del *hackeo* practicado sino también, claro está, para comprobar como ante estos nuevos retos se arbitra, por un lado, la protección de los derechos fundamentales de los investiga-

---

46 Buen exponente de ello son las SSTJUE de 8 de abril de 2014 (*Digital Rights)*, 21 de diciembre de 2016 (*Tele2 Sverige and Watson)*, 6 de octubre de 2020 (*Investigatory Power Tribunal, UK)*, 6 de octubre de 2020 (*Quadrature du Net)*, 2 de marzo de 2021 (*Prokurattur Estonia*), 5 de abril de 2022 (*GD and Comissioner and Garda Siochana*), 20 de septiembre de 2022 (*Space Net Ag and Telekom Deutschland GmbH*), STEDH de 30 de enero de 2020, *Breyer c. Alemania,* o sentencia del *Bundesverfassungsgericht* de 16 de febrero de 2023, referidas a la conservación indiscriminada de datos asociados a procesos de comunicación con fin de prevención del delito; STJUE de 26 de enero de 2023 (C-205/2021) sobre recogida de sus datos biométricos y genéticos; STEDH 13 de febrero del 2020, *Gaughran vs United Kingdom, sobre* conservación de muestras de ADN, huellas dactilares, y fotografías de los investigados.

dos y, por el otro, el interés del Estado en perseguir delitos de indudable gravedad y que suponen un riesgo mismo para los propios Estados democráticos.

V. Bibliografía

AMBOS, K. (2009). "Las prohibiciones de utilización de pruebas en el proceso penal alemán fundamentación teórica y sistematización". Polít. Crim., Vol. 4, nº 7 (Julio).

AMBOS, K. (2013). "La teoría del efecto extensivo en el derecho procesal penal estadounidense y su traslado al proceso penal alemán". Revista General de Derecho Procesal. Iustel.

ANDRÉS IBÁÑEZ, P. (1993). "La función de las garantías en la actividad probatoria". Cuadernos de derecho judicial (1993).

ARMENTA DEU, T. (2006). "La prueba ilícita y reforma del Proceso Penal". Revista del poder

ARMENTA DEU, T. (2009). "Exclusionary rule: convergencias y divergencias entre Europa y América". Revista de estudios de la justicia, Nº. 11.

ARMENTA DEU, T. (2020). Prueba ilícita y regla de exclusión: perspectiva subjetiva. Derecho probatorio y otros estudios procesales, págs. 117-140.

BAUTISTA SAMANIEGO, C. (2020). "Procedimiento de extradición pasiva, doctrina y jurisprudencia". Madrid. Sepin. 2020.

BELING, E. (1913). Grenzlinien zwischen Recht und Unrecht in der Ausübung der Strafrechtspflege. Tübingen.

BLANCO CORDERO, I. (2015) "La admisibilidad de listas de evasores fiscales sustraídas en

CAIANIELLO, M. (2014). "Il principio di proporzionalità nel procedimento penale", Dir. pen.

CAMPANER MUÑOZ, J. (2018). Pruebas obtenidas por particulares de modo delictivo. De la

CHABANEIX, L. (2022). EncroChat: aproximación al estado de la cuestión en perspectiva comparada. La Ley Digital. 21 de diciembre de 2022.

cont. Riv. trim., n. 3-4/2014, p. 145.

CORREA ROBLES, C. (2021). "Las prohibiciones probatorias en la obra de Ernst Beling: determinando su alcance e incidencia en el sistema procesal penal chileno". Revista de de estudios histórico-jurídicos. Núm. 43. Valparaíso (Chile).

den Beweisverboten im Strafverfahren", NJW., 13 (1981).

el extranjero como prueba para acreditar la comisión de delitos fiscales." Revistas para el análisis del derecho (InDret).

FRAKT, D. J. (2007). "Fruitless posisonous tres in a parallel Universe: Hudson vs Michigan, knock-and-announce, and the excluisonary rule", vol. 34 Fla. St. U. L. Rev.

GALANTINI, N. (2019). "L´intutilizzabilità effetiva della prova tra tassatività e proporzionalità". Diritto Penale Contemporano, Fascicolo 4/2019.

GASCÓN INCHAUSTI, F. (2019). "La eficacia de las pruebas penales obtenidas en el extranjero al amparo del régimen convencional: apogeo y declive del principio de no indagación", en VV.AA., Orden europea de investigación y prueba transfronteriza en la Unión Europea. Valencia: Tirant lo Blanch.

GÖSSEL, K. H. (1981). "Kritische Bemerkungen zum gegenwärtigen Stand der Lehre von

judicial, Nº Extra 19, 2006 (Ejemplar dedicado a: Propuestas para una ley de enjuiciamiento criminal), págs. 177-211.

lista falciani a las agendas de Nadine Heredia. AC ediciones. Perú.

LÓPEZ FRAGOSO, T. (1994). Tomás; Los descubrimientos casuales en las intervenciones telefónicas como medidas coercitivas en el proceso penal. Editorial: Instituto de derechos humanos de Bartolomé de las Casas, Madrid.

MARCHESE, V. (2016). "Principio di proporzionalità, diritti fondamentali e processo penale", Percorsi giuridici della postmodernità, a cura di R. Kostoris, Bologna.

MIRANDA ESTRAMPES, M. (2010). "La prueba ilícita: la regla de exclusión probatoria y sus excepciones". Revista Catalana de seguretat publica. Mayo 2010.

MIRANDA ESTRAMPES, M. (2019). "Desmantelamiento de la excluisionary rule: Hudson c. Michigan". Prueba ilícita y regla de exclusión en el sistema estadounidense. Marcial Pons.

NAVÁEZ RODRÍGUEZ, A. (1995). "Escuchas telefónicas: alcance constitucional y procesal". Revista del Ministerio Fiscal. Núm. 1. Enero-junio.

OERLEMANS, J. J. / VAN TOOR, D. A. G. (2022). "Legal Aspects of the EncroChat Operation: A Human Rights Perspective". European journal of crime, criminal law and criminal justice, 30, pp. 309328.

RODRÍGUEZ ACUÑA, I. (2017) "El problema de la validez como prueba en los procesos penales que se siguen en España de los datos obtenidos por los empleados en instituciones financieras extranjeras. Lista Falciani". Ponencia en el colegio de abogados de Madrid.

SOMMER, P. (2022). "Evidence from hacking: A few tiresome problems", Forensic Science International: Digital Investigation 2022, 40, 301333.

STOYKOVA, A. (2021). "Standards for Digital Evidence: an inquiry into the opportunities for fair trial safeguards through digital forensics standards in criminal investigations", Computer Law & Security Review 2021, 42, 120.

VELASCO NÚÑEZ, E. (1996). "Doctrina y limitaciones a la teoría del fruto del árbol envenenado en la prueba ilícita (EEUU y España)", Revista general de derecho, Nº 624, 1996, págs. 10149-10174.

ZARAGOZA TEJADA, J. I. (2022). "Principio de no indagación y principio de contradicción. La introducción de declaraciones testificales practicadas en el extranjero sin presencia de las demás partes". Revista Aranzadi Doctrinal, Nº. 2.

ZARAGOZA TEJADA, J. I. y GUTIERREZ AZANZA, D. A. (2017). "La prueba ilícita. Una reflexión tras la STS del 23 de febrero del 2017", Revista de derecho y proceso penal, Nº. 47, págs. 143-159.

LA DURACIÓN DEL INFORME FINAL EN EL JUICIO ORAL Y SU INTERRUPCIÓN

LUIS LAFONT NICUESA
Fiscal adscrito a la Fiscalía Superior de Madrid.

RESUMEN

Analizo en este trabajo una cuestión practica e importante como es la duración del informe oral y la posibilidad de que el profesional que informa sea interrumpido por el juez pidiéndole que reconduzca el informe, que vaya acabando y/o diciéndole el tiempo que le queda.

Expondré la normativa vigente que proscribe que en el informe se divague y la principal doctrina judicial que ha recaído en la materia que rechaza informes reiterativos sin fin. También veremos cuando la interrupción supone la nulidad del juicio por violación del derecho de defensa.

Se hará asimismo una mención a otros instrumentos útiles como pueden ser las guías de buenas prácticas suscritas por colegios de abogados y salas de gobierno. Trataremos las particularidades que presenta el informe ante un Jurado y la necesidad de extremar la prudencia para evitar sugestiones indebidas sobre el mismo. Tampoco puede faltar el análisis del principio de igualdad de armas que permite que el fiscal esté sujeto al poder de dirección del órgano judicial y pueda ser también interrumpido cuando informa.

ABSTRACT

In this paper it will be analyzed a practical and important topic which is the length of the oral report and the possibility of the reporting professional being interrupted by the judge, asking them to re-direct the report, to finish it and/or telling them the remaining time to finish their conclusions.

I will also be explained the current regulations that prohibit the report from digressing and the main judicial doctrine that has been applied in this area, which rejects endless and or repetitive reports, and those situations where the interruption could lead to the nullity of the trial for violation of the right of defense.

It will also be mentioned other useful instruments such as the guides to good practice subscribed by bar associations and courts. It will be studied the particularities of the report before a Jury and the need for extreme caution in order to avoid undue suggestions about it. Important is also to focus on the principle of equality of arms, which allows the prosecutor to be subject to the power of direction of the judicial body and can also be interrupted when reporting.

PALABRAS CLAVES

Derecho de defensa, Informe de la parte, juicio oral, interrupción, posibilidad de explicar todos los delitos.

KEYWORDS

Right to defense, Oral conclusions, oral trial, interruption, possibility of explaining all crimes.

I. INTRODUCCIÓN

En un proceso como el penal que se asienta en el principio de oralidad, el informe final ante un tribunal penal es el momento cumbre[1]. Implica para las partes la posibilidad de las partes de recopilar y explicar la prueba y argumentar su posición. Es el colofón del esfuerzo previo y la oportunidad de poner de manifiesto ante el tribunal alguna circunstancia decisiva que no advirtió con anterioridad.

Unas palabras no infrecuentes del juez durante el informe diciendo "vaya acabando Sr. Letrado" acompañadas de "le quedan x minutos" nos confronta directamente con una posible lesión de garantías constitucionales básicas que habrá de examinarse en cada caso concreto.

---

[1] Como indica GONZALO OSPINA, J. *Las cinco claves del informe penal*, Diario digital Confilegal, de 6 de abril de 2021 "El tiempo que tendremos para informar serán sólo cinco minutos, quince o incluso dos horas en algunos casos. El informe en sede penal viene a ser la guinda del pastel de los más de dos años de media que tardamos en celebrar un juicio, desde que comenzó su instrucción hasta que llegamos al tan deseado día de las sesiones del juicio oral".

El asunto es más complejo que la solución dada por la SAP de Madrid, secc.6ª, nº 333/2016, de 27 de junio según la cual como el informe va dirigido a informar al Juez o magistrado por lo que este puede decidir en cualquier momento cuando considera que tiene la suficiente información.

El informe es un derecho de la parte y su limitación injustificada viola el derecho de defensa, a la no indefensión y el derecho a un proceso con todas las garantías del art.24.2 CE siendo causa de nulidad y repetición de procedimiento. El ataque injustificado al informe mediante interrupciones indebidas por parte del tribunal ataca la esencia oral de nuestro proceso y puede suponer la ruptura del principio de igualdad de armas.

II. FUENTES

1. La ley

Como afirma la STS nº 560/2022, de 8 de junio el legislador no "… previó una duración determinada para informar". Indica CASANOVAS[2] como, a diferencia del derecho norteamericano –donde se puede interrumpir a la parte contraria si se cree que vulnera la regla procesal–, en la ley española no están establecidos los procedimientos de control de calidad de la información y las reglas de intervención de las partes: "Esto coloca al Magistrado en una delicada situación, puesto que, al ser él mismo quien activa y decide al mismo tiempo, se ve abocado al dilema de o no interrumpir demasiado para no cortar la argumentación de las partes y producir innecesarias demoras, o permitir que se viertan al jurado informaciones no validadas o actitudes destinadas más a la influencia retórica que al esclarecimiento de los hechos".

El derecho del fiscal y defensa al informe se recoge en el art.734 LECRIM: "Llegado el momento de informar, el Presidente concederá la palabra al Fiscal si fuere parte en la causa, y después al defensor del acusador particular, si lo hubiere.

En sus informes expondrán éstos los hechos que consideren probados en el juicio, su calificación legal, la participación que en ellos hayan tenido

---

2 CASANOVAS, P. (1997). "*Pragmática de las decisiones judiciales: diferencias de razonamiento y Lenguaje ante el jurado*", Cuadernos de derecho judicial, nºXVI, CGPJ, p.17.

los procesados y la responsabilidad civil que hayan contraído los mismos u otras personas, así como las cosas que sean su objeto, o la cantidad en que deban ser reguladas cuando los informantes o sus representados ejerciten también la acción civil".

El art. 737 LECrim dice que "Los informes de los defensores de las partes se acomodarán a las conclusiones que definitivamente hayan formulado, y en su caso a la propuesta por el Presidente del Tribunal con arreglo a lo dispuesto en el artículo 733".

El art.788.3 LECRIM extiende el informe a "la valoración de la prueba y la calificación jurídica de los hechos".

La normativa permite una doble injerencia al tribunal sobre el desarrollo del informe:

-Pedir explicaciones. El art. 788.3 LECRIM señala que cuando lo justifique su complejidad se permite al Presidente formular a las partes "una o varias preguntas sobre puntos determinados", con la finalidad de obtener "un mayor esclarecimiento"[3].

-Interrumpir intervenciones que divaguen y/o se separen notoriamente de las cuestiones debatidas. El art.186 LEC[4] integra en la función de la policía de vista que "durante el desarrollo de las vistas, corresponde al Juez o Presidente la dirección de los debates y, en particular: ... 2. Agilizar el desarrollo de las vistas, a cuyo efecto llamará la atención del abogado o de la parte que en sus intervenciones se separen notoriamente de las cuestiones que se debatan, instándoles a evitar divagaciones innecesarias, y si no atendiesen a la segunda advertencia que en tal sentido se les formule, podrá retirarles el uso de la palabra".

2. El arbitrio judicial en cada caso

La STS nº 560/2022, de 8 de junio señala como el TS no "...ha fijado un criterio objetivo con pretensiones de generalidad al respecto. Y es lógico. Siempre dependerá de las circunstancias del caso". En consecuencia, "quedará al arbitrio del Juez o Presidente del Tribunal, como los responsables de dirigir el juicio oral, quienes en cada caso concreto marquen las

---

3 Conforme al art.24 LOTJ estas previsiones se aplican subsidiariamente a la Ley del Jurado al no contar con una norma específica.

4 Aplicable supletoriamente al ámbito penal (STS nº 476/2006, de 2 de mayo) y también al Jurado

directrices en cuanto a este extremo" Ello forma parte de "las funciones de ordenación del debate que competen al Presidente del Tribunal".

La SAP de Madrid, secc. 23ª, nº 477/2016, de 12 de julio expone como "será cada caso concreto el que marque dichas directrices en cuanto a este extremo"[5]. El caso concreto se proyecta en forma de arbitrio judicial que fija como reglas seguir el imperativo legal de evitar divagaciones, valorando indicadores como la complejidad o número de partes o la pauta que fija la STS nº560/2022, de 8 de junio de asegurar que la parte "dispuso de tiempo suficiente para efectuar su informe y cumplir con los fines perseguidos por la norma ordenante de este trámite".

Las directrices no deben surgir de instrucciones imperativas y expresas del órgano enjuiciador hacia las partes unilaterales y sin replica en forma "tienen vds x minutos", como señala la secc. 23ª de la Audiencia de Madrid en la Sentencia nº 477/2016 sino en forma de una especie de entendimiento tácito entre el Tribunal y las partes en cuanto al tiempo para desarrollar el informe oral, de tal manera que la regla general es que se deje a las partes, tanto a las acusaciones como a las defensas, el tiempo que crean conveniente, dentro de lo que es razonable, para sustentar y exponer sus alegaciones. El arbitrio se aleja de la arbitrariedad cuando se inviste de flexibilidad y deja a las partes el tiempo conveniente para desarrollar su informe siempre como recuerda la Audiencia "dentro de los límites normales y usos forenses, para desarrollar su informe, el cual tiene como finalidad valorar las pruebas que se han llevado a cabo en el juicio oral y sustentar la correspondiente pretensión a favor de su cliente".

La naturaleza consensuada de las reglas de juego sobre el informe oral y el pacto como matización al arbitrio unilateral tiene dos manifestaciones:

A) Las Guías de buenas prácticas

Las guías de buena práctica es un ejemplo de pacto y consenso. Aunque estas guías no tengan carácter vinculante, el que cuenten la firma de la Sala de Gobierno avala en la práctica su aplicación por el juez y proporciona a los abogados un criterio claro al que atenerse y al que ajustarse. Cabe destacar la Guía de buenas prácticas sobre escritos, informes orales y actuaciones judiciales[6] suscrito por la Sala de Gobierno del TSJ y el Colegio de Abogados de Cataluña que expone "Los informes de conclusiones a los

---

5 En el mismo sentido, SAP de Soria, secc.1ª, nº6/2022, de 24 de enero.

6 De 13 de enero de 2021

que se refiere el art. 433 LEC, se harán en forma ordenada, clara y concisa. No deberían sobrepasar, en los procedimientos de complejidad media-alta, como regla general de los 15 minutos por cada uno de los intervinientes.

Excepcionalmente, si la complejidad fáctica y jurídica del asunto lo exige, el/la juez/a o magistrado/a que presida la vista ampliará el tiempo de palabra de cada uno de los intervinientes cuidando de evitar, en todo caso, la lesión del derecho de defensa".

B) Una propuesta que realiza el juez a las partes y que estas no cuestionan

El juez antes de empezar el informe puede proponer un tiempo que a su vez irá acompañado de fórmulas de cortesía y la parte acepta o no rechaza.

Es el caso de la SAP de A Coruña, secc. 2ª, nº 257/202, de 25 de junio en la grabación del juicio se puede comprobar "como al término de la prueba el Juez propone a las partes que los informes se prolonguen durante veinte minutos, sin que ninguna formulara reparo alguno, y luego, cuando lo hacía esta parte y el tiempo iba llegando, se le recordaba ofreciendo dos minutos más de cortesía, lo que incluso se agradece. La queja posterior, en este contexto, queda sin fundamento La SAP de Madrid, secc.6ª, nº 333/2016, de 27 de junio aprecia que se "advirtió al hoy recurrente de la necesidad de "aligerar", en el sentido, obviamente, de acortar la extensa duración del informe" pero hace constar que "al inicio de la sesión del juicio oral...la Magistrada advirtió a las partes de la necesidad de dejar libre la Sala en un tiempo determinado, toda vez que había de realizarse otra actuación judicial en la misma Sala de Vistas, exhortándoles a la brevedad"

La duración del informe no es el tiempo que el magistrado anuncia a las partes que tienen al inicio del juez sino el que efectivamente estas utilizan tras la cortesía del órgano judicial y concesión de una prórroga tácita. Como explica la SAP de Girona, secc,4ª, nº 84/2023, de 24 de febrero "Pues bien, visionado el acto del juicio comprobamos que, en primer lugar, no es cierto que la Magistrada limitara el informe a 5 minutos. Si bien así lo anunció, lo cierto es que posteriormente fue más generosa, dando a la acusación particular 3 minutos más, y otorgando precisamente a la defensa el mayor de los tiempos, al disponer aproximadamente de unos 13 minutos (desde el minuto 20 de la grabación al minuto 33)".

C) La interrupción adopta la forma de dialogo

Son relevantes las formas en que el órgano judicial interrumpe, la explicación de las razones por lo que hace y que en cierta forma se construya un dialogo entre el letrado y el juez dándole al primero la posibilidad de alegar porque está enfocando el informe en esa forma. La interrupción aspira a lograr un consenso expreso o tácito por falta de protesta con la parte interrumpida. Así, la STS nº 560/2022, de 8 de junio señala que "Y al hilo de lo anterior, importa llamar la atención sobre un dato algo tergiversado. Quien presidía el juicio sí le interrumpió con un ruego: le pediría que fuera terminando, la atención de todo tiene un límite y se puede perder en una exposición muy larga. Fue justamente tras expresar su disconformidad…, en atención a que se trataba del alegato de la defensa y las sesiones del juicio se desarrollaron durante cuatro días, cuando la Magistrada Presidente le dio 10 minutos haciéndole ver que las cuestiones a debate no eran tantas, que, en realidad, había repetido el mismo argumento varias veces y que terminara su informe con aquello que considerara relevante y que no hubiera introducido con anterioridad". Este comportamiento permite alejar el arbitrio judicial de la arbitrariedad.

III. POSIBLE REACCIÓN DEL INTERRUMPIDO EN LA SALA DE VISTAS

La parte procesal que considere que es interrumpida injustificadamente por el órgano judicial tendrá la posibilidad de protestar al igual que ocurre cuando se le rechazan preguntas por capciosas, sugestivas e impertinentes. La STS nº 560/2022, de 8 de junio pone de manifiesto como la defensa no protestó ante la interrupción de la magistrada limitándose a manifestar su discrepancia. La SAP de Soria, secc.1ª, nº6/2022, de 24 de enero frente a la petición del recurrente de nulidad por haberse violado su derecho al informe final, da importancia a la ausencia de protesta cuando expone "En nuestro caso, hemos comprobado que se concedió a la defensa -vídeo grabación, 11:59- su turno como acusación y como defensa, después de la intervención del Ministerio Fiscal, sin que el ahora recurrente efectuara protesta alguna No hubo tampoco una protesta formal en el caso que relata la SAP de Girona, secc,4ª, nº 84/2023, de 24 de febrero "…cabe señalar que en ningún momento se expresó queja formal alguna por las partes en el presente procedimiento. Es más, puede observarse en la grabación del juicio que ante la advertencia de la Magistrada relativa a que la defensa (tras más de 7 minutos informando), le quedaba un minuto, la letrada de la defensa contesta "¡ostras, vale!", y que cuando consumido con mucho dicho minuto (en el minuto 30) la Magistrada vuelve a advertir a la letrada, ésta contesta " Déjame decir una cosa…En definitiva, si la limitación del tiempo del informe realmente le hubiera cercenado de forma relevante su derecho a defensa, es de esperar que de alguna forma la letrada hubiera hecho constar su protesta".

Lo que no cabe entender es que, por la interrupción, el magistrado ha perdido su neutralidad e imparcialidad por lo que no podría ser recusado en el acto. La STS nº 560/2022, de 8 de junio indica que "la discrepancia anotada nada tiene que ver con una posible pérdida de imparcialidad. Por eso, tal vez, no recusó y se conformó con que continuara presidiendo quien le instó a terminar. Y es que ni en una interpretación amplia cabría incardinar la conducta de la Magistrada Presidente en una de las causas de abstención y recusación dispuestas en el artículo 219 de la LOPJ".

Al hilo de la imparcialidad es de interés la SAP de Vizcaya, secc. 6ª, nº 90426/2013, de 4 de octubre. La defensa argumenta que el ser interrumpida por la Juez "denota cuál es la posición de la Juzgadora frente a los argumentos de la defensa y que no puede ser más que entendida como la absoluta innecesariedad de los mismos para coadyuvar a la formación del criterio de quien ha de dictar sentencia". La Sala descarta "una quiebra de la imparcialidad... Cuestión distinta es que en la resolución no hayan sido atendidos sus argumentos, esto es algo que puede pasar con y sin interrupciones, sin que exista ningún motivo para pensar que por el hecho de que el Letrado fuera instado a limitar el tiempo de su intervención la juzgadora encaraba el enjuiciamiento con el criterio ya formado en contra del acusado".

IV. PATOLOGÍAS QUE SE RECHAZAN JUDICIALMENTE EN EL INFORME

Hay una serie de anomalías en el informe que de concurrir avalan que se interrumpa el informe. Estas son:

1. La reiteración de argumentos

Manifiesta la STS nº 560/2022, de 8 de junio como en las funciones de ordenación del debate también se encuentra "...la de evitar intervenciones interminables, reiterativas o abusivas en atención al interés de todas las partes, por lo que constituye un uso prudente de las facultades presidenciales interesar moderación en el uso de la palabra limitando razonablemente las intervenciones reiterativas".

Interpreta por tanto la Sentencia que es un derecho de la parte procesal el no sufrir intervenciones reiteradas. Se reconoce así su derecho a que no se le haga perder el tiempo lo que, lógicamente también es proyectable sobre órgano judicial. La interrupción se justifica cuando estemos ante un abuso por lo que no será suficiente una repetición puntual de argumentos siendo precisas alegaciones sin fin que se limiten a girar sobre lo mismo. También la SAP de Madrid, secc. 23ª, nº 477/2016, de 12 de julio señalaba como "...el informe oral no debería ser interrumpido nunca salvo las excepciones lógicas que todo el mundo comprende y entiende, es decir, cuando los argumentos se van repitiendo y las alegaciones en torno a una misma cuestión son las mismas y el Tribunal ya adquirido sobrado conocimiento de las mismas".

Si hay varias defensas se debe ser más tolerante con que los distintos profesionales se solapen entre sí y repitan argumentos que ya han expuesto los que les han precedido en el uso de la palabra. De todas formas es una práctica recomendable que los distintos profesionales se repartan las líneas y argumentos de defensa y eviten así repeticiones que nada aportan.

2. La extralimitación del objeto

Hemos visto como la LEC establece que el informe se separa de la finalidad que marca la ley y divaga sobre aspectos que nada tienen que ver con el enjuiciamiento de los hechos, cabrá la interrupción. Un supuesto se planteó en el juicio del 11M seguido por el atentado terrorista de Atocha. Así, en el momento en que la fiscal aludía en su informe final en forma crítica a la cobertura por los medios de comunicación de la investigación y del juicio y le pidió que recondujera el informe. Examinemos las intervenciones literales.

> Fiscal: *El Ministerio Fiscal tiene que poner de manifiesto que la dignidad de los afectados y la memoria de las víctimas no han sido merecedoras del tratamiento que se ha realizado en algunos medios de comunicación de los atentados por personas que a lo mejor en su momento pudieron aprobar la carrera de periodismo pero que no tienen la altura y la grandeza de una profesión tan importante en una sociedad democrática.*
>
> Magistrado Presidente: *No, no es costumbre de este presidente interrumpir los informes, pero creo que ya se han excedido los límites de lo que es un informe jurídico. Reconduzca ese informe por favor.*
>
> Fiscal: *Con la venia de la sala. Se han publicado o hablado cosas de este Ministerio Fiscal y de otras partes que hemos trabajado...*
>
> Magistrado Presidente: *Bien, podrá usted ejercer las acciones o hacer lo que le parezca más oportuno, pero entenderá que no podemos dedicar en esta sala tiempo a los reproches a lo que no son partes procesales. Aquí estamos para discutir, valorar las pruebas, discutir según las tesis jurídicas y concluir sobre ellas, pero los reproches sobre personas que no comparten en proceso no son objeto lógicamente del proceso, ni están en su escrito de acusación, que es el que delimita junto con el resto de las acusaciones, cuál es el ámbito objetivo de esta causa.*

Fiscal: *Gracias señor, en modo alguno iba a ejercer ningún tipo de reproche personal ni particular, ni por supuesto es costumbre de este Ministerio Fiscal insultar a nadie. En última instancia, la investigación se ha realizado para desentrañar parte de lo ocurrido y dar la respuesta correspondiente a la sociedad del trabajo que se ha realizado en los tribunales aquí dentro.*

Sobre si la interrupción fue correcta, en un artículo publicado en el diario El País, el ex presidente de la Sala 2ª del TS, Jimenez Villarejo[7] se muestra crítico. Considera que la actuación del Magistrado Presidente "vulneró el derecho de la fiscal a seguir haciendo uso de la palabra y obstaculizó el presumible ejercicio de funciones que la Constitución encomienda al Ministerio Fiscal", ya que la fiscal estaba en su derecho de plantear los problemas causados por un juicio paralelo en la prensa con el objetivo de desautorizar el proceso. Dada la misión de "velar por la independencia de los Tribunales y procurar ante éstos la satisfacción del interés social" que tiene el Ministerio Fiscal, "éste no puede quedar silencioso". Entiendo que denunciar la existencia de un juicio paralelo y reprochar conductas de periodistas, aunque puede estar conectado con la satisfacción del interés social, debe articularse por la vía adecuada[8] que no es el informe oral del juicio.

Fuera de estos supuestos anómalos, la SAP de Madrid, secc. 23ª, nº 477/2016, de 12 de julio afirma que "...el Tribunal debe dejar a la libertad de las partes el que puedan exponer libremente y con el tiempo que estimen oportunos tales alegaciones, sustentando la acusación o la defensa del acusado, y por lo tanto una interrupción no justificada del informe oral podría suponer, en su caso, una vulneración del derecho de defensa que podría causar una grave indefensión".

3. Necesidad de que el juez explique la patología al interrumpido

Es importante que el juez explique al interrumpido la razón por la que lo ha sido. La SAP de Castellón, secc.3ª, nº 277/2001, de 15 de octubre afirma que interrumpir el informe es limitar el art.24 CE por lo que es exigible que el juez motive su decisión "Hubiéramos considerado justificado que se le impidiera continuar en el uso de la palabra si constara en el acta del juicio que la razón de ello fue que la Letrada incurría en reiteraciones o alegaciones ajenas a la valoración de las pruebas practicadas, a impugnar

---

7 JIMENEZ VILLAREJO, J. *Los fiscales y el juicio paralelo sobre el 11-M.* Tribuna Libre. Diario El País de 23 de junio de 2007.

8 Como puede ser notas de prensa, persecución de fake news o injurias.

la posible apreciación de los hechos según la calificación jurídica efectuada por el Ministerio Fiscal o la acusación particular en sus conclusiones definitivas, o a argumentar sobre la procedencia de calificar jurídicamente los hechos probados según sus propias peticiones.

Pero nada de ello consta en el acta, por lo que consideramos que se ha vulnerado el artículo 24 de la Constitución, infringiéndose el derecho de defensa y de asistencia de Letrado, causando indefensión al acusado, al impedirle que tuviera una defensa efectiva, por privarle a su Letrada defensora emitir su informe oral en su totalidad, sin que conste en el acta del juicio oral que existiera causa alguna que motivara esta decisión diferente de la duración temporal del informe, que no justifica el privarle de la posibilidad de formular en esta fase sus alegaciones, quebrantándose el principio de contradicción. No existe una resolución del Juez de lo Penal, razonada, y basada en fundamento legal, que justifique su decisión de privar al Letrado emitir de forma íntegra su informe oral, no permitiéndole hacer uso de la palabra una vez transcurridos doce minutos desde el inicio del informe".

Actualmente, el acto del juicio es grabado por lo que no es necesaria una constancia formal por escrito.

V. CRITERIOS OBJETIVOS DE MODULACIÓN DEL TIEMPO DE DURACIÓN DEL INFORME

Como afirma la SAP de Madrid, secc. 23ª, nº 477/2016, de 12 de julio se deben tener " … en cuenta en muchos casos, aunque no solo debe ser ese el criterio, la complejidad del asunto, las partes intervinientes, la prueba realizada, los delitos y las infracciones objeto de acusación, etc...".

1. La complejidad

La complejidad no está reñida con la brevedad. El exceso de duración de un informe oral en un asunto complejo puede no dar lugar a una interrupción por el juez, pero es una fuente de riesgo de que el destinatario del mensaje pierda o reduzca su atención9. Es recomendable y también un auténtico desafío exponer de forma clara y breve algo complejo sin caer en

9 Aplicable también al mensaje escrito. Parafraseando a Winston Churchill "Este informe por su propia longitud, se defiende contra el riesgo de ser leído".

el telegrama, manteniendo al mismo tiempo un mensaje coherente y entendible. Como nos advierte la STS nº 560/2022, de 8 de junio "...exordios demasiado extensos no siempre conducen al resultado exitoso pretendido".

La complejidad dependerá de dos factores principalmente

-Del tipo de delito: Como pueden ser los económicos y urbanísticos

La SAP de Girona, secc.4ª, nº 84/2023, de 24 de febrero explica muy bien que si en un delito sencillo no puede completarse el informe, es porque se han repetido argumentos, no porque la duración del mismo haya sido insuficiente"lo cierto es que más allá de las genéricas alusiones contenidas en el extenso recurso, visionado el acto del plenario la Sala ha podido observar que si no pudo finalizar el alegato defensivo en el tiempo concedido por la Magistrada lo fue por lo reiterativo del informe, no por la limitación del tiempo. Debe recordarse que lo que se ventilaba en el presente procedimiento es un simple acto de maltrato en el ámbito de la violencia sobre la mujer, no estando ante un delito complejo, con multitud de encausados o diversas imputaciones penales. Un delito bien simple de un único acusado, para el que el tiempo concedido, sin reiteraciones y circunloquios es más que suficiente"..

-De volumen y/o dificultad cualitativa de la prueba: No sólo será la prueba que se haya desplegado durante el juicio oral sino también la que se cobija en la prueba documental que sólo aflora en el juicio a través de la genérica afirmación "se da por reproducida". Desde esta perspectiva y como señala la SAP de Madrid, secc.23ª, nº 477/2016, de 12 de julio "y entendiendo esta Sala que no fue una razón de peso que justificara la medida adoptada por la Juzgadora de instancia el que el informe oral fuera más largo en tiempo que la duración de la prueba del juicio mismo, pues a veces no tiene por qué ser comparados, una cuestión que de prueba requiera un corto espacio de tiempo, por ejemplo que sea en su mayor parte, una prueba documental, puede tratarse de un asunto complejo que requiera una explicación y unas alegaciones por las partes mucho más extensas, o por el contrario, una abundantísima prueba desarrollada en el juicio oral puede "despejar" el objeto de debate y los informes orales pueden quedar reducidos en el tiempo".

2. La pluralidad de profesionales ocupando la misma posición procesal

Si hay varias partes compartiendo la misma posición, la duración que el tribunal concederá a cada parte será menor partiendo de que lo que el aquel que ha sido "cortado" en su intervención no ha podido decir o ha expuesto insuficientemente, podrá ser abordado o completado por el profesional que defienda la misma tesis e informe después. Cuando la STSJ de Cataluña, secc. 1ª, nº 13/2009, de 4 de junio justifica que se interrumpiera al fiscal en su informe y que se "recortara" su intervención indica que "era legítimo prever entonces una duración pareja añadida de los informes de las restantes partes, entre ellas otra acusación (particular) que, por mantener una posición idéntica a la del Fiscal, podría (debería) haber incidido en aquellos aspectos menos desarrollados en el informe de la acusación pública". No obstante, si la esperanza no se cumple y queda algo importante sin desarrollar en el informe habría indefensión.

VI. QUIEBRA DEL DERECHO DE DEFENSA O A LA NO INDEFENSIÓN

Se lesiona el derecho de defensa si la interrupción no permite al abogado informar o hacerlo sólo de forma simbólica sobre alguno de los delitos por los que es acusado su cliente. Eso ocurrió en la SAP de Madrid, secc. 23ª, nº 477/2016, de 12 de julio. Se revoca la Sentencia del Juzgado de lo Penal, no porque el Juez interrumpiera al abogado por tardar diez minutos en informar sino por no dar "un tiempo mínimamente razonable, sólo 15 segundos, para que pudiera exponer las razones de la defensa para absolver respecto de otros tres delitos dejando el Letrado de la defensa sin desarrollar tres infracciones por las que su cliente era acusado por el Ministerio Fiscal, el delito de negativa a someterse a las pruebas de alcoholemia, el delito de atentado y un delito leve de lesiones, respecto de las cuales, el Letrado , como decimos, no pudo exponer sus alegaciones en defensa de su cliente".

El derecho a un tiempo razonable de exposición por cada delito es exigible incluso aunque con anterioridad el profesional hubiera invertido un tiempo excesivo al informar sobre el otro delito. La Sala reconoce como cierto "que para el delito contra la seguridad del tráfico consistente en la conducción de bebidas alcohólicas, el Sr. Letrado de la defensa invirtió diez minutos en desarrollar su exposición, pero ello no implica que tuviera que ser interrumpido de esa manera y conminado a que finalizara su exposición en quince segundos, sabiendo la Juzgador de instancia que le iba a ser imposible hacer referencia a las demás infracciones que le quedaban por desarrollar, de modo que vio cercenado de alguna forma su defensa, máxime cuando la Juzgadora pudo haber optado por una situación o medida menos gravosa y menos drástica como la que tomó, otorgándole un tiempo razonable para el resto de su exposición".

No hay quiebra del derecho de defensa o indefensión si la parte interrumpida ha podido exponer los argumentos principales de su posición. Cabe citar la STSJ de Cataluña, secc.1ª, nº 13/2009, de 4 de junio. Nos encontramos en un jurado por homicidio. El Fiscal explicaba al jurado en su informe que si bien los acusados podían no tener una intención directa de acabar con la vida podían asumir como muy probable que pudieran acabar con su vida, como ocurrió El Magistrado presidente interrumpe al Fiscal argumentando que "no se discute en la causa ni el dolo directo ni el indirecto... nadie está discutiendo el ánimo, ni la imprudencia, ni el dolo, ni la intención...". Se alega por la Fiscalía indefensión material ya que el jurado no condenó por asesinato al considerar que faltaba el animus de matar.

El informe oral del Fiscal al jurado duró entre 43 y 45 minutos hasta el momento en que fue interrumpido por el Magistrado Presidente, y entre 5 y 7 minutos más, con posterioridad a la interrupción, de forma que en total fueron 52 minutos.

La Sala considera que el Fiscal pudo exponer al jurado los aspectos más relevantes del caso. Así, explicó la pérdida de algunas piezas de convicción importantes (muestras de sangre, ropa de la víctima), buscando minimizar su impacto sobre la prueba de cargo y efectuó una detallada valoración de la prueba presenciada en el acto del juicio oral explicando lo que declaró cada testigo y defendiendo la coautoria de los dos acusados. Partió de los hechos reconocidos por los acusados y los aportados por los testigos para precisar la hora y el lugar de comisión de los hechos, datos muy discutidos por las defensas. Finalmente, y justo antes de la interrupción, expuso la concurrencia del dolo necesario para la comisión del delito de homicidio, en base a las características del arma utilizada (una navaja), la forma de su utilización (la intensidad de la cuchillada) y la zona corporal de la víctima objeto del ataque (el abdomen). Tras ser interrumpido, señala la Sala que el Fiscal "siguiendo con el hilo conductor de su discurso interrumpido, necesariamente abreviado por la advertencia de que fue objeto por el Magistrado Presidente, continuó con el análisis de la intencionalidad disertando sobre la incidencia que en ella cabía reconocer a la actuación desplegada por los acusados con posterioridad a su encuentro con la víctima y a su huída del lugar, incluyendo su comportamiento perturbador de la investigación policial. Finalmente, por lo que se refiere a las circunstancias modificativas (alevosía, embriaguez), la fiscal interviniente en el juicio oral, ciertamente, tan sólo pudo apuntar unas breves reflexiones".

Se concluye por tanto que si bien la conducta del Presidente "-aunque no fuera la más prudente- no puede considerarse en modo alguno arbitraria o irrazonable ni causante de indefensión material alguna". Efectivamente, se desprende de la sentencia que el elemento clave del dolo eventual pudo, no obstante la interrupción. ser explicado por el fiscal en su informe.

Una interrupción injustificada no necesariamente es causante de quiebra del derecho de defensa y nulidad. Es preciso un plus de manera que la intervención del abogado haya sido mutilada y despojada de un argumento esencial para la defensa. En este sentido, la SAP de Alicante, secc. 10ª, nº 292/2014, de 30 de mayo considera que la practica seguida por el Juez no fue correcta y puede catalogarse de irregularidad procesal el que se limitara a la defensa sin clara justificación el tiempo de exposición, pero sin que pueda hablarse de vulneración del derecho fundamental de defensa dado que la prueba era sencilla[10] y que en el escaso tiempo del que dispuso "*el letrado expuso el núcleo argumental de su línea de defensa*". El Fiscal informó durante tres minutos y la defensa casi dos minutos, si bien cuando llevaba un minuto el Juez le insta a que acabe para finalmente cortarle y retirarle en el uso de la palabra. De forma similar la SAP de Vizcaya, secc.6ª, nº 90426/2013, de 4 de octubre considera la interrupción injustificada[11] y entiende la protesta y el enfado que se muestra en el recurso pero considera que es una mera "incomodidad" que no vulnera el derecho de defensa por cuanto "*la defensa informó y de los términos en los que lo hizo no consta en absoluto una merma en la exposición que pudiera determinar un efecto tan traumático*". La SAP de

10 "El asunto penal ha sido de muy escasa complejidad: la conducción sin permiso del acusado, la estrategia de defensa del mismo es que el acusado, carente de permiso que le habilite la conducción de ciclomotores, no lo conducía porque lo hacia su madre, quien ha depuesto en el acto de la vista. La prueba practicada en el acto de juicio ha sido la declaración del acusado, y dos testigos: un agente de la Policía Local que le intercepta y la madre del acusado".

11 "La Sala no comparte, desde luego, el proceder de la Juzgadora, que no expresa otra razón para la interrupción que el tiempo que lleva el Letrado informando. El informe no puede tener una duración indefinida, es evidente, pero sin entrar en la resbaladiza discusión que nos llevaría a determinar el límite temporal, lo que no es menos evidente es que en un asunto de la envergadura del enjuiciado, por las penas, por la cantidad de prueba y por la naturaleza de ésta, eminentemente prueba personal, la duración del informe vertido por la defensa en el juicio oral en modo alguno resultó excesiva ni justificaba las interrupciones, sobre todo atendiendo al rasero más a mano del que disponemos, que es el que deriva de la experiencia propia de la Sala en el enjuiciamiento de sus asuntos".

Madrid, secc. 30ª, nº 257/2018, de 20 de abril destaca "*…el apelante reconoce en escrito de apelación que tuvo tiempo de exponer todos sus argumentos de defensa. Es decir, no se ha producido indefensión efectiva alguna*".

Es preciso exponer en el recurso qué concretos argumentos que la defensa considera importantes, no pudieron exponerse ante el órgano judicial. Así se desprende de la SAP de Asturias, secc. 3ª, nº 336/2022, de 29 de julio que tras constatar que la duración del informe se adecuó a la entidad de las cuestiones tratadas, reprocha que el recurso no precise "*qué concretos aspectos quisieron haberse añadido que no fue posible exponer*". Como afirma Una de las claves, como indica DE URBANO CASTRILLO[12] es si cabe entender que no se ha valorado debidamente la complejidad del asunto y en particular cara a la defensa que se ejerce.

También se ha estimado una vulneración del principio de defensa cuando el tiempo empleado antes de la interrupción no era excesivo valorando el número de acusados, pluralidad de delitos y petición sorpresiva de la acusación particular en la vista La SAP de Asturias, secc.2ª, nº 508/2016, de 28 de noviembre considera que se ha vulnerado el derecho de defensa. El abogado de la defensa es interrumpido cuando lleva nueve minutos de exposición y se le dice que vaya concluyendo. Un minuto después la Magistrada-Juez indicó al letrado de la defensa "*queda concluido el tiempo*", retirando el uso de la palabra cuando se hallaba informando. La Sala señala que "El hecho de haber empleado el letrado apenas 10 minutos en el trámite de informe no puede considerarse abusivo ni perturbador del buen orden del juicio oral, máxime teniendo en cuenta que ejercía la defensa de dos acusados, a los que se les imputaban diversos delitos de hurto, coacciones, revelación de secretos y dos faltas de vejaciones y amenazas, y en el que la acusación particular modificó sus conclusiones provisionales reclamando en el acto del juicio una indemnización muy superior a la solicitada en su escrito de acusación, extremo sobre el que se practicó prueba pericial, lo que justificaba una cierta extensión del informe de la defensa".

---

[12] Como afirma DE URBANO CASTRILLO, E. (2022). "Duración del informe oral. Comentario de la STS 560/2022, de 8 de junio". *Practica Penal, Sepin*, SP/DOCT/119921, sobre la duración del informe oral, no hay ni parece debiera tener una duración minutada determinada.

VII. REFERENCIA AL TRIBUNAL DEL JURADO

Doctrinalmente BERNAL [13] señala como con la interrupción el Presidente del Tribunal actúa con "...descortesía debido a que la imagen de la fiscal queda puesta en entredicho". Se transmite que la fiscal "...no actúa profesionalmente ya que se deja llevar por reproches.

Efectivamente, toda interrupción en estrados resiente al exterior la imagen del profesional y transmite tácitamente el mensaje de que no sabe desarrollar un informe eficaz o divaga. Si las interrupciones se centran en una sola de las partes es claro que puede influenciarse al jurado por lo que debe extremarse la prudencia a la hora de interrumpir y reconducir el informe de las partes. En el caso resuelto por la STS nº 560/2022, de 8 de junio, el recurrente alegó que limitar el uso de la palabra a la defensa sin hacerlo con fiscal ni acusación particular es un "hecho que pudo denotar o entrever ante los miembros del Jurado, un claro posicionamiento por parte del Magistrado-Presidente hacia las acusaciones, generando esto un grave perjuicio en el entonces acusado". El Tribunal no analiza la cuestión en detalle señalando que si siempre es prudente limitar intervenciones reiterativas abusivas lo es más aún "en el juicio de Jurados al ser éstos, por regla general, personas legas en cuestiones estrictamente jurídicas". Entiendo que es precisamente su carácter de legos lo que les convierte en más influenciables y que ello exige limitar el poder de dirección tanto en el informe como en las preguntas que puedan hacer las partes.

Sobre el carácter de legos de los jurados y la duración del informe, señala la STSJ de Cataluña, secc. 1ª, nº 13/2009, de 4 de junio que se debe ser "especialmente exquisito ...-en el que ciertamente, como afirma el Fiscal, en la mayoría de las ocasiones será preciso un mayor detalle en la exposición final-, a fin de no comprometer su necesaria imparcialidad y de no provocar la indefensión material de ninguna de las partes y con ella la indeseable nulidad parcial del proceso". Entiendo que la imparcialidad no se compromete por una exposición sin detalle- lo hará la comprensión- sino por interrupciones que desautoricen a una parte en concreto.

Manifiesta asimismo la Sala que "por lo que se refiere al contenido y a la extensión de dicha exposición...conforme a lo que se desprende de la Exposición de Motivos de la LOTJ, deberá ser particularmente minuciosa, teniendo

---

13 BERNAL, M. (2010). "Descortesía en el contexto judicial. El caso del juicio del 11-M", E-book, Università degli Studi & Programa EDICE, Stockholm University, pp.19-20

en cuenta el carácter lego de los integrantes del Tribunal y que, por ello, "será necesario un resumen detallado de la prueba practicada, que difícilmente puede realizarse en pocos minutos", que facilite la tarea legalmente encomendada a aquéllos, en la que se incluye la obligación de "dar una explicación suficiente de su decisión" (veredicto)". Así es, pero el carácter de lego no debe determinar necesariamente informes largos sino claros y comprensibles.

Por último y como acertadamente señala la Resolución judicial el informe de las partes no puede reemplazarse por "las instrucciones que el Magistrado Presidente debe dar al Jurado en el incidente previsto en el art. 54 LOTJ, que en modo alguno pueden referirse al contenido probatorio del juicio oral, so pena de infringir el mandato de imparcialidad impuesto a éste".

VIII. EL PRINCIPIO DE IGUALDAD DE ARMAS

Como expone DE URBANO CASTRILLO[14] otro de los elementos decisivos es que se observe en qué términos se produce dicha interrupción y si pudiera apreciarse una falta de neutralidad o imparcialidad en el trato dado, con respecto al fiscal u otros letrados intervinientes.

En el caso solventado por la STS nº 560/2022, de 8 de junio se alegó por la defensa una quiebra del principio de igualdad de armas por cuanto el Fiscal no había sido interrumpido en el informe. Rechaza la Sala la argumentación por cuanto "Es verdad que ninguna de las partes acusadoras fue interrumpida por la Magistrada Presidente. Pero lo que silencia el recurrente y se comprueba desde las grabaciones del juicio es que la exposición del Ministerio fiscal fue de 25 minutos, la de la letrada de la acusación particular de 10 minutos y esa interrupción al abogado del acusado se produjo cuando ya había excedido del tiempo global utilizado por el Ministerio fiscal. Llevaba informando aproximadamente 30 minutos y se añadieron 10 más. Tiempo que utilizó: continuando con el uso de la palabra, pidiendo perdón por el exceso y con la advertencia de que era necesario, y finalizando cuando así lo consideró".

Por tanto, lo decisivo para la Sala fue la duración del tiempo de exposición que resultó ser sustancialmente igual para acusación y defensa. Prosperaría una alegación de quiebra de igualdad de armas si en el desarrollo

---

14 DE URBANO CASTRILLO, E. (2022). "Duración...", op. cit.

del informe el juez hubiera tenido mayor tolerancia con repeticiones o divagaciones de la acusación que con la defensa, pero ello no fue alegado.

El principio de igualdad de armas se vulneraría también si sólo el abogado de la defensa pudiera ser interrumpido y no el Fiscal. En un caso, la Fiscalía recurrió ante el TSJ de Cataluña reprochando que el magistrado presidente del jurado interrumpió al Fiscal en su informe. Afirmaba el recurso que la función de policía de vistas o dirección de los debates no puede interferir nunca en la función del Ministerio Público, ya que, conforme al art. 55.2 EOMF, "ningún miembro del ministerio fiscal puede recibir órdenes o indicaciones relativas al modo de cumplir sus funciones más que de sus superiores jerárquicos" y que no está prevista legalmente la posibilidad de que el Presidente del Tribunal interrumpa las alegaciones orales del Fiscal, salvo falta de respeto o alteración del orden, a diferencia de lo que sucede con las de los abogados.

La STSJ de Cataluña, secc. 1ª, nº 13/2009, de 4 de junio rechaza el recurso. Manifiesta que "La Exposición de Motivos de la LOTJ (IV.1 y 3) proclama, igualmente, que corresponde al Magistrado Presidente del Tribunal del Jurado la dirección del debate del juicio oral, que debe producirse "en condiciones de igualdad" (de armas) de acusación y defensa, condiciones que no podrían asegurarse adecuadamente si se considerase que la actuación del Fiscal no se halla abarcada por el ejercicio de dicha facultad". Por otro lado, el art.186 LECIV extiende el control tanto al abogado como a otra parte. La Sala deja también clara que la facultad de sancionar disciplinariamente es independiente del control del debate por el Tribunal y concluye que se puede proyectar el poder de supervisión del debate sobre quien ,como el Fiscal, no puede ser sancionado "Una cosa es que el Presidente del Tribunal no pueda corregir disciplinariamente al funcionario del Ministerio Fiscal actuante en la vista -lo que sólo se justifica porque éste se halla afectado por un sistema disciplinario específico (art. 684.1 LECrim), previsto en su normativa orgánica (art. 63.3 y 64.2 EOMF)-, a diferencia de lo que le es posible hacer en relación con los demás intervinientes (art. 684 LECrim), aunque se tratare de abogados y de procuradores (art. 553.2º LOPJ), y otra cosa muy distinta es que no pueda imponerle -al Fiscal- ciertas condiciones o restricciones en su actuación para el buen gobierno del debate oral, entre las cuales se encuentran" que incluye la denegación de prueba, la inadmisión de pregunta y "el objeto y a la extensión de la exposición final".

La SAP de Ourense, secc. 2ª, nº32/2021, de 22 de febrero también rechazó el recurso del fiscal en que alegaba vulneración del principio de igualdad de armas. Tras recordar que "...lo más importante en la angustiosa situación pandémica que vivimos actualmente, y que aconseja reducir largas permanencias en lugares cerrados", señala que la acusación no fue perjudicada puesto que la duración del informe del fiscal duplicó el tiempo que tuvieron las 9 defensas personadas.

IX. CONCLUSIONES

Podemos por tanto concluir que los informes reiterativos y que se separan del objeto de lo juzgado pueden ser interrumpidos por el órgano judicial por el derecho de las partes y del Tribunal a que no se les haga perder el tiempo. Fuera de ahí el uso de la palabra no puede interrumpirse como regla general.

Será el arbitrio judicial el que fije en cada caso la duración del informe basándose en indicadores objetivos como la complejidad del asunto o la pluralidad de las partes. Es deseable llegar a acuerdos con las partes mediante sugerencias y propuestas y potenciar las guías de buenas prácticas. La interrupción en el informe deber ser motivada, permitiendo al profesional interrumpido exponer su punto vista y potenciando los minutos de cortesía de forma que, tras la interrupción, la parte pueda informar por tiempo mínimo pero adecuado sobre aquellos delitos que no haya tratados hasta ese momento en que es reconvenido por el tribunal.

Asimismo, el poder de dirección en esta materia debe ejercerse con prudencia al existir un riesgo de quiebra del derecho de defensa y de nulidad. La doctrina judicial ha establecido que se violará el derecho de defensa si se ahoga la posibilidad de informar con un tiempo mínimamente aceptable sobre alguno de los delitos por los que se acusa, se ha privado a la defensa de exponer argumentos importantes o no se ha valorado correctamente la complejidad del asunto.

Las cautelas a la hora de interrumpir en el juicio por jurado deben ser máximas por la posibilidad de sembrar la convicción en el jurado de que el profesional interrumpido no sabe hacer su trabajo y que ello pueda influir de alguna manera en el veredicto.

Otro elemento relevante es la necesidad de asegurar el principio de igualdad de armas lo que supone que en el caso de que el Tribunal opte por limitar el derecho a la palabra de la defensa, el tiempo que se le haya permitido hablar sea sustancialmente igual a la de la acusación. Asimismo, este principio impide considerar al Fiscal inmune a cualquier interrupción y exige que exista la misma tolerancia o ausencia de ellas ante informes reiterativos y abusos del tiempo que se invierte.

X. Bibliografía

BERNAL, M. (2010). "Descortesía en el contexto judicial. El caso del juicio del 11-M", E-book, Università degli Studi & Programa EDICE, Stockholm University.

CASANOVAS, P. (1997). "Pragmática de las decisiones judiciales: diferencias de razonamiento y Lenguaje ante el jurado", *Cuadernos de derecho judicial*, nºXVI, CGPJ.

DE URBANO CASTRILLO, E. (2022). "Duración del informe oral. Comentario de la STS 560/2022, de 8 de junio". Practica Penal, Sepin, SP/DOCT/119921.

GONZALO OSPINA, J. Las cinco claves del informe penal, Diario digital Confilegal, de 6 de abril de 2021.

JIMENEZ VILLAREJO, J. Los fiscales y el juicio paralelo sobre el 11-M. Tribuna Libre. Diario El País de 23 de junio de 2007.

ESTRATEGIAS DE DEFENSA ANTE EL RECURSO DE CASACIÓN PENAL

MIGUEL ÁNGEL ENCINAR DEL POZO
Magistrado. Coordinador Gabinete Técnico
Sala de lo Penal. Tribunal Supremo

RESUMEN

En el año 2015, se produjo una modificación sustancial del régimen de recursos del orden jurisdiccional penal, con una extensión genérica del recurso de casación a todos los procedimientos por delito. Es preciso conocer las claves del recurso, en sus distintas modalidades, con el fin de procurar un mejor ejercicio del derecho de defensa. Más aún, desde la reciente reforma de la materia operada por el Real Decreto-ley 5/2023, de 28 de junio.

ABSTRACT

In 2015, there was a substantial change in the system of appeals in the criminal jurisdiction, with a generic extension of the appeal in cassation to all criminal proceedings. It is necessary to know the keys to the appeal, in its different modalities, in order to ensure a better exercise of the right to defence.

PALABRAS CLAVE

Derecho de defensa, Procedimiento penal, jurisdicción penal, recurso de casación.

KEYWORDS

Right to defense, Criminal procedure, criminal jurisdiction, appeal in cassation.

I. RESOLUCIONES RECURRIBLES

El recurso de casación puede ser interpuesto contra sentencias o contra autos. Es un recurso que se interpone contra sentencias en general (máxime cuando la reforma por Ley 41/2015, de 5 de octubre, ha generalizado la casación como principio rector) y contra algunos autos (no todos).

El art. 847 LECRIM se refiere al recurso de casación contra sentencias y el art. 848 LECRIM se refiere al recurso contra determinados autos.

1. Recurso de casación contra sentencias

1.1. Antes de la reforma de 2015

Con anterioridad a la reforma por Ley 41/2015, de 5 de octubre, según el art. 847 de la LECRIM, el sistema de recursos era el siguiente:

1) En el caso de sentencias dictadas por las Audiencias Provinciales (o la Audiencia Nacional), en juicio oral y única instancia, sólo cabía recurso de casación (sin apelación previa)

2) En el caso de las sentencias dictadas por la Sala de lo Civil y Penal de los Tribunales Superiores de Justicia había que distinguir dos supuestos:

2.1) Que la sentencia se dictara por la Sala de lo Civil y Penal en única instancia (por ejemplo, en causas contra aforados). Contra ellas sólo cabía recurso de casación (no de apelación).

2.1) Que la sentencia se dictara por la Sala de lo Civil y Penal en segunda instancia. Ello sucedía (y sucede) en el caso de procedimientos seguidos ante el Tribunal del Jurado. En este caso, el sistema era de doble instancia y posterior recurso de casación.

1.2. Después de la reforma de 2015

1.2.1. Sistema de recursos

La reforma por Ley 41/2015, de 5 de octubre, ha modificado radicalmente este sistema de recursos: la casación se generaliza respecto a todos los procedimientos por delito, con independencia de su gravedad, ya provenga la sentencia de primera instancia de un órgano colegiado (A. Provinciales o Sala de lo Penal de la A. Nacional) o unipersonal (Juzgados de lo Penal).

Por otra parte, la reforma instaura, con carácter general, la segunda instancia en el proceso penal[1]. En consecuencia, las sentencias susceptibles de recurso de casación serán resoluciones dictadas tras la previa interposición y resolución de un recurso de apelación.

En consecuencia, el sistema de recursos actual es el siguiente:

- Si la sentencia se dicta en primera instancia por un Juzgado de lo Penal (o un Juzgado Central de lo Penal), cabe recurso de apelación ante la Audiencia Provincial (o la Sala de lo Penal de la Audiencia Nacional). Contra la sentencia dictada en apelación, cabe recurso de casación (art. 847.1, letra b) de la LECRIM).
- Si la sentencia se dicta en primera instancia por una Audiencia Provincial, cabe recurso de apelación ante la Sala de lo Civil y Penal de los Tribunales Superiores de Justicia (art. 73.3, letra c) LOPJ). Contra la

[1] Sobre el contenido de la reforma, MARCHENA GÓMEZ, M. y GONZÁLEZ-CUÉLLAR SERRANO, N., *La reforma de la Ley de Enjuiciamiento Criminal en 2015*, Madrid, 2015, págs. 531 y ss.

sentencia dictada en apelación, cabe recurso de casación (art. 847.1, letra a), número 1º de la LECRIM).

- Si la sentencia se dicta en primera instancia por un Tribunal del Jurado, cabe recurso de apelación ante la Sala de lo Civil y Penal de los Tribunales Superiores de Justicia. Contra la sentencia dictada en apelación, cabe recurso de casación (art. 847.1, letra a), número 1º de la LECRIM).
- Si la sentencia se dicta en primera instancia por la Sala de lo Penal de la Audiencia Nacional, cabe recurso de apelación ante la Sala de Apelación de la Audiencia Nacional (art. 65 bis LOPJ). Contra la sentencia dictada en apelación, cabe recurso de casación (art. 847.1, letra a), número 2º de la LECRIM).
- Si la sentencia se dicta en única instancia por la Sala de lo Civil y Penal de los Tribunales Superiores de Justicia, contra ellas sólo cabe recurso de casación -no de apelación- (art. 847.1, letra a), número 1º de la LECRIM).

1.2.2. Sentencias no recurribles

Entre los distintos supuestos, cabe destacar dos tipos de sentencias no recurribles en casación[2]:

1) Sentencias que se limitan a declarar la nulidad

Conforme con el art. 847.2 de la LECRIM quedan exceptuadas de la casación las sentencias que se limiten a declarar la nulidad de las sentencias recaídas en primera instancia.

2) Sentencias recaídas en procedimientos por delito leve

No cabe recurso de casación contra las sentencias dictadas en procedimientos por delitos leve, seguidos ante los Juzgados de Instrucción. En este sentido, el Acuerdo de Pleno No Jurisdiccional de 9 de junio de 2016 estableció lo siguiente:

> «El art. 847 b) Lecrim debe ser interpretado en relación con los arts. 792 4º y 977, que establecen respectivamente los recursos prevenidos para las

---

2 Con más detalle, sobre las sentencias recurribles y no recurribles, MARTÍNEZ ARRIETA, A. y ENCINAR DEL POZO, M. A., *El recurso de casación y de revisión penal. La función de unificación de la jurisprudencia*, 4ª ed., Valencia, 2022, págs. 187 y ss.

sentencias dictadas en apelación respecto de delitos menos graves y respecto de los delitos leves (antiguas faltas). Mientras el art. 792 establece que contra la sentencia de apelación corresponde el recurso de casación previsto en el art. 847, en el art. 977 se establece taxativamente que contra la sentencia de segunda instancia no procede recurso alguno.

En consecuencia, el recurso de casación no se extiende a las sentencias de apelación dictadas en el procedimiento por delitos leves».

Esta limitación sólo afecta a los procedimientos por delito leve ante los Jueces de Instrucción. Nada impide la casación si se trata de una sentencia dictada por otro órgano.

1.3. Régimen transitorio

Conforme a la Disposición transitoria única de la Ley 41/2015, de 5 de octubre, la nueva regulación del recurso de casación se aplicará a los procedimientos penales incoados con posterioridad a su entrada en vigor (que se produjo el día 6 de diciembre de 2015). La expresión «procedimientos penales incoados con posterioridad a su entrada en vigor» se ha interpretado por la Sala de lo Penal en el sentido de que se debe tratar de procedimientos penales que desde su inicio (es decir, desde su fecha de incoación en instrucción) son posteriores a la entrada en vigor de la reforma.

El conocimiento del régimen transitorio no es baladí. En el caso de que el procedimiento fuera incoado con posterioridad a la entrada en vigor de la norma citada, la apelación previa es imprescindible y necesaria para que el asunto llegue a casación. En tal sentido, la Sala de lo Penal viene inadmitiendo sistemáticamente los recursos de casación en los que no se ha tramitado una apelación previa, cuando la misma era procedente. Ello en aplicación de la causa de inadmisión recogida en el artículo 884.2 LECRIM, que indica que el recurso será inadmisible: *«Cuando se interponga contra resoluciones distintas de las comprendidas en los artículos 847 y 848»*. En la nueva consideración de la casación, las sentencias recurribles son las que se dictan en apelación y, en este caso, tal resolución no existe.

2. *Recurso de casación contra autos*

2.1. En general

Conforme con el artículo 848 LECRIM, son recurribles en casación, los autos para los que la ley autorice dicho recurso de modo expreso[3].

2.1.1. Contra los autos para los que la ley autorice dicho recurso de modo expreso

Hubiera sido preferible establecer una relación de resoluciones susceptibles de impugnación casacional, en lugar de una fórmula genérica, que obliga a bucear en la ley para darle un contenido; al que se llega, en ocasiones, en virtud de aplicaciones analógicas. Por ello, la Sala de lo Penal ha debido indagar en la ley los supuestos en los que se prevea tal posibilidad de recurso. Lo que ha dado lugar a una jurisprudencia muy casuística sobre, entre otras, resoluciones como:

1) Autos en materia de competencia.

2) Autos dictados en materia de recusación.

3) Autos resolutorios de artículos de previo pronunciamiento.

4) Autos de sobreseimiento provisional.

5) Autos de inadmisión de querella o de denuncias a trámite.

6) Autos dictados en ejecución de sentencia:

6.1) Autos de suspensión y sustitución de las penas.

6.2) Autos sobre abono de prisión preventiva.

6.3) Autos sobre determinación del límite de cumplimiento.

6.4) Autos de licenciamiento definitivo.

6.5) Autos de revisión de sentencias por la entrada en vigor de una norma penal más favorable.

6.6) Autos de acumulación de penas.

6.6) Autos en materia de responsabilidad civil.

---

3 Con más detalle, sobre los autos recurribles y no recurribles, MARTÍNEZ ARRIETA, A. y ENCINAR DEL POZO, M. A., *El recurso de casación y de revisión...*, cit., págs. 201 y ss.

2.2. Supuestos específicos

Conforme con el artículo 848 LECRIM, son recurribles en casación los autos definitivos dictados en primera instancia y en apelación por las Audiencias Provinciales o por la Sala de lo Penal de la Audiencia Nacional, en los supuestos siguientes:

1) Cuando supongan la finalización del proceso por falta de jurisdicción.

2) Cuando acuerden el sobreseimiento libre y la causa se haya dirigido contra el encausado mediante una resolución judicial que suponga una imputación fundada.

II. MOTIVOS DEL RECURSO DE CASACIÓN

1. En general

El recurso de casación es un recurso extraordinario: sólo se puede plantear al amparo de alguno de los motivos que taxativamente prevé la Ley de Enjuiciamiento Criminal; al que se añade el previsto en el art. 5.4 de la Ley Orgánica del Poder Judicial, si bien este motivo ya aparece enunciado en el art. 852 de la LECRIM[4].

La Ley de Enjuiciamiento Criminal prevé tres posibilidades de impugnación:

1) La vulneración de derechos fundamentales (art. 852).

2) La infracción de ley (art. 849), a su vez, con dos contenidos distintos:

2.1) El error de Derecho o *error iuris* "por infracción de un precepto penal sustantivo u otra norma jurídica del mismo carácter que deba ser observada en la aplicación de la ley penal" (art. 849.1).

2.2) El error de hecho o *error facti*, por "error en la apreciación de la prueba, basado en documentos que obran en autos, que demuestran la equivocación del juzgador sin resultar contradichas por otros elementos probatorios" (art. 849.2).

3) El quebrantamiento de forma con sus dos manifestaciones: el vicio *in procedendo* (art. 850), esto es, en el proceso de decisión; y el *vicio*

---

4 Con más detalle, sobre los motivos de casación, MARTÍNEZ ARRIETA, A. y ENCINAR DEL POZO, M. A., *El recurso de casación y de revisión...*, cit., págs. 269 y ss.

in iudicando (art. 851), esto es, el producido en la propia decisión (la resolución recurrida).

2. *El error de derecho*

Éste es el motivo genuino del recurso de casación. Mediante el mismo se pretende que el Tribunal Supremo revise la aplicación de la ley que ha realizado el tribunal de instancia. En este motivo se han de respetar los hechos declarados probados en la sentencia recurrida y argumentar por qué se ha aplicado erróneamente la ley a dichos hechos.

No cabe, con base en este motivo, impugnar los hechos probados. Por esta vía de recurso los hechos probados no se alteran; lo que cambia, o así se pretende, es la fundamentación jurídica y, en consecuencia, el fallo. Por eso se habla de error de derecho, *error iuris* o de error en la subsunción; esto es, de un error en la aplicación del Derecho al supuesto de hecho.

3. *El error de hecho*

Por medio de esta vía se pretende la modificación de los hechos probados de la sentencia recurrida. Su ámbito de aplicación se circunscribe al error cometido por el tribunal sentenciador, al establecer los datos fácticos que se recogen en la declaración de hechos probados, porque: i) incluye en la narración histórica hechos no acaecidos; ii) omite hechos que sí han tenido lugar; o iii) describe sucesos de manera diferente a cómo realmente se produjeron.

Pero no basta con que se haya cometido un error de tal naturaleza, sino que es presupuesto ineludible que tal error surja de la oposición existente entre el dato fáctico incorporado u omitido en los hechos probados de la sentencia y el contenido de un documento. Documento que no es de cualquier tipo, sino exclusivamente un documento que se considera "documento a efectos casacionales", tal y como ha sido interpretado este concepto por la jurisprudencia.

4. Los quebrantamientos de forma

4.1. Vicios en el procedimiento

El art. 850 de la LECRIM recoge los quebrantamientos cometidos en el proceso de decisión, es decir, en la tramitación del proceso (vicio *in procedendo*).

El quebrantamiento que más se suele alegar en la práctica es el siguiente: cuando se haya denegado alguna diligencia de prueba que, propuesta en tiempo y forma por las partes, se considere pertinente.

La jurisprudencia ha distinguido dos grupos de requisitos, unos formales y otros materiales, para que este motivo pueda prosperar.

4.1.1. Requisitos formales

Son los siguientes:

1) Las pruebas han de ser propuestas en tiempo y forma, de conformidad con las reglas específicas para cada clase de proceso; incluyendo la reproducción de su petición en las condiciones exigidas por los arts. 785.1 y 786.2 de la LECRIM, cuando se trate de procedimiento abreviado.
2) La resolución del tribunal rechazando las que no considere pertinentes o denegando la suspensión del juicio ante la imposibilidad de practicar en ese momento las previamente admitidas debe ser fundada.
3) Quien ha propuesto la prueba debe hacer constar la oportuna protesta.
4) Si se trata de prueba testifical, han de hacerse constar las preguntas que quien la propone pretendía dirigir al testigo, con la finalidad de que, primero el tribunal de enjuiciamiento, y después el Tribunal Supremo, en su caso, puedan valorar la trascendencia de la prueba propuesta.
5) La parte que la propone, debe preocuparse de que conste la eventual trascendencia de la prueba respecto del fallo de la sentencia. La omisión de este requisito no impedirá, sin embargo, la estimación del motivo cuando la pertinencia y necesidad de la prueba se desprenda fácilmente de su propia naturaleza y características.

4.1.2. Requisitos materiales

Se refieren a la naturaleza de la prueba solicitada y denegada o no practicada. Son los siguientes:

1) La prueba ha de ser pertinente, esto es, relacionada con el objeto del juicio y con las cuestiones sometidas a debate en el mismo.
2) La prueba ha de ser relevante, de forma que tenga potencialidad para modificar de alguna forma importante el sentido del fallo, a cuyo efecto el tribunal puede tener en cuenta el resto de las pruebas de que dispone.
3) La prueba ha de ser necesaria, es decir, que tenga utilidad para los intereses de defensa de quien la propone, de modo que su omisión le cause indefensión.
4) La prueba ha de ser posible, en atención a las circunstancias que rodean su práctica.

4.1.3. Algunas especialidades

Son las siguientes:

1) Este motivo y, en general, los defectos en el curso del procedimiento exigen que se realicen distintas actividades en tiempo y forma (proposición de prueba, protesta, determinación de preguntas, etc.), a lo largo de diversas fases del procedimiento.
2) La generalización de la segunda instancia en el proceso penal incide en el ámbito de la aplicación de este motivo de casación. Una vez que, antes de la casación, ya se recoge un recurso de apelación previo, la jurisprudencia más reciente viene exigiendo el cumplimiento de otro requisito para el éxito del motivo por quebrantamiento de forma: que la petición de prueba se reitere ante el órgano de segunda instancia (entre otras, STS 89/2021, de 3 de febrero).
3) La jurisprudencia más reciente, desde la STS 927/2021, de 25 de noviembre, combina los criterios tradicionales sobre la naturaleza de la prueba solicitada y denegada (o no practicada) con la denominada "doctrina Murtazaliyeva", que supone que para la admisión o no del motivo se debe valorar por el Tribunal que se trate de solicitudes de medios de prueba "de los que se pueda esperar razonablemente que refuercen la posición de la defensa".

4.2. Vicios en la sentencia

El art. 851 de la LECRIM recoge los quebrantamientos cometidos al dictar sentencia y referidos a la resolución (*vicio in iudicando*).

Uno de los motivos más alegados es la denominada incongruencia omisiva; es decir, cuando la resolución no resuelva sobre todos los puntos que hayan sido objeto de la acusación y defensa.

La incongruencia omisiva también se denomina incongruencia *ex silentio* o "fallo corto". Supone que el tribunal no responde a una pretensión de la parte, de manera que deja imprejuzgada una pretensión oportunamente planteada por una de las partes del proceso.

Según reiterada jurisprudencia, los presupuestos del motivo son los siguientes:

1) La omisión denunciada debe hacer referencia a pretensiones que sean de naturaleza jurídica:

1.1) Que la omisión denunciada debe hacer referencia a pretensiones, supone que no existe este vicio cuando se dejan sin contestar meras alegaciones o argumentos de la parte.

La resolución dictada debe dejar de pronunciarse sobre pedimentos, peticiones o pretensiones jurídicas, y no sobre cada una de las distintas alegaciones individuales o razonamientos concretos en que aquellas se sustenten. Sobre cada uno de éstos no se exige una contestación judicial explícita y pormenorizada, siendo suficiente una respuesta global genérica.

1.2) Que la omisión denunciada debe hacer referencia a cuestiones jurídicas, supone que no existe este vicio cuando no se contesta a meras cuestiones fácticas.

2) Las pretensiones han de haber sido objeto de debate precisamente porque han sido suscitada por las partes en tiempo y forma.

Ello sucede cuando se plantean en el trámite de conclusiones definitivas. El momento adecuado para deducir las pretensiones es el de las conclusiones definitivas en el acto del juicio oral y el trámite de informe oral (posterior al de conclusiones definitivas) no es el cauce adecuado para introducir pretensiones por las partes. En consecuencia, cualquier pretensión nueva deducida en el trámite de informe debe tenerse por procesalmente inexistente.

Además, la jurisprudencia más reciente relaciona el éxito de este motivo con el mecanismo de complemento de las resoluciones judiciales, previsto en el art. 267 LOPJ. Para evitar las consecuencias del quebrantamiento, esto es, el decretar la nulidad de la sentencia y la devolución de la causa al tribunal *a quo*, el legislador ha arbitrado, con carácter general, en el art. 267 LOPJ un mecanismo excepcional que posibilita que los órganos judiciales integren y complementen una sentencia en cuanto se hayan omitido pronunciamientos cuyo estudio sea necesario, evitando con ello el acudir a recurso o, en su caso, al incidente de nulidad de actuaciones.

La jurisprudencia entiende que esta regulación legal no puede ser interpretada como una mera alternativa para la parte interesada; sino que el legislador ha impuesto a las partes del proceso la obligación de acudir a esa previsión para obtener del tribunal una decisión expresa sobre las cuestiones complementarias omitidas en el fallo. La consecuencia de esta interpretación es que si la parte no ha acudido a este remedio no es posible plantear la incongruencia en el recurso de casación.

5. Los motivos de casación y la reforma por Ley 41/2015, de 5 de octubre

Como ya hemos visto, la LECRIM recoge -al menos, formalmente- tres grupos de motivos de recurso de casación. Ahora bien, los posibles límites entre estos tres grupos de motivos se fueron desdibujando a causa de diversos factores. La cuestión no planteaba excesivos problemas y la difuminación de los contornos de cada uno de los motivos contribuía a la concepción del recurso de casación como recurso compatible con el derecho a la revisión de la condena del art. 14.5 PIDCP.

Sin embargo, la cuestión alcanza otros matices desde la reforma por Ley 41/2015, de 5 de octubre. Ello se debe a que la misma ha distinguido diversas vías de impugnación casacional en función de cuál sea el órgano de instancia y apelación que resuelve con carácter previo. Efectivamente, el artículo 847.1 de la LECRIM señala actualmente que:

1) Procede recurso de casación por "infracción de ley y por quebrantamiento de forma" contra las sentencias dictadas en única instancia o en apelación por la Sala de lo Civil y Penal de los Tribunales Superiores de Justicia; y contra las sentencias dictadas por la Sala de Apelación de la Audiencia Nacional.

2) Procede recurso de casación por "infracción de ley del motivo previsto en el número 1.º del artículo 849" contra las sentencias dictadas en apelación por las Audiencias Provinciales y la Sala de lo Penal de la Audiencia Nacional.

Es decir, la dicción de la norma limita el recurso de casación única y exclusivamente al motivo por error de Derecho (art. 849.1 de la LECRIM) en el caso de que la sentencia se haya dictado en primera instancia por un Juzgado de lo Penal (con posterior recurso de apelación ante la Audiencia Provincial).

La relación de este precepto con otros preceptos legales, como el artículo 852 LECRIM o el artículo 5.4. LOPJ, ha sido discutida[5]. Ello porque estos otros preceptos siguen recogiendo la posibilidad de que el recurso de casación se fundamente en la infracción de precepto constitucional. La cuestión se ha zanjado por el Acuerdo de Pleno No Jurisdiccional de 9 de junio de 2016, que señala sobre este particular:

> "Primero: Interpretación del art. 847.1, letra b) de la Ley de Enjuiciamiento Criminal.
>
> a) El art. 847 1º letra b) de la Lecrim. debe ser interpretado en sus propios términos. Las sentencias dictadas en apelación por las Audiencias Provinciales y la Sala de lo Penal de la Audiencia Nacional solo podrán ser recurridas en casación por el motivo de infracción de ley previsto en el número primero del art. 849 de la Lecrim, debiendo ser inadmitidos los recursos de casación que se formulen por los arts. 849 2°, 850, 851 y 852.
>
> b) Los recursos articulados por el art. 849 1° deberán fundarse necesariamente en la infracción de un precepto penal de carácter sustantivo u otra norma jurídica del mismo carácter (sustantivo) que deba ser observada en la aplicación de la Ley Penal (normas determinantes de subsunción), debiendo ser inadmitidos los recursos de casación que aleguen infracciones procesales o constitucionales. Sin perjuicio de ello, podrán invocarse normas constitucionales para reforzar la alegación de infracción de una norma penal sustantiva.
>
> c) Los recursos deberán respetar los hechos probados, debiendo ser inadmitidos los que no los respeten, o efectúen alegaciones en notoria contradicción con ellos pretendiendo reproducir el debate probatorio (art. 884 Lecrim) (...)".

La jurisprudencia que ha desarrollado este Acuerdo parte del principio siguiente: la casación ya no tiene la finalidad de cumplir las exigencias del derecho a la doble instancia, por lo que se puede modular su alcance; y además su función primordial es la interpretación del Derecho. De ahí que la limitación de motivos esté justificada en este caso.

La primera sentencia que tuvo ocasión de interpretar esta modalidad de casación fue la STS Pleno 210/2017, de 28 de marzo, que señala:

---

5 Sobre esta cuestión, MARTÍNEZ ARRIETA, A. y ENCINAR DEL POZO, M. A., El recurso de casación y de revisión..., cit., págs. 499 y ss.

1) Se trata de una nueva modalidad de casación con anclaje directo en la función nomofiláctica que se encuentra en los orígenes de la casación.

2) Es una herramienta procesal idónea para homogeneizar la interpretación del Derecho Penal sustantivo, lo que repercute en una más efectiva satisfacción del principio de igualdad, minimizando y reconduciendo a márgenes tolerables el peligro de respuestas judiciales desiguales ante situaciones iguales.

3) Estamos ante una modalidad de recurso que enlaza más con el art. 9.3 CE (seguridad jurídica) que con el art. 24.1 (tutela judicial efectiva). Esta casación no está reclamada por el derecho a la tutela judicial efectiva, aunque también lo sirva; sino por el principio de seguridad jurídica. También en esta vía casacional se acaba poniendo punto final en la jurisdicción ordinaria a un asunto concreto con personas singulares afectadas, dispensando en definitiva tutela judicial efectiva. Pero esta función es satisfecha primordialmente a través de la respuesta en la instancia y luego en una apelación con amplitud de cognición. Colmadas ya las exigencias de la tutela judicial efectiva con esa doble instancia, se abren las puertas de la casación, pero con una muy limitada capacidad revisora: enmendar o refrendar la corrección de la subsunción jurídica. El horizonte esencial de esta modalidad de casación es, por tanto, homogeneizar la interpretación de la ley penal, buscando la generalización.

La constitucionalidad de esta configuración del recurso ha sido afirmada por el ATC 40/2018, de 13 de abril.

III. LEGITIMACIÓN PARA RECURRIR

Conforme al art. 854 de la LECRIM, pueden interponer el recurso de casación: i) el Ministerio Fiscal; ii) los que hayan sido parte en los juicios criminales; iii) los que, sin haberlo sido, resulten condenados en la sentencia; iv) los herederos de unos y otros; y v) los actores civiles pueden interponer en cuanto pueda afectar a las restituciones, reparaciones e indemnizaciones que hayan reclamado.

1) El acusado absuelto

Por principio general, el acusado absuelto carece de legitimación para formular recurso de casación, porque la absolución no produce perjuicio o gravamen. Ahora bien, este principio tiene una excepción relevante: el acusado absuelto puede presentar recurso cuando la absolución venga determinada por la declaración de prescripción de los hechos y la sentencia contenga afirmaciones fácticas que puedan ser consideradas lesivas para el recurrente (entre otras, STS 321/2018, de 29 de junio; STS 872/2021, de 15 de noviembre).

2) Legitimación de la acusación particular

2.1) Legitimación por su condición de parte

Como parte procesal, la acusación particular puede recurrir las resoluciones que le produzcan un gravamen o perjuicio en los mismos términos que el Ministerio Fiscal y las defensas de los imputados (art. 854 de la LECRIM).

2.2) Legitimación por su condición de víctima

La víctima del delito por su condición de tal, aunque no haya sido parte, puede recurrir en aquellos casos en los que la ley así se lo permite. Cabe citar los supuestos siguientes:

2.2.1) Recurso contra autos de sobreseimiento

El artículo 12.2 de la Ley 4/2015, de 27 de abril, del Estatuto de la víctima del delito señala que la víctima podrá recurrir la resolución de sobreseimiento conforme a lo dispuesto en la Ley de Enjuiciamiento Criminal, sin que sea necesario para ello que se haya personado anteriormente en el proceso.

En consecuencia, el art. 636 de la LECrim, indica que la víctima del delito puede recurrir en casación el auto de sobreseimiento, aunque no se haya mostrado parte del procedimiento con anterioridad a su dictado. Una vez que ello ocurra, el auto debe serle notificado (por su condición de víctima, no de parte) y es entonces cuando puede recurrir en casación, en el plazo de 20 días.

2.2.2) Recurso contra sentencias

La jurisprudencia (por ejemplo, el ATS 540/2017, de 9 de marzo) negaba que se pudiera interponer recurso de casación por la víctima que, sin haber sido parte en el proceso penal antes del dictado de la sentencia definitiva, se personara en el mismo con posterioridad.

Sin embargo, en el ámbito concreto de la violencia de género, la solución ha variado a la vista del contenido del artículo 20.7 de la Ley Orgánica 1/2004, de 28 de diciembre, de Medidas de Protección integral contra la Violencia de Género, que señala: *"Las víctimas de violencia de género podrán personarse como acusación particular en cualquier momento del procedimiento si bien ello no permitirá retrotraer ni reiterar las actuaciones ya practicadas antes de su personación, ni podrá suponer una merma del derecho de defensa del acusado"*.

3. Legitimación de herederos

Respecto a la legitimación de herederos, existen dos preceptos de la LECrim, los arts. 115 y 854, que aparentemente entran en contradicción. El art. 115 LECrim prevé la extinción de la responsabilidad penal por la muerte del culpable, subsistiendo la responsabilidad civil contra sus herederos y causahabientes que solo podría ejercitarse ante la jurisdicción y por la vía civil. El art. 854 LECrim admite la legitimación de los herederos de quienes hayan sido parte.

La jurisprudencia considera que prevalece la solución el art. 854 de la LECRIM: el fallecimiento del condenado (incluso del absuelto) después de dictada la sentencia recurrible o, incluso, en el trámite del recurso de casación, no supone -de manera automática- la extinción de su responsabilidad penal, sino que los herederos pueden interponer o sostener el recurso de casación en nombre del fallecido.

IV. TRAMITACIÓN DEL RECURSO DE CASACIÓN

La LECRIM distingue cuatro fases:

1) Preparación del recurso (Sección Segunda y Tercera, Título II, Libro V, arts. 855 a 872 de la LECrim).

2) Interposición del recurso (Sección Cuarta, Título II, Libro V, arts. 873 a 879 de la LECrim).

3) Sustanciación del recurso (Sección Quinta, Título II, Libro V, arts. 880 a 893 de la LECrim).

4) Decisión del recurso (Sección Sexta, Título II, Libro V, arts. 893 bis a) a 909 de la LECrim).

1. Preparación del recurso de casación

La preparación del recurso de casación es una fase procesal cuya sustanciación se lleva a cabo ante el tribunal que dictó la resolución recurrida (no ante el Tribunal Supremo); sin perjuicio de que, si el tribunal *a quo* no permite la preparación del recurso de casación, sea posible recurrir su decisión ante el Tribunal Supremo, mediante el recurso de queja.

1.1. Plazo

La preparación del recurso de casación debe presentarse dentro de los 5 días siguientes al de la última notificación de la sentencia o auto contra el que se intente entablar el recurso (art. 856 de la LECRIM). Respecto al cómputo de este plazo -y todos los demás relacionados con el recurso de casación-, el Pleno no Jurisdiccional de 14 de enero de 2003 acordó que lo dispuesto en el art. 135 de la Ley de Enjuiciamiento Civil es aplicable a los procesos penales, al considerar que dicho precepto es especial respecto al genérico de la ley procesal penal.

1.2. Contenido del escrito de preparación

Se recoge en el art. 855 de la LECRIM. Tras la reforma operada en 2023[6], cabe distinguir dos posibilidades:

1) Procesos en los que la sentencia se dicta en instancia por una Audiencia Provincial

El escrito manifestará la clase o clases de recurso que trate de utilizar (se trata de cuáles son los motivos por lo que se pretende articular el recurso).

2) Procesos en los que la sentencia se dicta en instancia por un Juzgado de lo Penal

El RDL 5/2023 modifica el art. 855 LECRIM, para introducir un párrafo segundo, que señala:

> «Cuando se pretenda interponer recurso de casación contra sentencia dictada en apelación por una Audiencia Provincial o la Sala de lo Penal de la Au-

---

6 Sobre la reforma, con más detalle, véase VILLEGAS GARCÍA, M.A. y ENCINAR DEL POZO, M. A., "La reforma de la casación penal por el Real Decreto-ley 5/2023, de 28 de junio. El concepto de «relevancia casacional", Diario La Ley, nº 10326, 2023.

diencia Nacional por infracción de ley, el recurrente deberá presentar escrito consignando, en párrafos separados, con la mayor claridad y concisión, la concurrencia de los requisitos exigidos, identificando el precepto o preceptos sustantivos que se consideran infringidos y explicando de modo sucinto las razones que fundan tal infracción».

Esta mención especial del escrito de interposición es exigible (el precepto está redactado en términos imperativos: «el recurrente deberá») en un concreto tipo de recurso: recurso de casación contra sentencia dictada en apelación por una Audiencia Provincial o la Sala de lo Penal de la Audiencia Nacional. Es decir, se trata de los recursos de casación que tienen diseñado un régimen especial de impugnación: sólo cabe interponerlos por un motivo, que es la infracción de ley del art. 849.1 LECRIM (*error iuris*), y su éxito se supedita a que concurra, además, interés casacional (arts. 847.1, letra b) y art. 889, párrafo segundo, LECRIM).

3) Respecto al deber de designación de documentos, para fundar un motivo del art. 849.2 de la LECRIM, la jurisprudencia ha flexibilizado el rigor tradicional seguido en este ámbito, permitiendo que tal designación se efectúe en el escrito de interposición del recurso.

En consecuencia, la falta de designación del documento en el escrito de preparación se puede subsanar, realizando la designación en el escrito de interposición

1.3. Decisión sobre la preparación

Una vez presentado el escrito de preparación, ante el tribunal que dictó la resolución recurrida, este órgano decidirá, mediante auto, dentro de los 3 días siguientes, sin oír a las partes, si tiene o no por preparado el recurso. Puede suceder:

1) Que tenga por preparado el recurso. Ello procederá cuando: i) la resolución reclamada sea recurrible en casación; y ii) se hayan cumplido por el recurrente todos los requisitos exigidos.

Si el órgano *a quo* entiende preparado el recurso, entre otras actuaciones, debe emplazar a las partes para una comparecencia ante la Sala de lo Penal del Tribunal Supremo, dentro del término improrrogable recogido en el art.859 de la LECRIM, que es de:

- 15 días, si se refiere a resoluciones dictadas por tribunales con sede en la Península;
- 20 días, si se refiere a resoluciones dictadas por tribunales con sede en la comunidad autónoma de las Illes Balears;

- 30 días, si se refiere a resoluciones dictadas por tribunales con sede en la comunidad autónoma de Canarias o en las ciudades autónomas de Ceuta o Melilla.

2) No tener por preparado el recurso de casación, cuando no concurra alguno de los presupuestos anteriores. En este caso, el auto denegatorio será un auto motivado, del que se dará copia certificada en el acto de la notificación a la parte recurrente.

Frente a este auto, cabe interponer recurso de queja ante la Sala de lo Penal del Tribunal Supremo.

Es especialmente relevante que el RDL 5/2023 también ha modificado el art. 858 LECRIM para introducir un nuevo párrafo segundo, que establece:

> «Cuando se trate de recurso de casación contra sentencia dictada en apelación por una Audiencia Provincial o la Sala de lo Penal de la Audiencia Nacional, el Tribunal denegará, por auto motivado, la preparación cuando se aleguen motivos distintos al previsto en el artículo 849.1, no se identifique un precepto sustantivo supuestamente infringido, no se consigne el breve extracto exigido, o su contenido se aparte del ámbito del artículo 849.1.º».

Se introduce, de esta manera, un filtro previo a la tramitación del recurso ante la Sala de lo Penal, que se residencia en el órgano *a quo*, que puede tener por preparado o no el recurso, si no concurren los requisitos expresados en la nueva normativa. Lo cierto es que, con la regulación anterior, no había impedimento para realizarlo, interpretando el régimen de la preparación del recurso; si bien el legislador ha querido manifestarlo expresamente.

2. Interposición del recurso de casación

2.1. Competencia y plazo

El recurso de casación se interpone ante la Sala de lo Penal del Tribunal Supremo.

Sobre el plazo de interposición, caben dos posibilidades:

1) El principio general es que el recurso se debe interponer dentro del plazo de 15, 20 ó 30 días del emplazamiento acordado por el órgano *a quo* (art. 873 de la LECRIM).

Esta es la regla general, para el caso en el que se tenga por preparado el recurso por el órgano *a quo*, el LAJ del citado órgano libra los testimonios y certificaciones correspondientes, las entrega a la parte recurrente y la emplaza ante el Tribunal Supremo.

Es importante destacar que el art. 873 de la LECRIM establece que la interposición o formalización del recurso deberá hacerse dentro del término del emplazamiento. La doctrina de la Sala de lo Penal interpretando este precepto resulta constante e inequívoca: no previene un nuevo plazo para la formalización del recurso a adicionar al del emplazamiento; sólo hay un único plazo conjunto para ambos trámites: comparecer y formalizar al mismo tiempo el recurso. Solo en los casos de asistencia jurídica gratuita y designación de profesionales ha de abrirse un nuevo plazo (por aplicación del art. 860 de la LECrim), como veremos a continuación.

2) En el caso de que al recurrente se le hubiera reconocido el derecho a la asistencia jurídica gratuita o hubiera sido declarado insolvente, total o parcial, podrá solicitar del tribunal sentenciador que remita directamente a la Sala Segunda del Supremo el testimonio necesario para la interposición del recurso, o, en su caso, la certificación del auto denegatorio del mismo (art. 860.1° de la LECRIM).

En este caso, la propia Sala de lo Penal acordará que el LAJ (el de la Sala) interese el nombramiento de abogado y procurador que puedan interponer el recurso que corresponda, si el recurrente no les hubiera designado (art. 860.2° de la LECRIM). A continuación, la Sala señalará el plazo dentro del cual haya de interponerse el recurso.

En consecuencia, el plazo de interposición es el que determine la Sala de lo Penal (no el del art. 859 de la LECRIM).

2.2. Contenido del escrito de interposición

Se recoge en el art. 874 de la LECIM. Se concibe el escrito de interposición con un cierto formalismo, al exigir una exposición ordenada, individualizada, concisa y clara de los motivos del recurso, lo que conlleva la prohibición de que se aleguen de forma conjunta, amalgamada y genérica las infracciones normativas imputadas a la sentencia. Por ello, la jurisprudencia reitera que es preciso individualizar los motivos y considera improcedente que se comprendan en un solo motivo dos o más cuestiones diversas, a menos que guarden un engarce argumental entre sí.

Ahora bien, partiendo del hecho de que se exige un cierto formalismo, no es posible el rechazo del recurso por el incumplimiento del mismo. Se trata de un mero defecto formal, que no impide entrar a conocer lo que en el recurso se pretende y dar respuesta a las distintas cuestiones planteadas.

Por ello, en ocasiones en los que no se formula el escrito de interposición en párrafos separados los fundamentos doctrinales y legales aducidos como motivos de casación, ni se consigna el extracto de cada motivo, ni se cita el precepto legal que ampara a cada uno de ellos, el Tribunal Supremo considera que debe ser abordado el recurso presentado, en cuanto se refleje en él suficientemente la pretensión casacional articulada. Ello debido a que en el derecho fundamental a la tutela judicial efectiva se incluye el derecho al acceso a los recursos, siempre que se ejerciten en los supuestos y con los requisitos legalmente previstos, debiendo ser interpretados éstos por los órganos judiciales de la manera que resulte más favorable para la efectividad del derecho fundamental.

Esta necesidad es más acusada en el caso de que el recurso se interponga por un acusado: el hecho de que se trate del recurso interpuesto por una parte pasiva obliga a administrar con mayor indulgencia la inobservancia de esos requisitos formales. El Tribunal ha de suplir en la medida de lo posible los déficits formales detectados en esos casos.

Pero la jurisprudencia reciente viene apuntando que esta flexibilización del rigor formal tiene parte de su razón de ser en el hecho de que hasta la reforma de 2015 era la casación el único recurso a disposición de un condenado por una Audiencia Provincial, con lo que la casación ha venido desempeñando en alguna medida hasta esa fecha un papel subrogado de la apelación en los delitos graves ante la laguna legislativa ya colmada para el futuro; de manera que el nuevo diseño del régimen de impugnación de sentencias condenatorias (con apelación y casación en todos los casos) invita a invertir la tendencia expansionista de la casación: existiendo ya posibilidad de una apelación previa en todo caso decae la necesidad de dotar a la casación de la mayor holgura para dar satisfacción suficiente al derecho a la revisión en vía de recurso de toda condena.

En todo caso, podemos reseñar, como elementos formales que son deseables al interponer un recurso de casación, los siguientes:

1) Las diferentes razones de impugnación deben estar ordenadas como motivos diferentes, que se presentarán debidamente separados y numerados. No deben acumularse diversas impugnaciones en un mismo motivo.

2) Debe indicarse el precepto de la LECr en la que se funde el motivo.

3) El motivo se estructurará en dos partes: un breve extracto y su argumentación.

4) Si el motivo es por infracción de ley, deberá indicar el precepto penal de carácter sustantivo infringido

5) Si el motivo es por quebrantamiento de forma, deberá indicarse la reclamación realizada para remediarla.

6) Como regla general deben formularse, con carácter previo, los motivos que se basen en infracción de precepto constitucional

7) Deben anteponerse los motivos basados en quebrantamiento de forma a los de infracción de ley. Y dentro de estos, los que se refieran al error de hecho antes de los referidos al error de Derecho.

8) En el escrito de interposición, el recurrente podrá solicitar la celebración de vista (art. 882 bis de la LECRIM).

3. Sustanciación del recurso de casación

3.1. Actuaciones del LAJ

Interpuesto el recurso y transcurrido el término del emplazamiento el LAJ llevará a efecto una serie de actos. Entre los cuales, deben destacarse los siguientes:

1) Designa al magistrado ponente que, por turno, corresponda (art. 880.1° de la LECRIM).

Respecto a la designación de magistrado ponente, ha de tenerse en cuenta que, anualmente, la Sala de Gobierno del Tribunal Supremo establece las reglas sobre composición y funcionamiento de las salas y secciones y asignación de ponencias que deben turnar los magistrados. Estas reglas se publican en el BOE (por Acuerdo de la Comisión Permanente del Consejo General del Poder Judicial), por lo que se considera que son de público y general conocimiento.

2) Da traslado al Ministerio Fiscal y las partes no recurrentes para que, en el plazo de 10 días, puedan oponerse o impugnar el recurso presentado. En tal plazo, los no recurrentes pueden impugnar el recurso presentado o, en su caso, si hay más de un recurrente podrán oponerse recíprocamente (arts. 880 y 882.1 de la LECRIM).

En este trámite las partes no recurrentes pueden solicitar la celebración de vista (art. 882 bis de la LECRIM).

3) Antes de la reforma de 2023, procedía un nuevo traslado al recurrente de los escritos presentados de contrario, para que contestara a la impugnación u oposición a su recurso (art. 882.2° de la LECRIM), en un plazo de 3 días.

Sin embargo, este trámite se ha eliminado por el RDL 5/2023, al suprimir el inciso final del art. 882 de la LECRIM.

3.2. Fase de Admisión/Inadmisión

Tras estos traslados, el art. 883 de la LECRIM indica que pasarán los autos al Magistrado ponente para instrucción, por término de diez días; y, previo informe del Ponente, la Sala dictará la resolución que proceda sobre la admisión o inadmisión del recurso.

Actualmente, en esta fase se opera de la siguiente manera: formalizados los recursos y tras el trámite de instrucción, las actuaciones pasarán a la respectiva Sala de Admisión. Actúan dos Salas de Admisión que son:

1) Sala de Admisión de recursos de casación interpuestos contra las sentencias dictadas en apelación por las Audiencias Provinciales y la Sala de lo Penal de la Audiencia Nacional.

1.1) Esta Sala de Admisión conocerá de los recursos de casación en los que concurran los presupuestos siguientes de manera cumulativa:

1.1.1) Que se trate de recursos de casación interpuestos contra las sentencias dictadas en apelación por las Audiencias Provinciales y la Sala de lo Penal de la Audiencia Nacional (art. 847.1, letra b) de la LECRIM, tras su redacción por la Ley 41/2015, de 5 de octubre, de modificación de la Ley de Enjuiciamiento Criminal para la agilización de la justicia penal y el fortalecimiento de las garantías procesales).

1.1.2) Que se trate de recursos de casación interpuestos en procedimientos penales incoados con posterioridad a la entrada en vigor de la Ley 41/2015, de 5 de octubre, de modificación de la Ley de Enjuiciamiento Criminal para la agilización de la justicia penal y el fortalecimiento de las garantías procesales.

1.2) La inadmisión a trámite del recurso de casación en estos casos podrá acordarse por providencia sucintamente motivada siempre que haya unanimidad por carencia de interés casacional.

1.3) En caso de que algún asunto fuere admitido, la deliberación y fallo del mismo corresponderá, con carácter general, al Pleno de la Sala Segunda, excepto en aquellos casos en los que ya se hubiera fijado criterio por parte de la Sala.

2) Sala de Admisión General.

2.1) Esta Sala de Admisión conocerá de los recursos de casación en los que no concurran las circunstancias anteriores.

2.2) La Sala, por unanimidad, podrá acordar –mediante auto– la inadmisión de los recursos.

En el caso de que se dicte auto o providencia de inadmisión, esta resolución es irrecurrible y cabe la imposición de costas del recurso.

Es preciso señalar que, en este momento procesal, la causa ya tiene designado un magistrado ponente, pero dicho ponente lo será para dictar la sentencia, en su caso, una vez admitido el recurso de casación. Ello porque la competencia para decidir sobre la admisión la tiene la denominada Sala de Admisión y en ella las ponencias se repartirán por el siguiente turno: Presidente de Sala, Magistrado más antiguo y Magistrado más moderno.

En el caso de que el asunto sea admitido, se dictará providencia acordando tal circunstancia y también que por el LAJ se proceda al señalamiento para deliberación y fallo, previa celebración de vista, en su caso.

V. UN RECURSO DE CASACIÓN "QUE VALE POR TRES"

En realidad, tras la reforma de 2015, existe un recurso de casación con tres variantes, que son distintas en cuanto a su naturaleza y alcance[7].

1. Recurso de casación en procesos de única instancia

Se trata del recurso de casación contra sentencias dictadas en única instancia por las Audiencias Provinciales, la Sala de lo Penal de la Audiencia Nacional o los Tribunales Superiores de Justicia.

El enjuiciamiento en única instancia se debe a que no existe un previo recurso de apelación, bien porque que no está previsto legalmente (por ejemplo, sentencias dictadas en única instancia por los Tribunales Superiores de Justicia en causas de aforados) o bien porque se trate de sentencias a las que no se puede aplicar el régimen de recursos diseñado

---

7 Estas tres modalidades se explican en VILLEGAS GARCÍA, M.A. y ENCINAR DEL POZO, M. A., *La revolución de la casación penal. El "interés casacional" en la jurisdicción penal (2015-2021), Cizur Menor (Navarra), 2021*, págs. 30 y ss.

por la Ley 41/2015, de 5 de octubre, en virtud del régimen transitorio establecido al efecto.

Esta era la modalidad de recurso que, tradicionalmente, existía en nuestro ordenamiento y que, en el futuro, tenderá a desaparecer por aplicación de la citada reforma de 2015. En todo caso, en la misma sigue rigiendo una cierta laxitud en la labor revisora de la sentencia recurrida, especialmente en relación con las declaraciones de condena, en la medida en que este recurso debe cumplir las exigencias del derecho a la doble instancia y lo señalado en el art. 14.5 PIDCP respecto del derecho a la revisión íntegra de la declaración de culpabilidad y la pena por un Tribunal superior.

2. *Recurso de casación en procesos con apelación previa ante las Audiencias Provinciales o la Sala de lo Penal de la Audiencia Nacional*

Esta modalidad es la novedad más importante de la reforma de 2015. Existe una apelación previa, en la mayoría de los casos ante la Audiencia Provincial (con previa sentencia de instancia dictada los Juzgados de lo Penal). Las especialidades de este recurso son:

1) Se acota el recurso de casación al motivo primero del artículo 849 LECRIM (artículo 847.1, letra b) de la LECRIM).

2) Se prevé la posibilidad de que el recurso pueda ser inadmitido a trámite mediante providencia "sucintamente motivada", por unanimidad de los componentes de la Sala, "cuando carezca de interés casacional" (artículo 899, párrafo segundo, de la LECRIM).

2.1. La limitación de los motivos de casación

Se considera que la limitación de motivos está justificada en este caso porque la casación ya no tiene la finalidad de cumplir las exigencias del derecho a la doble instancia, por lo que se puede modular su alcance; y además su función primordial es la interpretación del Derecho.

Se concibe esta modalidad de recurso como un mecanismo que permita desplegar a la Sala de lo Penal una "función unificadora de doctrina".

2.2. El "interés casacional"

El artículo 899, párrafo segundo, de la LECRIM, indica que la inadmisión a trámite del recurso de casación en el supuesto que nos ocupa podrá acordarse por providencia sucintamente motivada, siempre que haya unanimidad por carencia de "interés casacional" [8].

Si bien se trata de una regla que atañe al régimen de admisión/inadmisión del recurso, la verdad es que añade un presupuesto sustancial del recurso de casación: la admisión y, en su caso, posterior estimación del mismo dependerá de si reúne o no tal "interés casacional". Y esta expresión enlaza con la necesidad de que plantee una cuestión de Derecho sustantivo (sólo se puede interponer por el motivo de error iuris), sobre el que la Sala de lo Penal se debe pronunciar con pretensión de elaborar un criterio general y uniforme de interpretación.

La ley no define ni indica cuándo concurre tal interés. En una primera aproximación, el Acuerdo de Pleno No Jurisdiccional de 9 de junio de 2016 señala sobre este particular que el recurso tiene interés casacional en tres supuestos:

1) Si la sentencia recurrida se opone abiertamente a la doctrina jurisprudencial emanada del Tribunal Supremo.

2) Si resuelve cuestiones sobre las que exista jurisprudencia contradictoria de las Audiencias Provinciales.

3) Si aplica normas que no lleven más de cinco años en vigor, siempre que, en este último caso, no existiese una doctrina jurisprudencial del Tribunal Supremo ya consolidada relativa a normas anteriores de igual o similar contenido.

Pero no se trata de *numerus clausus* y cabe apreciar otros supuestos de interés casacional, como: i) cuando sobre una cuestión existe doctrina jurisprudencial emanada del Tribunal Supremo, pero la misma es contradictoria; y ii) cuando se aplica una norma que sí lleva más de cinco años en vigor y, pese a ello, no existe doctrina jurisprudencial al respecto.

---

8 VILLEGAS GARCÍA, M.A. y ENCINAR DEL POZO, M. A., La revolución de la casación penal…, cit. passim.

3. Recurso de casación en procesos con apelación previa ante los Tribunales Superiores de Justicia o la Sala de Apelación de la Audiencia Nacional.

3.1. Líneas generales

La reforma de 2015 introduce un recurso de apelación en los procesos por delitos graves (que antes de la reforma se enjuiciaban en única instancia por las Audiencias Provinciales o la Sala de lo Penal de la Audiencia Nacional). La casación no experimenta modificación legal en este caso, pero la instauración de una segunda instancia previa ha supuesto una modificación del alcance y ámbito del recurso de casación.

Esta situación se pone de manifiesto en la primera sentencia de la Sala de lo Penal que tuvo que resolver esta modalidad de recurso. Se trata de la STS 476/2017, de 26 de junio. Conforme con esta sentencia:

1) La casación ya no tendrá como función necesaria la de satisfacer la revisión de las sentencias condenatorias exigidas por los Tratados Internacionales.

2) La casación ha de ir dirigida a satisfacer las exigencias necesarias de seguridad jurídica y del principio de igualdad de los ciudadanos ante la ley, a través de la función nomofiláctica.

3) Ello supone que la casación que surge de esta nueva concepción ha de tener un contenido distinto: de un lado, una modulación, en sentido restrictivo, del ámbito de control sobre el hecho, correlativa a una ampliación de la casación en el ámbito de la aplicación e interpretación del Derecho.

4) La sentencia contra la que se plantea el recurso de casación es la resolutoria del recurso de apelación. Frente a la misma el recurrente deberá plantear su disidencia, sin que –como principio general y, sobre todo, en relación con el ámbito fáctico- pueda consistir en:

4.1) La reiteración simple del contenido de la impugnación desarrollada en la apelación, pues las cuestiones ya han tenido respuesta desestimatoria.

4.2) El planteamiento de cuestiones no debatidas en la apelación, pues son cuestiones que han sido consentidas por la parte.

3.2. Motivos del recurso

En esta modalidad de recurso no se limitan los motivos de casación, pero la forma de abordar la respuesta a los mismos debe variar ya que existe una previa instancia de apelación, por lo que:

1) Cuando se invoca la lesión al derecho fundamental a la presunción de inocencia, cumplida la doble instancia, la función revisora de la casación en este ámbito se contrae al examen de la racionalidad de la resolución realizada a partir de la motivación de la sentencia de apelación, comprensiva de la licitud, regularidad y suficiencia de la prueba.
2) Respecto al error de Derecho, función primordial de la nueva casación, deberá actuarse conforme a la consolidada jurisprudencia de esta Sala en torno a los dos apartados del art. 885 LECRIM.
3) Los quebrantamientos de forma, una vez que han sido planteados en la apelación y resueltos en forma negativa, pues de lo contrario la nulidad declarada no tiene acceso a la casación, la queja se contrae a la racionalidad y acierto de la resolución recurrida al resolver la cuestión planteada.

3.3. La "relevancia casacional"

Las anteriores consideraciones han dado lugar al concepto de "relevancia casacional", en virtud del cual:

1) La parte ha de plantear adecuadamente las razones que sustentan la relevancia casacional de su recurso, bien en cuanto a los aspectos que sostienen su fundamento esencial o bien en relación con los aspectos novedosos que plantea su recurso. Ello permitiría a la Sala advertir y apreciar cuáles son las razones que prima facie podrían dar lugar a un pronunciamiento que se apartara de las conclusiones obtenidas en las dos instancias previas a la casación.
2) Si ya han operado dos instancias con anterioridad a la casación, el ámbito de este recurso es más limitado y la cuestión carecerá de «relevancia casacional» si no se alegan ni plantean argumentos distintos de los ya esgrimidos con anterioridad, especialmente cuando ya han recibido por parte del órgano de apelación una respuesta lógica, motivada y razonable.

La necesidad de que el recurso tenga esa "relevancia casacional" ha sido definida, de manera gráfica, por la Sala de lo Penal con la siguiente expresión: "el recurso de casación no es una apelación bis" (STS 20/2021, de 18 de enero).

3.4. La reforma de 2023

El RDL 5/2023 modifica el art. 889 LECRIM e introduce un párrafo tercero que indica:

> «La inadmisión a trámite del recurso de casación en el supuesto previsto en el artículo 847.1.a) podrá acordarse por providencia sucintamente motivada siempre que haya unanimidad por carencia de relevancia casacional y la pena privativa de libertad impuesta, o la suma de las penas privativas de libertad impuestas, no sea superior a cinco años, o bien se hayan impuesto cualesquiera otras penas de distinta naturaleza bien sean únicas, conjuntas o alternativas, cualquiera que sea su cuantía o duración».

Se perfila una nueva posibilidad de decidir sobre la admisión del recurso, en el caso de recurso contra sentencias dictadas en apelación por la Sala de lo Civil y Penal de los Tribunales Superiores de Justicia o la Sala de Apelación de la Audiencia Nacional (supuestos recogidos en el art. 847.1, letra a). Será posible que el recurso se inadmita por medio de providencia (no auto), sucintamente motivada, siempre que concurran dos presupuestos cumulativos:

1) Que la pena privativa de libertad impuesta, o la suma de las penas privativas de libertad impuestas, no sea superior a cinco años, o bien se hayan impuesto cualesquiera otras penas de distinta naturaleza bien sean únicas, conjuntas o alternativas, cualquiera que sea su cuantía o duración.

Esta mención a un determinado *quantum* de pena guarda coherencia sistemática con el ámbito competencial de los Juzgados de lo Penal y la posibilidad de que los recursos de casación que se interpongan en procedimientos en los que la sentencia de instancia la dicta tal órgano, también sean susceptibles de inadmisión por providencia (art. 889, párrafo segundo).

2) Que el recurso carezca de «relevancia casacional».

Este concepto es una novedad en la ley, que no en la jurisprudencia -como ya hemos indicado con anterioridad-. En el caso de que la Sala de lo Penal entienda que tal relevancia no concurre, podrá activar el mecanismo de inadmisión por providencia.

VI. LA DOCTRINA DE LAS "CUESTIONES NUEVAS" O PER SALTUM

1. Antes de la reforma de 2015

La jurisprudencia venía considerando como "cuestión nueva", las cuestiones que se planteaban en casación cuando no habían sido objeto de discusión, con anterioridad, en otras fases procesales la instancia.

Tras diversos vaivenes, la jurisprudencia más cercana a la reforma entendía que la cuestión nueva no se podía debatir en casación, si bien diferenciaba:

1) Por el hecho de que sí existía una segunda instancia, la jurisprudencia aplicaba la doctrina de la cuestión nueva de manera más estricta a los supuestos de recurso de casación contra sentencias dictadas en el ámbito del Tribunal del Jurado, por tratarse de un procedimiento en el que tal recurso viene precedido del recurso de apelación. De manera que sólo se consideraba objeto de casación, aquello que se debatió en apelación.

2) En el resto de recursos, se entendía que el ámbito de la casación se ceñía a las cuestiones, temas o pretensiones que fueron planteadas formalmente en la instancia por las partes y no podían introducirse *per saltum* cuestiones diferentes, sin el necesario debate contradictorio y de una primera respuesta que podría haber sido objeto de impugnación por las otras partes.

Si bien, este principio general admitía excepciones:

2.1) La vulneración patente de un derecho fundamental, lo que encuentra su justificación en la fuerza expansiva de los derechos fundamentales.

2.2) Las infracciones de Ley cuando resulte patente en el hecho probado, fuera beneficioso al reo, y su apreciación no sea controvertida (p.e., indebida apreciación de la agravante de reincidencia que surge de los datos consignados en el hecho probado).

2. Después de la reforma de 2015

La generalización de la doble instancia ha incidido en esta materia. La línea consolidada es que, si ya se ha tramitado una apelación previa, el principio general es que el ámbito del recurso de casación se contrae a la sentencia de apelación, de manera que lo que no se ha discutido en apelación no puede plantearse como cuestión nueva (*per saltum*) en casación[9].

En este marco general se admitía, sin embargo, que, excepcionalmente, podrían plantearse cuestiones nuevas en casación, en los supuestos antes descritos.

Se puede apreciar una posición más restrictiva en esta materia a partir de la STS 67/2020, de 24 de febrero. En esta resolución se reinterpretan las excepciones a la regla general, una vez que ya se cuenta con un recurso de apelación previa, y se señala que estas excepciones estaban pensadas para los casos en que no existía otro recurso que el de casación, lo que justificaba un ensanchamiento de los cauces propios del mismo, lo cual ya no aparece como necesario al generalizarse la apelación, permitiendo al recurso de casación recuperar su esencia.

Esta es la línea que se ha seguido posteriormente por la Sala de lo Penal (p.e., STS Pleno 345/2020, de 25 de junio; o STS 730/2021, de 29 de septiembre). Si bien, para evitar un exceso de rigorismo en esta cuestión, alguna resolución posterior ya ha matizado esta doctrina estricta sobre la negativa a tratar cuestiones *per saltum* (p.e., STS 597/2021, de 6 de julio; STS 764/2021, de 8 de octubre; o STS 908/2021, de 24 de noviembre).

VII. CASACIÓN Y EJECUCIÓN PENAL

Si bien se concibe, y esa es su esencia, el recurso de casación contra sentencias, también existe un ámbito de aplicación del mismo, que es poco conocido: el de la ejecución penal. Por medio de la vía del recurso de casación contra autos del art. 848 de la LECRIM, cabe que se recurran resoluciones como las siguientes[10]:

1) Autos de sustitución de la pena por expulsión del territorio nacional: El recurso de casación contra autos que resuelve sobre la expulsión en fase de ejecución ha sido admitido por la STS 981/2021, de 15 de diciembre.

2) Autos sobre determinación del límite de cumplimiento: Conforme al artículo 76 CP, es preciso determinar el límite máximo de cum-

---

9 GUTIÉRREZ AZANZA. D.A., «La admisión de motivos "per saltum" en el recurso de casación penal y su relación con los derechos fundamentales», *Revista Aranzadi Doctrinal*, nº 3, 2021.

10 BARJA DE QUIROGA, J., *Tratado de Derecho procesal penal, Tomo II*, 7ª ed., Cizur Menor (Navarra), 2019, págs. 2714 y ss.

plimiento, fijado de conformidad con el art. 70 CP. Contra tales decisiones se ha admitido el recurso de casación (STS 1078/2012, de 8 de noviembre).

3) Autos sobre aplicación del artículo 78 CP: Este auto es recurrible en casación, porque supone un evidente endurecimiento de las condiciones de ejecución de la pena, supone una modificación de la pena impuesta y, por lo tanto, al agravar la penalidad, o las condiciones de su cumplimiento, es procedente la admisión del recurso (STS 336/2021, de 22 de abril).

4) Autos sobre abono de prisión preventiva. Respecto al abono en la misma causa, la recurribilidad en casación de la decisión surge del art. 4 de la Ley de 17 de enero de 1901, sobre el abono del tiempo de prisión preventiva, que la jurisprudencia considera que está aún vigente (STS 515/2020, de 15 de octubre). Respecto al abono en causa distinta, la decisión corresponde al Juez de Vigilancia Penitenciaria y frente al auto cabe recurso de casación en unificación de doctrina, según la Disposición Adicional Quinta LOPJ.

5) Autos de licenciamiento definitivo: Desde el ATS de 7 de abril de 2008, se admite la recurribilidad de este auto.

6) Autos de acumulación de penas: Conforme al art. 988 de la LECrim, cuando el culpable de varias infracciones penales haya sido condenado en distintos procesos por hechos que pudieron ser objeto de uno solo, el Juez o Tribunal que hubiera dictado la última sentencia, de oficio, a instancia del Ministerio Fiscal o del condenado, procederá a fijar el límite del cumplimiento de las penas impuestas conforme a lo dispuesto en el artículo 76 del Código Penal. Contra tal auto podrán el Ministerio Fiscal y el condenado interponer recurso de casación por infracción de Ley.

Por tanto, cabe recurso de casación directo contra tal auto, incluso si lo dicta un órgano unipersonal (por ejemplo, un Juzgado de lo Penal).

7) Autos sobre revisión de sentencias por la entrada en vigor de una norma penal más favorable: Si en virtud de una ley más favorable, se revisa la sentencia del tribunal de instancia, el auto de revisión dictado por el propio tribunal no tiene entidad propia o independiente, sino que es una especie de "complemento de la sentencia anterior", quedando sometido a los mismos recursos que la sentencia modificada o que se pretende modificar.

VIII. ADHESIÓN AL RECURSO DE CASACIÓN

La adhesión al recurso de casación está regulada de manera fragmentaria y carente de sistemática. Cabe aplicar las reglas siguientes:

1) La adhesión al recurso de casación puede presentarse en dos momentos procesales distintos:

1.1) Una vez preparado el recurso, en el término del emplazamiento (art. 861 de la LECRIM); esto es, en la fase de interposición del recurso (art. 873.2° de la LECRIM).

1.2) Al instruirse del recurso formulado por la otra parte (art. 861 de la LECRIM); es decir, durante el trámite de alegaciones por 10 días previsto en el art. 882 de la LECRIM.

2) Se encuentran legitimados para presentar la adhesión todas aquellas partes procesales que no hayan preparado el recurso. Nada impide que un acusado se encuentre legitimado para adherirse a un recurso interpuesto por otro coacusado.

3) La cuestión que se plantea es determinar cuál es el ámbito del recurso por adhesión. Caben dos posibilidades: i) la adhesión es un recurso supeditado y coadyuvante del recurso principal al que se adhiere (es un reforzamiento del mismo); o ii) la adhesión se plantea como una impugnación nueva, desvinculada de la del recurso principal sobre el que se ha estructurado.

La jurisprudencia actual sigue una interpretación amplia: la parte que no haya preparado el recurso puede adherirse a otro recurso, alegando los motivos que le convengan, es decir, los que le favorezcan a él, en su postura procesal, en defensa de sus propios intereses, aunque sean contrarios a los de la parte recurrente.

EL DERECHO A LA REPARACIÓN INDEMNIZATORIA POR PRIVACIÓN DE LIBERTAD “ARBITRARIA”. DICTAMEN DEL COMITÉ DE DERECHOS HUMANOS DE 25 DE OCTUBRE DE 2022 ADOPTADO FRENTE A ESPAÑA, COMUNICACIÓN NÚM. 3102/2018.

CÉSAR PINTO CAÑÓN
Abogado adscrito al Turno de Oficio (penal y administrativo)
del Ilustre Colegio de la Abogacía de Madrid

RESUMEN

A partir de los hechos recogidos en el dictamen de 25 de octubre de 2022 del Comité de Derechos Humanos de Naciones Unidas, comunicación núm. 3102/2018, que examina la actuación de las autoridades españolas, se analiza la configuración en el ordenamiento jurídico español de la reparación indemnizatoria para supuestos de detención o privación de libertad *arbitraria*. Se examinan las sentencias del Tribunal Europeo de Derechos Humanos sobre casos análogos y la STC 85/2019, de 19 de junio de 2019. Necesidad de un nuevo marco normativo.

ABSTRACT

Based on the facts set out in the report of the United Nations Human Rights Committee dated 25 October 2022, communication no. 3102/2018, which examines the performance of the Spanish authorities, an analysis is made of the configuration in the Spanish legal system of compensation for cases of arbitrary detention or deprivation of liberty. The judgments of the European Court of Human Rights on similar cases and the STC 85/2019 of 19 June 2019 are reviewed. The need for a new regulatory framework is demostrated.

PALABRAS CLAVE

Derecho de defensa. Privación de libertad *arbitraria*. Comité de Derechos Humanos. Responsabilidad patrimonial. Tratados internacionales. Acumulación de condenas.

KEYWORDS

Right to defense. *Arbitrary* deprivation of liberty. Human Rights Committee. Patrimonial responsibility. International agreements. Accumulation of convictions.

Sumario. I. El caso de don J.M.H. examinado por el Comité de Derechos Humanos de Naciones Unidas. II. La regulación de la responsabilidad patrimonial del Estado por el funcionamiento de la Administración de Justicia en la Ley Orgánica 6/1985, de 1 de julio del Poder Judicial. III. La Sentencia del Pleno del Tribunal Constitucional 85/2019, de 19 de junio. Sentencias precedentes sobre la cuestión del Tribunal Europeo de Derechos Humanos. El intento fallido de la STC 8/2017, de 19 de enero de 2017. IV. Dictamen adoptado por el Comité de Derechos Humanos de Naciones Unidas respecto de la comunicación formulada por don J.M.H. núm. 3102/2018 en su 136 período de sesiones (10 de octubre a 4 de noviembre de 2022). V. Fuentes del derecho a la reparación por privaciones de libertad *arbitrarias*. VI. Conclusiones.

I. EL CASO DE DON J.M.H. EXAMINADO POR EL COMITÉ DE DERECHOS HUMANOS DE NACIONES UNIDAS.[1]

El 6 de diciembre de 2004, don J.M.H. solicitó la acumulación de seis condenas impuestas por distintos Juzgados nacionales con fundamento en el artículo 76 del Código Penal, aproximadamente seis meses después de su última condena, impuesta por el Juzgado de lo Penal núm. 2 de Vitoria. Tras una primera decisión de la Sala de lo Penal del Tribunal Supremo, auto de 29 de junio de 2006, concediendo la acumulación, el Jugado de lo Penal de Vitoria-Gasteiz hizo una interpretación y aplicación de esta decisión que motivó que don J.M.H. interpusiera un nuevo recurso de casación que le fue estimado. La acumulación de las penas le fue otorgada el 9 de

1 Hechos recogidos del Dictamen del Comité de Derechos Humanos adoptado al tenor del artículo 5, párrafo 4 del Protocolo Facultativo, respecto de la comunicación núm. 3102/2018 en su 136 período de sesiones (10 de octubre a 4 de noviembre de 2022)

enero de 2008 por auto de la Sala de lo Penal del Tribunal Supremo y el 17 de enero de 2008 fue puesto en libertad.

El 17 de enero de 2008, cuando don J.M.H. fue puesto en libertad, había superado en siete meses el período de las condenas acumuladas que le correspondía cumplir según habían establecido los tribunales nacionales, en concreto, durante el período comprendido entre el 17 de junio de 2007 y el 17 de enero de 2008.

El 30 de abril de 2008, don J.M.H. presentó, ante la Sala Segunda del Tribunal Supremo, un escrito instando la acción para el reconocimiento de error judicial en que, según entendía, habrían incurrido los órganos judiciales encargados de la acumulación de sus condenas y solicitó el reconocimiento de una indemnización por haberse visto privado de libertad más tiempo del debido, al amparo de los artículos 292, 293.1 y 293.2 de la Ley Orgánica del Poder Judicial.

El 8 de octubre de 2008, la Sala de lo Penal del Tribunal Supremo declaró su falta de competencia para resolver esta petición indemnizatoria y le indicó expresamente que debía acudir ante el Ministerio de Justicia e iniciar un procedimiento de reclamación patrimonial, de conformidad con el artículo 294 LOPJ que es el precepto, según le informó la Sala de lo Penal del Tribunal Supremo, en el que podía fundar su petición de indemnización por prisión indebida *ya sea preventiva o de cumplimiento,* según el enunciado utilizado por el Alto Tribunal.

El 29 de septiembre de 2008, don J.M.H. presentó esta reclamación patrimonial frente al Ministerio de Justicia por un funcionamiento anormal de la Administración de Justicia al amparo del artículo 294 LOPJ[2].

El 30 de enero de 2009, el Ministerio de Justicia inadmitió a trámite esta reclamación por considerar que la vía para la reparación del daño

2 En el momento en que formuló este escrito, 30.04.2008, el artículo 294 LOPJ disponía:
1. Tendrán derecho a indemnización quienes, después de haber sufrido prisión preventiva, sean absueltos **por inexistencia del hecho imputado** o **por esta misma causa** haya sido dictado auto de sobreseimiento libre, siempre que se le hayan irrogado perjuicios.
2. La cuantía de la indemnización se fijará en función del tiempo de privación de libertad y de las consecuencias personales y familiares que se le hayan producido.
3. La petición indemnizatoria se tramitará de acuerdo con lo establecido en el apartado 2 del artículo anterior.
Los apartados destacados en negrita fueron declarados inconstitucionales por STC 85/2019, de 19 de junio de 2019 (BOE 25.07.2019).

alegado por el supuesto error judicial era acudir ante la Sala Segunda del Tribunal Supremo. El 24 de septiembre de 2009, este Ministerio estimó parcialmente el recurso de reposición presentado por don J.M.H. y admitió a trámite la solicitud de reclamación patrimonial. En la tramitación de este procedimiento de responsabilidad patrimonial, tanto el Consejo General del Poder Judicial como el Consejo de Estado concluyeron, sin negar que el reclamante hubiera permanecido siete meses más en prisión de lo establecido, que no se había producido un funcionamiento anormal de la Administración de Justicia, sino que se estaba ante una aplicación de las normas por los órganos judiciales con criterios dispares. Con fundamento en estos informes, el Ministerio de Justicia desestimó la solicitud de responsabilidad patrimonial por prisión indebida.

Don J.M.H. interpuso un recurso contencioso-administrativo contra esta decisión.

El 14 de junio de 2012, la Audiencia Nacional desestimó este recurso, y reiteró que se trataba de un posible error judicial. Este Tribunal declaró que se estaba ante un cumplimiento en exceso de las penas impuestas y acumuladas en doscientos diez días, lo que podría haber causado unos daños a don J.M.H., a este caso no era aplicable el artículo 294 LOPJ. Este artículo se limita a los supuestos de prisión preventiva seguida de sentencia absolutoria o sobreseimiento, lo que no concurría en este recurso. Formulado incidente de nulidad de actuaciones, la Audiencia Nacional lo inadmitió.

Interpuesto recurso de amparo frente a estas resoluciones judiciales y la decisión administrativa que confirman, el 4 de noviembre de 2015 el Tribunal Constitucional lo inadmitió a trámite por manifiesta inexistencia de vulneración de un derecho fundamental tutelable en amparo.

El 16 de abril de 2016, don J.M.H. presentó una demanda ante el Tribunal Europeo de Derechos Humanos. El 16 de junio de 2016, este Tribunal Internacional le informó que una formación de juez único había decidido inadmitir su demanda por considerar que no cumplía los requisitos de admisibilidad establecidos en los artículos 34 y 35 del Convenio Europeo de Derechos Humanos[3].

---

[3] Artículos 34 y 35 del Convenio Europeo de Derechos Humanos.
Artículo 34. Demandas individuales.
El Tribunal podrá conocer de una demanda presentada por cualquier persona física, organización no gubernamental o grupo de particulares que se considere víctima de una violación, por una de las Altas Partes Contratantes, de los derechos

Este caso, según el relato de hechos reseñado, permite analizar la configuración legal y jurisprudencial de la materia en España.

La circunstancia de que la Sala de lo Penal del Tribunal Supremo entendiera que para reclamar esta indemnización el interesado debía seguir la vía del artículo 294 LOPJ y la respuesta contraria de los siguientes Tribunales nacionales pone de manifiesto la falta de claridad y precisión de la regulación de esta materia. El artículo 294 LOPJ contempla a quienes, después de haber sufrido prisión preventiva, han sido absueltos o se ha dictado auto de sobreseimiento libre en la causa en la que estaban siendo investigados. De acuerdo con este precepto, esta petición indemnizatoria se tramita de conformidad con lo establecido en el apartado 2 del artículo 293 LOPJ[4], es decir, el interesado debe dirigir su petición indemnizatoria al Ministerio de Justicia y esta solicitud se tramitará con arreglo a las normas reguladoras del procedimiento de responsabilidad patrimonial del Estado. Contra la resolución que resuelva esta petición cabrá recurso contencioso-administrativo.

---

reconocidos en el Convenio o sus protocolos. Las Altas Partes Contratantes se comprometen a no poner traba alguna al ejercicio eficaz de este derecho.
Artículo 35. Condiciones de admisibilidad.
1. Al Tribunal no podrá recurrirse sino después de agotar las vías de recursos internas, tal como se entiende según los principios de derecho internacional generalmente reconocidos y en el plazo de seis meses a partir de la fecha de la resolución interna definitiva.
2. El Tribunal no admitirá ninguna demanda individual entablada en aplicación del artículo 34, cuando:
a) Sea anónima, o
b) Sea esencialmente la misma que una demanda examinada anteriormente por el Tribunal o ya sometida a otra instancia internacional de investigación o de arreglo, y no contenga hechos nuevos.
3. El Tribunal considerará inadmisible cualquier demanda individual presentada en aplicación del artículo 34 cuando la estime incompatible con las disposiciones del Convenio o de sus protocolos, manifiestamente mal fundada o abusiva.
4. El Tribunal rechazará cualquier demanda que considere inadmisible en aplicación del presente artículo. Podrá decidirlo así en cualquier fase del procedimiento.

4 293. LOPJ.
2. Tanto en el supuesto de error judicial declarado como en el de daño causado por el anormal funcionamiento de la Administración de Justicia, el interesado dirigirá su petición indemnizatoria directamente al Ministerio de Justicia, tramitándose la misma con arreglo a las normas reguladoras de la responsabilidad patrimonial del estado. Contra la resolución cabrá recurso contencioso-administrativo. El derecho a reclamar la indemnización prescribirá al año, a partir del día en que pudo ejercitarse.

Además, se toma en consideración que tanto el Consejo General del Poder Judicial como el Consejo de Estado entendieron que no se había producido un funcionamiento anormal de la Administración de Justicia, sino que se estaba ante una aplicación de las normas por los órganos judiciales con criterios dispares y, por consiguiente, que no se estaba ante un hecho que fuera indemnizable por el Estado.

A todo ello, cabe añadir que la Sala de lo Contencioso-administrativo de la Audiencia Nacional consideró que no se estaba ante un supuesto del artículo 294 LOPJ porque este caso no afectaba a una persona que, después de haber sufrido prisión preventiva, hubiera sido absuelta o se hubiera dictado auto de sobreseimiento libre.

El Tribunal Constitucional consideró que no había habido vulneración de un derecho fundamental tutelable en amparo de lo que cabe inferir que entendió que la decisión de no indemnizar a una persona por permanecer siete meses en prisión en exceso no supone una injerencia en un derecho fundamental.

A fin de tratar de analizar estas cuestiones, se examina la normativa nacional sobre la materia; a continuación, se estudia la doctrina del Tribunal Europeo de Derechos Humanos y la del Tribunal Constitucional. También, se examina el Dictamen adoptado por el Comité de Derechos Humanos a tenor del artículo 5, párrafo 4, del Protocolo Facultativo, respecto de la comunicación núm. 3102/2018, adoptado en su 136 período de sesiones (10 de octubre a 4 de noviembre de 2022). Seguidamente, se examina el sistema de fuentes en el ordenamiento jurídico que fundamenta el derecho a percibir una indemnización por prisión "*arbitraria*". Y, por último, se formulan conclusiones y propuestas acerca del concepto de privación de libertad "*arbitraria*" y el procedimiento de la reclamación a seguir.

A partir de los distintos recursos y demandas planteados ante los tribunales nacionales e internacionales por ciudadanos que se han encontrado en situaciones de prisión de manera "*arbitraria" se ha ido poniendo de manifiesto la ausencia en el ámbito nacional de una regulación clara y precisa sobre qué es este concepto y cómo formular una reclamación por el mismo.*

II. LA REGULACIÓN DE LA RESPONSABILIDAD PATRIMONIAL DEL ESTADO POR EL FUNCIONAMIENTO DE LA ADMINISTRACIÓN DE JUSTICIA EN LA LEY ORGÁNICA 6/1985, DE 1 DE JULIO DEL PODER JUDICIAL.

La Ley Orgánica 6/1985, de 1 de julio, del Poder Judicial regula la responsabilidad del Estado por el funcionamiento de la Administración de Justicia en su Título V, artículos 292 a 296. El texto original de esta ley orgánica fue publicado en el Boletín Oficial del Estado el 2 de julio de 1985 y entró en vigor al día siguiente, el 3 de julio.

Estos preceptos, durante los últimos treinta y ocho años, solo han sido modificados por el legislador en dos ocasiones y ninguna de ellas en relación con las cuestiones esenciales que se examinan.

La Ley Orgánica 4/1987, de 15 de julio[5] modificó el inciso final de la letra b) del apartado 1 del artículo 293 LOPJ en el sentido de establecer que era la Sala Quinta de lo Militar del Tribunal Supremo, en lugar de la Sala Segunda de este mismo Tribunal, quien tenía la competencia para conocer la pretensión de declaración del error cuando se estuviera ante decisiones de órganos de la jurisdicción militar.

El artículo único 43 de La Ley Orgánica 7/2015, de 21 de julio[6] suprimió el artículo 297 LOPJ que estipulaba que los particulares podían exigir la responsabilidad civil a los Jueces y Magistrados. De esta manera, los supuestos perjudicados no pueden dirigirse directamente contra éstos, sino que deben seguir los cauces procedimentales de responsabilidad del Estado por error judicial o por funcionamiento anormal de la Administración de Justicia.

Complementaria a la anterior supresión del artículo 297 LOPJ, el artículo único 42 de la Ley Orgánica 7/2015, de 21 de junio modificó el artículo 296 LOPJ. Con anterioridad a esta modificación, el Estado respondía también de los daños que se produjeran por dolo o culpa grave de los Jueces y Magistrados, y le asistía el derecho de repetir contra los mismos por los cauces del proceso declarativo que correspondiera ante el Tribunal competente, siendo siempre Parte el Ministerio Fiscal. Con la nueva redacción del artículo 296 LOPJ, el legislador orgánico clarifica que

---

5 Ley Orgánica 4/1987, de 15 de julio, de la Competencia y Organización de la Jurisdicción Militar (BOE núm. 171, de 18 de julio de 1987).

6 Ley Orgánica 7/2015, de 21 de julio, por la que se modifica la Ley Orgánica 6/1985, de 1 de julio, del Poder Judicial (BOE núm. 174, de 22 de julio de 2015).

los daños y perjuicios causados por los Jueces y Magistrados en el ejercicio de sus funciones darán lugar, en su caso, a responsabilidad del Estado por error judicial o por funcionamiento anormal de la Administración de Justicia. Establece, de la misma manera que la modificación anterior, que, en ningún caso, puedan los perjudicados dirigirse directamente contra aquéllos. Y determina que, si los daños y perjuicios provinieran de dolo o culpa grave del Juez o Magistrado, la Administración, una vez satisfecha la indemnización al perjudicado, podrá exigir, por vía administrativa a través del procedimiento reglamentariamente establecido, al Juez o Magistrado responsable el reembolso de lo pagado sin perjuicio de la responsabilidad disciplinaria en que éste pudiera incurrir, de acuerdo con lo dispuesto en esta Ley. Además, dispone que el dolo o culpa grave del Juez o Magistrado se podrá reconocer en sentencia o en resolución dictada por el Consejo General del Poder Judicial conforme al procedimiento que éste determine.

El Tribunal Constitucional por STC 85/2019, de 19 de junio[7], declaró inconstitucionales y nulos los incisos *por inexistencia del hecho imputado* y *por esta misma causa*. En consecuencia, a partir de esta sentencia, quienes hayan sufrido prisión preventiva seguida de sentencia absolutoria o por auto de sobreseimiento libre tendrán derecho a indemnización, siempre que se le hayan irrogado perjuicios (lo que parece una obviedad), sin que sea requisito, como con anterioridad, que expresamente se haya declarado en la resolución judicial penal que no se hubiera producido el hecho investigado.

De acuerdo con estos preceptos en vigor, se está ante tres tipos de responsabilidad patrimonial del Estado por el funcionamiento de la Administración de Justicia: (i) por daños causados por error judicial; (ii) por daños causados como consecuencia del funcionamiento anormal de la Administración de Justicia; y (iii) por haber sufrido prisión preventiva quienes sean absueltos o haya sido dictado auto de sobreseimiento libre. Las fronteras entre estos tres tipos de responsabilidad no están claras, según la legislación nacional, lo que provoca disfunciones para el ejercicio del derecho a su reparación.

---

7 Pleno. STC 85/2019, de 19 de junio de 2019 (BOE núm. 177, de 25 de julio de 2019).

III. LA SENTENCIA DEL PLENO DEL TRIBUNAL CONSTITUCIONAL 85/2019, DE 19 DE JUNIO. SENTENCIAS PRECEDENTES SOBRE LA CUESTIÓN DEL TRIBUNAL EUROPEO DE DERECHOS HUMANOS. EL INTENTO FALLIDO DEL PLENO DEL TRIBUNAL CONSTITUCIONAL DE RECONOCER EL DERECHO A LA INDEMNIZACIÓN POR PRISIÓN PREVENTIVA SEGUIDA DE UNA SENTENCIA ABSOLUTORIA SIN DECLARAR INCONSTITUCIONALES DOS INCISOS DEL ARTÍCULO 294.1 LOPJ, EN SU STC 8/2017, DE 19 DE ENERO DE 2017.

La Sentencia del Pleno del Tribunal Constitucional 85/2019, de 19 de junio, con distintos votos particulares, resolvió una cuestión interna de inconstitucionalidad planteada por el mismo Pleno del Tribunal Constitucional en relación el artículo 294.1 de la Ley Orgánica 6/1985, de 1 de julio, del Poder Judicial. En esta sentencia, el Pleno del Tribunal Constitucional, con varios votos particulares, declaró la inconstitucionalidad y nulidad de los incisos *por inexistencia del hecho imputado* y *por esta misma causa* del artículo 294.1 LOPJ. Estos incisos limitaban los supuestos de reconocimiento de la indemnización por prisión provisional a la inexistencia del hecho imputado o que se estuviera ante un sobreseimiento libre. El Pleno del Tribunal Constitucional en su STC 85/2019 consideró que estos incisos contradecían el principio de igualdad ante la ley, Art. 14 CE, y el derecho a la presunción de inocencia, Art. 24.2 CE.

Como se constata de los antecedentes de hecho de esta STC 85/2019, el demandante de amparo, en su recurso inicial, había invocado, como respaldo de sus pretensiones, la alegada vulneración del derecho a la igualdad ante la ley, Art. 14 y del derecho a la presunción de inocencia, Art. 24.2 CE. Como fundamento de sus argumentos explicó las SSTEDH de 25 de abril de 2006, caso *Puig Panella c. España,* y de 13 de julio de 2010, caso *Tendam c. España.* Este recurso de amparo se tramitó con número 4035-2012. Como dato a tener en cuenta, en el momento en que el Tribunal Constitucional resolvió esta cuestión interna de inconstitucionalidad, habían transcurrido, por tanto, trece años desde la primera sentencia del TEDH y nueve de la segunda. A estas dos sentencias del TEDH ha de añadirse la posterior STEDH de 16 de febrero de 2016, caso *Vlieeland Boddy y Marcelo Lanni c. España.*

En la STEDH de 25 de abril de 2006, caso *Puig Panella c. España,* el Tribunal Europeo de Derechos Humanos había examinado un supuesto en el que el Ministerio de Justicia, los órganos judiciales nacionales y el Tribunal Constitucional habían rechazado la solicitud de responsabilidad patrimonial por prisión padecida por el reclamante que se había encontrado en la situación de cumplir una condena de prisión cuando, con posterioridad, el Tribunal Constitucional, en el recurso de amparo 202/1995, STC 78/1988, de 27 de abril[8], había declarado que había sido condenado únicamente a partir de documentos reunidos durante la fase de instrucción, que no habían sido ni reproducidos ni presentados a contradicción en la vista, y anuló la decisión del Tribunal militar de 11 mayo 1984 y la Sentencia de la Sala militar del Tribunal Supremo de 12 diciembre 1988, debido a que vulneraban el principio de la presunción de inocencia.

Según las autoridades nacionales, no procedía el reconocimiento de indemnización porque no se estaba ante una prisión provisional, sino por el cumplimiento de una sentencia condenatoria que posteriormente había sido anulada por el Tribunal Constitucional. El TEDH explica que el demandante, que no había invocado ninguna disposición precisa de la LOPJ en su reclamación ante el Ministerio de Justicia, había señalado, en el marco de su recurso de amparo, la imposibilidad de aplicar el artículo 294 teniendo en cuenta que se quejaba de la pena de prisión que cumplió y no de la prisión preventiva. El TEDH declara que las autoridades nacionales hicieron prueba de una severidad excesiva al aplicar este artículo, teniendo en cuenta que el demandante no se quejaba de su prisión preventiva y que no se produjo ni absolución ni sobreseimiento. Según el TEDH fue la aplicación por analogía de este artículo, en lugar del artículo 292, que trata situaciones más generales (error judicial o mal funcionamiento de la justicia), la que condujo al Ministerio de Justicia y a los tribunales internos a declarar que no se había declarado la inexistencia de los hechos y, por ello, a rechazar la reclamación planteada. El TEDH entiende que este razonamiento plantea una duda sobre la inocencia del demandante y todo ello, a pesar de la primera sentencia del Tribunal Constitucional que había concedido el amparo al interesado restableciendo su derecho a la presunción de inocencia. El TEDH concluye que la existencia de sospechas sobre la inocencia de un acusado no puede fundamentar la denegación de la indemnización que había sido solicitada tras una absolución definitiva. En este sentido, se remite a la SSTEDH *Asan Rushiti c. Austria*, ap. 31, y *Vostic c. Austria*, ap. 19. En estas condiciones, el razonamiento del Ministerio de Justicia, confirmado posteriormente por los tribunales internos, es, a tenor de lo acordado por el TEDH, incompatible con el respeto de la presunción

8 Sala Segunda. STC 78/1988, de 27 de abril (BOE núm. 125, de 25 de mayo de 1988).

de inocencia y, por tanto, concluyó en que incurría en violación del artículo 6.2 del Convenio Europeo de Derechos Humanos.

En la STEDH de 13 de julio de 2010, caso *Tendam c. España*, el Tribunal Europeo de Derechos Humanos examinó un supuesto en el que las autoridades nacionales habían desestimado las peticiones de indemnización del demandante por los perjuicios sufridos debido a la prisión provisional y a la desaparición y deterioro de los bienes embargados en el marco de dos procedimientos penales seguidos contra él por lo que fue finalmente absuelto. En el primero, el demandante estuvo en prisión provisional, habiendo sido condenado en primera instancia y finalmente absuelto por la Audiencia Provincial. En el segundo, la cuestión estaba relacionada con el deterioro de los bienes.

En este caso, el demandante alegó la violación de los artículos 6. 1 y 2 del Convenio y 3 del Protocolo nº 7. El TEDH examinó la cuestión bajo el ángulo del artículo 6.2 del Convenio. Señaló que España no había ratificado el Protocolo nº 7 en el momento de los hechos.[9]

En esta STEDH de 13 de julio de 2010, párrafos 12 y siguientes, el TEDH reitera que la presunción de inocencia queda ignorada si una decisión judicial concerniente a un procesado refleja el sentimiento de que es culpable, cuando su culpabilidad no haya sido legalmente establecida con anterioridad. Además, declara que el campo de aplicación del artículo 6.2 del Convenio no se limita a los procedimientos penales pendientes, sino que se extiende a los procedimientos judiciales consecutivos a la absolución definitiva.

El TEDH expresamente reconoce que ni el artículo 6.2 del Convenio ni ningún otro de sus preceptos da derecho a reparación por una prisión provisional regular en caso de absolución. No obstante, explica, la expresión de sospechas sobre la inocencia de un acusado no es aceptable después de

---

9 El artículo 3 del Protocolo número 7 del Convenio para la protección de los Derechos Humanos y Libertades Fundamentales, entró en vigor de forma general el 1 de noviembre de 1988 y para España entró en vigor el 1 de diciembre de 2009, de conformidad con lo establecido en su artículo 9, (BOE núm. 249, 15.10.2009). Este precepto establece:
Cuando una sentencia penal condenatoria firme resulte posteriormente anulada o se conceda una medida de gracia porque un hecho nuevo o nuevas revelaciones demuestren que ha habido error judicial, la persona que haya sufrido la pena en virtud de esa condena, será indemnizada conforme a la ley o al uso vigente en el Estado respectivo, excepto cuando se pruebe que la no revelación en tiempo oportuno del hecho desconocido fuere imputable total o parcialmente a dicha persona.

su absolución definitiva. Subraya que una vez la absolución ha sido definitiva, incluso si se trata de una absolución conforme al artículo 6.2 del Convenio, la expresión de duda sobre su culpabilidad, incluidas las derivadas de los motivos de la absolución, no son compatibles con la presunción de inocencia. Además, el TEDH señala que en virtud del principio "*in dubio pro reo*", que constituye una expresión particular del principio de presunción de inocencia, no debe existir ninguna diferencia cualitativa, entre una absolución por falta de pruebas y una absolución con fundamento en la constatación de la inocencia de la persona. Proclama que las sentencias de absolución no se diferencian en función de los motivos dictados por el órgano judicial. Y, concluye, que el fallo de una sentencia absolutoria debe ser respetado por todas las autoridades que se pronuncien de manera directa o incidental sobre la responsabilidad penal del interesado, y respalda esta conclusión con la STEDH *Vassilios Stavropoulos c. Grecia,* apartado 39, 27 de septiembre de 2007. Por último, con remisión a los argumentos de su STEDH *Capeau c. Bélgica,* nº 42914/98, apartado 25, el hecho de exigir a una persona presentar pruebas de su inocencia en el marco de un procedimiento de responsabilidad patrimonial por prisión provisional, es irracional y muestra un atentado contra la presunción de inocencia.

El TEDH considera que, por un lado, este caso es diferente al de *Puig Panella,* porque en éste había sido presentada una solicitud de indemnización después de una sentencia del Tribunal Constitucional que había anulado las decisiones de condena de las que había sido objeto una vez había sido ejecutada la pena de prisión. Pero, apunta, ambos casos coinciden en que las decisiones del Ministerio de Justicia y de los tribunales nacionales han arrojado sospechas sobre la inocencia de los demandantes y, por consiguiente, han vulnerado su derecho a la presunción de inocencia.

La STEDH de 16 de febrero de 2016, caso *Vlieeland Boddy y Marcelo Lanni c. España,* muestra como el TEDH vuelve a constatar que la aplicación del artículo 294 LOPJ ha supuesto, en los dos casos que examina, la denegación de la indemnización solicitada por vulneración del derecho a la presunción de inocencia. En relación al primer demandante, llega a esta conclusión porque las autoridades nacionales han considerado que no era aplicable en la medida en que el demandante había sido absuelto por falta de pruebas de cargo suficientes que permitieran demostrar su participación en los hechos. En relación con el segundo demandante, el TEDH constata que se le ha denegado la indemnización por estarse ante un sobreseimiento provisional; según las autoridades nacionales no procede la indemnización en este segundo caso porque no hay una sentencia absolutoria ni ha habido un sobreseimiento libre firme por inexistencia de los hechos imputados, como requiere el precepto citado. El TEDH concluye, nuevamente, que las motivaciones dadas por las autoridades nacionales en ambos supuestos dejan planear una duda sobre la inocencia de los demandantes y, por tanto, concluye que ha habido violación del artículo 6.2 del Convenio.

El Pleno del Tribunal Constitucional en su STC 8/2017, de 19 de enero de 2017[10], con un voto particular suscrito por dos magistrados, reconoce la vulneración del derecho a la presunción de inocencia frente a la desestimación de indemnización por funcionamiento anormal de la Administración de Justicia formuladas por el demandante sin declarar la inconstitucionalidad de los incisos *por inexistencia del hecho imputado* y *por esta misma causa* del artículo 294.1 LOPJ. En el fundamento de derecho 4. de esta STC 8/2017, el Tribunal Constitucional expone su doctrina sobre el régimen de la responsabilidad patrimonial fundado en error judicial o en el funcionamiento anormal de la Administración de Justicia, además de la doctrina emanada del TEDH citada. El Tribunal Constitucional repara en los artículos 106 y 121[11] de la Constitución y los explica como derivados del principio general de responsabilidad de todos los poderes públicos (art. 9.3 CE). Además, expresa que se está ante derechos de configuración legal porque la Constitución difiere a la Ley su regulación. En el fundamento de derecho 5. de esta STC 8/2017, el Tribunal Constitucional hace referencia al Derecho comparado sobre preceptos similares. A continuación, remite a la doctrina del TEDH relativa a que el Convenio no otorga derecho a una indemnización por razón de prisión provisional adoptada legalmente en caso de absolución y que el simple rechazo de una indemnización no es contrario, en sí mismo, a la presunción de inocencia. Y, en relación con este tema, señala que, como proclamó el TEDH en la STDEH de 23 de marzo de 2000, asunto *Dinares Peñalver c. España*, párrafo 2, corresponde a los Tribunales internos nacionales la interpretación y aplicación de los artículos de la Ley Orgánica del Poder Judicial relativos a la responsabilidad patrimonial del Estado. Es significativo que el Tribunal Constitucional cierra este fundamento de derecho con una referencia a la jurisprudencia del Tribunal Supremo concerniente a la interpretación del artículo 294 LOPJ y trascribe el argumento desarrollado por el Alto Tribunal relativo a que nuestro ordenamiento jurídico *no avala la conclusión de una responsabilidad patrimonial automática y objetiva, de tal manera*

10 Pleno. STC 8/2017, de 19 de enero de 2017. (BOE núm. 46, 23 de febrero de 2017).

11 Artículo 121 CE.
Los daños causados por error judicial, así como los que sean consecuencia del funcionamiento anormal de la Administración de Justicia, darán derecho a una indemnización a cargo del Estado, conforme a la ley.

que una vez producida la absolución o el sobreseimiento libre se generara en quién lo hubiera sufrido prisión preventiva un derecho indemnizatorio [SSTS de 9 de abril, 23 de julio y 23 de diciembre de 2015 (recursos de casación núm. 1443-2014, 3300-2014 y 153-2015)].

En el fundamento de derecho 7. de esta STC 8/2017, de 19 de enero examina el caso planteado y establece que el debate judicial se ha centrado en torno a la concurrencia o no del presupuesto de la inexistencia del hecho delictivo y trascribe la fundamentación que da el órgano judicial para resolver el debate señalando *que el recurrente fue absuelto por aplicación del principio in dubio pro reo, vertiente del de presunción de inocencia,* y, por consiguiente, no se ha declarado la inexistencia objetiva del hecho. El Tribunal Constitucional estima este recurso de amparo 2341-2012 porque este razonamiento cuestiona la inocencia del demandante, que era precisamente lo que también había sucedido en los casos *Puig Panella y Tendam c. España* y *Vlieeland Boody y Marcelo Lanni c. España.* El Tribunal Constitucional estimó parcialmente el recurso de amparo por vulneración del derecho a la presunción de inocencia sin necesidad de plantear ninguna cuestión de inconstitucionalidad y, lo que es relevante para la comprensión de la posterior STC 85/2019, de 19 de junio, *anula la sentencia de 28 de febrero de 2012 dictada por la Sección Cuarta de la Sala Tercera del Tribunal Supremo y [decide] retrotraer las actuaciones al momento anterior al dictado de dicha Sentencia para que se resuelva en los términos contenidos en el último fundamento jurídico de esta resolución.*

El 12 de julio de 2017, la Sección Cuarta de la Sala de lo Contencioso-administrativo del Tribunal Supremo, dictó una nueva sentencia en este asunto, en cumplimiento del pronunciamiento de la STC 85/2019, de 19 de junio, que se ha transcrito. Esta nueva sentencia también desestimó el recurso de casación.[12]

El Tribunal Supremo desestima el recurso de casación porque (i) entiende que no cabe examinar ninguna lesión del artículo 293 LOPJ, porque el recurrente no había utilizado en sede administrativa esta vía al acudir al Ministerio de Justicia; (ii) no hay ninguna sentencia de la Sala Segunda del Tribunal Supremo que declare que hubiera habido error judicial en la adopción de la medida de prisión preventiva del recurrente que luego resultó absuelto; (iii) la sentencia de la Audiencia Provincial que absolvió al recurrente llegó a este pronunciamiento en virtud del principio "*in dubio pro reo*"; (iv) del artículo 6.2 del Convenio Europeo de Derechos Humanos no nace el derecho

[12] STS 2862/2017-ECLI:ES:TS:2017:2862. Fecha: 12/07/2017. Nº de Recurso: 2360/2011. Nº de Resolución: 1230/2017. Procedimiento: Recurso de casación.

a una indemnización automática, es decir, no exige que los Estados miembros indemnicen todo supuesto de absolución acordada tras la medida cautelar de prisión provisional, por lo que ha de volverse al contenido del artículo 294 LOPJ; y (v) la sentencia absolutoria del recurrente no se fundamenta en una inexistencia objetiva del hecho ni en una atipicidad del mismo, por tanto, no concurren los requisitos de este artículo 294 LOPJ.

Es, por consiguiente, en este marco jurisprudencial que el Pleno del Tribunal Constitucional dictó la Sentencia núm. 85/2019, de 19 de junio por la que resolvió una cuestión interna de inconstitucionalidad en relación el artículo 294.1 de la Ley Orgánica 6/1985, de 1 de julio, del Poder Judicial y declaró la inconstitucionalidad y nulidad de los incisos *por inexistencia del hecho imputado* y *por esta misma causa* del artículo 294.1 LOPJ, con fundamento en las citadas SSTEDH. Por un lado, la Sala Tercera del Tribunal Supremo interpretaba y aplicaba literalmente el artículo 294.1 LOPJ y, en consecuencia, exigía como uno de los requisitos necesarios para declarar que procedía el reconocimiento de una indemnización por prisión provisional, la inexistencia objetiva del hecho o su atipicidad. Por otro, el TEDH, si bien entiende que del artículo 6.2 del Convenio Europeo de Derechos Humanos no se deriva la obligación de los Estados Parte a indemnizar todo supuesto de absolución acordada tras la medida cautelar de prisión provisional, expresamente declara que, para denegar una indemnización por este concepto, no cabe formular sospechas sobre la inocencia del que solicita este tipo de reparación. Ante esta disyuntiva, el Tribunal Constitucional concluye que debe declarar la inconstitucionalidad de ambos incisos del artículo 294 LOPJ. En realidad, concluye que es incompatible exigir, como contemplaba la norma nacional, al reclamante de este tipo de reparación acreditar que ha sido absuelto por inexistencia objetiva del hecho imputado con el derecho a la presunción de inocencia, Art. 24.2 CE, según el alcance que el TEDH da a este derecho fundamental.

Esta enumeración de resoluciones judiciales pone de manifiesto que en el ámbito nacional se ha estado, por consiguiente, ante una norma, el artículo 294.1 LOPJ, que entró en vigor el 3 de julio de 1985, con unos incisos que han sido declarados inconstitucionales en el año 2019 por la STC 85/2019, de 19 de junio. Esta situación ha provocado que, en varias ocasiones, el TEDH haya condenado a España sin que el legislador haya modificado la normativa aplicada. Además, la situación de falta de claridad y certeza en cuanto a este régimen indemnizatorio se ha materializado en un gran número de recursos de amparo planteados ante el Tribunal Constitucional ante la no acogida por Parte de los tribunales nacionales de la doctrina del TEDH. El Tribunal

Constitucional, a partir de su STC 125/2019 de 31 de octubre[13], aplica esta doctrina y establece las consecuencias del fallo anulatorio de los incisos del artículo 294 LOPJ de la STC 85/2019, de 19 de junio. Desde su STC 125/2019 de 31 de octubre, el Tribunal Constitucional, con remisión a la STC 85/2019, ha estimado cerca de cincuenta recursos de amparo y ha declarado que se había incurrido en la vulneración de los derechos a la igualdad (art. 14 CE) y a la presunción de inocencia (Art. 24.2 CE) porque el Ministerio de Justicia había denegado las solicitudes de indemnización por aplicación de los incisos de este precepto declarados inconstitucionales por la STC 85/2019, de 19 de junio.

En estos casos, el Tribunal Constitucional, además de declarar vulnerados estos dos derechos fundamentales, a fin de restablecer estos derechos, ha declarado la nulidad de las resoluciones judiciales y de las decisiones recaídas en los expedientes tramitados ante el Ministerio de Justicia por responsabilidad patrimonial y ha acordado retrotraer las actuaciones al momento anterior al dictado de la resolución de este Ministerio para que resolviera la reclamación de responsabilidad patrimonial de forma respetuosa con estos derechos fundamentales. Es decir, no ha acordado retrotraer las actuaciones a fin de que un órgano judicial vuelva a dictar una resolución, sino que sea la misma Administración nacional la que resuelva.

---

13 Pleno. STC 125/2019, de 31 de octubre de 2019 (BOE núm. 293, 6 de diciembre de 2019).

IV. DICTAMEN DEL COMITÉ DE DERECHOS HUMANOS DE NACIONES UNIDAS, COMUNICACIÓN FORMULADA POR DON J.M.H. NÚM. 3102/2018 EN SU 136 PERÍODO DE SESIONES (10 DE OCTUBRE A 4 DE NOVIEMBRE DE 2022) EN LA QUE ALEGÓ LA VIOLACIÓN POR EL ESTADO PARTE DE SUS DERECHOS RECONOCIDOS EN EL ARTÍCULO 9, PÁRRAFO 5 CONJUNTAMENTE CON LOS PÁRRAFOS 1 Y 4 DEL ARTÍCULO 9.[14][15]

El 25 de julio de 2017, don J.M.H. formuló una comunicación ante el Comité de Derechos Humanos de Naciones Unidas con relación a los hechos descritos en el apartado I. En esta comunicación alegó la violación por el Estado Parte de los derechos reconocidos en el artículo 9, párrafo 5 conjuntamente con los párrafos 1 y 4 del artículo 9 del Pacto Internacional de Derechos Civiles y Políticos.

Este Comité adoptó la decisión final el 25 de octubre de 2022 y lo hizo público el 30 de noviembre de 2022.

La primera cuestión que este Comité examina es si es o no admisible la comunicación de don J.M.H. El Estado Parte, España, había alegado que procedía la inadmisión de su comunicación porque el autor había for-

---

[14] El Pacto Internacional de derechos civiles y políticos, hecho en Nueva York el 19 de diciembre de 1966 entró en vigor en España el 27 de julio de 1977, de conformidad con lo establecido en su artículo 49.2, habiendo depositado el Instrumento de Ratificación de España el 27 de abril de 1977. (Instrumento de Ratificación de España del Pacto Internacional de Derechos Civiles y Políticos, hecho en Nueva York el 19 de diciembre de 1966, BOE núm. 103, de 30 de abril de 1977).
El Protocolo Facultativo del Pacto Internacional de Derechos Civiles y Políticos entró en vigor para España el 25 de abril de 1985. (Instrumento de adhesión de 17 de enero de 1985, de España al Protocolo Facultativo del Pacto Internacional de Derechos Civiles y Políticos, adoptado en Nueva York por la Asamblea General de las Naciones Unidas, el 16 de diciembre de 1966, BOE núm. 79, 2 de abril de 1985).

[15] Los párrafos 1, 4 y 5 del Pacto Internacional de derechos civiles y políticos son:
1. Todo individuo tiene derecho a la libertad y a la seguridad personales. Nadie podrá ser sometido a detención o prisión arbitrarias. Nadie podrá ser privado de su libertad, salvo por las causas fijadas por ley y con arreglo al procedimiento establecido en ésta.
4. Toda persona que sea privada de libertad en virtud de detención o prisión tendrá derecho a recurrir ante un tribunal, a fin de que éste decida a la brevedad posible sobre la legalidad de su prisión y ordene su libertad si la prisión fuera ilegal.
5. Toda persona que haya sido ilegalmente detenida o presa, tendrá el derecho efectivo a obtener reparación.

mulado con anterioridad una demanda al Tribunal Europeo de Derechos Humanos que se basaba en los mismos hechos y se refería a los mismos derechos sustantivos que los planteados ante el mismo Comité. Con arreglo al artículo 5, párrafo 2 a). del Protocolo Facultativo y la reserva de España a esta disposición[16][17], el Comité no puede examinar un asunto que está siendo examinado o ya ha sido examinado en el marco de otro procedimiento de examen o arreglo internacional. Frente a los argumentos del Estado Parte, el Comité considera que no existe obstáculo para examinar el fondo de la comunicación porque el Tribunal Europeo ha adoptado una inadmisión de manera sucinta que no permite determinar con certidumbre si se había examinado el fondo del asunto, aunque fuera de manera limitada.[18] El Comité entiende que el 16 de junio de 2016, cuando el TEDH decidió inadmitir la demanda del autor solo indica que su demanda no cumplía con los requisitos de admisibilidad establecidos en los artículos 34 y 35 del Convenio. Por tanto, en este caso, el Comité reitera su criterio según el cual cuando el Tribunal Europeo fundamenta su decisión de inadmisión solo en razones de procedimiento, y no en razones que denoten cierto grado de consideración sobre el fondo del asunto, por limitado que sea, no cabe entender que ha sido *"examinado"* en el sentido que se atribuye a esa expresión en las reservas correspondientes al artículo 5, párrafo 2 a) del Protocolo Facultativo y, concluye, que en este caso concreto, no cabe determinar con certidumbre si el Tribunal Europeo consideró el fondo del caso.

El Comité para examinar las cuestiones de fondo planteadas toma en consideración sus anteriores dictámenes y, además, la Observación General núm.

---

16 El artículo 5, párrafo 2 a). del Protocolo Facultativo es del siguiente tenor: 2. El Comité no examinará ninguna comunicación de un individuo a menos que se haya cerciorado de que: a) El mismo asunto no ha sido sometido ya a otro procedimiento de examen o arreglo internacionales.

17 La reserva de España al artículo 5, párrafo 2 a). del Protocolo Facultativo establece: «El Gobierno español se adhiere al Protocolo Facultativo del Pacto Internacional de Derechos Civiles y Políticos, interpretando el artículo 5, párrafo 2, de este Protocolo, en el sentido de que el Comité de Derechos Humanos no considerará ninguna comunicación de un individuo a menos que se haya cerciorado de que el mismo asunto no ha sido sometido o no lo esté siendo a otro procedimiento de examen o arreglo internacionales.»

18 Dictámenes del Comité de Derechos Humanos en relación a las comunicaciones núm. 1945/2010 Achabal Puertas c. España, párrafo 7.3 y 274/2014 X. c. Noruega, párrafo 6.2.

35 (2014).[19] Reconoce que en sus dictámenes se ha centrado en las detenciones preventivas y en la aplicación de los derechos y garantías procesales hasta el momento de la condena judicial, pero, no obstante, declara que los Estados Parte tienen la obligación de garantizar la protección y promoción de los derechos del Pacto también en la fase de ejecución de penas. En este sentido, declara que en otros asuntos ya ha indicado que la privación de libertad no autorizada de reclusos más allá de la duración de su condena es arbitraria e ilícita, al igual que la prolongación no autorizada de otras formas de reclusión.[20] Añade que para interpretar y aplicar el concepto de "*arbitrariedad*" del apartado 5 del artículo 9 del Pacto no debe equipararse a "*contrario a la ley*" sino que debe considerarse de manera más amplia a fin de incluir elementos tales como "*incorrección, injusticia e imprevisibilidad*"[21] También ha de comprender el principio de las "*garantías procesales*".[22]

A partir de estas premisas, el Comité toma en cuenta también, para determinar el carácter ilegal o arbitrario de la detención o prisión, el cumplimiento de las garantías procesales incluidas en el Pacto y, por consiguiente, las recogidas en el párrafo 4 del artículo 9[23] y las recogidas en el artículo 14, en especial, porque lo cita a lo largo del dictamen, la letra c) del apartado 3 de este artículo 14[24]. Por ello, proclama que las personas privadas de su libertad no solo tienen el derecho a recurrir, sino también a que el recurso se resuelva y que ello se haga sin demora. Proclama que el

---

19 Observación general Nº 35. Artículo 9 (Libertad y seguridad personales) aprobada por el Comité de Derechos Humanos en su 112º período de sesiones (7 a 31 de octubre de 2014).

20 Dictámenes del Comité de Derechos Humanos, comunicaciones números 856/1999, *Chambala c. Zambia,* párrafo 7.3 y 138/1981, *Mpandanjila y otros* c. *Zaire,* párrafo 10.

21 Dictamen del Comité de Derechos Humanos aprobado en la comunicación número 560/1993, A. c. Australia, párrafo 9.2.

22 Dictamen del Comité de Derechos Humanos, comunicación *Van Alphen c. Países Bajos,* párrafo 5.8.

23 Párrafo 4 del artículo 9 del Pacto Internacional de Derechos Civiles y Políticos:
4. Toda persona que sea privada de libertad en virtud de detención o prisión tendrá derecho a recurrir ante un tribunal, a fin de que éste decida a la brevedad posible sobre la legalidad de su prisión y ordene su libertad si la prisión fuera ilegal.

24 La letra c) del apartado 3 del artículo 14 del Pacto Internacional de Derechos Civiles y Políticos:
3. Durante el proceso, toda persona acusada de un delito tendrá derecho, en plena igualdad, a las siguientes garantías mínimas:
c) A ser juzgada sin dilaciones indebidas;

recurso debe resolverse lo más rápidamente posible y que la acumulación de sentencias que se tramite de acuerdo con el artículo 76 del Código Penal español debe cumplir con estos principios y evitar dilaciones para asegurar que el tiempo que la persona permanece privada de su libertad no se extienda de manera injustificada e innecesaria. El Comité considera que España no ha demostrado que el plazo dentro del cual se resolvió el procedimiento de acumulación de penas, tres años y medio después de la primera solicitud, fuera razonable, y toma en cuenta, para ello, el nivel de complejidad del caso y la jurisprudencia establecida por el Tribunal Supremo relativa a la acumulación de condenas. Recalca que el Estado Parte tampoco ha argumentado ni demostrado que hubiera asegurado todas las garantías procesales para evitar esta dilación que podría haberse producido por una falta de previsibilidad. Con fundamento en la doctrina del Tribunal Europeo de Derechos Humanos, declara que el principio de previsibilidad debe cumplirse tanto para la definición de un delito como para la pena que éste implica. En todos los casos de detención, según el Comité, la carga de establecer su fundamento jurídico y su razonabilidad, así como su necesidad y su proporcionalidad, corresponde a las autoridades responsables de la detención.[25]

Es significativo que el Comité subraya que el Estado Parte no ha demostrado que la manera en la cual ha actuado en este caso haya sido eficaz para prevenir o evitar la dilación en el procedimiento de acumulación de sentencias que causó la detención indebida del autor. Por el contrario, destaca que don J.M.H. ha sido diligente al utilizar los recursos de que disponía para asegurar que la duración de su condena se ajustara al derecho interno.

A partir de todas estas consideraciones jurídicas, el Comité concluye que en relación con don J.M.H. se produjo una violación del párrafo 1 del artículo 9 [26] En consecuencia, establece que el autor tiene derecho a obtener una reparación de conformidad con el párrafo 5 del artículo 9. Recuerda que este precepto obliga a los Estados Parte a establecer el marco jurídico necesario para conceder una indemnización a las víctimas,

---

25 STEDH, *Del Río Prada c. España*, párrafos 91, 111-117. STEDH *Alimuçaj c. Albania*, párrafos 154-162.

26 Párrafo 1 del artículo 9 del Pacto Internacional de Derechos Civiles y Políticos: 1. Todo individuo tiene derecho a la libertad y a la seguridad personales. Nadie podrá ser sometido a detención o prisión arbitrarias. Nadie podrá ser privado de su libertad, salvo por las causas fijadas por ley y con arreglo al procedimiento establecido en ésta.

de manera que sea un derecho exigible y no una cuestión que tenga carácter graciable o discrecional y también obliga a que exista un sistema efectivo de procedimientos que otorgue indemnización en todos los casos amparados por el artículo 9, párrafo 5 del Pacto.

De conformidad con el artículo 2, párrafo 3 a) del Pacto[27], el Comité establece una obligación al Estado Parte más allá del reconocimiento de los derechos del autor de la comunicación y determina que debe adoptar todas las medidas necesarias para evitar que se produzcan violaciones semejantes en el futuro. Entre otras formas revisando su legislación, sus normativas y sus prácticas nacionales para que las personas que hayan sido detenidas o privadas de libertad de manera ilegal o arbitraria puedan solicitar una indemnización adecuada, de conformidad con la obligación establecida en el Pacto Internacional de Derechos Civiles y Políticos.

V. FUENTES DEL DERECHO A LA REPARACIÓN POR PRIVACIONES DE LIBERTAD *ARBITRARIAS*.

Si a fecha de hoy, octubre o noviembre o diciembre de 2023, don J.M.H. se encontrase en la misma situación que el 17 de enero de 2008, es decir, que fuera puesto en libertad habiendo cumplido siete meses más de lo establecido en las resoluciones judiciales que acordaron la acumulación de sus condenas, si las autoridades nacionales no tuvieran en consideración este dictamen del Comité de Derechos Humanos o se actuase como si no existiera, se encontraría con un marco normativo muy semejante, en relación a su situación concreta, al que se encontró al iniciar su periplo de reclamaciones y recursos para ser indemnizado.

En primer lugar, repararía en el principio de responsabilidad recogido en el artículo 9.3 de la Constitución y en el artículo 121 también de la Constitución que reconoce que los daños causados por error judicial así como los que sean consecuencia del funcionamiento anormal de la Administración de Justicia, darán derecho a una indemnización a cargo del Estado, conforme a la ley.

---

27 Párrafo 3 del artículo 2 del Pacto Internacional de Derechos Civiles y Políticos:
3. Cada uno de los Estados Parte en el presente Pacto se compromete a garantizar que: a) Toda persona cuyos derechos o libertades reconocidos en el presente Pacto hayan sido violados podrá interponer un recurso efectivo, aun cuando tal violación hubiera sido cometida por personas que actuaban en ejercicio de sus funciones oficiales;

A continuación, examinaría los artículos 292 a 296 de la Ley Orgánica 6/1985, de 1 de julio, del Poder Judicial que configura la responsabilidad del Estado por el funcionamiento de la Administración de Justicia y se encontraría ante el mismo dilema que en enero de 2008. Si bien conocería la STC 85/2019, de 19 de junio de 2019 y la declaración de inconstitucionalidad y, por consiguiente, nulidad de los incisos del artículo 294 LOPJ que limitaba la indemnización a quienes hubieran sufrido prisión provisional en los casos de inexistencia del hecho imputado o sobreseimiento libre, se encontraría con que, en su caso concreto, no sería aplicable este precepto porque no contempla otro supuesto que la prisión provisional seguida de sentencia absolutoria o sobreseimiento libre. No estaría en un supuesto de error judicial, sino, en su caso, ante un anormal funcionamiento de la Administración de Justicia.

Además, conocería que el artículo 3 del Protocolo número 7 del Convenio para la protección de los Derechos Humanos y Libertades Fundamentales ya había entrado en vigor para España, desde el 1 de diciembre de 2009. Este precepto no contempla expresamente su caso, pero al llevar a cabo la configuración de algunas situaciones de privación de libertad que son indemnizables, configura supuestos distintos a la prisión provisional seguida de sentencia absolutoria o resolución de sobreseimiento libre. Establece que cuando una sentencia penal condenatoria firme resulta posteriormente anulada o se concede una medida de gracia porque un hecho nuevo o nuevas revelaciones demuestran que ha habido error judicial, la persona que ha sufrido la pena en virtud de esa condena, será indemnizada conforme a la ley o al uso vigente en el Estado respectivo.

También podría entender que pudiera ser aplicable a su caso, el apartado 5 del artículo 5 del Convenio para la protección de los Derechos Humanos y Libertades Fundamentales[28] pero se encontraría con la dificultad de poder encajar su privación de libertad en alguno de los supuestos configurados en el apartado 1 del mismo precepto del Convenio.

Incluso, podría dar un paso más y plantear aplicable el apartado 5 del artículo 9 del Pacto Internacional de Derechos Civiles y Políticos, hecho en Nueva York el 19 de diciembre de 1966 en relación con los apartados 1 y 4 del mismo precepto. Además, para interpretar y aplicar estos preceptos del

---

28 Apartado 5 del artículo 5 del Convenio Europeo para la protección de los Derechos Humanos y Libertades Fundamentales:
5. Toda persona víctima de un arresto o detención contrarias a las disposiciones de este artículo tendrá derecho a una reparación.

Pacto, contaría con la Observación general N° 35 del Comité de Derechos Humanos aprobada en su 112° período de sesiones (7 a 31 de octubre de 2014) en la que examina el artículo 9 (libertad y seguridad personales).

Estos preceptos están recogidos en tratados internacionales válidamente celebrados, publicados oficialmente en España y, por tanto, forman Parte del ordenamiento interno y, por tanto, son alegables ante la Administración nacional y los órganos judiciales nacionales.[29]

Este marco normativo pone de manifiesto que el legislador nacional, a pesar de las distintas sentencias del Tribunal Europeo de Derechos Humanos y el Tribunal Constitucional y el dictamen examinado del Comité de Derechos Humanos, no ha regulado las cuestiones que han ido surgiendo sobre esta materia a través de la casuística desde el año 1985, especialmente desde los últimos quince años, de tal manera que se sigue ante una situación de incertidumbre e imprevisibilidad sobre la cuestión de qué es una privación de libertad *arbitraria* y, en su caso, de su posible indemnización.

El legislador nacional se ha centrado, con la alteración derivada de la STC 85/2019, de 19 de junio de 2019 en la situación ocasionada como consecuencia de prisión provisional seguida de sentencia absolutoria o sobreseimiento, sin reparar en que pueden darse otras situaciones, incluso en ejecución de condenas, de privación de libertad *arbitraria*.

La misma incertidumbre e inseguridad jurídica se da en la actual regulación, en cuanto al procedimiento a seguir y en las prácticas administrativas y decisiones de los órganos judiciales nacionales que han mantenido una postura muy restrictiva en cuanto al reconocimiento de una indemnización por estos conceptos.

Concurre, además, una duración excesiva de los procedimientos y recursos seguidos ante la Administración y los tribunales nacionales. Examinados los casos en los que el Tribunal Constitucional ha dictado sentencias estimatorias desde la STC 125/2019, se comprueba que se está ante procedimientos administrativos o judiciales finalizados en fechas recientes cuando habían sido iniciados hace más de diez o quince años.

A todo ello se une la imprevisibilidad en cuanto a la cuantía de la posible indemnización, sin que, a partir de la STC 85/2019, de 19 de junio de

---

29 Apartado 1 del artículo 96 de la Constitución:
Los tratados internacionales válidamente celebrados, una vez publicados oficialmente en España, formarán Parte del ordenamiento interno. [...]

2019 se hayan fijado o bien por el legislador o por la Administración unos criterios claros, al menos unas cuantías mínimas. Además, a partir de las recientes sentencias de la Audiencia Nacional o del Tribunal Supremo, se observa una fijación de unas cuantías muy reducidas.

VI. CONCLUSIONES.

El dictamen adoptado por el Comité de Derechos Humanos, comunicación formulada por don J.M.H. núm. 3102/2018, como antes varias sentencias del Tribunal Europeo de Derechos Humanos y la STC 85/2019, de 19 de junio de 2019, pone de manifiesto la insatisfactoria configuración del legislador nacional sobre la reparación de los daños causados a las personas que se han visto privados de su libertad *arbitrariamente.*

Esta carencia de regulación y falta de previsibilidad normativa se da tanto en lo concerniente a qué se entiende como privación de libertad *arbitraria,* como en qué supuestos procede la indemnización, el procedimiento a seguir y unos criterios sobre la cuantía de las posibles indemnizaciones.

Tanto el Convenio Europeo de Derechos Humanos como el Pacto Internacional de Derechos Civiles y Políticos permiten ampliar los supuestos configurados por el legislador nacional. El ordenamiento jurídico nacional se ha limitado a configurar, como causa de reparación, la prisión provisional seguida de sentencia absolutoria o sobreseimiento.

La ausencia de sistematicidad del legislador nacional supone un grave perjuicio para los posibles futuros reclamantes. Todo ello conduce, como hasta ahora, a procedimientos y procesos de reclamación que se dilatan en el tiempo con la falta de certeza añadida en cuanto al resultado.

La iniciativa para la visibilidad de estas cuestiones, relacionadas con principios esenciales de un Estado social y democrático de Derecho, como es la libertad y la responsabilidad, se ha cargado sobre los ciudadanos particulares que han visto rechazadas por diversos motivos sus reclamaciones de indemnización, sin que hasta la fecha se haya dado una respuesta coherente y completa ni por parte del legislador ni de las autoridades nacionales.

El Dictamen del Comité de Derechos Humanos de Naciones Unidas da oportunidad al legislador, a la Administración y a los tribunales nacionales de adoptar las medidas necesarias para evitar que se produzcan violaciones semejantes a la examinada, siendo necesaria una revisión de la legislación y de las prácticas nacionales para que las personas que se han visto privadas de libertad de manera *ilegal* o *arbitraria* puedan solicitar y se les reconozca una indemnización adecuada.